地理信息科学实践应用教学案例

■ 吴涛 李凤全 陈梅花 解雪峰 梁勤欧 王志刚 孙晓敏 项琦 周丽霞 著

WUHAN UNIVERSITY PRESS
武汉大学出版社

图书在版编目(CIP)数据

地理信息科学实践应用教学案例/吴涛等著 .—武汉:武汉大学出版社,2021.8

ISBN 978-7-307-22401-8

Ⅰ.地…　Ⅱ.吴…　Ⅲ. 地理学—实验—高等学校—教材　Ⅳ.K90-33

中国版本图书馆 CIP 数据核字(2021)第 112889 号

责任编辑:杨晓露　　　责任校对:汪欣怡　　　版式设计:马　佳

出版发行:**武汉大学出版社**　(430072　武昌　珞珈山)

(电子邮箱:cbs22@ whu.edu.cn 网址:www.wdp.com.cn)

印刷:武汉科源印刷设计有限公司

开本:787×1092　1/16　印张:21.75　字数:513 千字　插页:1

版次:2021 年 8 月第 1 版　　2021 年 8 月第 1 次印刷

ISBN 978-7-307-22401-8　　定价:48.00 元

前 言

地理学科的发展离不开科学的统计分析方法，而地理信息科学技术为地理学科的发展提供了发展动力和技术保障。本书主要面向高等学校地理学本科教学实验，突出地理信息技术在地形、水文、生态、环境等领域的实践应用案例，从实验操作步骤出发，通过案例分析，培养地理科学专业学生使用3S技术的实践能力，使其将前期理论学习与实践应用结合起来，达到知行合一。

本书内容集合了浙江师范大学地理系众多教师的日常教学和科研成果。其中，李凤全老师撰写了“第十一章　新石器时代文化遗址的分布规律实验”和“第十二章　网络关注度分布规律实验”，陈梅花老师撰写了“第四章　基于TM影像的地表温度反演”“第五章　土地覆被的监督分类”和“第六章　基于决策树的土地利用分类”，吴涛老师撰写了“第一章　基于Landsat影像的植被覆盖度提取实验”“第二章　生态景观格局分析实验”“第三章　基于GIS的流域生态健康评估实验”“第七章　基于GIS的校园噪声环境监测与评价”“第八章　基于3S的农用地适宜性评价”“第九章　基于DEM的河流流域提取及应用”和“第十章　基于3S的海岸带人类活动干扰强度评价分析”，解雪峰老师撰写了“第十三章　基于地统计分析的耕地土壤重金属空间变异特征实验”和“第十四章　基于地理探测器与GWR模型的$PM_{2.5}$影响因素实验”。梁勤欧老师和王志刚老师分别负责全书的校对和统稿。

本书也适合高中地理教师进行校本课程开发与地理研究性学习，为地理信息技术在高中地理课堂的拓展提供指导。如第一章“基于Landsat影像的植被覆盖度提取实验”和第七章“基于GIS的校园噪声环境监测与评价”，上述章节操作方法简单，验证容易，都可以成为高中校园开展地理实践课堂的优选内容。

由于编者水平有限，时间匆忙，本书难免存在不少错误和缺点，敬请读者批评指正。

编　者

2020年12月

目　　录

第一章　基于 Landsat 影像的植被覆盖度提取实验

一、实验目的

（1）了解 ENVI 软件中植被指数计算的基本操作；

（2）学会利用 ENVI 软件进行植被覆盖度自动提取。

二、实验内容

完成基于 Landsat 遥感影像的植被覆盖度提取与估算。

三、实验步骤

植被覆盖度是指植被（包括叶、茎、枝）在地面的垂直投影面积占统计区域总面积的百分比。植被覆盖度常用于植被变化、生态环境、水土保持、气候变化等方面的研究。目前已经发展了很多利用遥感技术测量植被覆盖度的方法，较为实用的方法是利用植被指数近似估算植被覆盖度，常用的植被指数为 NDVI。以下为基于像元二分模型的植被覆盖度（VFC）研究：

$$VFC = (NDVI - NDVI_{soil}) / (NDVI_{veg} - NDVI_{soil}) \quad (1\text{-}1)$$

其中，$NDVI_{soil}$为完全是裸土或无植被覆盖区域的 NDVI 值，$NDVI_{veg}$则代表完全被植被覆盖的像元的 NDVI 值，即纯植被像元的 NDVI 值。两个值的计算公式为：

$$NDVI_{soil} = (VFC_{max} \cdot NDVI_{min} - VFC_{min} \cdot NDVI_{max}) / (VFC_{max} - VFC_{min}) \quad (1\text{-}2)$$

$$NDVI_{veg} = ((1 - NDVI_{min}) \cdot VFC_{max} - (1 - NDVI_{max}) \cdot VFC_{min}) / (VFC_{max} - VFC_{min}) \quad (1\text{-}3)$$

在没有实测数据的情况下，取一定置信度范围内的 $NDVI_{max}$ 和 $NDVI_{min}$，本次实验的 $NDVI_{max}$ 和 $NDVI_{min}$ 分别选取 NDVI 累计概率为 5%和 90%时的 DN 值。

下面以“当区域内可以近似取 $VFC_{max} = 100\%$，$VFC_{min} = 0\%$”情况下，整个影像中 $NDVI_{max}$ 和 $NDVI_{min}$ 取固定值，介绍在 ENVI 中实现植被覆盖度的计算方法。

使用的数据是经过几何校正和大气校正的 Landsat 影像。

本次操作选用的数据为 Landsat8 遥感影像数据，具体信息如表 1-1 所示。

表 1-1　**遥感影像数据信息**

成像日期	数据	轨道号	地面分辨率（m）
2017-02-13	Landsat 8/OLI	118-039	30

对下载的图像进行叠合，本次选取的波段为 Landsat-8/OLI 传感器的 BAND2（Blue）、BAND3（Green）、BAND4（Red）、BAND5（NIR）四个波段，这四个波段结合常用来研究区域植被覆盖度（表 1-2）。

表 1-2　**Landsat8/OLI 波段设置**

波段名称	波段范围（μm）	用　　途
BAND2（Blue）	0. 45~0. 51	植被覆盖度
BAND3（Green）	0. 53~0. 59	
BAND4（Red）	0. 64~0. 67	
BAND5（NIR）	0. 85~0. 88	

打开 ENVI，选择 File→Open Image File，打开所要使用的四个波段的文件，得到图 1-1。之后操作 Basic Tools→Layer Stacking，将四个图层合并，命名为“金山区波段合并图像”。将原先的四个波段图像关闭，得到图 1-2。

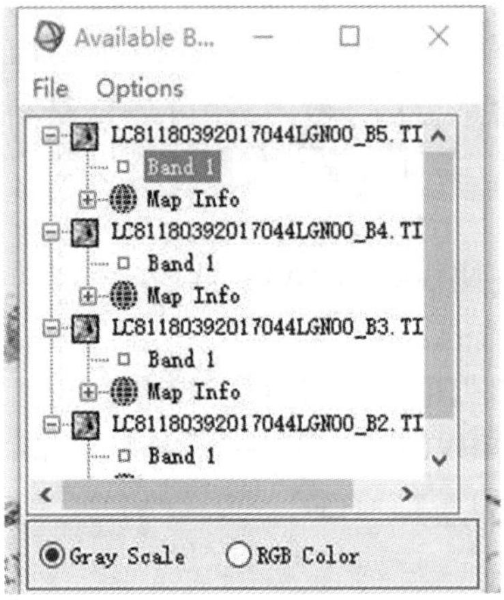

图 1-1　可得波段列表图

图 1-2　金山区波段合并图像

打开华南所有县的矢量数据（File→Open Vector File）选中后加载，得到“Vector Parameters：Cursor Query”界面，如图 1-3 所示，打开华南县属性表图（Edit→View/Edit/Query Attributes），如图 1-4 所示。

从图 1-4 中搜索到上海市金山区（Options→Query Layer），选中并保存为 . evf 文件，命名为“金山区矢量图”。打开金山区矢量图，如图 1-5 所示。

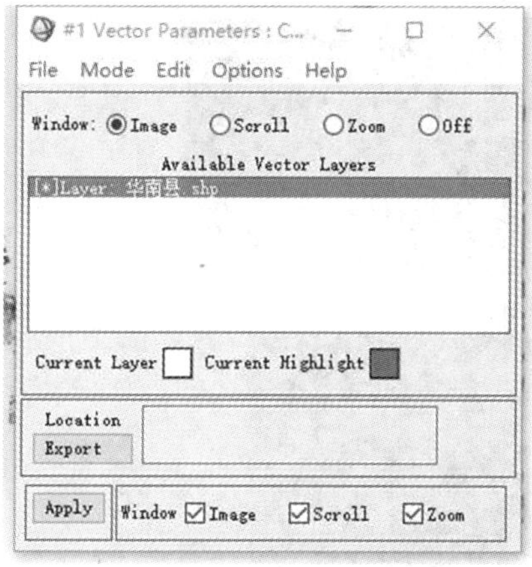

图 1-3　Vector Parameters：Cursor Query 界面

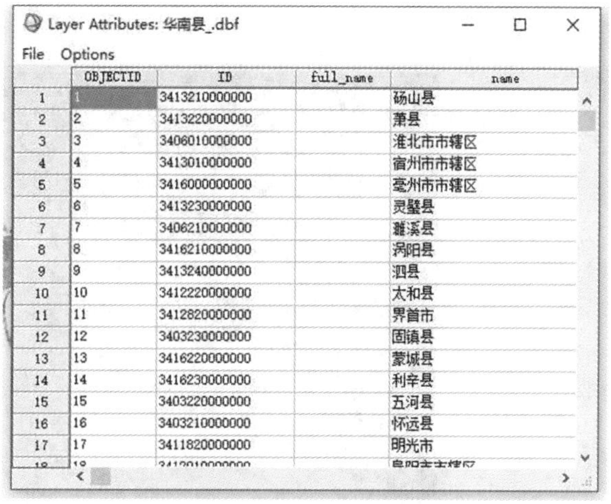

图 1-4　华南县属性表图

图 1-5　可用矢量文件表图

将矢量图与金山区波段合并图像转化为 ROI 文件（File→Export Layers to ROI...），并对合并文件进行掩膜裁剪（Basic Tools→Subset Data via ROIs），保存文件，命名为金山区裁剪。打开金山区裁剪文件，将 BAND5、BAND4、BAND3 波段文件合成标准假彩色图像，如图 1-6 所示。

图 1-6　金山区假彩色遥感图

将图像转换为 NDVI 图像（Transform→NDVI），其中参数 NIR 选择 BAND5，参数 RED 选择 BAND4，得到图 1-7。也可以利用 Basic Tools→Band Math 命令，输入(float(b5)-float(b4))/(float(b5)+float(b4))，变量 b5 和 b4 分别对应 NIR（BAND5）和 RED(BAND4)。计算结果如图 1-7 所示。

图 1-7　金山区 NDVI 图像

创建一个金山区掩膜文件（Basic Tools→Masking→Build Mask），命名为“金山区掩膜文件”。对 NDVI 图像进行计算统计（Basic Tools→Statistics→Compute Statistics），选择

NDVI 金山区植被文件，并添加刚刚创建的掩膜文件进行掩膜分析，如图 1-8 所示。

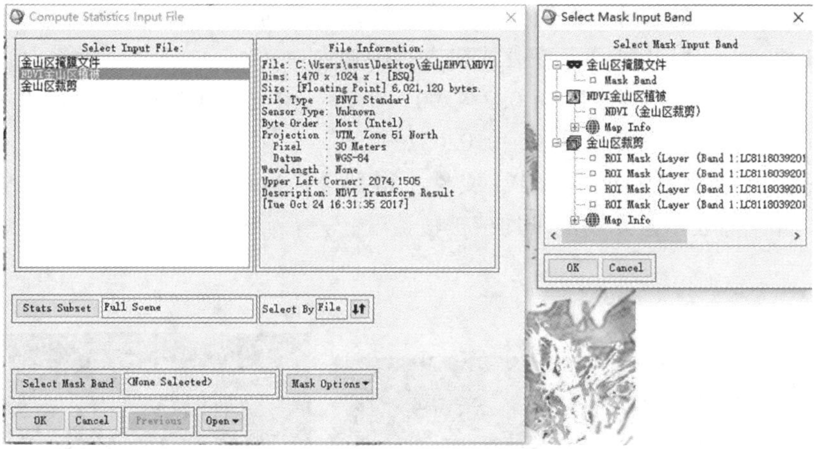

图 1-8　EDVI 图像计算统计图

得到分析结果，选取累计概率为 5%和 90%的 NDVI 值，如图 1-9 所示。

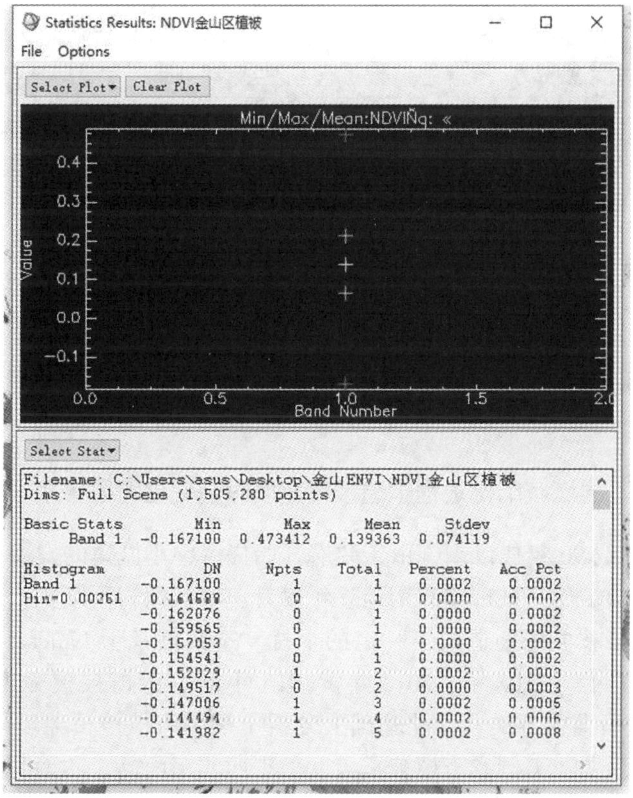

图 1-9　NDVI 图像计算统计图

得到 NDVI 5%=0.026310，NDVI 90%=0.234790。

根据公式，将这个地区分为三个部分：当 NDVI 小于 0.026310 时，VFC 取值为 0；当 NDVI 大于 0.234790 时，VFC 取值为 1；介于两者之间的像元使用公式计算。利用 ENVI 主菜单 Basic Tools→Band Math，在公式输入栏中输入：

(b1 lt 0.026310) *0+ (b1 gt 0.234790) *1+ (b1 ge 0.026310 and b1 le 0.234790) * ((b1-0.026310) / (0.234790-0.026310))

其中变量 b1 表示已生成的 NDVI 文件，得到金山区单波段的植被覆盖度图像文件（图 1-10），像元值表示像元内的平均植被覆盖度。

图 1-10 金山区单波段的植被覆盖度图像

四、案例研究

县域城市化进程中植被覆盖度时空变化特征分析

摘要：自 20 世纪 90 年代以来，由于政府开始提倡中小城镇的发展，一些发达地区的县市加快了城市化的步伐，城市建筑用地逐年攀升，市区面积不断扩大，但与此同时，城市化进程也对当地植被覆盖度造成了一定的干扰。本案例基于 Landsat-NDVI 遥感数据反演了 2003 年、2007 年、2010 年、2013 年、2016 年桐乡市植被覆盖度，并对该时期的 Landsat 遥感数据进行监督分类，在此基础上分析了桐乡市植被覆盖度时空变化特征与城市化的关系。结果表明：①桐乡市植被覆盖度呈现西北东南高，西南与东北轴线较低的空间格局；②2003—2016 年桐乡市植被覆盖率总体趋于稳定，但 2003—2013 年间略有波动；③在年际变化率上，2003—2010 年，西南与东北部乡镇植被覆盖率显著降低，

2010—2016年整个地区植被覆盖率增加不明显；④2003—2016年植被覆盖率显著减少的地区大多分布在城市化进程快速地区，分布于市区外围和乡镇周边。

关键词：植被覆盖率；桐乡市；城市化；时空变化

（一）引言

城市化是全球现代化进程的普遍现象，是表征社会进步和经济发展的重要指标。城市规模的扩大，提升了城市容纳能力，促进了经济发展，提高了居民的生活质量。然而城市化也可能带来一系列的负面影响，尤其是生态环境的变化。在城市化进程中，人口增长、经济发展、资源能源消耗和地域扩张均对生态环境产生了胁迫作用。快速的城市化伴生了一系列的城市环境恶化问题，并导致城市及周边地区生态质量降低[1-2]。因此，城市化和生态环境的关系成为学者们关注的焦点[3-4]。

植被作为生态系统的重要组成部分，对人类的生存环境起着不可替代的作用。而人类社会经济活动对植被的影响显著，人类从自然界中获取大量资源，导致植被破坏、森林消失，生态质量下降。自20世纪中后期，全球森林与草原植被迅速减少，生态危机日益加重，严重影响着人类的生存和发展所必需的环境条件[5]。随着社会生态问题的加剧和社会经济的发展，人类开始重视生态问题和周围的生存环境，并努力去改善恶化的生态环境，如通过植树造林、退耕还林、城市绿地建设等，提高植被覆盖度，以此提升人类的生存质量[6-7]。随着全球城市化进程不断加快，近年来，城市化对植被覆盖度的影响受到国内外科学家的广泛关注[8-9]。植被覆盖度是指植被冠层在地面上的垂直投影面积与土地面积的百分比，是衡量地面植被特征及区域生态环境质量的重要指标[10-11]。植被覆盖度的计算基于归一化植被指数（NDVI），能够在一定程度上弥补归一化植被指数对于低覆盖度植被难以区分、而对高覆盖度植被易于饱和的不足，从而有效地拉伸植被信息的值域[12]。因此，与归一化植被指数相比，植被覆盖度能更好地表征植被盖度的信息。城市发展对于生态环境的影响，可能存在正面和负面的作用。城市人口的增加、建设用地的扩张，会侵占大量的生态用地，减少植被覆盖，进而可能导致城市及周边地区生态质量下降等生态问题[13-14]；目前，国内外对区域植被覆盖度的研究多集中于植被覆盖度的时空动态变化特征及定性分析城市化对植被覆盖度的负面影响，而关于城市化对不同等级植被覆盖度地区生态质量影响如何及建设用地变化与植被覆盖变化之间的定量研究还比较薄弱。

本案例以桐乡市为研究对象，运用GIS和RS技术，通过研究2003—2016年植被覆盖度与城市化进程动态变化，揭示桐乡市在2003—2016年城市化进程下，植被覆盖度的时空变化特征。研究结果对城市规划建设，恢复和保护区域内生态环境，提高人们生活水平具有现实意义。

（二）研究区概况

1. 自然地理要素

桐乡市位于浙江省北部杭嘉湖平原，地理坐标30°28′~30°47′N，120°17′~120°39′E。

东连嘉兴市秀洲区，南邻海宁市，北毗德清县、杭州市余杭区，西北接湖州市南浔区，北界江苏省吴江区。桐乡属典型的亚热带季风气候。温暖湿润，四季分明，雨水丰沛，日照充足。具有春湿、夏热、秋燥、冬冷的气候特点。桐乡市境内为长江三角洲平原的一部分，境内地势低平，无一山丘，大致东南高、西北低，略向太湖倾斜，平均海拔 5.3 米。境内土壤为江、海、湖、沼沉积物，分属水稻土和潮土两类，土地肥沃，适宜种植水稻和经济类作物。全市有耕地 3.85 万公顷，占全市土地总面积的 52.8%。其中：水田 3.12 万公顷，旱地 7293 公顷，分别占耕地面积的 81%、19%。桑园 0.87 万公顷，占全市总面积的 12%。境内河流属长江流域太湖运河水系。市境河流南接海宁长安上塘河水系，北经澜溪塘与江苏省接壤，京杭大运河流经市境段长 41.77 千米。桐乡境内生物资源种类繁多，截至 2013 年，主要植物资源有 485 种，其中藻类 12 种、苔藓植物 10 种、蕨类植物 8 种、裸子植物 20 种、被子植物 458 种。主要动物资源有无脊椎动物 198 种，脊椎动物 217 种[15]。

2. 社会经济要素

桐乡市下辖 3 个街道、9 个镇、2 个新区，人口 82 万。为全国百强县，经济发展水平处于全国前列。产业结构以第三产业为主，其中商品服务业、旅游业占比大，第二产业以轻纺织工业、化学纤维制造为主。沪杭高铁、沪杭高速以及申嘉湖高速在该地贯穿，距杭州车程 1 小时，上海 2 小时，交通区位条件优越，如图 1-11 所示。

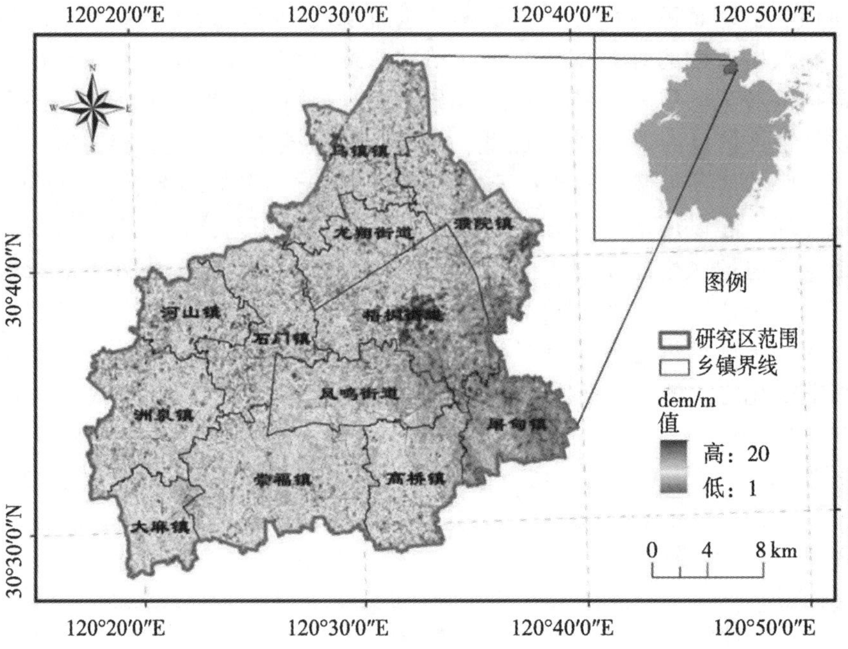

图 1-11　研究区域位置与地形

（三）数据来源与处理方法

1. 数据来源

本案例数据包括：①地理空间数据云（http：//www. gscloud. cn/）提供的2003年、2007年、2010年、2013年、2016年覆盖桐乡市的遥感影像数据；②地理空间数据云（http：//www. gscloud. cn/）2016年桐乡市DEM（数字高程模型）数据；③浙江省乡镇界线矢量数据为课程内部资料；④2003年、2016年桐乡市土地利用数据由桐乡市国土资源局（http：//www. tx. gov. cn/）公布的统计公报中获取（表1-3）。

表1-3　**数据来源与说明**

数　据	说　明	来　源
研究区2003年遥感影像数据（Landsat5）	时间：2003/7/24 轨道号：119/39	地理空间数据云
研究区2007年遥感影像数据（Landsat5）	时间：2007/3/9 轨道号：119/39	地理空间数据云
研究区2010年遥感影像数据（Landsat7）	时间：2010/5/24 轨道号：119/39	地理空间数据云
研究区2013年遥感影像数据（Landsat8）	时间：2013/4/14 轨道号：119/39	地理空间数据云
研究区2016年遥感影像数据（Landsat8）	时间：2016/3/5 轨道号：119/39	地理空间数据云
研究区DEM数据	分辨率：30m×30m	地理空间数据云
浙江省乡镇界线数据	矢量数据	课程内部共享数据
2003年、2016年研究区土地利用数据		桐乡市国土资源局

2. 研究方法

1）植被覆盖度遥感估算模型

目前已经发展了很多利用遥感技术测量植被覆盖度的方法，较为实用的方法是利用NDVI近似估算植被覆盖度。

$$NDVI=（float）（b_4）/float（b_3））/（float）（b_4）+float（b_3））\qquad(1\text{-}4)$$

VFC、$NDVI_{soil}$和$NDVI_{veg}$的具体计算方法请参看公式（1-1）、公式（1-2）和公式（1-3）。

在没有实测数据的情况下，取一定置信度范围内的$NDVI_{soil}$和$NDVI_{veg}$。

本案例利用ENVI 4.8“当区域内可以近似取$VFC_{max}=100\%$，$VFC_{min}=0\%$”情况下，整个影像中$NDVI_{max}$和$NDVI_{min}$取固定值，分别取依据NDVI值得出的累计概率分布为5%和90%时的DN值。在此基础上，对2003年、2007年、2010年、2013年、2016年桐乡市遥感影像进行植被覆盖度提取，并依次提取 2003—2007 年、2007—2010 年、2010—2013 年、2013—2016 年植被覆盖度变化状况。像元二分模型因其对影像辐射校正影响较小，计算简便，而被广泛应用于计算植被覆盖度。然而该模型也存在一定缺陷，NDVI 不仅能够反映植被覆盖度信息，同时还能够反映土地覆盖类型和叶面积指数（LAI）相关信息[14]。

2）土地利用遥感图像监督分类

随着计算机技术与遥感技术的发展，基于遥感影像对地物分类的技术也越趋成熟。本案例借助 ENVI 4.8 对桐乡市 2003 年、2016 年遥感影像数据利用最大似然法进行地物的监督分类。分为：人工表面、植被、水体、裸地四类。

最大似然分类（Maximum Likelihood Classification）是假定每一个波段中每一类统计都呈现出正态分布，计算已给的像元属于某训练样本的似然度，这样该像元就被分到似然度最大的一类当中。它的判别规则为，假设某待分类像元满足下面的公式：

$$P(w_K)\,P\left(\frac{x_i}{w_k}\right) \geqslant P(w_l)\,P\left(\frac{x_i}{w_l}\right),\ 1 \leqslant i \leqslant N,\ 1 \leqslant k,\ l \leqslant c \tag{1-5}$$

则 $x \in w_i$，式中 N 表示影像大小，c 表示类别大小[16]。

县域城市化进程中植被覆盖度时空变化特征分析的技术路线图如图 1-12 所示。

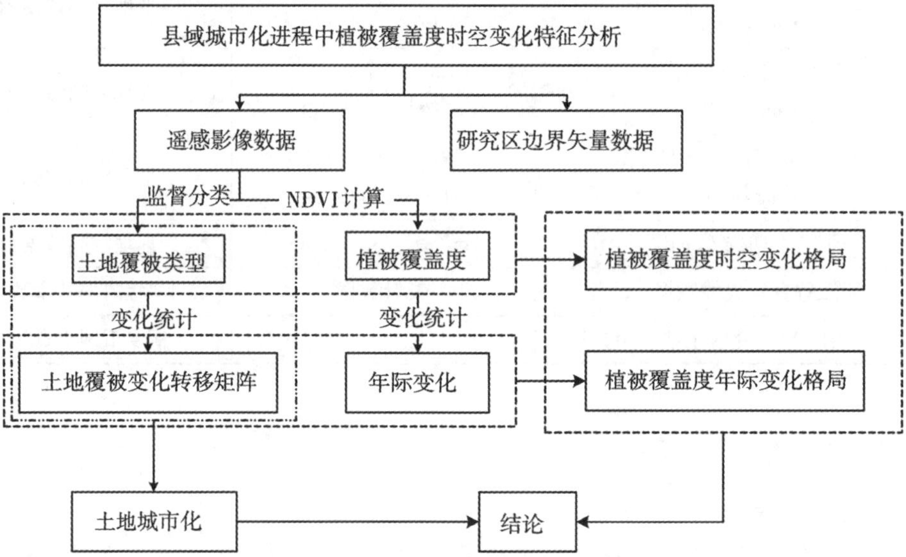

图 1-12 研究技术线路图

（四）结果与分析

1. 土地城市化

2003—2016 年桐乡市土地城市化迅速加快（图 1-13，表 1-4）。表现为全市土地覆盖地类中人工表面的面积大幅增长，由表 1-4 可以发现：①2003 年全市人工表面总面积为 113. 6673km^2，2016 年全市人工表面总面积为 182. 8449km^2，13 年间增长了 60. 86%，年平均增速为 4. 68%；②2016 年 113. 6673km^{2}的人工表面积中有 59. 7894km^{2}来自植被的转出，其中包括部分耕地、草地以及林地。城市化带来的耕地占有使得原本植被茂密的郊外变成了城市近域推进的目标；③2003 年植被总面积为 413. 3204km^2，而到了 2016 年减少为 365. 267km^2，13 年间减少了 11. 63%，年均以近 1%的速度减少。

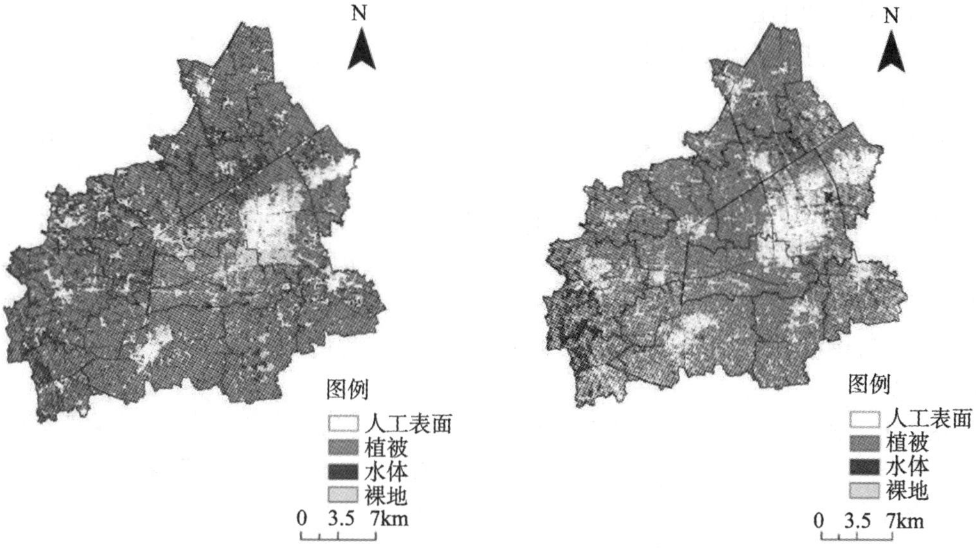

(a) (b)

图 1-13　2003 年（a）与 2016 年（b）土地覆盖监督分类结果

表 1-4　**土地覆盖变化转置矩阵（2003—2016 年）**

2016 年	2003 年/km^2				
	人工表面	植被	水体	裸地	总和
人工表面	66. 4461	59. 7897	35. 5473	21. 0618	182. 8449
植被	34. 9731	278. 931	68. 9828	30. 4335	413. 3204
水体	5. 3523	21. 0141	32. 3919	2. 2797	61. 038
裸地	6. 8958	5. 53311	9. 891	4. 9194	27. 23931
总和	113. 6673	365. 267	146. 813	58. 6944	684. 44261

从 2003—2016 年土地覆盖分类结果的空间分布可以发现（图 1-13）：①2016 年人工表面主要以块状、点状分布于东北部和西南部（即梧桐街道和崇福镇），其中梧桐街道的人工表面积最大；②2016 年梧桐街道的人工表面向四周原本是植被、水体、裸地的地区扩散，并于东北部构成条带状；③2016 年西南部以崇福镇为中心的人工表面也不断向四

周扩散，并以低密度的形式大面积向西南角和东南角蔓延。

2. 植被覆盖度时空动态分析

1）植被覆盖度空间格局

借助 ENVI 4.8 软件，运用公式（1-4）对桐乡市 2003 年、2007 年、2010 年、2013 年、2016 年 Landsat 遥感影像像元进行归一化（NDVI）处理，再提取计算后的 $NDVI_{min}$（5%）和 $NDVI_{max}$（90%）（表 1-4）运用公式（1-1）计算结果，得到历年桐乡市植被覆盖度（图 1-14、图 1-15）。

从对桐乡市植被覆盖度的计算结果中可以发现：①2003—2016 年间桐乡市全市的植被覆盖度在空间上分布不均，存在明显的低值区，也存在明显的高值区；②从数值上看，2003—2016 年间桐乡市全市的植被覆盖度呈现波动下降的趋势，其中最低值为 2010 年的 53.55%。

2003 年（图 1-14（a））桐乡市全市的植被覆盖度有以下几个特点：①总体来看，全区植被覆盖度较高，以高值区为主；②在空间上有几个明显的低值区，分别为：东北部的梧桐街道、濮院镇，西南部的崇福镇、大麻镇、洲泉镇，其中面积最大的为梧桐街道，呈现巨大的斑块状，其余都呈条带状或小斑块状分散；③在低值区四周为环形分布的植被覆盖度较低区。

2007 年（图 1-14（b））桐乡市全市的植被覆盖度有以下几个特点：①总体来看，全区植被覆盖度相对较高，以高值区为主；②在空间分布上高值区明显增多，且呈现斑块状零散分布，较 2003 年的高值区明显增加；③植被覆盖度较低区范围相比于 2003 年范围更广且呈现大面积无序扩散的态势。

2010 年（图 1-14（c））桐乡市全市植被覆盖度有以下几个特点：①总体来看，全区植被覆盖度明显下降，低值区和次低值区的面积明显增大；②在空间分布上，西南部的低值区与次低值区与东北部的低值区占据了大部分面积，且西南部低值区呈现片状分布；③该时期次低值区不仅在低值区周围分布，而且呈跳跃式或间断式分布在区域内。

2013 年（图 1-14（d））桐乡市全市植被覆盖度有以下几个特点：①总体来看，全区植被覆盖度明显下降；②从空间上看，全市域范围内，植被覆盖度低值区除了西南部和东北部以外，一些地区与 2010 年相比有植被覆盖度恢复迹象。

表 1-5　**研究区 $NDVI_{min}$（5%）与 $NDVI_{max}$（90%）值**

年份	$NDVI_{min}$（5%）	$NDVI_{max}$（90%）
2003	0.099941	0.596790
2007	−0.000215	0.266681
2010	0.022671	0.435033
2013	0.075858	0.308560
2016	0.027318	0.172383

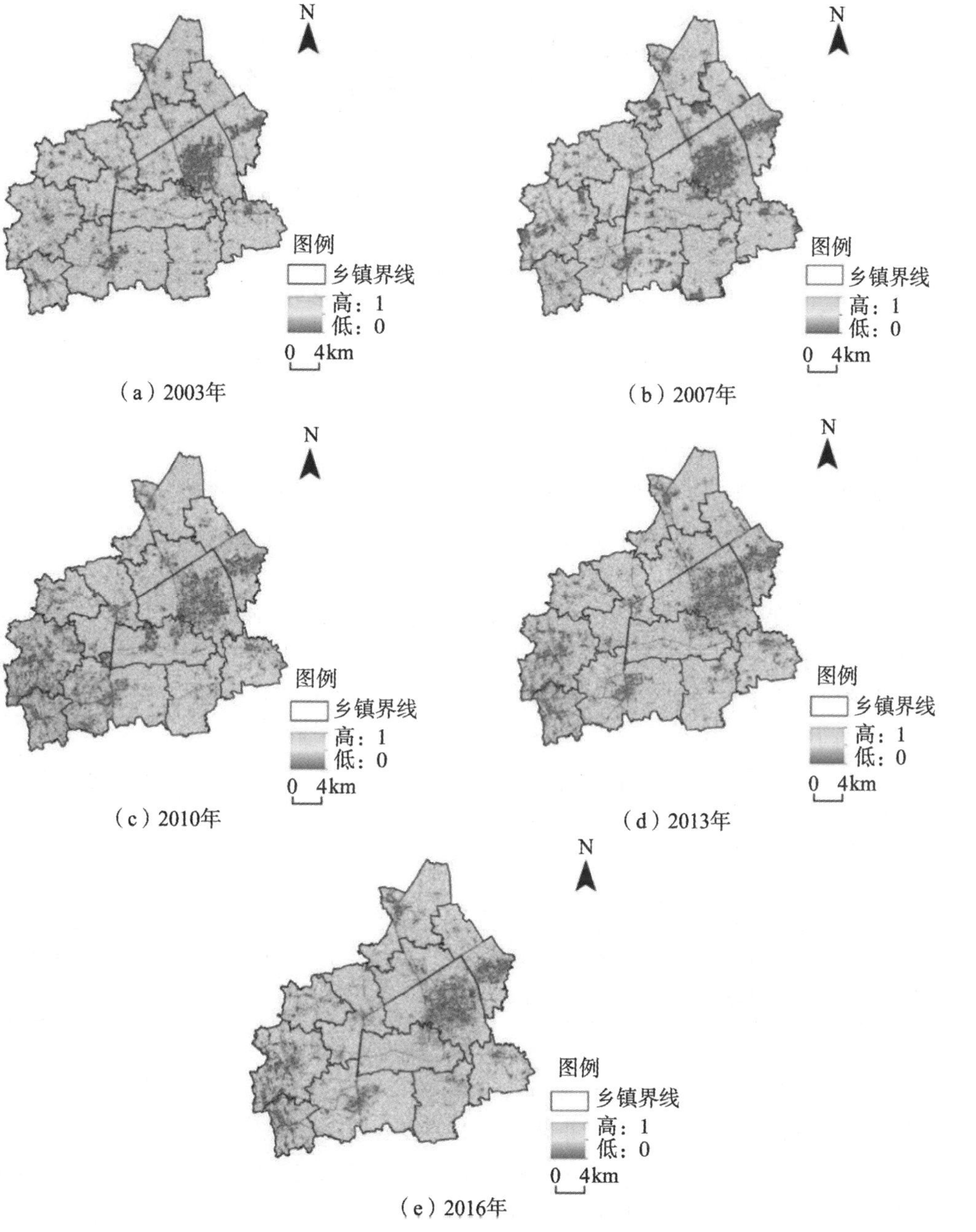

（a）2003年 （b）2007年 （c）2010年 （d）2013年 （e）2016年

图 1-14　NDVI 植被覆盖度提取结果

2016 年（图 1-14（e））桐乡市全市植被覆盖度有以下几个特点：①总体来看，与 2010 年、2013 年相比，植被覆盖度有明显的恢复，西南部和东北部的低值区颜色变淡，说明植被覆盖度有所增加；②从空间分布来看，东北部梧桐街道与濮院镇的低值区连成一片呈现向东北部条带状延展。西南部崇福镇周围的低值区面积缩小，以次低值区为主。③

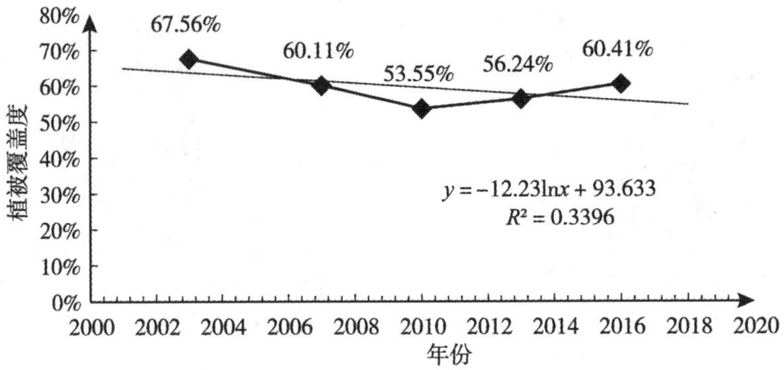

图 1-15 2013—2016 年植被覆盖度线性回归结果

全区次低值区分布面积持续增加。

2）植被覆盖度年际变化空间格局

借助 ENVI 4.8 软件中 Basic Tools→Change Detection→Change Detection Statistics 模块对 2003—2007 年、2007—2010 年、2010—2013 年、2013—2016 年以及 2003—2016 年每个像元的植被覆盖度变化进行统计，按照植被覆盖度增加大于 50%为显著增加，增加 0%～50%为增加不显著，0%为无变化，减少 0%～50%为减少不显著，减少大于 50%为显著减少进行植被覆盖度变化分级[15]（表 1-6），最终计算得出历年桐乡市植被覆盖度空间变化（图1-16、图 1-17）。

计算结果显示，历年桐乡市区域内植被覆盖度空间变化明显，且各个植被覆盖度等级在区域范围内变化不均。

表 1-6 **植被覆盖度变化分级**

	显著增加	增加不显著	无变化	减少不显著	显著减少
变化范围	>50%	0%～50%	0	-50%～0%	<-50%

2003—2016 年桐乡市植被覆盖度（图 1-16）变化呈现以下几个特点：①全区植被覆盖度明显减少的区域面积大，且分布较为集中，多分布在区域东北部呈北西向长条状延展和西南部呈斑块状延展，包括的乡镇有：梧桐街道、濮院镇、乌镇镇的西北部、崇福镇西部、大麻镇以及洲泉镇；②全区植被覆盖度减少不明显的地区多呈环带状分布，在明显减少区周围，面积较大；③全区植被覆盖度无变化地区较少；④全区植被覆盖度增加不显著地区多分布在区域中部，零星散布在减少不明显区域内；⑤全区植被覆盖度明显增加区域面积较小，分布在梧桐街道西部、石门镇西部、乌镇镇南部。经分析，2003—2016 年植被覆盖度空间上呈现这样的特征有以下几点原因：①桐乡市自 2003 年开始城市化进程加速，土地城市化和人口城市化速度明显加快，其中桐乡市主城区梧桐街道其城市用地面积向外增加近一倍。而崇福镇以及乌镇镇等经济发展在区域内处于前列的乡镇，其城市化水

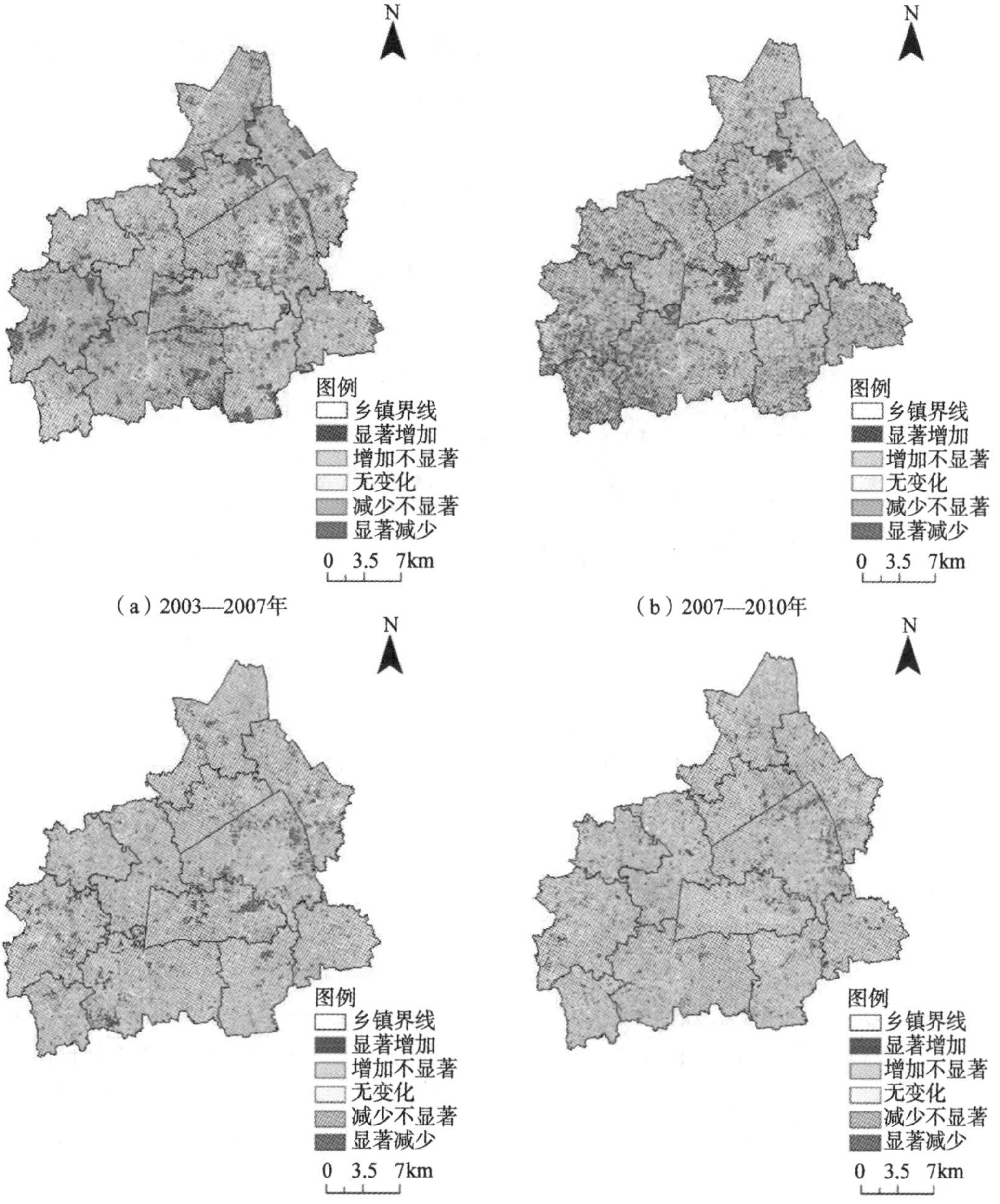

（a）2003—2007年　（b）2007—2010年　（c）2010—2013年　（d）2013—2016年

图 1-16　植被覆盖度空间变化

平也逐步提高。②桐乡市位于浙北平原地区，地势平坦、周围无山地丘陵，水稻种植业发达，植被覆盖中有很大一部分为农用地。③2003—2016 年桐乡市经济发展水平大幅提高，梧桐街道、高桥镇、崇福镇、濮院镇等乡镇陆陆续续在辖区外围建设经济技术开发区吸引外资建设工厂，这在很大程度上造成了植被覆盖度的下降。④此外，交通建设用地也在很

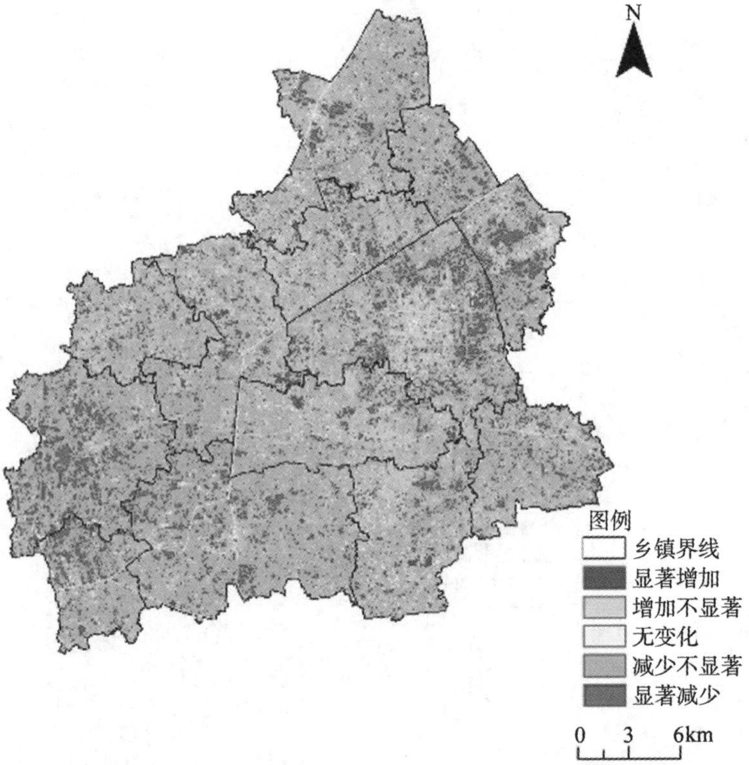

图 1-17　2003—2016 年植被覆盖度空间变化

大程度上降低了植被覆盖度。

分阶段来看，2003—2016 年间，各个阶段都呈现不同的变化，其中变化较明显的为 2003—2007 年和 2007—2010 年。2003—2007 年（图 1-16（a））区域内植被覆盖度显著减少和减少不显著地区面积广大，且显著减少地区呈斑点状分布在区域内，具体的乡镇有：乌镇镇南部、梧桐街道、崇福镇、洲泉镇、大麻镇。2007—2010 年（图 1-16（b））区域内植被覆盖度显著减少和减少不显著地区面积相比于前一阶段缩小且以减少不显著地区为主，但相比于后几阶段范围仍较大。具体的乡镇包括：崇福镇、洲泉镇、大麻镇、凤鸣街道、石门镇等。2010—2013 年（图 1-16（c））区域内植被覆盖变化呈现以增加不显著为主，且减少不显著和显著减少地区范围缩小，仅零星分布在区域内，增加显著的区域明显增多，具体的乡镇包括：崇福镇、大麻镇、洲泉镇、凤鸣街道等。2013—2016 年（图 1-16（d））区域内植被覆盖度在 2010—2013 年的基础上继续变化，呈现以增加不显著为绝大部分，而显著减少和减少不显著地区的范围明显缩小，仅呈零星碎片分布在区域内。经分析，植被覆盖度分阶段看有上述空间变化格局有以下几点原因：①2003—2010 年是桐乡市区域经济快速发展阶段，以建筑用地大幅增加为特征，林地、草地以及耕地转让为建筑与交通用地，导致区域内植被覆盖度显著下降。②2010—2016 年，在此期间国家相关政策要求地方政府在经济发展的同时也要兼顾当地生态环境，既要金山银山也要绿水青山，桐乡市政府响应中央的号召，在保护现有耕地、林地以及草地的基础上进行开发，利用技术优势转变生产模式，达到产业升级，减轻了对生态环境的压力。

（五）结论

本案例利用 GIS/RS 技术，基于 Landsat 数据，对桐乡市 2003—2016 年城市化进程中植被覆盖度时空动态进行了分析，定量地揭示了城市化进程中，人工地表对植被覆盖度的影响，以及植被覆盖度的空间格局和年际空间变化特征。主要结论如下：

（1）2003—2016 年间，桐乡市经济发展迅速，土地城市化速度加快，耕地、林地以及草地转变为建设用地的面积广大是该时期桐乡市土地覆盖变化的一大特点。

（2）2003—2016 年间，桐乡市区域内植被覆盖度总体上呈现波动下降的趋势，其中最低为 2010 年，近年来有所恢复。其空间分布不均，以中高值区为主，低值区呈斑块状分布在东北部和西南部，次低值区呈环带状分布在外围。

（3）2003—2016 年间，桐乡市区域内植被覆盖度年际变化明显，总体上增加与减少并存。在空间格局上，减少地区分布在区域西南部与东北部，增加地区分布在中部地区。其间 2003—2010 年植被覆盖度减少明显，2010—2016 年植被覆盖度增加明显。植被覆盖度变化呈现上述特征与桐乡市经济发展模式和城市化土地利用转变有密切关系。

本章参考文献

[1] 杨思，孔德良．基于道路网络特征的建设用地扩张及其对林地景观的影响——以深圳市为例 [J]. 生态环境，2012，21（2）：286-292.

[2] Bai X M，McAllister R R J，Beaty R M，et al. Urban policy and governance in a global environment：complex systems，scale mismatches and public participation [J]. Current Opinion in Environment Sustainbility，2010，2（3）：129-135.

[3] 陈玉娟，管东生，Peartmr. 珠江三角洲快速城市化对区域植被固碳放氧力的影响研究 [J]. 中山大学学报（自然科学版），2006，45（1）：98-102.

[4] 朴世龙，方精云．最近 18 年来中国植被覆盖的动态变化 [J]. 第四纪研究，2001，21（4）：294-302.

[5] 张萍，彭道黎，李万德，等．延庆县植被覆盖动态变化监测 [J]. 湖北农业科学，2009，48（5）：1132-1136.

[6] 王静，王克林，张明阳，等．南方丘陵山地带 NDVI 时空变化及其驱动因子分析 [J]. 资源科学，2014，36（8）：1712 1723.

[7] 李红，李德志，宋云，等．快速城市化背景下上海崇明植被覆盖度景观格局分析 [J]. 华东师范大学学报（自然科学版），2009（6）：89-100.

[8] 刘林，马安青，马启敏．滨海半城市化地区植被覆盖度的时空变化——以青岛市崂山区为例 [J]. 环境科学与技术，2011，35（1）：178-185.

[9] 甘春英，王兮之，李保生，等．连江流域近 18 年来植被覆盖度化分析 [J]. 地理科学，2011，31（8）：1019-1024.

[10] 刘宪锋，杨勇，任志远，等．2000—2009 年黄土高原地区植被覆盖度时空变化［J］. 中国沙漠，2013，33（4）：1244-1249.

[11] 于泉洲，梁春玲，刘煜杰，等．基于 MODIS 的山东省植被覆盖时空变化及其原因分析［J］. 生态环境学报，2015，24（11）：1799-1807.

[12] 李苗苗，吴炳方，颜长珍，等．密云水库上游植被覆盖度的遥感估算［J］. 资源科学，2004，26（4）：153-159.

[13] 王立新，刘华民，杨劼，等．毛乌素沙地气候变化及其对植被覆盖的影响［J］. 自然资源学报，2010，25（12）：2030-2039.

[14] 穆少杰，李建龙．2001—2010 年内蒙古植被覆盖度时空变化特征［J］. 地理学报，2012，67（9）：1255-1268.

[15] 桐乡市人民政府．桐乡概况［EB/OL］.［2021-04-22］. http：//www. tx. gov. cn/col/col1631296/index. html.

[16] 王静，周伟其，许开鹏，等．京津冀地区城市化对植被覆盖度及景观格局的影响［J］. 生态学报，2017，37（21）：1-11.

第二章　生态景观格局分析实验

一、实验目的

（1）了解地理信息系统矢量、栅格数据的特点及其之间的转换操作。
（2）学会利用 ArcMap 软件进行景观格局指数空间分析操作。
（3）学会利用 Fragstats 软件进行景观格局指数的计算。

二、实验内容

县域尺度景观格局空间分析。

三、实验步骤

景观格局一般是指其空间格局，即大小和形状各异的景观要素在空间上的排列和组合，包括景观层面、景观类型层面和斑块层面三个层次。它是景观异质性的具体体现，又是各生态过程在不同尺度上作用的结果。景观格局研究在生态学研究中占有很大比重，成为景观生态学研究焦点之一。

景观格局及其变化是自然和人为多种因素相互作用所产生的一定区域生态环境体系的综合反映，一般采用景观格局指数进行定量分析。

Fragstats 是一个旨在为分类地图模式计算各种各样的景观度量的软件。目前该软件被广泛使用的版本是第 4 版，它接受各种格式的栅格图像，包括 ASCII 网格，8 位、16 位和 32 位的整数网格，ESRI 网格，GeoTIFF 等多种栅格数据。该软件在计算景观格局指数时，可以选择 Patch、Class 和 Landscape 三个级别。不同级别对应不同的指数，也分别对应不同的生态意义。

第一步：导入数据。

本次实验的研究区域为浙江省金义都市新区，金义都市新区位于浙江省中部，金衢盆地东部，地处金华市金东区与义乌市接合部（119°41′~120°7′E，29°22′~29°3′N），是长三角经济圈和台湾海峡西岸经济协作区的交汇点，新区近期规划区域包括孝顺镇、傅村镇、曹宅镇、塘雅镇、澧浦镇、上溪镇、义亭镇、佛堂镇。导入研究区域范围矢量图，加载该地区土地利用数据（该数据为目视解译好的产品数据），如图 2-1 所示。

第二步：数据网格化。

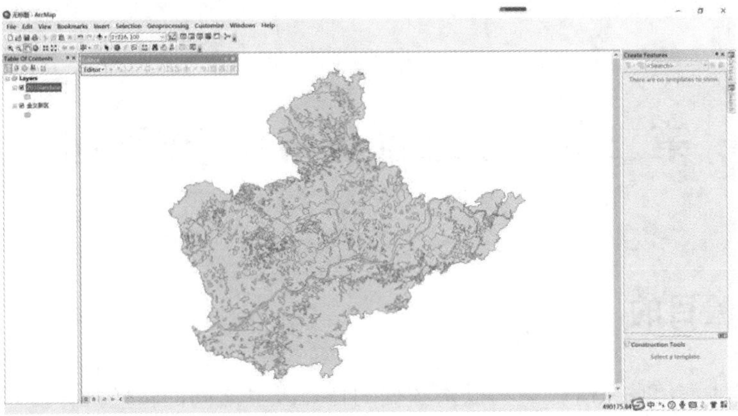

图 2-1　添加研究区土地利用数据

建立渔网，利用 ArcMap 的 ArcToolbox → Data Management Tools → Sampling → Create Fishnet 命令建立渔网，如图 2-2、图 2-3 所示。

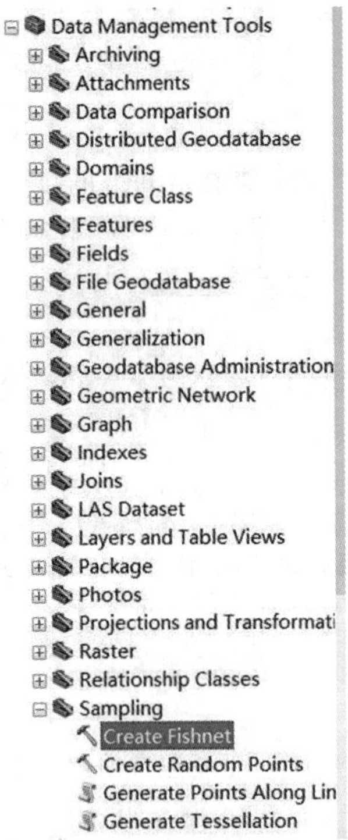

图 2-2　创建渔网工具图

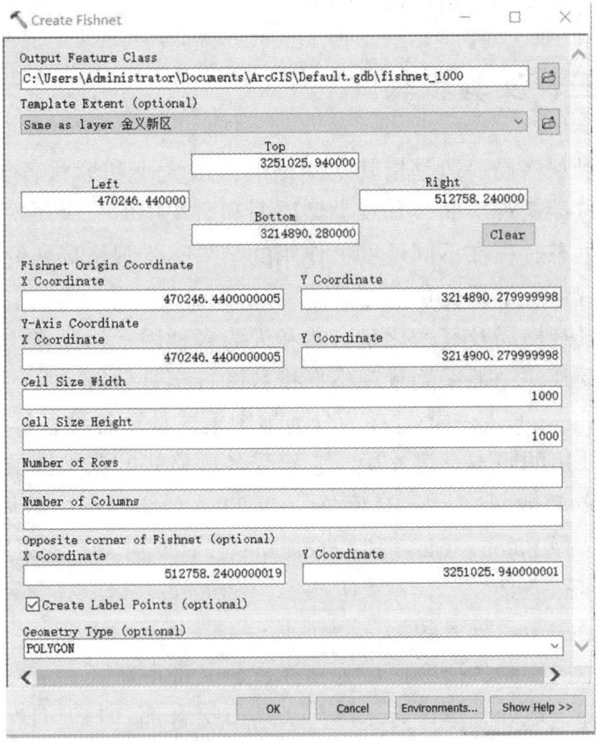

图 2-3　对研究区建立 1000m ×1000m 的网格

如图 2-3 所示，在此给金义都市新区创建 1000m × 1000m 的网格。将网格数据和该地土地利用数据进行叠合分析（图 2-4）得到网格化的土地利用数据，如图 2-5 所示。

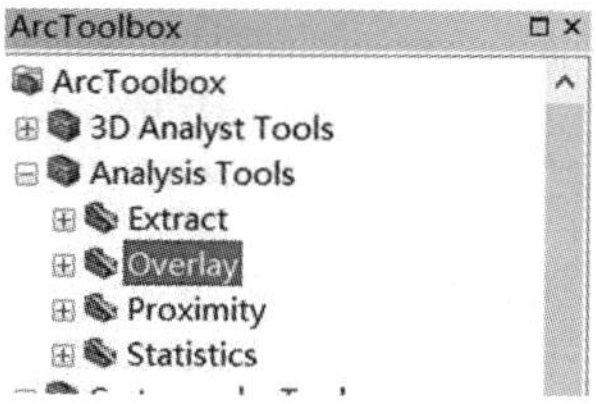

图 2-4　叠合分析图

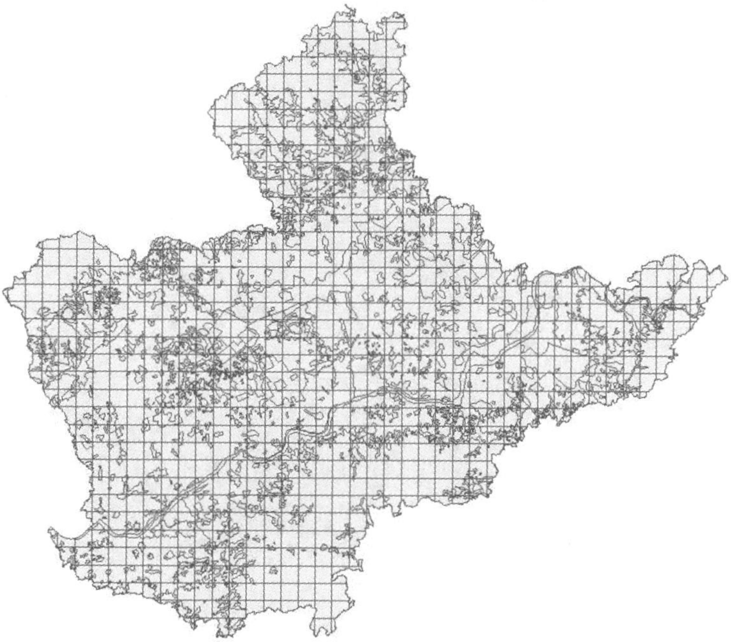

图 2-5　网格化后的土地利用数据

第三步：数据转化。

打开 1000m 网格化后的土地利用数据表，字段 FID_1000 是网格代码，进行数据转化必须将相同的代码全部选中后转化，如图 2-6 所示。

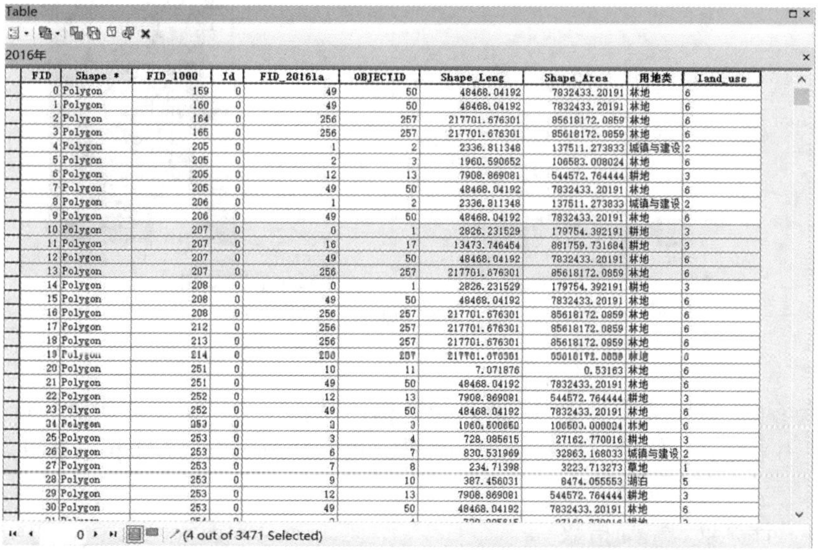

Table

2016年

FID	Shape *	FID_1000	Id	FID_2016la	OBJECTID	Shape_Leng	Shape_Area	用地类	land_use
0	Polygon	159	0	49	50	48468.04192	7832433.20191	林地	6
1	Polygon	160	0	49	50	48468.04192	7832433.20191	林地	6
2	Polygon	164	0	256	257	217701.676301	85618172.0859	林地	6
3	Polygon	165	0	256	257	217701.676301	85618172.0859	林地	6
4	Polygon	205	0	1	2	2336.811348	137511.273833	城镇与建设	2
5	Polygon	205	0	2	3	1960.590652	106583.008024	林地	6
6	Polygon	205	0	12	13	7908.869081	544572.764444	耕地	3
7	Polygon	205	0	49	50	48468.04192	7832433.20191	林地	6
8	Polygon	206	0	1	2	2336.811348	137511.273833	城镇与建设	2
9	Polygon	206	0	49	50	48468.04192	7832433.20191	林地	6
10	Polygon	207	0	0	1	2826.231529	179754.392191	耕地	3
11	Polygon	207	0	16	17	13473.746454	881759.731684	耕地	3
12	Polygon	207	0	49	50	48468.04192	7832433.20191	林地	6
13	Polygon	207	0	256	257	217701.676301	85618172.0859	林地	6
14	Polygon	208	0	0	1	2826.231529	179754.392191	耕地	3
15	Polygon	208	0	49	50	48468.04192	7832433.20191	林地	6
16	Polygon	208	0	256	257	217701.676301	85618172.0859	林地	6
17	Polygon	212	0	256	257	217701.676301	85618172.0859	林地	6
18	Polygon	213	0	256	257	217701.676301	85618172.0859	林地	6
19	Polygon	214	0	256	257	217701.676301	85618172.0859	林地	6
20	Polygon	251	0	10	11	7.071876	0.53163	林地	6
21	Polygon	251	0	49	50	48468.04192	7832433.20191	林地	6
22	Polygon	252	0	12	13	7908.869081	544572.764444	耕地	3
23	Polygon	252	0	49	50	48468.04192	7832433.20191	林地	6
24	Polygon	253	0	2	3	1960.590652	106583.008024	林地	6
25	Polygon	253	0	3	4	728.085615	27162.770016	耕地	3
26	Polygon	253	0	6	7	830.531969	32863.168033	城镇与建设	2
27	Polygon	253	0	7	8	234.71398	3223.713273	草地	1
28	Polygon	253	0	9	10	387.456031	8474.055553	湖白	5
29	Polygon	253	0	12	13	7908.869081	544572.764444	耕地	3
30	Polygon	253	0	49	50	48468.04192	7832433.20191	林地	6

(4 out of 3471 Selected)

图 2-6　网格化后的土地利用数据属性表

将每个网格单独转化为栅格 .tif 格式。Field 参数设置为用地类型代码。Output cell size 可以根据研究需要进行设置，此处设置为 30m。设置如图 2-7 所示。矢量数据栅格化结果见图 2-8。

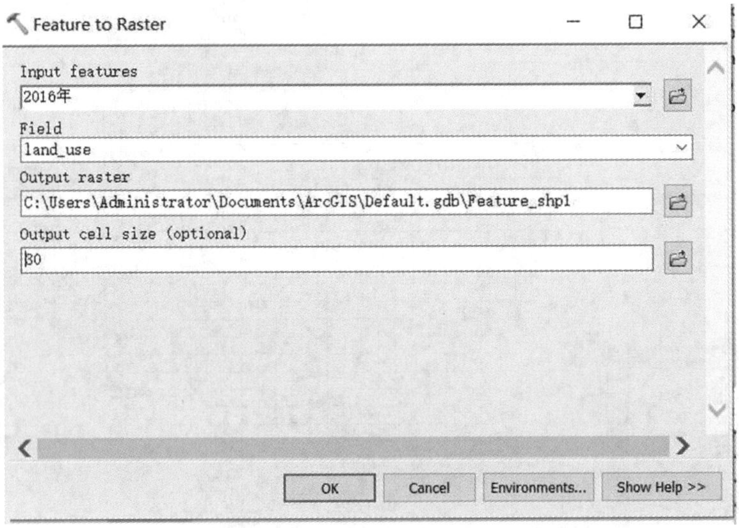

图 2-7 矢量数据栅格化

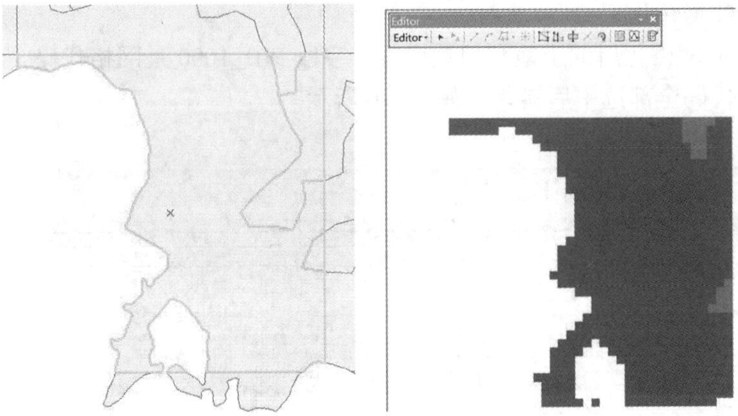

(a) 矢量数据　　(b) 栅格化后的数据

图 2-8 矢量数据和栅格化后的数据

因为 Fragstats 软件支持的是 .tif 格式的数据，所以需要将手上的栅格文件转换为 .tif 格式的文件用来运算。转换可以在 ArcView 里面进行，或者在 ArcMap 中都可以，转换操作见图 2-9。

第四步：计算景观格局指数。

将转化好的栅格文件导入景观格局指数计算软件 Fragstats 中。打开 Fragstats 软件，将之前导出的 .tif 数据加载进来（图 2-10）。

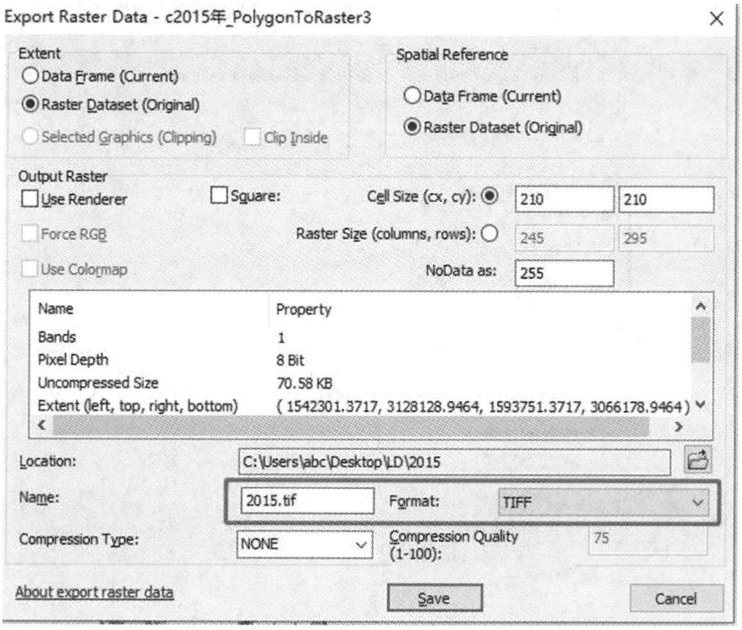

图 2-9　转化为 . tif 格式

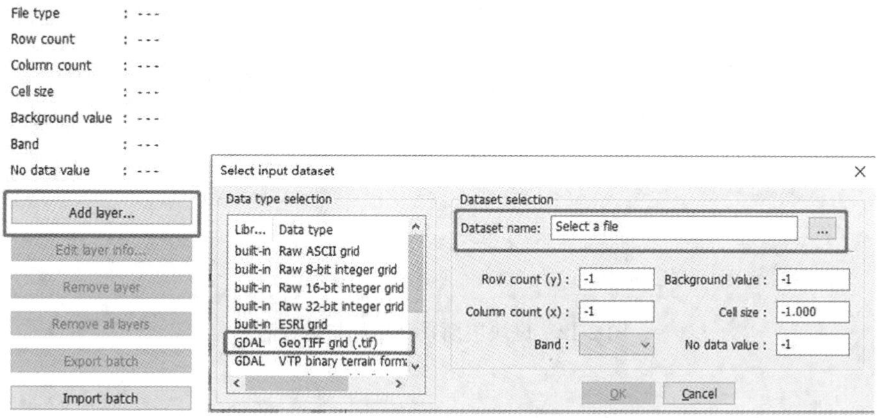

图 2-10　加载 . tif 格式数据

然后进行参数设定，选择景观格局指数，指数一共有三个级别：Patch（斑块层面）、Class（类型层面）、Landscape（景观层面）。不同级别对应不同的指数，对应着不同的生态学意义。所以选择指数的时候，须清楚所选择的指数对应的级别。参数设置见图 2-11 至图 2-14。

该软件可以一次计算多个文件，可以将需要计算的网格 . tif 文件整理好，进行批处理。这样可以加快计算速度。

第五步：统计分析。

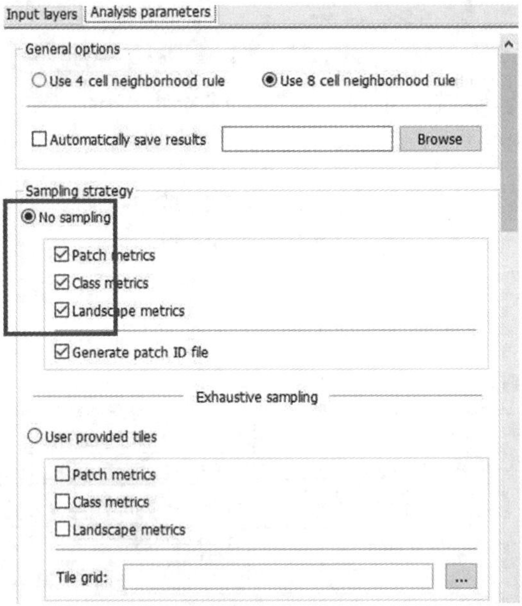

图 2-11 参数设置

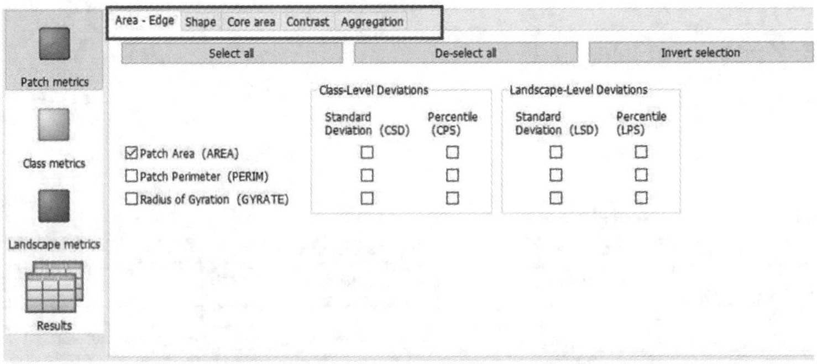

图 2-12 斑块层面景观格局指数设置

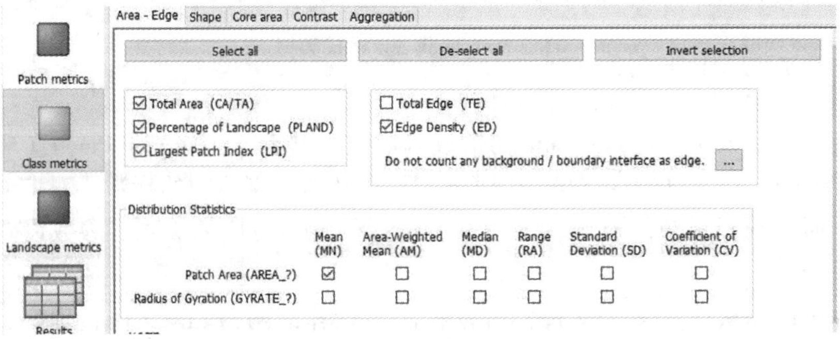

图 2-13 类型层面景观格局指数设置

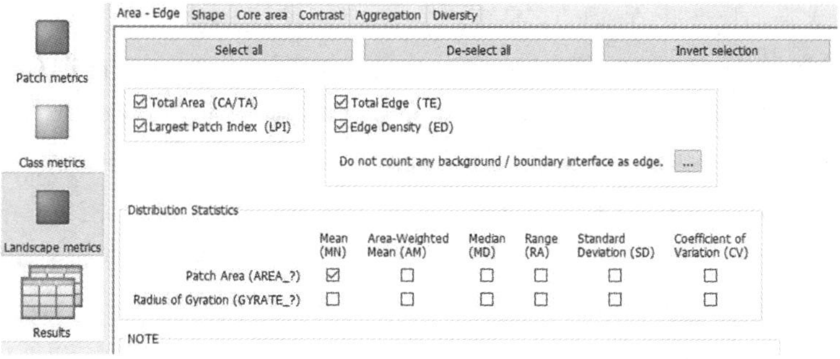

图 2-14　景观层面景观格局指数设置

将计算好的景观格局指数导入 Excel 或者其他分析绘图软件（图 2-15），可以对数据进行数理统计分析。

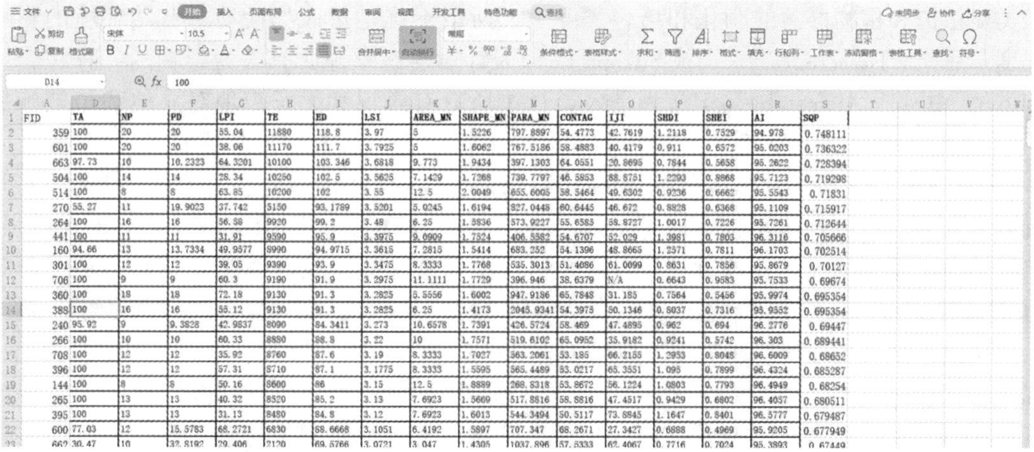

图 2-15　不同网格对应的景观格局指数统计

四、案例研究

浙江金义都市新区景观格局与人为干扰演化趋势分析

摘要：提取浙江金义都市新区八个乡镇，1980 年、2000 年、2010 年及 2016 年四期的土地利用数据，利用 ArcGIS 创建评价单元，计算景观格局指数与人为干扰度指数（HI），探讨 1980—2016 年间金义都市新区景观动态变化及对人为干扰的响应。结果表明：①研究区域内受人类活动影响，景观类型面积变化显著，主要体现为城镇与建设用地面积增加、耕地与林地面积减少，斑块连接度与优势度降低，斑块形状复杂化，1980—2000 年间不同类型斑块的景观破碎度增强，而在 2000 年以后则趋于规则化发展；②研究区域内人为干扰度指数整体呈上升趋势，不同干扰等级的区域面积变化明显，尤以高干扰等级面积增加显著，其变化在空间上呈现由东向西的扩展趋势；③随着人类活动的增强，最大斑块占景观面积比（LPI）、斑块密度（PD）、蔓延度指数（CONTAG）、香农多样性指数（SHDI）对人为干扰度均呈显著性相关，分别体现在中低干扰阶段LPI和FRAC_MN与人为干扰度呈显著正相关，相关性指数1980年分别为0.485、0.666，2000年分别为0.452、0.679，而中高干扰阶段CONTAG与人为干扰度呈显著负相关，相关性指数为-0.529、-0.467，而SHDI与人为干扰度呈正相关，相关性指数为0.267、0.529。

关键词：金义都市新区；景观格局；人为干扰度；时空变化

（一）引言

近30多年来，由于人口的增长及城市化进程的加快，人类活动对地表的影响已经在强度、广度和速度上接近或超过了自然因素带来的变化，人类活动已经成为地表系统仅次于太阳能、地球系统内部能量的第三驱动力[1-3]。

干扰（Hemeroby）一词最早由植物学家Jalas于1955年提出，其最初的目的是测算人类对植被和植物群落的驯化和培育程度[4]。所谓干扰是指人类活动对自然环境的影响程度。后来“Hemeroby”一词被Sukopp解释为针对生态系统所有人为影响的一种综合监测方法，并将“Hemeroby”定义为是人类过去所有有意识和无意识地对立地和植被施加的干扰的一个总的量度[5-6]。这一量度的不同强度等级，即为干扰度（Degree of Hemeroby）[7]。我国学者李迈和将“Degree of Hemeroby”翻译为生态干扰度，认为生态干扰度（Hemeroby）与天然性程度（Naturalness）是一对相对的概念[8]。人类的干扰越强，植被和立地受到的破坏就越大，它们的天然性程度就越低，或者说距离它们的顶级群落（Climax Community）或离它们潜在的自然植被（Potential Natural Vegetation）就越远。

国内外的人为干扰度研究主要应用于森林生态学、生物学过程、景观过程等，常用来描述不同森林类型，或作为森林背景因子进行森林动物生境、多样性的研究[9-12]。在提取干扰度指数时，景观类型及其格局变化成为干扰度研究的主要方法和手段[13-14]。国外学者在进行干扰度研究时，常利用景观分类资料将干扰度按照不同的土地利用类型分为不同的干扰强度等级[15-16]。国内的人类活动干扰研究目前主要集中在讨论研究区域内景观格局演变的空间分布规律及其生态响应方面，如辽河三角洲[17]、黄河三角洲[18]等河口湿地景观格局变化及其生态环境效应研究；江苏苏北滨海滩涂湿地景观格局变化与管理策略研究[19]；南方红树林景观格局及其变化研究等[20]。其中，李加林等[21]对浙江象山湾的港湾景观类型及其变化特征，采用景观人工干扰强度指数（Landuse Human Active Interference Index，LHAI）来描述区域内景观受人类干扰的程度。肖翠[22]等分析浙江西门岛湿地景观格局与人为干扰度变化，结果表明不同干扰型景观面积不断变化，空间上，海岛湿地人为干扰度指数由海域向陆地逐渐加重。孙永光[23]等以大洋河口为例，探讨河口湿地的人为干扰时空动态变化及景观响应，表明人为干扰度在不同历史时期呈非均质化变化，围海养殖是人为干扰度变化的主控景观因子，人类活动干扰中心逐渐由陆地向海洋过渡，景观格局在时间与空间上对人为干扰度做出不同响应。

随着人类活动对自然景观的影响逐渐增大以及数据处理、信息采集融合技术的不断发展成熟，人为干扰度与景观格局及人为干扰度定量化的研究逐渐成为景观生态学研究的热点[24-25]。本案例以浙江省金华-义乌都市新区为研究对象，运用地理信息技术手段，分析金义都市新区景观格局与人为干扰度的动态变化，探讨它们之间的响应关系，希望能为城镇景观格局的优化、城市生态的合理布局与评价提供方法和信息支持。

（二）研究区域与研究方法

1. 研究区概况

根据《金义都市区规划（2019—2035 年）》[26]，金义都市区规划范围包括金华市域和丽水缙云县，总面积 1.24 万平方千米。金华市区和义乌市是发展主核。都市区协调区范围包括龙游县和诸暨市南部。到 2025 年，金义都市区能级迈上新台阶，全市 GDP 达到 6400 亿元，各类人才总量达到 200 万人，都市区 1 小时交通圈基本形成，金义主核人口和经济占比稳步提升，30 分钟通勤圈初步实现。到 2035 年，基本建成现代化都市区，金义一体化全面形成，全市 GDP 达到 10000 亿元，各类人口总量达到 300 万人，金义主核人口、经济占比分别提升至 60%和 52%。到 21 世纪中叶，全面建成高质量高水平网络状城市群、组团式现代化都市区。而作为该规划核心组成部分的金义都市新区位于浙江省中部（图 2-16），金衢盆地东部，地处金华市金东区与义乌市结合部（119°41′~120°7′E，29°22′~29°3′N），是长三角经济圈和台湾海峡西岸经济协作区的交汇点，新区区域包括孝顺镇、傅村镇、曹宅镇、塘雅镇、澧浦镇、上溪镇、义亭镇、佛堂镇[27]。全区总面积 696.79km^2，其中山地占 33.77%，平原占 66.23%，属于亚热带季风气候，年平均气温 17.5℃，境内主要有东阳江，自东向西贯穿其南部。未来的金义都市新区与金华市和义乌市共同形成浙中城市群核心区，成为带动浙江中西部地区经济社会发展的重要增长极。

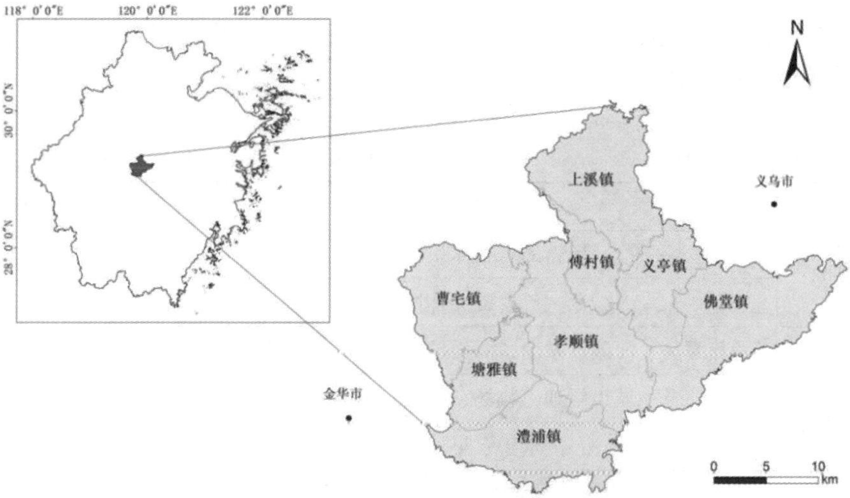

图 2-16　研究区概况图

2. 数据来源及处理

本案例采用地理空间数据云提供的 1980 年、2000 年、2010 年、2016 年四期的 Landsat 卫星数字产品，根据金义都市新区景观特征和相关研究成果，在现场勘查的基础上，参考中国科学院土地利用方式分类标准，将研究区域覆被类型划分为林地、草地、耕地、河流、湖泊、城镇及建筑用地和裸地共 7 大类。以此为标准，利用 ENVI 和 ArcGIS10.3 软件，图像经过预处理后，进行目视解译，得到研究区域 1980 年、2000 年、2010 年、2016 年四期土地覆被类型的矢量数据。

3. 景观格局指数选取与计算

基于研究区域景观分布特点以及景观格局指数的生态学意义，采用景观格局指数比较法，从景观水平上针对密度、连接性、多样性、聚集度等方面，选取 9 个景观格局指数，包括斑块密度（PD），最大斑块占景观面积比（LPI），景观形状指数（LSI），边缘密度（ED），蔓延度指数（CONTAG），香农多样性指数（SHDI），景观聚集度指数（AI），平均斑块面积（AREA_MN），平均分维数（FRAC_MN），指数计算方法、含义和公式见文献[28-29]。并利用 Fragstats4.2 软件，计算得出 1980—2016 年的景观格局指数，采用网格法，计算网格单元的景观指数。

4. 人类活动强度计算

本案例采用网格法，计算人类活动强度。首先利用 ArcGIS 软件中的创建渔网工具，创建 4km × 4km 的网格单元，其次根据表 2-1 为不同土地覆被类型进行干扰度指数赋值，然后利用公式（2-1），计算每个网格单元的人为干扰指数。

$$M = \sum_{i=1}^{n} f_n \times h \tag{2-1}$$

式中，M 为人为干扰强度；n 为干扰度指数等级；h 为干扰度指数；f_n 为干扰度等级为 h 的用地类型面积比值。

表 2-1　**人为干扰度赋值说明**

活动强度等级	土地利用类型	干扰度指数（HI）
低活动强度	裸露的岩石冰川与常年积雪	1
	各类林地	2
中活动强度	稀疏灌丛、河流、湖泊、海面、天然草地、荒漠与裸露地表	3
中高活动强度	城市绿地、牧场、种植农用地、滩地	4
	水田、旱地、园地	5
高活动强度	水工设施、堆放物、矿区、垃圾场、施工地	6
	交通用地、硬化地表、工业建筑设施、城镇建筑等建筑物	7

（三）结果与分析

1. 景观格局变化分析

景观层面上（表 2-2），由于受到人类活动的影响，金义都市新区景观格局发生了明显的变化：1980—2016 年间，景观破碎度增强，2010 年后趋于稳定波动变化。具体体现在 AREA_MN 指数整体呈下降趋势，但在 2000—2010 年其值急速下降，说明人类活动增强导致景观破碎化程度增强，而 2010 年后，其值又稍有回升，表明景观趋于稳定发展。同样 PD 在 2010 年之后稍有下降，但研究期间整体处于上升趋势，这都说明研究区域内景观破碎化程度增强，后趋于规则化发展。斑块连通性与优势度降低，体现在 CONTAG 由 72.4113 下降到 65.9457，说明景观中斑块连通性降低，各类型斑块分散分布。SHDI 从 1980 年的 0.9531 增加到 2016 年的 1.1699，表明各斑块类型趋于均匀分布，与 1980 年相比，2016 年的斑块类型分布相对均匀，景观连通性和优势度下降。该区景观形状复杂程度相对较低，但有复杂化趋势。体现在 FRAC_MN 值从 1980 年的 1.0656 增大到 2016 年的 1.0822，该值接近 1，说明研究区景观复杂程度低，但其值增大说明地区景观复杂程度稍有上升趋势。原因归结于研究区域大规模城市建设之后，人类活动改变了景观形状使景观复杂化。同时，LSI 值整体上呈上升趋势也可同样说明此现象。

表 2-2　**金义都市新区 1980—2016 年景观格局指数变化**

年份（年）	1980	2000	2010	2016
斑块密度（PD）	1.115	1.6117	1.7191	1.4092
最大斑块占景观面积比（LPI）	40.4347	40.3216	33.6079	34.628
边缘密度（ED）	26.992	26.9765	35.2501	33.7726
蔓延度指数（CONTAG）	72.4113	72.1981	66.6243	65.9457
香农多样性指数（SHDI）	0.9531	0.962	1.1399	1.1699
景观形状指数（LSI）	20.6866	20.6764	26.1364	25.1628
聚集度指数（AI）	95.8277	95.831	94.6004	94.826
平均斑块面积（AREA_MN）	98.8487	98.0146	64.706	72.5065
平均分维数（FRAC_MN）	1.0656	1.0663	1.0697	1.0822

景观类型层面上，城镇与建设用地、耕地这两类用地类型受人类活动影响最大（表 2-3）。由表 2-3 可发现，随着人类活动的加强，城镇与建设用地的破碎化程度降低，斑块的连通性与形状的复杂程度均上升，主要体现在 LPI、ED、AREA_MN、FRAC_MN、AI 这五类指数从 1980 年到 2016 年，呈现递增的趋势；耕地的 LPI 指数逐年减小，AI 指数有

下降趋势，表明其破碎化程度加剧，大斑块被分割成小斑块，板块间的聚集程度下降，FRAC_MN 略有上升，表示斑块形状稍有复杂化趋势。

表 2-3　**1980—2016 年金义都市新区类型层面上景观格局指数变化**

年份（年）	土地类型	PD	LPI	ED	LSI	AREA_MN	FRAC_MN	AI
1980	城镇与建设用地	0. 340	0. 090	5. 021	19. 399	8. 567	1. 0445	87. 643
2000		0. 353	0. 090	5. 204	19. 710	8. 582	1. 0451	87. 676
2010		0. 633	0. 998	11. 565	25. 535	14. 379	1. 0566	90. 720
2016		0. 462	1. 911	12. 727	23. 8054	27. 853	1. 0725	92. 75
1980	耕地	0. 085	40. 489	25. 455	23. 531	653. 751	1. 0959	9. 551
2000		0. 082	40. 376	25. 361	23. 560	669. 761	1. 0964	96. 530
2010		0. 116	33. 686	31. 930	31. 466	409. 433	1. 096	94. 969
2016		0. 095	33. 669	29. 439	28. 656	519. 008	1. 1023	94. 509

2. 景观格局指数与人类活动关系分析

人为干扰度（土地利用类型）与景观指数的相关分析表明（表 2-4），在中低干扰阶段（高干扰等级面积占比<20%），PD 与人为干扰度呈正相关，相关系数达到了 0. 578，通过 0. 01 水平显著性检验，显著性明显，随着人为干扰度增加，斑块密度也随着增加，在中高干扰阶段（高干扰等级面积占比>20%）相关性降低，但仍具有显著性。LPI 与人为干扰度在中低干扰阶段呈正相关，在中高干扰阶段相关性不明显。AREA_MN 指数反映的是斑块的分布状态，其值大小体现了斑块分布的聚散程度。从表中可以看出，在中低干扰阶段，AREA_MN 指数与人为干扰度具有较高相关性，但相关方向不同，说明可能存在突变值域，也可能与本案例所取样本有关，需要进一步研究确认。FRAC_MN 表示斑块形状的复杂程度，从表 2-4 与图 2-17 可以看出，在中低干扰阶段其值与干扰度变化趋势相同，在中高干扰阶段相关性降低，说明随着干扰强度的增大，人为干扰对景观斑块形状复杂程度的影响逐渐减弱。CONTAG 在中低干扰阶段并未和人为干扰度之间表现出相关性，但在中高干扰阶段，与之呈现显著负相关的关系。SHDI 与 CONTAG 情况相同，结合图 2-17可以明显看出，在中低干扰阶段，SHDI 与 CONTAG 并未对人为干扰度表现出响应，但在开始建设金义都市新区后，在中高干扰阶段，SHDI 与 CONTAG 开始对人为干扰度做出响应，当人为干扰度增强，SHDI 值也随之增加，而 CONTAG 则减小。由图 2-18 可以发现，人为干扰强度越强，蔓延度指数越小，而 SHDI 指数越大，说明人类活动增强，区域景观异质性增强，斑块类型越丰富，景观多样性增加，斑块呈现破碎化和间断分布。

需要特别指出的是：在中低干扰阶段，LPI 和 FRAC_MN 与人为干扰度具有较大程度的相关性；在中高干扰阶段，CONTAG 和 SHDI 与人为干扰度具有较高相关。这表明人为干扰不同发展阶段，存在不同的景观格局指数与其响应，可以较好地表征人类活动的发展状况，同时，也验证了人类活动是景观格局变化的驱动因子。

表 2-4 **人为干扰度与景观指数 Pearson 相关系数表**

干扰程度	年份（年）	PD	LPI	ED	AREA_MN	FRAC_MN	CONTAG	SHDI	AI
中低干扰	1980	0.578**	0.485**	−0.229	0.640**	0.666**	0.273	−0.175	0.257
	2000	0.520**	0.452*	−0.144	−0.682**	0.679**	0.274	−0.100	0.171
中高干扰	2010	0.449*	0.200	0.360	0.618**	0.499**	−0.529**	0.267**	−0.347
	2016	0.361*	−0.261	0.247	−0.313	−0.233	−0.467**	0.529**	−0.162

注：** 表示在 0.01 水平（双侧）上显著相关。* 表示在 0.05 水平（双侧）上显著相关。

（四）结论

本案例分析了金义都市新区 1980—2016 年的景观动态变化与人类活动强度的时空变化特征，并分析了景观格局指数与人类活动强度的相关性，得到以下结论：

（1）1980—2000 年间，研究区域景观类型保持稳定，2000—2016 年间，由于新城建设，金义都市新区景观类型变化剧烈，主要表现在耕地与林地面积减少，城镇与建设用地明显增加，其中城镇与建设用地变化占研究期间总变化的 37.92%，人类活动是景观格局变化的主要驱动因子。

（2）金义都市新区景观格局指数变化显著，主要表现在 1980—2016 年间，景观破碎度增强，斑块连通性与优势度降低，景观形状复杂程度相对较低，但有增大趋势。这种变化趋势与人类活动类型及强度密切相关。

（3）研究区域内人类活动强度整体呈上升趋势，其中 1980—2010 年间上升幅度较小，而 2010 年后，人类活动干扰显著上升。2010—2016 年间，年均人为干扰强度明显增强，新区东部人类活动高值中心逐渐往义乌方向转移，而西南侧与位于孝顺镇的汇聚点逐渐北移，形成了从义乌至金华两点间的人类活动扩散趋势。主要原因归结于 2010 年后开始规划建设金义都市新区，人类活动增强。就干扰等级而言，不同干扰等级的区域面积变化明显，其中以高干扰等级最为显著。在 1980—2016 年间高干扰等级增加了 212.04km^2，在空间上呈现由东向西的扩展趋势。

（4）从金义都市新区各时期景观指数与人为干扰度相关性分析可知，在中低干扰阶段，LPI 和 FRAC_MN 与人为干扰度具有较高相关；在中高干扰阶段，CONTAG 和 SHDI 与人为干扰度具有较高相关。表明在不同人类活动强度下，不同的景观格局指数与人类活动干扰强度存在响应差异。

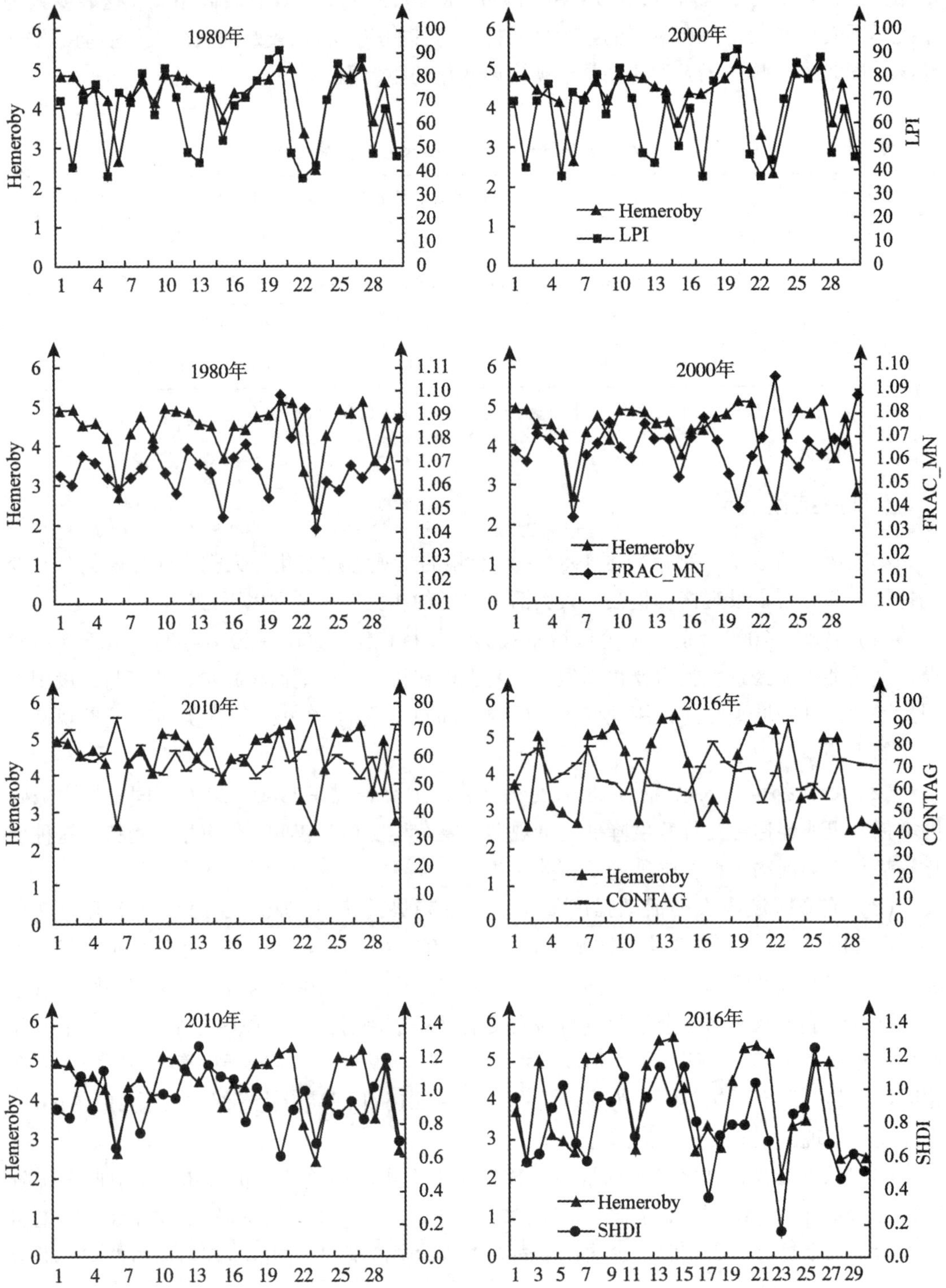

图 2-17　人为干扰度指数与相关景观格局指数

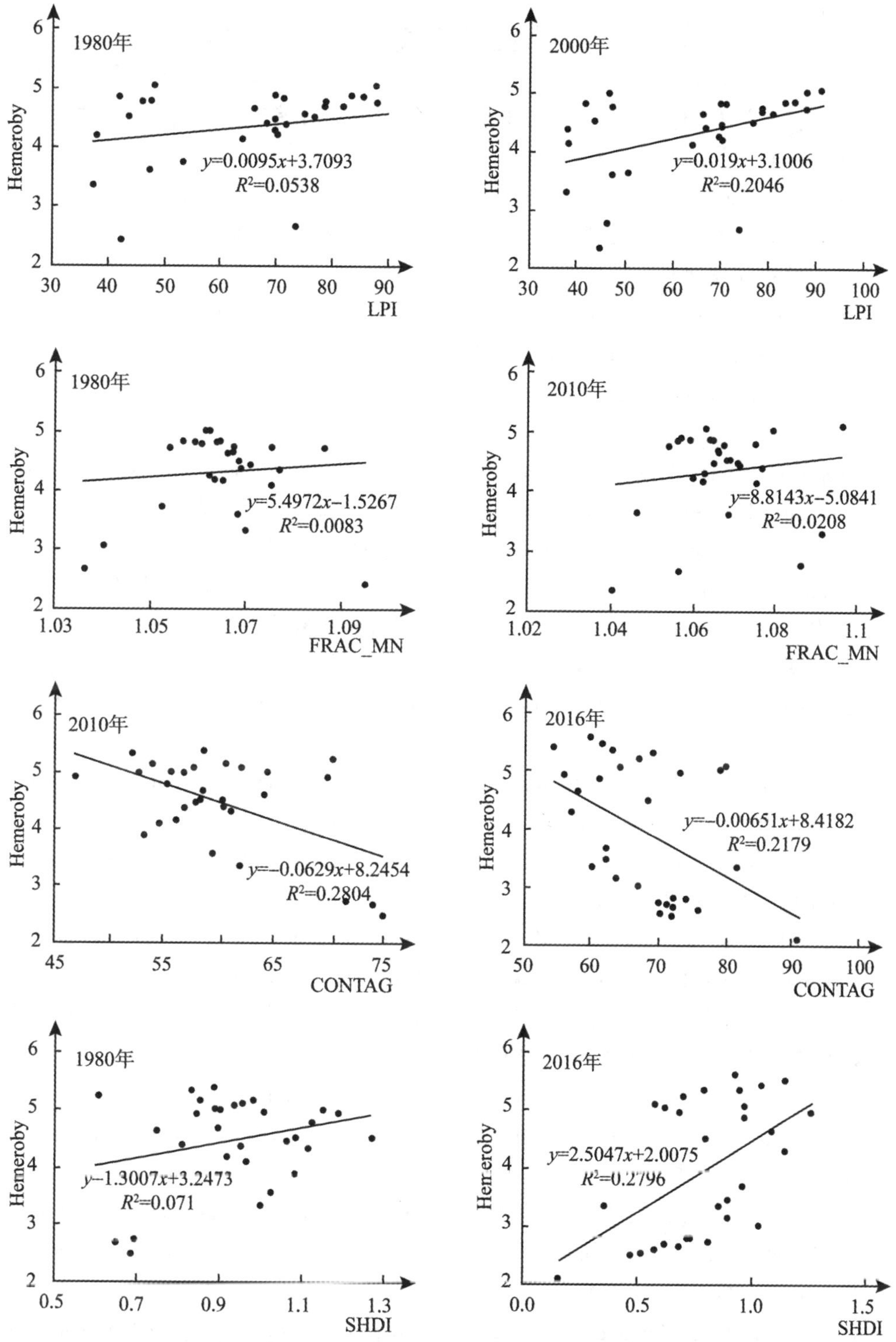

图 2-18　部分景观格局指数与人为干扰强度的相关性散点图

本章参考文献

[1] 徐进勇，张增祥，赵晓丽，等．2000—2012 年中国北方海岸线时空变化分析［J］．地理学报，2013，68（5）：651-660.

[2] 李天杰，薛纪渝，宁大同．环境地学原理［M］．北京：化学工业出版社，2004.

[3] 徐谅慧，李加林，李伟芳，等．人类活动对海岸带资源环境的影响研究综述［J］．南京师大学报（自然科学版），2014，37（3）：124-131.

[4] Jalas J. Hemerobe und hemerochore pflanzenarten . Ein terminologischer reformversuch［J］. Acta Societatis pro Fauna et Flora Fennica，1955，72：1-15.

[5] Sukopp H. Der einfluss des menschen auf die vegetation［J］. Vegetation，1969（17）：360-371.

[6] Sukopp H. Wandel von flora und vegetation in mitteleuropa unter dem einfluss des menschen［J］. Berichte ueber Landwirtschaft，1972（50）：112-139.

[7] Sukopp H，Sukopp U. Ecological long-term effects of cultigens becoming feral and of naturalization of non-native species［J］. Experientia，1993，49（3）：210-218.

[8] 李迈和，Norbert K，杨健．生态干扰度：一种评价植被天然性程度的方法［J］．地理科学进展，2002（5）：450-458.

[9] Glawion R. Ecosystems and landuse. Physical geography of Germany，2002（62）：289-319.

[10] Rüdisser J T E A. Distance to nature—a new biodiversity relevant environmental indicator set at the landscape level［J］. Ecological Indicators，2012（15）：208-216.

[11] Walz U，Stein C. Indicators of hemeroby for the monitoring of landscapes in Germany［J］. Journal for Nature Conservation，2014（22）：279-289.

[12] Marks R A S W. Manual and mapping instructions for the geoecological map［J］. Forschungen zur deutschen Landeskunde，1988（228）：213-226.

[13] 陈爱莲，朱博勤，陈利顶，等．双台河口湿地景观及生态干扰度的动态变化［J］．应用生态学报，2010，21（5）：1120-1128.

[14] Frank S，Fürst C，Koschke L，et al. A contribution towards a transfer of the ecosystem service concept to landscape planning using landscape metrics［J］. Ecological Indicators，2012（21）：30-38.

[15] Tasser E，Sternbach E，Tappeiner U. Biodiversity indicators for sustainability monitoring at municipality level：An example of implementation in an alpine region［J］. Ecological Indicators，2008（8）：204-223.

[16] Fu B J，Hu C X，Chen L D，et al. Evaluating change in agricultural landscape pattern between 1980 and 2000 in the Loess hilly region of Ansai County，China. Agriculture［J］. Ecosystems and Environment，2006（114）：387-396.

[17] 索安宁，于永海，韩富伟．辽河三角洲盘锦湿地景观格局变化的生态系统服务价值响应［J］. 生态经济，2011（6）：147-151.

[18] 许学工，林辉平，付在毅，等．黄河三角洲湿地区域生态风险评价［J］. 北京大学学报（自然科学版），2001（1）：111-120.

[19] 孙贤斌，刘红玉．土地利用变化对湿地景观连通性的影响及连通性优化效应——以江苏盐城海滨湿地为例［J］. 自然资源学报，2010，25（6）：892-903.

[20] Manson F J，Loneragan N R，Phinn S R. Spatial and temporal variation in distribution of mangroves in Moreton Bay，subtropical Australia：a comparison of pattern metrics and change detection and Estuarine［J］. Coastal and Shelf Science，2003，57：653-666.

[21] 李加林，刘永超，浦瑞良，等．人类活动对港湾岸线及景观变迁影响的比较研究——以中国象山港与美国坦帕湾为例（英文）［J］. Journal of Geographical Sciences，2018，28（8）：1127-1151.

[22] 肖翠，解雪峰，吴涛，等．浙江西门岛湿地景观格局与人为干扰度动态变化［J］. 应用生态学报，2014，25（11）：3255-3262.

[23] 孙永光，赵冬至，吴涛，等．河口湿地人为干扰度时空动态及景观响应——以大洋河口为例［J］. 生态学报，2012，32（12）：3645-3655.

[24] 刘佳琦，栗云召，宗敏，等．黄河三角洲人类干扰活动强度变化及其景观格局响应［J］. 地球信息科学学报，2018，20（8）：1102-1110.

[25] 余孟杰，吴涛，解雪峰，等．不同空间尺度下景观格局对人为干扰度的响应——以浙江金义新区为例［J］. 安徽农业科学，2019（16）：59-62.

[26] 金华市自然资源与规划局．金义都市区规划（2019—2035 年）［EB/OL］.［2020-01-18］. http：//zrzyj. jinhua. gov. cn/art/2020/1/18/art_1229167855_50515732. html.

[27] 金华市人民政府．全面启动金义都市新区规划建设［EB/OL］.［2012-4-5］. http：//www. jinhua. gov. cn/art/2012/4/5/art_1229159978_52704525. html.

[28] 肖笃宁，李秀珍．景观生态学［M］. 第 2 版. 北京：科学出版社，2010.

[29] 傅伯杰，陈马．景观生态学原理及应用［M］. 第 2 版. 北京：科学出版社，2011.

第三章　基于 GIS 的流域生态健康评估实验

一、实验目的

（1）了解流域生态健康评价的指标体系、流程和步骤。

（2）学会利用 GIS 软件进行流域生态健康评价并制图。

二、实验内容

完成基于 GIS 的流域生态健康评价模型算法和分析。

三、实验步骤

（一）基于术语与定义

为了让江河湖泊休养生息，加强流域生态环境保护，维护流域生态系统的健康，原环境保护部 2012 年 10 月下发了《关于开展流域生态健康评估试点工作的通知》（环办函［2012］1163 号），并编制了《流域生态健康评估技术指南》（以下简称“指南”），以指导流域生态健康评估试点工作。本次实验以该“指南”为模板，为适应教学要求，进行了适当性删减，设计开发了流域生态健康评价实验。

流域是指被分水岭所包围的、具有明确边界范围的集水区域。流域生态系统包括：水域生态系统、陆域生态系统和岸带生态系统。其中，水域生态系统是指由河槽（湖泊）中的水体、水生生物群落以及河源、河床等构成的生态系统，为人类提供水资源和水产品资源，为水生生物提供栖息生境。陆域生态系统是指水域生态系统以外至流域分水岭之间的生态系统，为多种生物提供了栖息环境，为人类提供了水源涵养、土壤保持、生物多样性保护和产品提供等多种功能。岸带生态系统是指河湖水域与陆地交界的过渡型生态系统，具有净化水体、稳定河岸、保护物种多样性、调节微气候和美化环境等重要的生态功能。湖泊、水库等岸带由于季节性水位涨落或周期性蓄水，使被淹没土地周期性出露于水面，又称为消落带。

（二）评估流程

流域生态健康评估的工作流程包括 3 个阶段：

（1）现状调查。通过社会经济统计、历史资料收集、生态调查、水文调查、环境监测以及遥感等技术手段，了解流域基本概况和存在的主要问题，分析评估流域的历史变化过程和变化趋势。

（2）评估内容与方法。以小流域为评估基本单元，以水域和陆域为评估对象，选取评估指标体系，诊断各评估单元的健康状况及流域整体综合健康状况。主要由评估单元、评估对象、指标体系、评估模型和标准分级 5 个环节组成，见图 3-1。

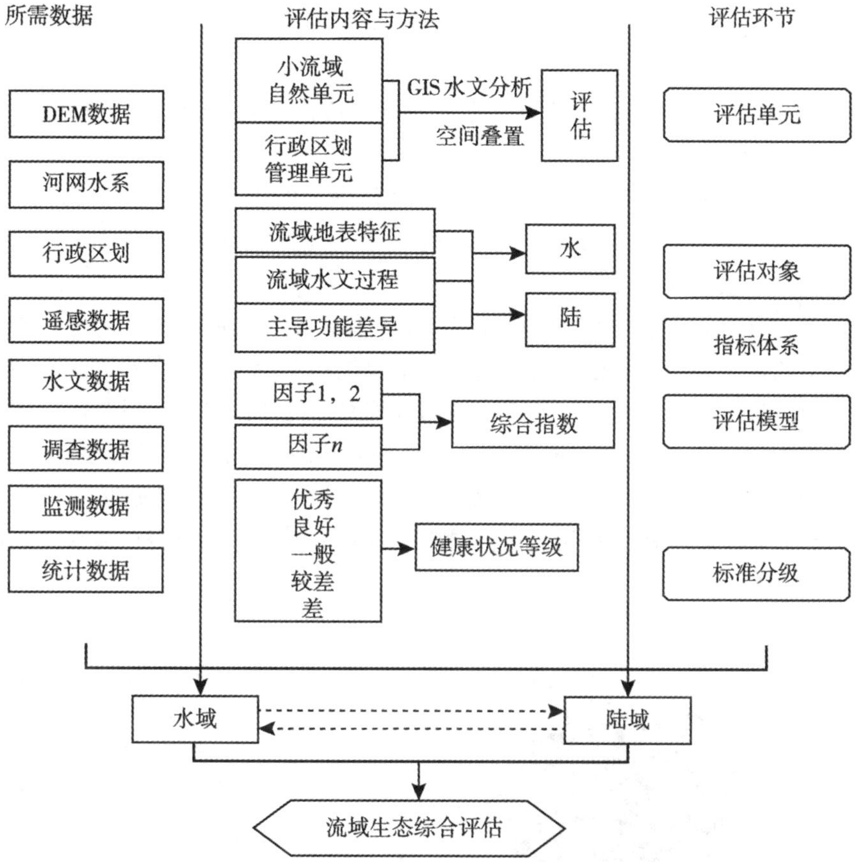

图 3-1 流域生态综合评估流程图

（3）对策与建议。在流域生态健康状况诊断分析的基础上，结合流域社会经济发展状况，提出流域生态系统保护和管理建议，以及具体的保护工程和治理措施。

（三）评估单元确定

以流域范围内的最小自然单元（集水区域）为基础，根据流域自然条件一致性和相似性特征进行最小自然单元的合并，具体步骤见图 3-2。同时，综合考虑流域自然地理单元、行政区划管理单元与流域环境管理单元的空间叠置关系及其组合的一致性。具体步骤详细介绍如下：

（1）无洼地 DEM 生成：无洼地 DEM 生成的基本过程是先利用水流方向数据计算

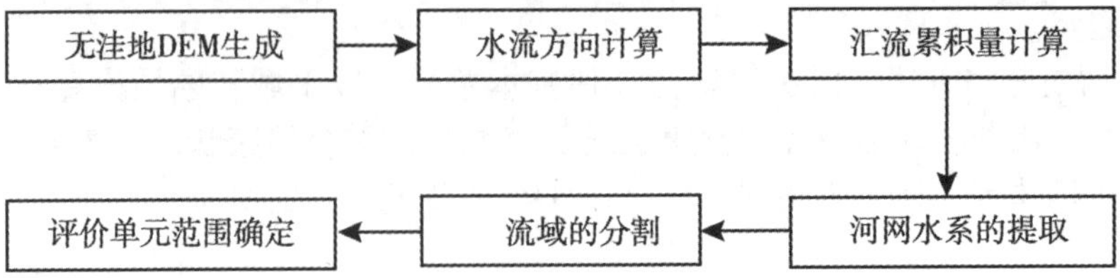

图 3-2　流域评价单元划分步骤

DEM 数据的洼地区域，并计算其洼地深度，然后，依据这些洼地深度设定填充阈值进行洼地填充（图 3-3）。

（2）水流方向计算：水流方向指水流离开此格网时的指向，通过 Hydrology 工具集中的 Flow Direction 工具完成。主要是利用对中心栅格的 8 个邻域栅格编码，中心栅格的水流方向便可由其中某一值来确定。

（3）汇流累积量计算：汇流累积量的计算是基于水流方向数据的，基本思想是：以规则格网表示的数字地面高程模型每点处有一个单位的水量，按照自然水流从高处流往低处的自然规律，根据区域地形的水流方向数据计算每点处所流过的水量数值，便得到了该区域的汇流累积量。通过 Hydrology 工具集中的 Flow Accumulation 工具完成。

（4）河网水系的提取：河网水系的提取主要是采用地表径流漫流模型，当汇流量达到一定值的时候就会产生地表水流，汇流量大于临界值的栅格组成潜在的水流路径，水流路径构成河网（图 3-4）。

图 3-3　西苕溪流域数字高程模型（DEM）

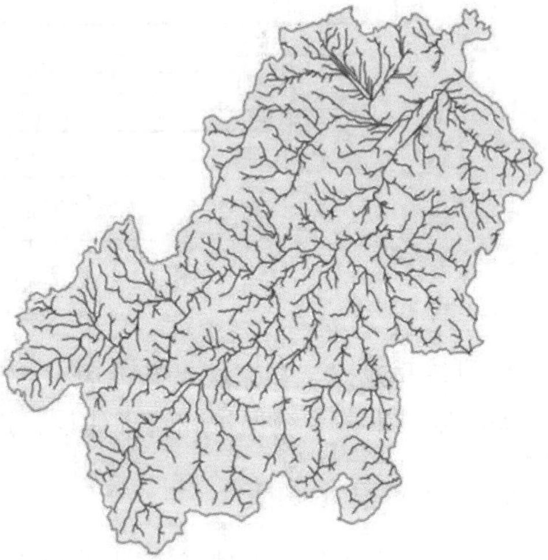

图 3-4　水文模型拟合的河网水系图

（5）流域的分割：流域是由分水岭分割而成的汇水区域，利用水流方向确定出所有相互连接并处于同一流域的栅格区域（图 3-5）。在上一步的基础上进行，执行工具条 Hydrology Modeling 中的菜单命令 Hydrology→Watershed，在出现的对话框中将 Direction

Raster 参数指定为 Flow Direction1，将 Accumulation Raster 参数指定为 Flow Accumulation1，指定 Minimum Number of Cells for a Stream 参数，调整生成的分割流域面积大小。

（6）评价单元范围确定：流域分割后进行逐级合并，合并至大小范围与乡镇行政范围基本保持一致，作为评价单元的范围（图 3-6）。

图 3-5　西苕溪流域分割

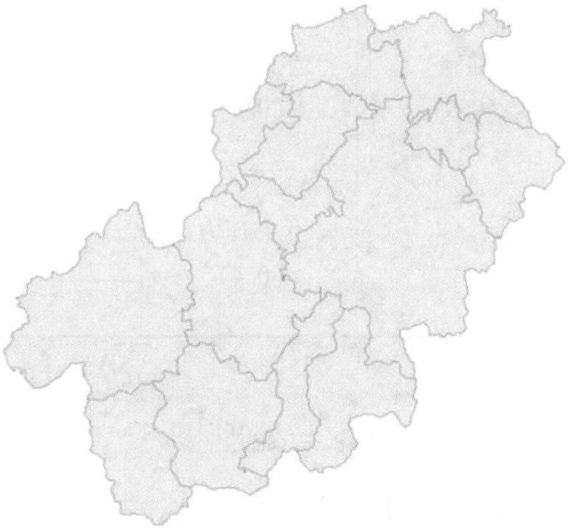

图 3-6　西苕溪流域合并后的评价单元

（四）指标体系构建与计算

评估指标共计 6 类 17 项，见表 3-1。其中，水域生态健康评估指标主要包括生境结构、水生生物和生态压力三类，共 8 项指标；陆域生态健康评估指标主要包括生态格局、生态功能和生态压力三类，共 9 项指标。如表 3-1 所示。

表 3-1　**陆域生态系统评价指标**

评估对象	指标类型	评估指标	指标权重
水域（0.4）	生境结构（0.4）	水质状况指数（%）	0.4
		枯水期径流量占同期年均径流量比例（%）	0.3
		河道连通性	0.3
	水生生物（0.3）	大型底栖动物多样性综合指数	0.4
		鱼类物种多样性综合指数	0.4
		特有性或指示性物种保持率（%）	0.2
	生态压力（0.3）	水资源开发利用强度（%）	0.5
		水生生境干扰指数	0.5

续表

评估对象	指标类型	评估指标	指标权重
陆域（0.6）	生态格局（0.3）	森林覆盖率（%）	0.2
		景观破碎度	0.2
		重要生境保持率	0.6
	生态功能（0.3）	水源涵养功能指数	0.4
		土壤保持功能指数（%）	0.3
		受保护地区面积占国土面积比例（%）	0.3
	生态压力（0.4）	建设用地比例（%）	0.4
		点源污染负荷排放指数	0.3
		面源污染负荷排放指数	0.3

1. 指标获取与处理

1）水域指标获取与处理

（1）生境结构。

①水质状况指数（%）。

指标解释：流域Ⅲ类及以上等级水质监测断面数占流域全部监测断面数的比例。湖泊水库型流域需增加富营养化指数评估。参照表 3-2。

表 3-2　**水质状况及富营养化赋分**

指　标	分级标准及赋分				
	优秀	良好	一般	较差	差
	$N \geqslant 80$	$60 \leqslant N<80$	$40 \leqslant N<60$	$20 \leqslant N<40$	$N<20$
水质状况指数（%）	≥80	60~80	40~60	20~40	<20
富营养化指数	<30	30~50	50~60	60~70	>70

数据来源：水文资料和环保部门公布的水质监测数据。

计算方法：

水质状况指数=流域Ⅲ类及以上水质监测断面数/流域全部监测断面数。

富营养化指数评价：参考中国环境监测总站《湖泊（水库）富营养化评价方法及分级技术规定》（总站生字［2001］090 号）。

②枯水期径流量占同期年均径流量比例（%）。

指标解释：反映流域（调洪）补枯的功能，衡量河流生态需水量的满足程度。参照表 3-3。

表 3-3　　**枯水期径流量占年均径流量比例**

指　　标	分级标准及赋分				
	优秀	良好	一般	较差	差
	N≥80	60≤N<80	40≤N<60	20≤N<40	N<20
枯水期径流量占同期年均径流量比例	≥1.3	1.1~1.3	0.9~1.1	0.7~0.9	<0.7

数据来源：水文监测、水文统计资料或者现状调查资料。

计算方法：

枯水期径流量占年均径流量比例=枯水期径流量/枯水期同期年均径流量。

当年均径流量、枯水期径流量等数据难以获取时，可参考平水期水量现状评估替代指标，参照表 3-4。

表 3-4　　**平水期水量现状评估替代指标及分级**

指　　标	分级标准及赋分				
	优秀	良好	一般	较差	差
	N≥80	60≤N<80	40≤N<60	20≤N<40	N<20
平水期水量现状评估	水流淹没河道低堤岸	水流淹没河道范围>75%	水流淹没河道范围 50%~75%	水流淹没河道范围 25%~50%	部分河道干涸

数据来源：现状调查资料。

当河流为季节性河流时，可选用断流天数为评估指标。参照表 3-5。

表 3-5　　**断流天数分级标准**

指　　标	分级标准及赋分				
	优秀	良好	一般	较差	差
	N≥80	60≤N<80	40≤N<60	20≤N<40	N<20
断流天数指标	<0.7	0.7~0.9	0.9~1.1	1.1~1.3	≥1.3

数据来源：水文监测、水文统计资料。

计算方法：断流天数指标=评估年断流天数/多年平均断流天数。

③河道连通性。

指标解释：河道连通性是指自然河道的连通状况。自然河道受人类活动，尤其是水电站、大坝及其他水利工程修建的干扰，使得河流上下游的纵向连续性中断，对其自净能力以及生物洄游通道产生不利影响，利用每百千米河道的闸坝个数评估河道的连通性。由于我国南北方水利资源差异较大，各流域水文条件不同，可根据流域具体情况对分级标准进行适当调整，并给出相应依据。参照表 3-6。

表 3-6　**河道连通性分级标准**

指标内容		分级标准及赋分				
		优秀	良好	一般	较差	差
		$N \geqslant 80$	$60 \leqslant N < 80$	$40 \leqslant N < 60$	$20 \leqslant N < 40$	$N < 20$
河道连通性（闸坝个数/每百千米）	山区、丘陵区	<3	3~8	8~10	10~20	≥20
	平原区	<1	1~3	3~5	5~10	≥10

数据来源：遥感解译、统计和实地调研。

计算方法：河道连通性=（闸坝、水电站等水利工程个数）/每百千米。

（2）水生生物。

①大型底栖动物多样性综合指数。

指标解释：选取反映大型底栖动物多样性的多个指标进行综合评估，表征大型底栖动物的物种完整性状况。利用指标包括：（a）大型底栖动物分类单元数（S）；（b）大型底栖动物 EPT 科级分类单元比（EPTr-F）；（c）大型底栖动物 BMWP 指数（BMWP）；（d）大型底栖动物 Berger-Parker 优势度指数（D）。首先进行指标的标准化，然后计算四个指标的算术平均和。参照表 3-7。

表 3-7　**大型底栖动物多样性综合指数分级标准**

指标内容	分级标准及赋分				
	优秀	良好	一般	较差	差
	$N \geqslant 80$	$60 \leqslant N < 80$	$40 \leqslant N < 60$	$20 \leqslant N < 40$	$N < 20$
大型底栖动物多样性综合指数	0.8~1	0.6~0.8	0.4~0.6	0.2~0.4	0~0.2

计算方法：

a. 大型底栖动物分类单元数（S）：即根据鉴定水平，某样点样品中出现的所有底栖动物分类单元数。

b. 大型底栖动物 EPT 科级分类单元比（EPTr-F）：即某样点样品中出现的大型底栖动物蜉蝣目（E）、襀翅目（P）和毛翅目（T）三目昆虫科级分类单元数在该样品中所有科级分类单元总数中所占的比例。

c. 大型底栖动物 BMWP 指数（BMWP）：

$$\mathrm{BMWP} = \sum t_i$$

式中，t_i 指某样点样品中大型底栖动物第 i 物种基于科一级分类阶元的敏感值。

d. 大型底栖动物 Berger-Parker 优势度指数（D）：

$$D = N_{\max}/N$$

式中：N_{max}为某样点样品中最优势种的个体数；N为底栖动物鉴定分类水平下所有个体数。

标准化公式：

a：$S=\dfrac{\text{measured}-5\%\text{quantile}}{95\%\text{quantile}-5\%\text{quantile}}$

b. 大型底栖动物 EPT 科级分类单元比（EPTr-F）标准化公式：

EPT-山地区：

$$\text{EPTr-F}>0.48,\ \text{EPTr}=1.0;$$

$$\text{EPTr-F}<0.48,\ \text{EPTr}=0.0297e^{7.2601\left(\frac{\text{EPT}}{\text{total}}\right)}。$$

EPT-丘陵区：

$$\text{EPTr-F}>0.36,\ \text{EPTr}=1.0;$$

$$\text{EPTr-F}<0.36,\ \text{EPTr}=0.0364e^{9.1382\left(\frac{\text{EPT}}{\text{total}}\right)}。$$

EPT-平原区：

$$\text{EPTr-F}>0.17,\ \text{EPTr}=1.0;$$

$$\text{EPTr-F}<0.17,\ \text{EPTr}=0.0271e^{20.635\left(\frac{\text{EPT}}{\text{total}}\right)}。$$

c. $\text{BMWP}=\dfrac{\text{measured}-\text{min}}{\text{max}-\text{min}}$

d. $D=\dfrac{95\%\text{quantile}-\text{measured}}{95\%\text{quantile}-5\%\text{quantile}}$

其中，measured：指任何一个指标在样点实际数据中的检测值；5% quantile：指任何一个指标检测数据5%的分位数值；95% quantile：指任何一个指标检测数据95%的分位数值；EPTr-F 即大型底栖动物蜉蝣目（E）、襀翅目（P）和毛翅目（T）三目昆虫科级分类单元数在该样品中所有科级分类单元总数中所占的比例，EPTr 为标准化数值；BMWP 标准化公式中的 min 为 0，max 在山地区为 131，在丘陵平原区为 81。

②底栖硅藻综合指数计算公式。

根据原环保部和浙江省流域健康试点评估方案要求的生物指数的评价方法，参考我们在东阳江流域 18 个评估单元实际调查所获得的底栖硅藻数据，以及底栖硅藻生物指数的环境指示性，我们给出了计算东阳江流域底栖硅藻综合指数过程所需要的 TDI 指数、运动型硅藻比例和 PTI 指数的标准化公式。

PTI 指数的标准化公式：

$$\text{PTI}=\frac{\text{实测值}-5\%\text{分位数值}}{95\%\text{分位数值}-5\%\text{分位数值}}=\frac{\text{实测值}-1.25}{3.21-1.25}=\frac{\text{实测值}-1.25}{1.96}$$

TDI 指数的标准化公式：

$$\text{TDI}=\frac{95\%\text{分位数值}-\text{实测值}}{95\%\text{分位数值}-5\%\text{分位数值}}=\frac{4.29-\text{实测值}}{4.29-2.53}=\frac{4.29-\text{实测值}}{1.76}$$

运动型硅藻比例标准化公式：

$$M=\frac{95\%\text{分位数值}-\text{实测值}}{95\%\text{分位数值}-5\%\text{分位数值}}=\frac{0.88-\text{实测值}}{0.88-0}=\frac{0.88-\text{实测值}}{0.88}$$

③特有性或指示性物种保持指数。

指标解释：反映河流特有性、指示性物种以及珍稀濒危物种的保护状况。以历史水平数据为基准，进行对比分析。参照表 3-8。

计算方法：根据水生生物调查或问卷统计获取。

表 3-8　**特有物种（或指示性物种）保持指数分级标准**

指标内容	分级标准及赋分				
	优秀	良好	一般	较差	差
	$N \geqslant 80$	$60 \leqslant N < 80$	$40 \leqslant N < 60$	$20 \leqslant N < 40$	$N < 20$
特有物种（或指示性物种）保持指数	大量增加	稍有增加	无变化	稍有减少	大量减少

数据来源：调查问卷、相关专家咨询和渔业部门统计等。

（3）生态压力。

①水资源开发利用强度（%）。

指标解释：反映流域水资源的开发利用程度，根据区域工业、农业、生活、环境等用水量占评估区域的水资源总量比值进行评估。根据国际惯例，通常认为一条河流的开发利用不能超过其水资源量的 40%。由于我国水资源分布极不平衡，水资源开发利用率地区差异显著，具体流域可根据当地水资源特征对分级标准进行适当调整，并给出相应依据。参照表 3-9。

计算方法：

水资源开发利用强度 = 区域工业、农业、生活、环境等用水量/区域水资源总量×100%。

区域水资源总量指区域在一定时段内地表水资源与地下水资源补给的有效数量总和，即扣除河川径流与地下水重复计算部分。

表 3-9　**水资源开发利用强度分级标准**

指标内容	分级标准及赋分				
	优秀	良好	一般	较差	差
	$N \geqslant 80$	$60 \leqslant N < 80$	$40 \leqslant N < 60$	$20 \leqslant N < 40$	$N < 20$
水资源开发利用强度（%）	<20	20～35	35～45	45～60	≥60

数据来源：统计年鉴和水资源公报。

②水生生境干扰指数。

指标解释：反映水域生境遭到人为挖砂、航运、旅游等活动破坏的影响状况。当水域生态系统有外来物种入侵现象时，需增加外来物种入侵率评估。

计算方法：

$$水生生境干扰指数 = \sum_{i=1}^{n} H_i\omega_i$$

H_i 表示第 i 项指标健康分值，ω_i 表示第 i 项指标权重，其中 i 为 3，权重见表 3-10。赋分为根据水域的生态压力内容，实地调研获取（见表 3-10）。

表 3-10　**水生生境干扰指数分级标准及赋分（1）**

指标内容	指标及权重	分级标准及赋分				
		优秀	良好	一般	较差	差
		$N\geqslant 80$	$60\leqslant N<80$	$40\leqslant N<60$	$20\leqslant N<40$	$N<20$
水生生境干扰指数（0.8）	挖砂（0.5）	无	极少	部分区域可见	常见	严重
	航运交通或涉水旅游（0.5）	无	极少	部分区域可见	常见	严重
外来物种入侵率（0.2）	外来物种种类/数量/比例	大量减少	稍有减少	无变化	稍有增加	大量增加

当评估流域为湖泊和水库型流域时，应考虑网箱养殖，赋分见表 3-11。

表 3-11　**水生生境干扰指数分级标准及赋分（2）**

指标内容	指标及权重	分级标准及赋分				
		优秀	良好	一般	较差	差
		$N\geqslant 80$	$60\leqslant N<80$	$40\leqslant N<60$	$20\leqslant N<40$	$N<20$
水生生境干扰指数	挖砂（0.2）	无	极少	部分区域可见	常见	严重
	航运交通或涉水旅游（0.2）	无	极少	部分区域可见	常见	严重
	网箱养殖（0.6）	无	极少	部分区域可见	常见	严重

数据来源：实地调研、调查问卷、相关专家咨询和渔业部门统计等。

2）陆域指标获取与处理

（1）生态格局指标。

①森林覆盖率（%）。

森林覆盖率是指单位面积内森林的垂直投影面积所占百分比。森林覆盖率是衡量地表植被群落及生态系统的重要参数，森林覆盖率越高，生态系统的物理结构稳定性越好，越有利于流域的生态系统保护。荒漠、高寒区或草原区以林草覆盖率替代森林覆盖率。

计算方法：

$$森林覆盖率=\frac{森林面积}{陆域面积}\times 100\%$$

本次流域生态健康评价利用 2010 年 SPOT 遥感影像数据提取土地利用类型，然后统计每个评价单元内森林面积除以评价单元面积得到每个评价单元的森林覆盖率指标。

②景观破碎度。

景观破碎度反映陆域自然生态系统的完整性状况和景观格局条件，是生态系统稳定性的一方面。

计算方法：

$$C_i = \frac{N_i}{A_i}$$

式中：C_i 为景观破碎度，N_i 为森林、草地等自然植被斑块数，A_i 为陆域的总面积。

本次评估利用 2010 年土地利用类型数据，先将矢量数据转化为 GRID 数据格式，然后利用 Fragstats 3.3 软件计算格局指数，求出每个评价单元的自然植被斑块数目及陆域总面积，然后利用公式计算每个评价单元的景观破碎度。

③重要生境保持率。

重要生境指河流湖库的岸带，具有维持生物多样性、净化水体、稳定河岸、调节微气候和美化环境等重要生态功能。近年来，由于遭到围垦、建设用地侵占等人类活动干扰，岸带的自然植被和湿地大面积减少，生态功能退化，严重影响流域生态健康。因此，选择重要生境保持率反映流域岸带的生态健康状况。

计算方法：

重要生境保持率=自然植被结构完整性指数×0.7+自然堤岸比例分值×0.3

$$自然植被结构完整性指数=\frac{生态系统类型分值\times 该类型面积}{重要生境评估总面积}\times 100\%$$

本次评估重要生境范围的确定以《流域生态健康评估技术指南（试行）》为标准，根据评价单元的流域地形以平水期河流水位为起始边界，向外延伸 20~100m 作为评估范围。

（2）生态功能指标。

①水源涵养功能指数。

水源涵养功能是生态系统多个水文过程及水文效应的综合表现，反映了生态系统拦蓄降水或调节河川径流量的能力，水源涵养功能的强弱是流域生态健康程度的重要表现之一。水源涵养功能保持较好，流域生态健康程度就高，反之则低。

计算方法：

$$水源涵养功能指数 = \sum_{i=1}^{n} H_i \omega_i$$

H_i 表示第 i 项指标健康分值，ω_i 表示第 i 项指标权重，其中 i 为 3，指标及权重赋分形式见表 3-12。

表 3-12　　水源涵养功能指数内容及其权重赋值

调查指标	权重	指标	权重	指标	权重
植被覆盖度	0.4	植被类型	0.4	不透水面积	0.2

植被覆盖度解释：陆域植被覆盖度越好，其初级生产力越高，生态系统的物理结构稳定性越好，越有利于流域的生态系统保护。

计算公式：通常用归一化植被指数（NDVI）来计算植被覆盖度。

根据像元二分模型理论、植被覆盖度计算模型可得：

$$F_c = \frac{\mathrm{NDVI}-\mathrm{NDVI}_{\mathrm{soil}}}{\mathrm{NDVI}_{\mathrm{veg}}-\mathrm{NDVI}_{\mathrm{soil}}}$$

式中，F_c是植被覆盖度，$\mathrm{NDVI}_{\mathrm{veg}}$是植被像元的 NDVI 值，$\mathrm{NDVI}_{\mathrm{soil}}$是完全无植被覆盖像元的 NDVI 值。

不透水面即水不能通过其下渗到地表以下的人工地貌物质。本次评估植被覆盖度通过研究区域多波段遥感影像获取，植被类型及不透水面积通过土地覆被类型数据统计得到。

②土壤保持功能指数（%）。

土壤侵蚀是植被、土壤、地形、土地利用以及气候等因素共同作用的结果。土壤侵蚀导致水土流失加剧，土壤退化，农业生产受损，加剧洪涝灾害的发生，从而威胁流域的生态健康。利用通用水土流失方程 USLE 进行土壤侵蚀模数预测，计算中度及以上程度土壤侵蚀面积比例。

计算方法：

土壤保持功能指数=中度及以上程度土壤侵蚀面积/陆域面积

本次评价通过利用水土流失方程 USLE 计算土壤侵蚀模数。

③受保护地区面积占国土面积比例（%）。

受保护地区包括各类（级）自然保护区、风景名胜区、森林公园、地质公园、生态功能保护区、水源保护区、封山育林地等，是流域生态系统功能健康评估的重要内容之一，本处用受保护区域面积与研究区内陆域总面积比值表示流域的受保护程度。

计算方法：

$$S = \sum_{i=1}^{n} \frac{A_n}{T_A}$$

式中：S 为陆域受保护地区占国土面积比例；A_n 为如上所述受保护区域；T_A 为研究区内陆域总面积。

（3）生态压力指标。

①建设用地比例（%）。

建设用地是受人类直接影响和长期作用使自然面貌发生明显变化的人为景观。建设用地比例反映陆域的人为景观空间组成及格局状况，对陆域以及流域的自然生态系统物质循环和能量流动产生较大阻碍。

计算方法：

建设用地比例=建设用地面积/陆域总面积

建设用地比例指标通过土地覆被数据指标统计获取。

②点源污染负荷排放指数。

流域人类活动所排放的污染物是影响河流生态系统健康的重要因素之一。为了改善流域水环境质量，“十一五”以来我国开展了水污染物总量减排工作，为了能够更好地与该项工作进行衔接，以各地市（区、县）目标排放量作为满足河流生态健康需求的阶段性总量控制目标，基于 COD 和氨氮的排放量进行计算。

计算方法：

$$点源污染负荷排放指数=0.5\times\frac{点源\ COD\ 排放量}{点源\ COD\ 目标排放量}+0.5\times\frac{点源氨氮排放量}{点源氨氮目标排放量}$$

其中，点源 COD 排放量为工业污染物排放量，单位为吨/年；点源氨氮排放量为工业污染物排放量，单位为吨/年；点源 COD 目标排放量为工业污染目标排放量，单位为吨/年；点源氨氮目标排放量为工业污染目标排放量，单位为吨/年。

③面源污染负荷排放指数。

陆域面源污染负荷排放指数反映人类活动农业生产和畜禽养殖过程中排放的污染负荷对流域生态系统的压力。面源污染负荷统计包含畜禽养殖业和种植业两种类型，计算方法与点源污染负荷排放指数相同。

计算方法：

$$面源污染负荷排放指数=0.5\times\frac{面源\ COD\ 排放量}{面源\ COD\ 目标排放量}+0.5\times\frac{面源氨氮排放量}{面源氨氮目标排放量}$$

其中，面源 COD 排放量为畜禽养殖业排放量和种植业排放量之和，单位为吨/年；面源氨氮排放量为畜禽养殖业排放量和种植业排放量之和，单位为吨/年；面源 COD 目标排放量控制量为各地市 COD 目标排放量-点源 COD 目标排放量，单位为吨/年；面源氨氮目标排放量为各地市氨氮目标排放量-点源氨氮目标排放量，单位为吨/年。

四、案例研究

东阳江流域生态系统健康评价

摘要：通过对东阳江流域生态系统健康进行评价，旨在为该区生态补偿体制的制定提供参考。参考原环保部《流域生态健康评估技术指南（试行）》，建立水域生境结构、水生生物、水域生态压力、陆域生态格局、陆域生态功能和陆域生态压力共 6 大类 17 项评价指标，对东阳江流域 29 个评价单元进行生态系统健康评估。结果如下：①东阳江流域生态健康等级处于一般及以上水平，其中优秀、良好和一般的评价单元分别占 6%，60% 和 34%。②水域生态系统健康的主要限制因子是水质质量指数；陆域生态系统的主要限制因子为森林覆盖率、建设用地比例、重要生境保持率及水源涵养功能指数等。③山地丘陵地区流域生态系统健康等级高，平原与盆地地区健康等级低；上游健康等级高，中下游人口密集地区健康评价等级偏低。东阳江流域生态系统健康等级差异的根本原因是人类活动类型及强度的地区差异，而干流水质质量较差，建设用地比例高，点、面污染源排放量大是其主要的生态环境问题。

关键词：生态系统；健康评价；东阳江流域

（一）引言

生态系统健康是指一个生态系统所具有的稳定性和可持续性，即在时间上具有维持其组织结构、自我调节和对威胁的恢复能力[1]。生态系统健康可以通过生态系统活力、组织结构和恢复力三个特征来定义[2]。流域作为独特的地理单元，在调节径流、涵养水源、净化水质和维持区域生态平衡等方面起着重要作用[3]。流域生态系统健康是指流域生态系统处于良好的平衡状态，保持物理、化学及生物完整性，能为人类提供不同生态产品或服务功能，并对自然和人为干扰具有一定的自我调节和恢复能力[4]。20 世纪 80 年代以来，国外相关部门和学者针对流域生态系统健康展开了大量研究，主要有生物完整性指数评价（Index of Biological Integrity，IBI）[5-6]，无脊椎动物群落指数评价（Invertebrate Community Index，ICI）[7-8]，溪流状况指数评价（Stream Condition Index，SCI）[9]，栖息地完整性指数评价（Index of Habitation Integrity，IHI）[10]，快速生物评价（Rapid Bio-assessment Protocols，RBP）[11]，景观格局指数生态健康评价（Landscape Pattern Index）[12-13]，压力-状态-响应模型（Press-State-Response，PSR）[14-15]和模糊数学模型评价[16]等。国内王备新[17]、马陶武[18]、李春晖[19]等学者将生物评价指标法应用到流域生态健康评估；吴炳方[20]等将 RS 和 GIS 方法引入流域生态系统健康评价。但是，当前有关流域生态系统健康的研究仍处于起步阶段，流域生态健康评价的基本框架不统一，指标体系还需进一步完善[4]。本研究以中华人民共和国原环境保护部印发的《流域生态健康评估技术指南（试行）》[21]为指导，构建评价模型及指标体系，以浙江省东阳江流域为研究对象，开展流域生态系统健康评价，旨在为浙江省生态红线、生态补偿体制的制定及“五水共治”的开展提供信息决策支持。

（二）研究区概况

东阳江发源于磐安县大盘山龙葱坞尖与岩坞尖之间的谷地，流经东阳、义乌两市，终于金华市金东区，河长 165.5km，流域面积 3378.5km^2，属钱塘江水系，为钱塘江南源二级支流金华江的干流，流域范围见图 3-7。流域内以丘陵地形为主，约占流域面积的 60% 以上，该区属亚热带季风气候，四季分明，年均温 17.2℃，年均降水量 1419.9mm，植被以亚热带常绿阔叶林为主。该流域地处金华东部城镇发展与农业生态功能区，主要生态环境问题为化肥农药施用量大，农业面源污染严重；工业企业多，工业污染总量大；生活污染源（城镇与农村）排放量大。

（三）数据来源与研究方法

1. 数据来源

本次评估数据集分为数字影像数据集、监测数据集及统计数据集。数字影像数据集包括：ETM+（空间分辨率 30m × 30m），SPOT-5（空间分辨率 10m ×10m），DEM（空间分辨率 30m × 30m），土地利用数据库，土壤类型矢量数据库。监测数据集包括：水质断面

图 3-7　东阳江流域示意图

监测数据，降水量数据，河流径流量数据，点源和面源污染物排放数据。统计数据集包括：2012 年东阳市、义乌市统计年鉴，东阳江流域调查问卷，东阳、义乌市农药、化肥普查数据，东阳、义乌市水利工程普查数据等。

2. 研究方法

1）评价单元

流域评估单元以流域范围内的最小自然单元（集水区域）为基础，根据流域自然条件一致性和相似性特征进行最小自然单元的合并。同时，综合考虑流域自然地理单元、行政区划管理单元与流域环境管理单元的空间叠置关系及其组合的一致性。以自然地理单元为主，结合行政管理单元，并参考《重点流域水污染防治规划（2011—2015）》中控制单元的划分，评估单元大小基本与乡镇区划保持一致。一般来说，最小评估单元大小和行政区划比较一致，在边界上可能有所出入，但是在对社会经济数据进行统计时，按照评价单元的核心行政单元进行数据统计。

2）评价指标体系

参考原环保部《流域生态健康评估技术指南（试行）》筛选评估指标共计 6 类 17 项（表 3-13）。其中，针对东阳江流域生活及农业污染物排放量过大，导致河流富营养化的现状，在考虑水生生物评价指标时，将对河流酸化和富营养化敏感的大型底栖动物和底栖硅藻作为评估生物，将大型底栖动物多样性综合指数和底栖硅藻综合指数作为评估指标之一。水域生态健康评估指标主要包括生境结构、水生生物和生态压力三类，共 8 项指标；陆域生态健康评估指标主要包括生态格局、生态功能和生态压力三类，共 9 项指标。评价指标的权重决定各评价指标对流域生态系统健康的贡献状况，直接影响到评价精度，通过原环保部《流域生态健康评估技术指南（试行）》和专家咨询法（Delphy），同时参考指标的重要性对各项指标进行权重分配（表3-13）。

表3-13　**流域生态健康评估指标（权重）体系**[21]

评估对象	指标类型	评估指标	指标权重
水域（0.4）	生境结构（0.4）	水质状况指数 C_1	0.4
		枯水期径流量占同期年均径流量比例 C_2	0.3
		河道连通性 C_3	0.3
	水生生物（0.4）	大型底栖动物多样性综合指数 C_4	0.4
		鱼类物种多样性综合指数 C_5	0.4
		特有性或指示性物种保持指数 C_6	0.2
	生态压力（0.3）	水资源开发利用强度 C_7	0.5
		水生生境干扰指数 C_8	0.5
陆域（0.6）	生态格局（0.3）	森林覆盖率 C_9	0.2
		景观破碎度 C_{10}	0.2
		重要生境保持率 C_{11}	0.6
	生态功能（0.3）	水源涵养功能指数 C_{12}	0.4
		土壤保持功能指数 C_{13}	0.3
		受保护地区面积占国土面积比例 C_{14}	0.3
	生态压力（0.4）	建设用地比例 C_{15}	0.4
		点源污染负荷排放指数 C_{16}	0.3
		面源污染负荷排放指数 C_{17}	0.3

注：C_1＝Ⅲ类及以上水质断面数占流域全部断面数的比例；C_2＝枯水期径流量占枯水期同期年均径流量的比例；C_3＝每100km河道的闸坝个数；C_4＝大型底栖动物分类单元数、大型底栖动物EPT科级分类单元比、大型底栖动物BMWP指数和大型底栖动物Berger-Parker优势度指数的算术平均和；$C_5=\frac{\text{标准化的TDI指数+标准化的运动型硅藻比例+标准化的PTI指数}}{3}$；$C_6$＝水域特有物种遭受人为活动破坏的影响，通过问卷赋值；C_7＝区域工农、生活、环境等用水量占评估区域的水资源总量比值；C_8＝水域生境遭到人为挖砂、航运、旅游等活动破坏的影响，通过问卷赋值；C_9＝单位面积内森林的垂直投影面积所占比例；C_{10}＝森林、草地等自然植被的斑块数除以陆域的面积；$C_{11}=\frac{\text{生态系统类型分值×该类型面积}}{\text{重要生境评估总面积}}\times100\%$；$C_{12}$＝（植被覆盖度分值×0.4+植被类型分值×0.4+不透水面积分值×0.2）×100%；C_{13}＝中度及以上程度土壤侵蚀面积占陆域比例；C_{14}＝受保护区域面积占研究区内陆域总面积比例；C_{15}＝建设用地面积占流域陆域面积比例；C_{16}－点源污染负荷排放指数＝$\frac{\text{0.5×点源COD排放量}}{\text{点源COD目标排放量}}+\frac{\text{0.5×点源氨氮排放量}}{\text{点源氨氮目标排放量}}$；$C_{17}$＝面源污染负荷排放指数$\frac{\text{(0.5×面源COD排放量}}{\text{面源COD目标排放量}}+\frac{\text{0.5×面源氨氮排放量}}{\text{面源氨氮目标排放量}}$。

3）指标标准化处理

由于各项评价指标类型众多，单位各异，很难对它们的实测值进行直接对比，因此根据各指标对流域生态健康的影响的大小及相关关系，对评价指标赋予标准化分值，分值在 0~1 之间。同时参考原环保部《流域生态健康评估技术指南（试行）》[21]将评价指标的实测值进行 5 级划分（表 3-14）。

表 3-14　**评价指标因子标准化分值及等级标准**[21]

评价指标（权重）		标准化分值（等级）				
		>80 优秀	60~80 良好	40~60 一般	20~40 较差	<20 极差
水质状况指数		≥80	60~80	40~60	20~40	<20
枯水期径流量占年均径流量比例		≥1.3	1.1~1.3	0.9~1.1	0.7~0.9	<20
水生生境干扰指数		无	极少	部分可见	常见	严重
河道连通性		<3	3~8	8~10	10~10	≥20
大型底栖动物多样性综合指数		≥0.8	0.6~0.8	0.4~0.6	0.2~0.4	<0.2
底栖硅藻综合指数		≥0.8	0.6~0.8	0.4~0.6	0.2~0.4	<0.2
水资源开发利用强度		<20	20~35	35~45	45~60	≥60
水生生境	挖砂（0.4）	无	极少	部分可见	常见	严重
	航运交通或涉水旅游（0.4）	无	极少	部分可见	常见	严重
	外来物种入侵率（0.2）	大量减少	稍有减少	无变化	稍有增加	大量增加
干扰指数森林覆盖率(%)	山区	75	65~75	55~65	45~55	45
	丘陵区	45	35~45	25~35	15~25	15
	平原区	18	15~18	12~15	8~12	8
	高寒区/草原区	90	85~90	80~85	75~80	75
景观破碎度		<20	20~40	40~60	60~80	≥80
重要生境保持率		≥80	60~80	40~60	20~40	<20
水源涵养功能指数	植被覆盖度（0.4）	80~100	60~80	40~60	20~40	0~20
	植被类型（0.4）	湿地	森林、灌木	草地	耕地	其他
	不透水面积（0.2）	0~3	3~5	5~10	10~20	≥20
土壤保持功能指数		<10	10~20	20~30	30~40	≥40
受保护国土面积比例（%）		≥25	20~25	10~20	10~15	<10
建设用地比例（%）		<10	10~20	20~30	30~40	≥40
点源污染负荷排放指数		0.5	0.5~0.9	0.5~0.9	0.5~0.9	≥1.5
面源污染负荷排放指数		0.5	0.5~0.9	0.5~0.9	0.5~0.9	≥1.5

4）评价模型

流域健康度（Watershed Health Index，WHI）作为衡量一个地区生态系统健康程度的模型，能够根据各评价指标数据，判断出地区生态系统健康状况，其值在0~100之间。

（1）各对象层的WHI计算模型为：

$$\mathrm{WHI}_i = \sum_i^n L_i \cdot W_i$$

式中：WHI_i为各对象层的生态健康度；L_i为各评价指标的标准化值；W_i为各评价指标的权重。

（2）流域的WHI计算模型为：

$$\mathrm{WHI} = \sum_i^2 \mathrm{EHI}_i \cdot L_i$$

式中：WHI为流域生态安全度；EHI_i为各对象层的生态安全度；L_i为对象层的权重。

（四）结果与分析

按照流域生态系统健康评价值的高低，参考原环保部《流域生态健康评估技术指南（试行）》，将流域生态系统健康分为优秀（80~100）、良好（60~80）、一般（40~60）、较差（20~40）和差（0~20）5个等级，并通过GIS空间分析模块制成空间分布专题地图。

1. 水域生态健康评价

通过对水生生境结构、水生生物和水域生态压力各项指标值计算分析可知，流域水域生态健康状况处于一般及以上水平，其中优秀的评价单元面积约占总评价单元的22%，良好的评价单元面积约占总评价单元的42%，一般评价单元面积约占总评价单元的36%（图3-8）。由图3-8可知，东阳江流域水域健康评价的主要限制因子为水质和水生生物，尤以市区及人类工、农业生产活动剧烈地区体现得最为明显。该区域的生活污染物和工、农业污染物的排放导致水质变差，影响了水生动物种群结构。调查发现水质为Ⅲ类以下的地区，其水生生物的评价指数一般都为较差和差。在人类活动较少的上游地区，污染物排放较少，水质一般为Ⅲ类及以上，水生生物综合评价指数较高，水域生态健康综合评价值为优秀，其中以东阳江镇评价单元为代表。在人类活动较多的地区，水质质量下降，导致水生生物指标偏低，水域生态健康状况良好，如横店镇等评价单元。流经城区的干流，由于大量的生活污水和工业废水的排放，导致水质状况极差，主要是Ⅳ类和Ⅴ类水质，其水生生物种群受到严重影响，或者消失，以吴宁街道等评价单元为代表。

2. 陆域生态健康综合评价

东阳江流域陆域生态系统健康状况总体情况稍差，无优秀评价单元，良好面积占67%，一般面积占31%，较差面积占2%。在空间分布特征上，山区优于盆地，乡镇优于市区，东阳市优于义乌市（图3-9）。由于点、面源污染负荷指标的计算依靠污染物减排资料，而污染物减排资料的最小统计单元为县市，导致两个指标在乡镇级的评价中无可比

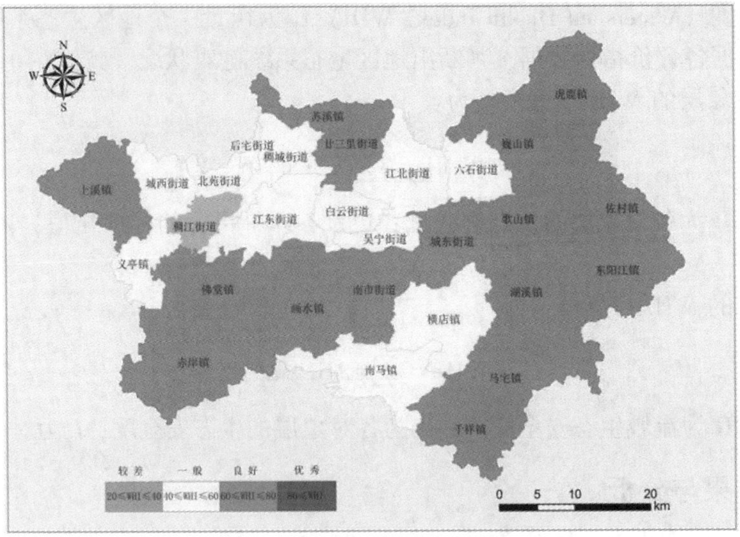

图 3-8 东阳江水域生态健康评价结果

性，因此不将其作为限制因子进行探讨。健康等级为优秀的单元中，如东阳江镇，各项因子得分都较高，特别是森林覆盖率、建设用地、重要生境保持率及水源涵养指数，均高于其他评价单元。健康等级为良好评价单元中，主要限制因子是重要生境保持率和水源涵养指数，如歌山镇等评价单元。在健康等级一般的评价单元中，建设用地比例过高、森林覆盖率及水源涵养指数较低成为其主要限制因子。

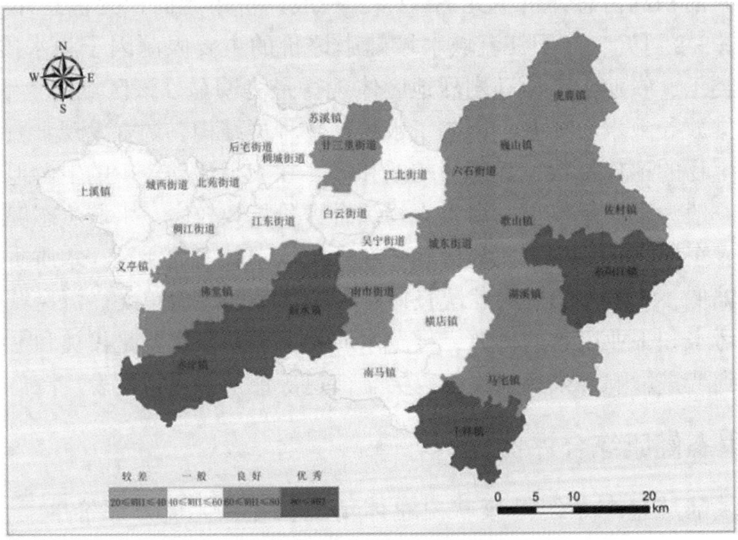

图 3-9 东阳江陆域生态健康评价结果

3. 东阳江流域生态健康状况综合评价

东阳江流域生态系统健康综合评价显示（图 3-10），优秀的评价单元仅占 6%（东阳江镇），良好面积占 60%，一般面积占 34%。流域生态系统健康分布呈现出由上游向中下游逐级变差的趋势，在东阳市范围内从优秀逐级过渡到良好与一般，在义乌境内从良好过渡到一般；南江流域上游横店和南马地区水域生态系统破坏严重，其评价等级为一般，低于周边各评价单元。从流域整体分析，东阳江流域生态系统健康等级差异的根本原因在于人类活动干扰的影响。形成了山地丘陵地区健康等级高，平原与盆地地区健康等级低；上游健康等级高，中下游人口密集地区健康评价等级偏低的现状。随着城镇化发展的进一步加快，该地区的建设用地比例将可能进一步扩大，而在工、农业产值进一步增加的压力下，减排负荷指数的压力巨大，短期内东阳江流域水质指标不可能得到根本改善。而随着开发强度向上游发展的趋势，上游较健康地区的水质和生物种群将面临更大的环境压力。

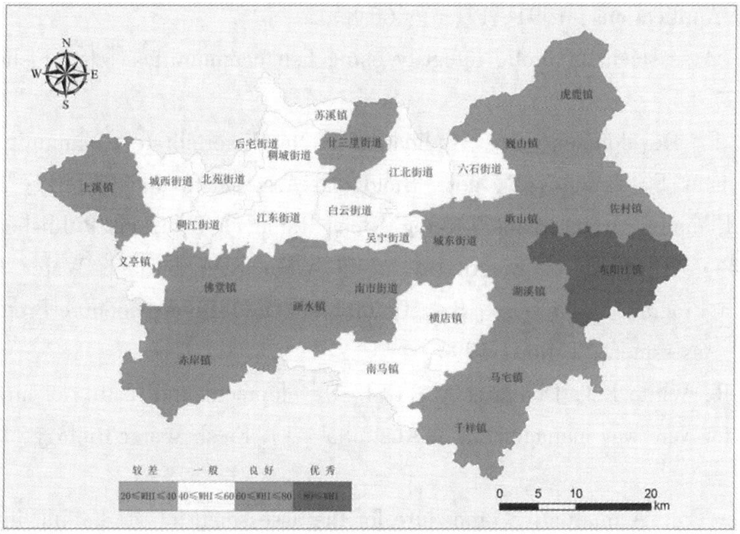

图 3-10　东阳江流域生态系统健康综合评价结果

（五）结论

（1）东阳江流域水域生态健康状况处于一般及以上水平，其中优秀的评价单元约占总面积的 14%，良好的评价单元约占总面积的 38%，一般的评价单元约占总面积的 48%。一般来说，水域健康状况山区优于平原，农村优于城市，其主要限制因子为水质状况指数。

（2）东阳江流域陆域生态系统健康状况总体情况表现为山区优于盆地，乡镇优于市区，东阳市优于义乌市。陆域生态限制因子主要是森林覆盖率、建设用地比例、重要生境保持率及水源涵养功能等。

（3）东阳江流域生态系统健康等级差异的根本原因在于人类活动干扰的影响。形成了山地丘陵地区健康等级高，平原与盆地地区健康等级低；上游健康等级高，中下游人口密集地区健康等级偏低。

本章参考文献

[1] Rapport D J. What constitute ecosystem health?[J]. Perspectives in Biology and Medicine, 1989, 33 (1): 120-132.

[2] Rapport D J, Costanza R, McMichael A J. Assessing Ecosystem Health [J]. Trends in Ecology&Evolution, 1998, 13 (10): 397.

[3] 刘永，郭怀成．湖泊—流域生态系统管理研究 [M]. 北京：科学出版社，2008.

[4] 王文杰，张哲，王维，等．流域生态健康评价框架及其评价方法体系研究 [J]. 环境工程技术学报，2012，2 (4)：271-277.

[5] Karr J R, BIological integrity: a long-neglected aspect of water resource management [J]. Ecological Applications, 1991, 1 (1): 66-84.

[6] Karr J R. Assessment of biotic integrity using fish communities [J]. Fisheries, 1981, 6 (6): 21-27.

[7] Deshon J E. Development and Application of the Invertebrate Community Index (ICI) [M]. Davis W S, Simon T P, eds. Biological Assessment and Criteria: Tools for Water Resource Planning and Decision Making. Boca Raton. F L: Lewis Publishers, 1995.

[8] Ohio E P A. The Use of Biocriteria in the Ohio EPA Surface Water Monitoring and Assessment Program Columbus [R]. Columbia: Ohio Environmental Pretection Agency, Ecological Assessment Section, 1990.

[9] Ladson A R, White L J, Doolan J A, et al. Development and testing of an index of steam condition for waterway management in Australia [J]. Fresh Water Biology, 1999, 41 (2): 453-468.

[10] Kleynhans C J. A qualitative procedure for the assessment of the habitat integrity status of the Luvuvhu River (Limpopo system, South Africa) [J]. Journal of Aquatic Ecosystem Health, 1996, 5 (1): 41-54.

[11] Plafkin J L, Barbour M T, Porter K D, et al. Rapid Bio-assessment Protocols for Use in Streams and Rivers: Benthic Macroinvertebrates and Fish [M]. Washington DC: US Environmental Protection Agency, 1989.

[12] 陈文波，肖笃宁，李秀珍．景观指数分类、应用及构建研究 [J]. 应用生态学报，2002，13 (1)：121-125.

[13] 杨帆，赵冬至，马小峰，等．RS和GIS技术在湿地景观生态研究中的应用进展 [J]. 遥感技术与应用，2007，22 (3)：471-478.

[14] 张松，郭怀成，盛虎，等．河流流域生态安全综合评估方法 [J]. 环境科学研究，2012，25 (7)：826-832.

[15] Campbell K R, Bartell S M. Ecological Models and Ecological Risk Assessment [M].

Newman M C, eds. Risk Assessment: Logic and Measurement. Michigan: Ann Arbor Press, 1998: 69-100.

[16] 崔保山，杨志峰．湿地学 [M]. 北京：北京师范大学出版社，2006：3-15.

[17] 王备新，杨莲芳．用河流生物指数评价秦淮河上游水质的研究 [J]. 生态学报，2003，23（10）：2082-2091.

[18] 马陶武，黄清辉，王海，等．太湖水质评价中底栖动物综合生物指数的筛选及生物基准的确立 [J]. 生态学报，2008，8（3）：1192-1200.

[19] 李春晖，崔嵬，庞爱萍，等．流域生态健康评价理论与方法研究进展 [J]. 地理科学进展，2008，27（1）：9-17.

[20] 吴炳方，罗治敏．基于遥感信息的流域生态系统健康评价：以大宁河流域为例 [J]. 长江流域资源与环境，2007，16（1）：102-106.

[21] 蒋卫国，李京，李加洪，等．辽河三角洲湿地生态系统健康评价 [J]. 生态学报，2005，25（3）：408-414.

[22] 中国环境科学研究院．流域生态健康评估技术指南 [R]. 北京：中国环境科学研究院，2013.

第四章　基于 TM 影像的地表温度反演

一、实验目的

（1）了解 ENVI 软件中地表温度反演的基本操作；
（2）学会利用 ENVI 软件进行地表温度反演。

二、实验内容

完成基于 TM 遥感影像的地表温度反演。

三、实验步骤

地表温度反演算法主要有以下三种：大气校正法（也称为辐射传输方程（Radiative Transfer Equation，RTE））、单通道算法和分裂窗算法。本章采用的是大气校正法。

基本原理：首先估计大气对地表热辐射的影响，然后把这部分大气影响从卫星传感器所观测到的热辐射总量中减去，从而得到地表热辐射强度，再把这一热辐射强度转化为相应的地表温度。

具体实现为：卫星传感器接收到的热红外辐射亮度值 L_λ 由三部分组成：大气向上辐射亮度 $L\uparrow$；地面的真实辐射亮度经过大气层之后到达卫星传感器的能量；大气向下辐射到达地面后经地面反射的能量 $L\downarrow$。卫星传感器接收到的热红外辐射亮度值 L_λ 的表达式可写为（辐射传输方程）：

$$L_\lambda = [\varepsilon B(T_S) + (1-\varepsilon) L\downarrow] \tau + L\uparrow \tag{4-1}$$

式中，ε 为地表比辐射率，T_S 为地表真实温度（K），$B(T_S)$ 为黑体热辐射亮度，τ 为大气在热红外波段中的透过率。则温度为 T 的黑体在热红外波段的辐射亮度 $B(T_S)$ 为：

$$B(T_S) = [L_\lambda - L\uparrow - \tau(1-\varepsilon) L\downarrow] / \tau\varepsilon \tag{4-2}$$

T_S 可以用普朗克公式的函数获取：

$$T_S = K_2 / \ln(K_1 / B(T_S) + 1) \tag{4-3}$$

地表真实温度 T 可利用华氏温度和摄氏温度的转换公式求出：

$$T = T_S - 273 \tag{4-4}$$

L_λ 在图像预处理中经过辐射定标得到传感器所接收到的热辐射亮度值：

$$L_\lambda = \text{Gain} \times \text{DN} + \text{Offset} \tag{4-5}$$

从上可知此类算法需要 4 个参数：大气剖面参数（透过率、上行辐射、下行辐射）和地表比辐射率 ε。大气剖面参数在 NASA 提供的网站（http：//atmcorr. gsfc. nasa. gov/）中，输入成影时间以及中心经纬度可以获取。适用于单波段的热红外波段的数据，如 Landsat TM /ETM+/TIRS 数据。具体情况见图 4-1。

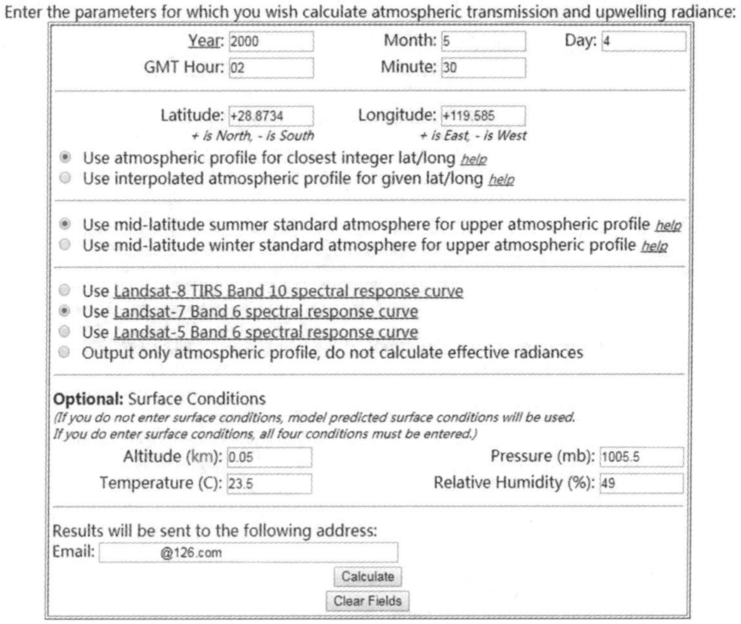

图 4-1　Landsat TM /ETM+/TIRS 数据输入选择

填写好参数，其中遥感影像相关的参数可以在头文件中找到，地表状况参数需要查询气象资料，也可以不填写。点击 Calculate 就可以得到以下结果（见图 4-2）：其中方框中的 3 个参数分别为：透过率、上行辐射、下行辐射。

针对不同 Landsat 的传感器，地表温度反演计算中式（4-3）中的 K_1 和 K_2 参数值也不同，如表 4-1 所示：

表 4-1　**K_1 和 K_2 参数值**

	K_1	K_2
Landsat5 TM（band6）	607.76（需核实）	1260.56
Landsat7 ETM+（band6）	666.09	1282.71
Landsat8 TIRS（band10）	774.89	1321.08
Landsat8 TIRS（band11）*	480.89	1201.14

本次操作选用的数据为上海中心城区的 Landsat8 的多光谱和热红外影像，使用

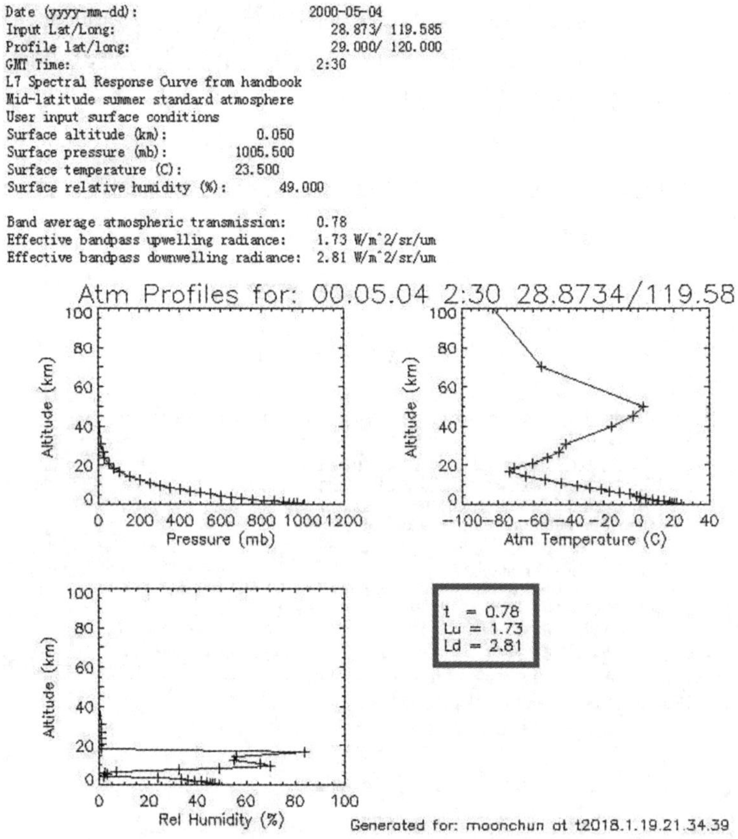

图 4-2 Landsat TM /ETM+/TIRS 数据大气剖面参数输出结果

ENVI5.1 版本。

(一) 图像辐射定标

(1) 打开 ENVI，File→Open，在文件对话框中选择“LC81180382017092 LGN00_MTL.txt”文件。ENVI 自动按照波长分为五个数据集：多光谱数据（1~7 波段）、全色波段数据（8 波段）、卷云波段数据（9 波段）、热红外数据（10、11 波段）和质量波段数据（12 波段）。

(2) 在 Toolbox 中，选择 Radiometric Correction→Radiometric Calibration，在文件对话框中选择“LC81180382017092LGN00_MTL_Thermal”。单击 Spectral Subset 选择 Thermal Infrared1（10.9），打开 Radiometric Calibration 面板。

(3) 在 Radiometric Calibration 面板中，设置以下参数：定标类型（Calibration Type）：辐射亮度值（Radiance）。其他选择默认参数。见图 4-3。

(4) 选择输出路径和文件名“LC81180382017092LGN00_band10_rad.dat”，单击 OK 按钮执行定标处理，得到 Band10 辐射亮度图像。

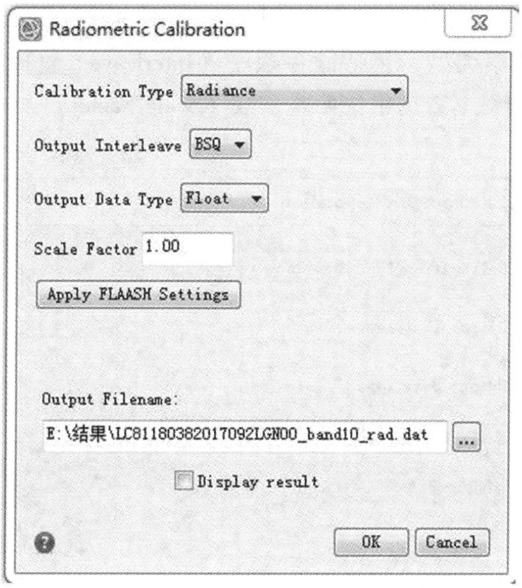

图 4-3　Radiometric Calibration 面板

(二) FLAASH 大气校正

(1) 打开 ENVI 5.1，在 Toolbox 中，选择 Radiometric Correction → Radiometric Calibration (图 4-4)，在文件对话框中选择多光谱数据，点击 OK (图 4-5)。

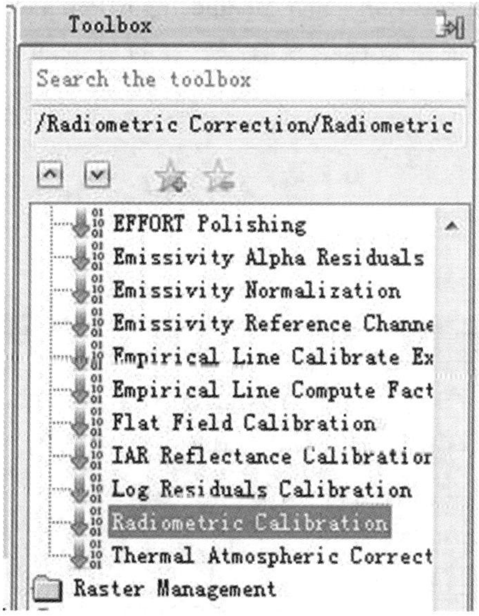

图 4-4　查找工具

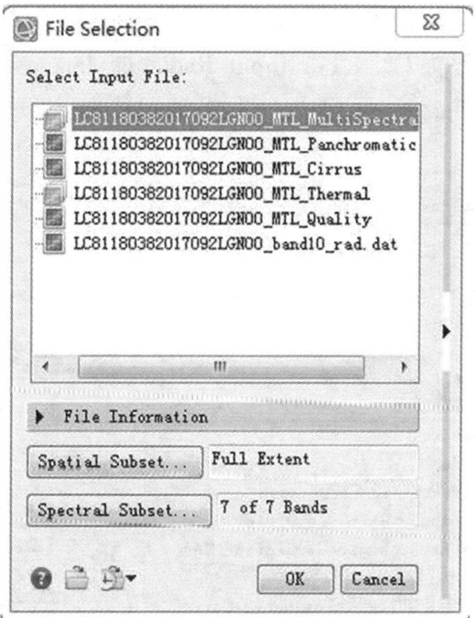

图 4-5　选中多光谱数据

（2）在 Radiometric Calibration 面板中，设置以下参数：定标类型（Calibration Type）：辐射率数据（Radiance）（图 4-6）。单击 Apply FLAASH Settings 按钮，自动设置 FLAASH 大气校正工具需要的数据类型，包括储存顺序（Interleave）：BIL 或者 BIP；数据类型（Data Type）：Float；辐射率数据单位调整系数（Scale Factor）：0. 1。

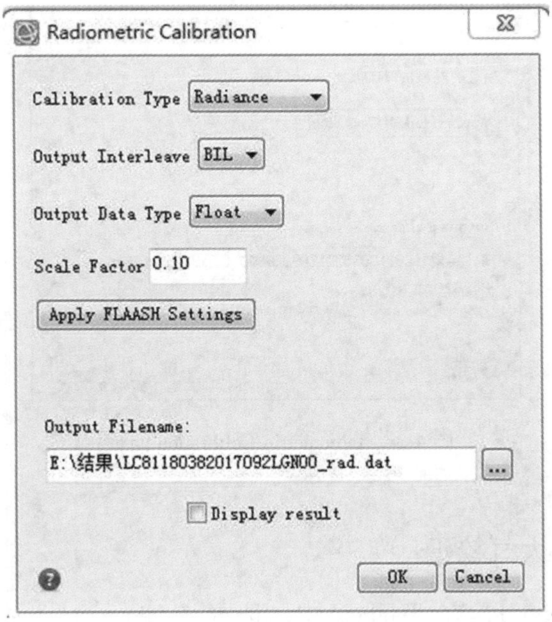

图 4-6 Radiometric Calibration 面板

（3）开始大气校正，启动 FLAASH Atmospheric Correction Module Input Parameters 面板（图 4-7），点击 Input Radiance Image，选择辐射定标结果数据，在打开的 Radiance Scale Factors 面板中，设置 Single scale factor 为 1（图 4-8）。

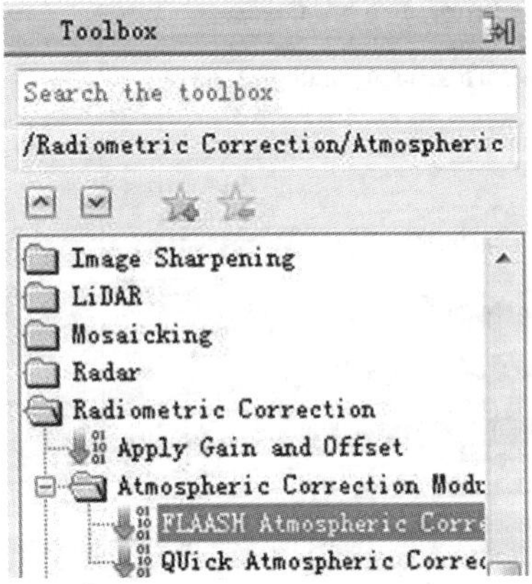

图 4-7 查找工具

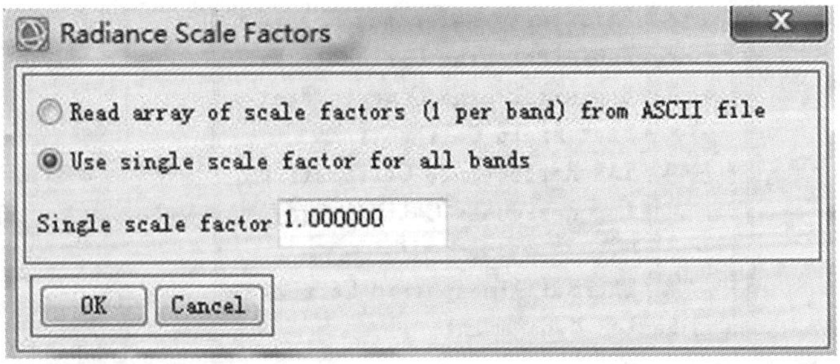

图 4-8 Radiance Scale Factors 界面

（4）设置各项参数：

设置输出 FLAASH 校正文件的路径，最优状态：路径所在磁盘空间足够大。

中心点经纬度（Scene Center Location）：自动获取。

选择传感器类型：Landsat8 OLI；其对应的传感器高度以及影像数据的分辨率自动读取。

设置研究区域的地面高程数据。

影像生成时的飞行过境时间：在 layer manager 中的 Lc8 数据图层中右键选择 View Metadata，浏览 time 字段获取成像时间。

大气模型参数选择：Sub-Arctic Summer（根据成像时间和纬度信息选择）。

气溶胶模型（Aerosol Model）：Urban，气溶胶反演方法（Aerosol Retrieval）：2-band（K-T）。

其他参数按照默认设置即可（图 4-9）。

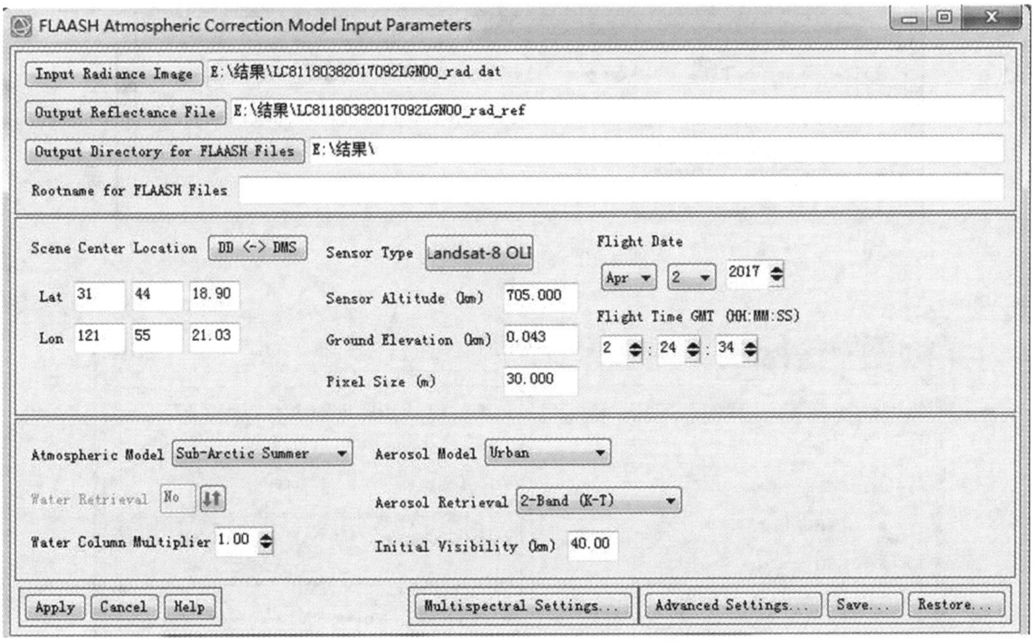

图 4-9 FLAASH 矫正主界面参数设置

（5）设置多光谱参数：

K-T 反演选择默认模式：Defaults→Over-Land Retrieval standard（600：2100）；波谱响应函数：默认指向 .. \ Program Files \ Exelis \ ENVI51 \ classic \ filt_func \ landsat8_oli. sli（图 4-10）。

（6）高级参数设置默认即可确认输出（图 4-11）。

（7）运行完后能得到反演的能见度、水汽柱和经大气校正的多光谱数据文件（图 4-12）。

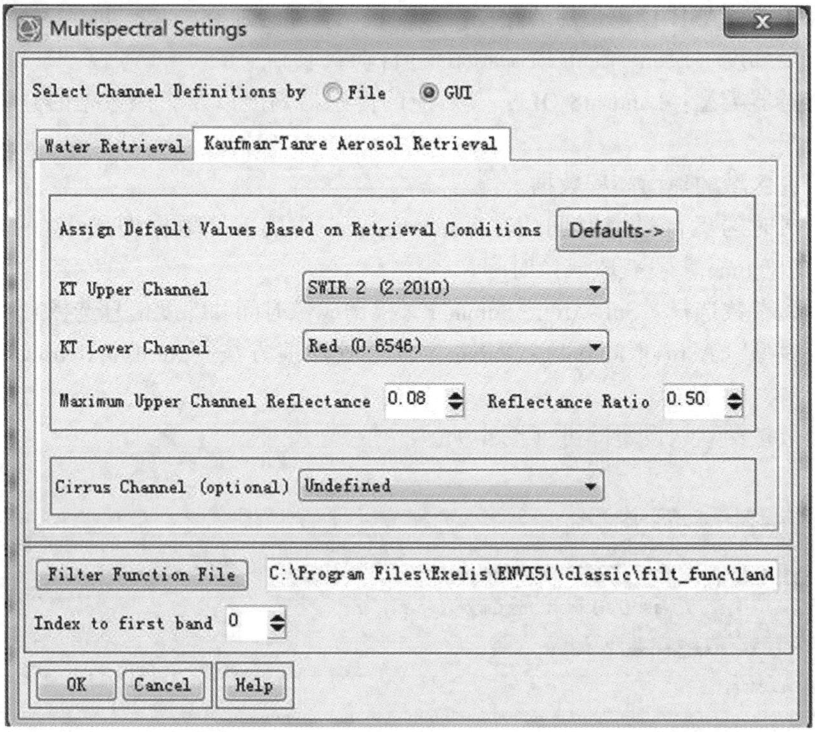

图 4-10　多光谱参数设置

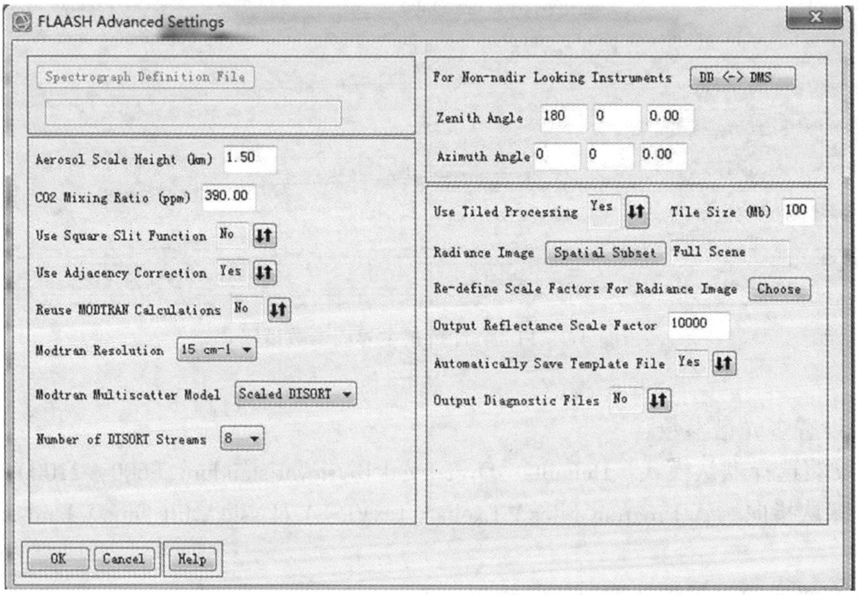

图 4-11　高级参数设置

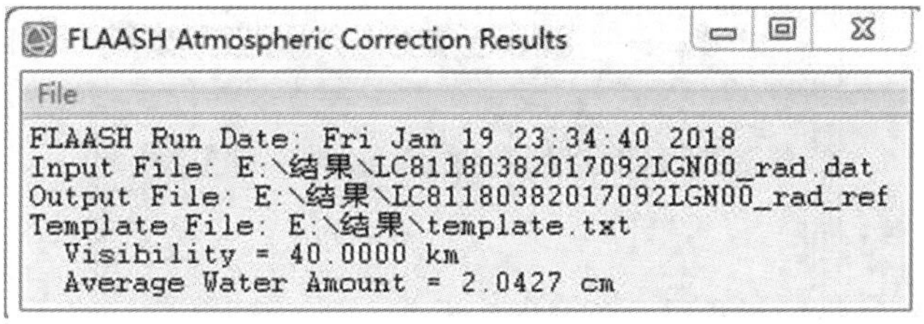

图 4-12　能见度和水汽柱反演结果

(三) 图像裁剪步骤

(1) 对经大气校正的多光谱数据进行裁剪：打开图像 LC81180382017092LGN00_rad_ref. dat。

(2) File→Open，打开研究区域的矢量 . shp 数据。

(3) 在 Toolbox 中，打开 Regions of Interest /Subset Data from ROIs (图 4-13)。在 Select Input File 中选择 LC81180382017092LGN00_rad_ref. dat，点击 OK，打开 Subset Data from ROIs Parameters 面板 (图 4-14)。

图 4-13　查找工具

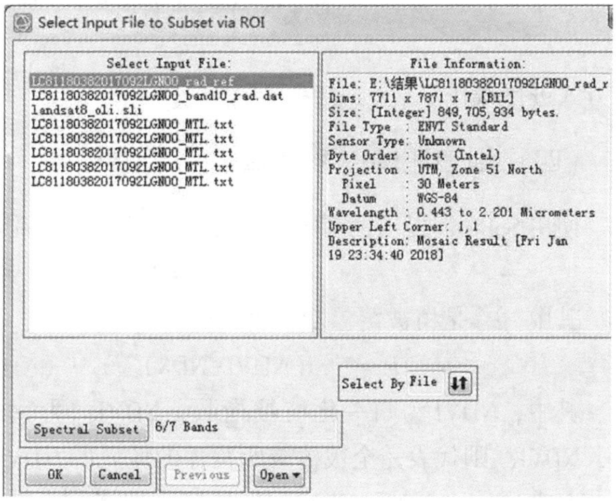

图 4-14　Subset Data from ROIs Parameters 界面

(4) 在 Subset Data from ROIs Parameters 面板中 (图 4-15)，设置以下参数：

Select Input ROIs：选择 EVF：矢量 . shp；

Mask pixels output of ROI?：Yes；

Mask Background Value 背景值：0。

(5) 选择输出路径和文件名，单击 OK 执行图像裁剪。

(6) 对经辐射定标后的第 10 波段数据进行裁剪：

打开图像 LC81180382017092LGN00_band10_rad. dat，然后用与对多光谱数据进行裁剪

图 4-15　Subset Data from ROIs Parameters 面板

的方式进行操作。

(四) 地表比辐射率计算

使用 Sobrino 提出的 NDVI 阈值法计算地表比辐射率，公式：

$$\varepsilon = 0.004P_v + 0.986 \tag{4-6}$$

其中，P_v 是植被覆盖度，用以下公式计算：

$$P_v = [(NDVI - NDVI_{Soil}) / (NDVI_{Veg} - NDVI_{Soil})] \tag{4-7}$$

其中，NDVI 为归一化植被指数，$NDVI_{Soil}$ 为完全是裸土或无植被覆盖区域的 NDVI 值，$NDVI_{Veg}$则代表完全被植被所覆盖的像元的 NDVI 值，即纯植被像元的 NDVI 值。取经验值 $NDVI_{Veg} = 0.70$ 和 $NDVI_{Soil} = 0.05$，即当某个像元的 NDVI 大于 0.70 时，P_v 取值为 1；当 NDVI 小于 0.05 时，P_v 取值为 0。所以首先计算出 NDVI 值，然后计算出植被覆盖度 P_v，最后得到地表比辐射率 ε。具体步骤如下：

（1）在 Toolbox 工具箱中，双击 Spectral→Vegetation→NDVI 工具（图 4-16），在文件输入对话框中，选择 Landsat8 OLI 多光谱图像；

（2）在 NDVI Calculation Parameters 对话框中（图 4-17），自动识别 NDVI 计算波段：Red：4，Near IR：5（值得注意的是，Landsat7 的红外波段和近红外波段分别是第 3 和第 4 波段）；

（3）选择输出文件名和路径，计算 NDVI 值；

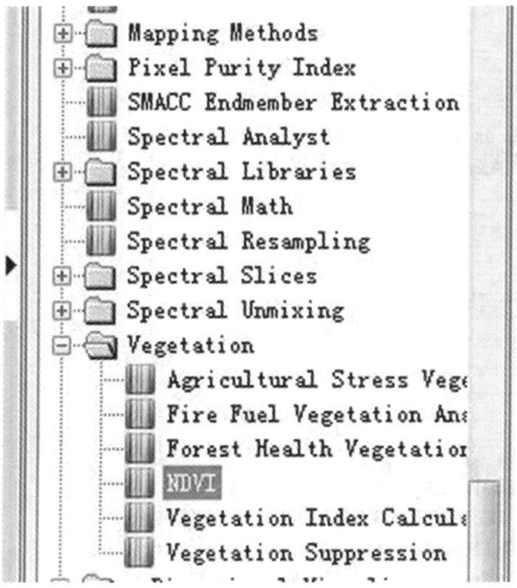

图 4-16　查找工具

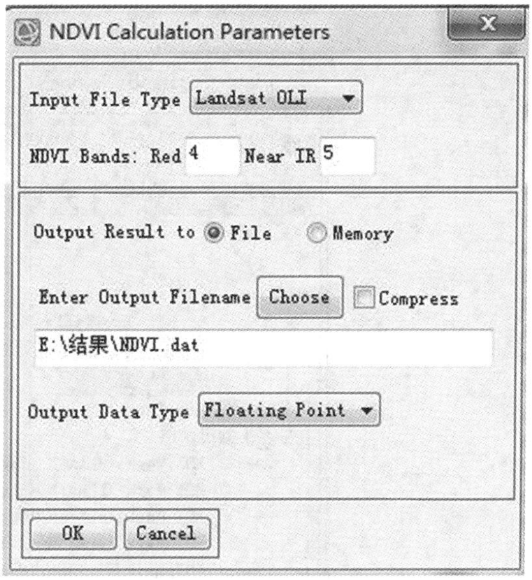

图 4-17　NDVI 对话框

（4）植被覆盖度 P_v 计算：在 Toolbox 中，选择 Band Ratio/Band Math，以公式（4-2）为依据，输入表达式：（b1 gt 0.7）＊1+（b1 lt 0.05）＊0+（b1 ge 0.05 and b1 le 0.7）＊（（b1-0.05）/（0.7-0.05）），单击 OK 按钮（图 4-18）；

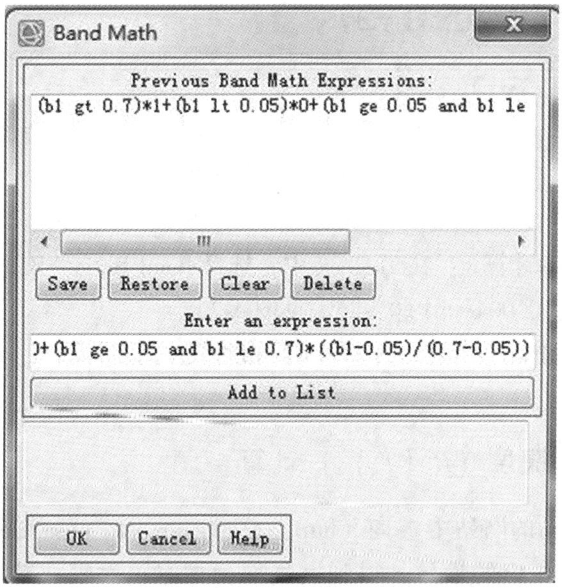

图 4-18　Band Math 对话框

（5）打开 Variables to Bands Pairings 对话框，为运算表达式中的变量赋值，其中 b_1：

NDVI，计算得到植被覆盖度图像 P_v（图 4-19）；

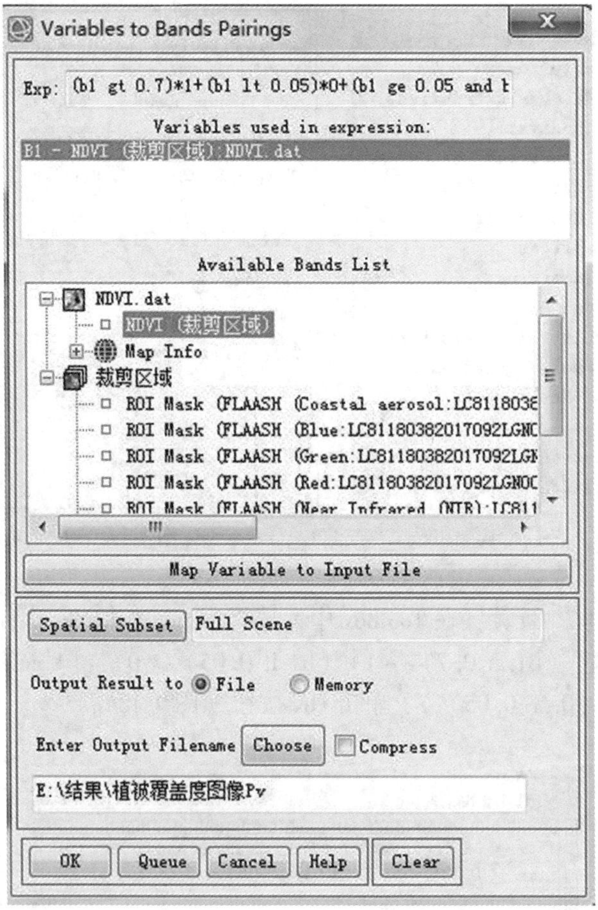

图 4-19　Variables to Bands Pairings 对话框（1）

（6）地表比辐射率计算 ε：在 Toolbox 中，选择 Band Ratio→Band Math，以公式(4-6)为依据，输入表达式：0.004 * b1+0.986，见图 4-20。

为运算表达式中的变量赋值，其中，b_1：植被覆盖度图像 P_v，计算得到地表比辐射率图像 ε（图 4-20）。

（五）黑体辐射亮度（B（T_S））计算

（1）在 NASA 公布的网站中查询（http：//atmcorr. gsfc. nasa. gov），输入成影时间和中心经纬度以及其他相应的参数，得到大气剖面信息：大气在热红外波段的透过率 τ（0.9）、大气向上辐射亮度 $L\uparrow$（0.75）、大气向下辐射亮度 $L\downarrow$（1.29）。

（2）在 Toolbox 工具箱中，双击 Band Ratio/Band Math 工具，以原始公式 $B(T_S)=[L_\lambda-L\uparrow-\tau(1-\varepsilon)L\downarrow]/\tau\varepsilon$ 为依据输入表达式：(b2−0.75−0.9 *（1−b1）* 1.29）/

（0.9 * b1），见图 4-21。

（3）为运算表达式中变量赋值，其中，b_1：地表比辐射率图像 ε；b_2：Band10 辐射亮度图像，计算得到同温度下的黑体辐射亮度图像 B（T_S）（图 4-21）。

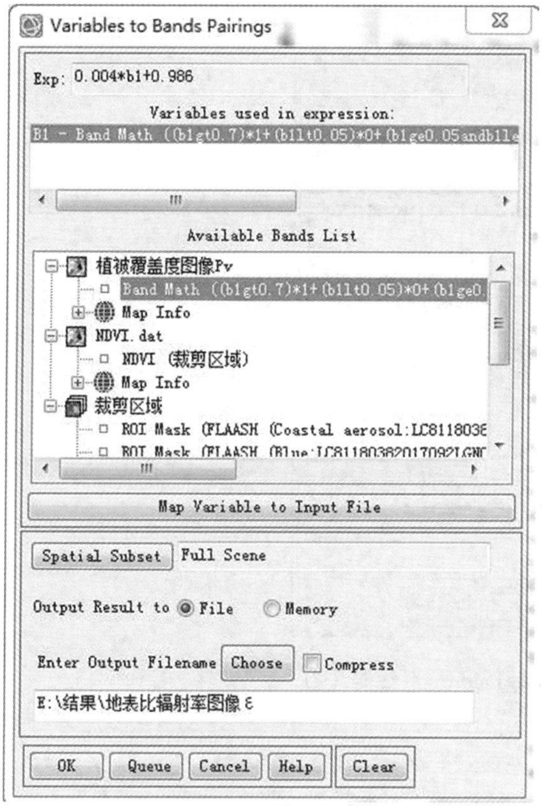

图 4-20　Variables to Bands Pairings 对话框（2）

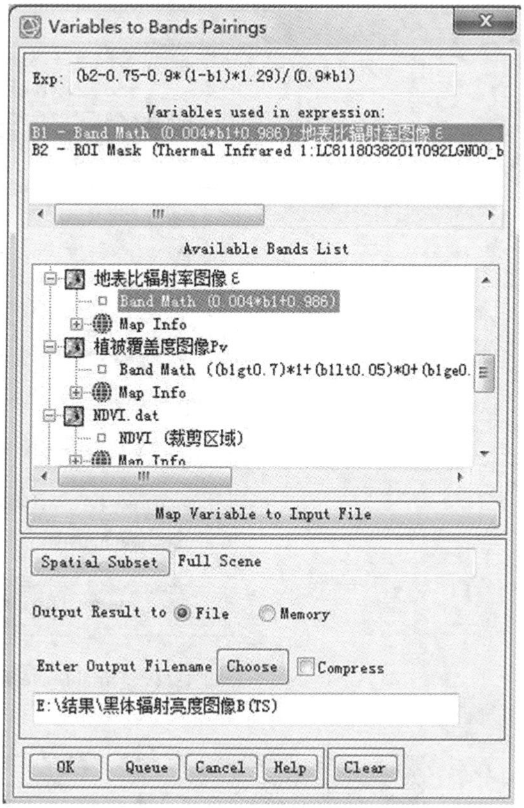

图 4-21　Variables to Bands Pairings 对话框（3）

（六）地表温度计算

（1）在 Toolbox 中，双击 Band Ratio/Band Math 工具，以原始公式 $T_S = K_2/\ln(K_1/B(T_S)+1)-273$ 为依据，输入表达式：（1321.08）/alog（774.89/b1+1）−273，见图 4-22。

（2）为运算表达式中变量赋值，其中，b_1：同温度下的黑体辐射亮度图像 B（T_S），得到单位为摄氏度的地表温度图像 T（图 4-22）。

（3）在 ENVI Classic 中打开最终生成的地表温度反演结果（图 4-23），地表温度反演结果显示 2017 年 4 月 2 日上海市中心城区最低温度为 1.226196℃（有云的缘故，有的地方温度为云顶温度），最高温度为 37.440155℃，平均温度为 22.130798℃，标准差为 2.041214℃。

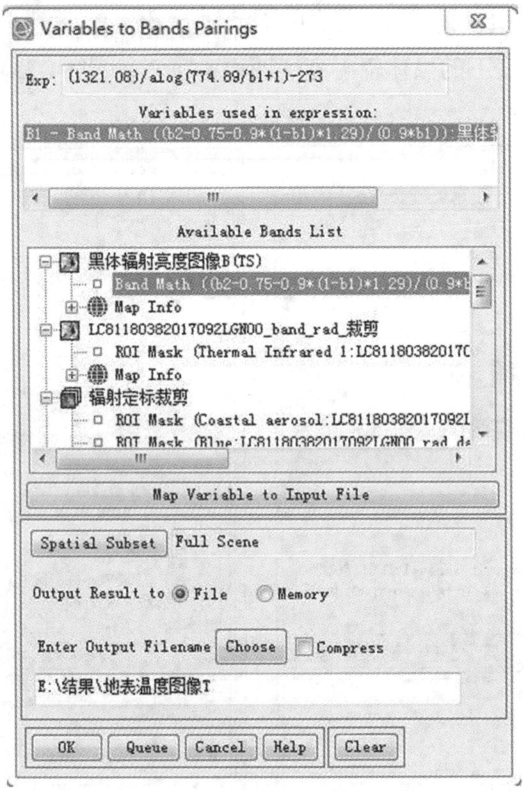

图 4-22　Variables to Bands Pairings 对话框（4）

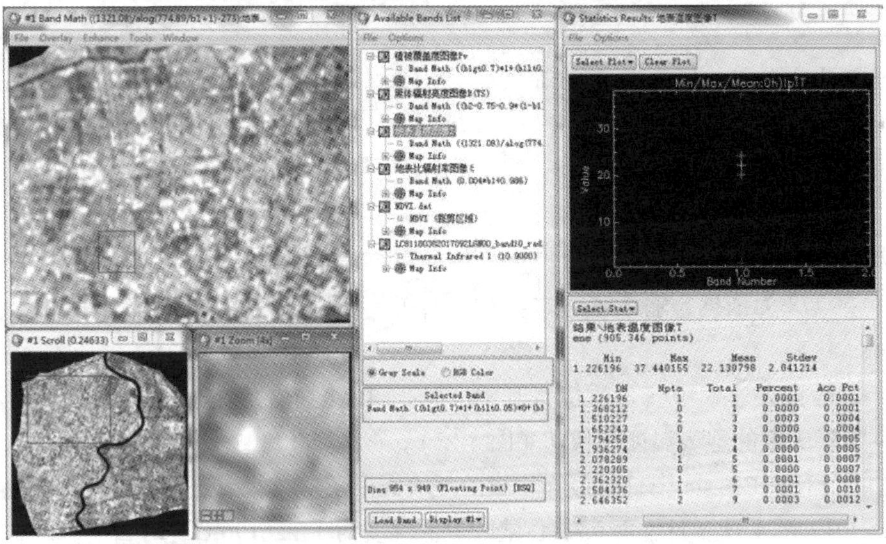

图 4-23　地表温度反演结果

四、案例研究

基于 Landsat8 的城市中心城区热岛效应研究

摘要：城市发展让城市下垫面的结构和类型发生了巨大的变化，容易形成城区大气和地表温度明显高于郊区的城市热岛效应。上海是世界上规模和面积最大的都会区之一，是热岛效应的典型区域。本案例以上海中心城区为研究对象，采用 2017 年 4 月 2 日的 Landsat8 OLI_TIRS 遥感数据，反演地表温度，研究温度空间分布格局以及和土地利用的关系。结果显示以长江为界，西北侧的各区热岛效应较显著，东南侧的浦东新区热岛效应最弱；嘉定区热岛效应最显著，其次是静安区、闸北区和徐汇区；水体和植被有缓解城市热岛效应的作用，水体缓解城市热岛效应的能力更强；不同类型的建筑对地表温度的影响程度不同，工业用地比其他类型的建筑更容易产生高温。

关键词：热岛效应；上海中心城区；Landsat8；地表温度反演

（一）引言

城市化导致土地利用与生态格局发生剧烈变化，自然植被、农田等被建筑物、道路和其他不透水地表取代，对城市环境、城市生态系统过程和功能带来巨大影响，城市热岛效应就是其中极为重要的问题之一。遥感热红外信息技术在探查地面热场变化、揭示城市热岛空间分布特征等领域有广泛应用，季青等[1]利用福州市的 Landsat ETM+遥感影像反演地表温度和提取土地利用覆盖情况，发现建筑用地和裸土区域城市热岛效应明显，水体和植被覆盖区域对城市热岛具有降温作用。陈云[2]以 Landsat8 为研究数据，采用单窗算法选用 TIRS 11 波段反演了厦门的地表温度，发现强热岛效应区主要分布在工商业区和生活密集区。胡平[3]采用 Landsat8 数据，比较了使用四种单波段算法（RTE 算法、IB 算法、SC 算法和 MW 算法）和劈窗算法（SWA 算法）对研究区地表温度进行反演，计算研究区 NDVI、MNDWI 和 NDISI 这三种分布代表植被、水体、不透水面分布情况的归一化指数，研究表明：不透水面对城市热岛效应具有正相关作用，而水体和植被都具有负相关作用，尤其是植被对于城市降温具有明显作用。

上海市是中国重要的经济、交通、科技、工业、金融、会展和航运中心，是世界上规模和面积最大的都会区之一。在经济发展和人口增加的同时，城市发展与生态环境之间的矛盾加剧。本案例以上海市外环为研究区域，采用 2017 年 4 月 2 日的 Landsat8 OLI_TIRS 遥感数据，反演地表温度，研究温度空间分布格局以及和土地利用的关系，以期为缓解城市热岛效应，合理城市规划、城市生态建设与管理提供依据。

（二）研究区域

上海市地处 120°52′~122°12′E，30°40′~31°53′N，有 16 个市辖区，总面积 6340 km^2，属亚热带湿润季风气候，2016 年人口 1439. 50 万人，是世界上规模和面积最大的都会区之一，是我国城市化水平最高的城市。本案例的研究区域（图 4-24）为上海市外环以内

（S20 内）区域，是上海的中心城区，包括闸北区、虹口区、黄浦区、静安区、杨浦区，以及闵行区、宝山区、嘉定区、浦东新区、普陀区、徐汇区、长宁区的部分区域，面积 656.67 km^2。

图 4-24　研究区域

（三）数据来源和研究方法

1. 数据来源

本研究选择 2017 年 4 月 2 日包括上海中心城区的 Landsat8 OLI 的多光谱影像和 TIRS 的第 10 波段（波长 10.9μm）影像为研究数据，轨道号为 120-039，中心经度为 121.54359°，云量为 2.49%。在 Google 地球中以上海市中心城区外环高速 s20 为界，获取中心城区范围的矢量数据，上海市的行政区划矢量数据。

2. 研究方法

本研究首先对遥感影像进行辐射定标、大气校正、剪裁等预处理，再使用大气校正法进行地表温度反演，使用监督分类方法进行土地利用分类，在 ArcGIS 中将地表温度反演结果和土地利用类型，行政区位图和典型地物作叠加分析，研究温度空间分布格局以及和土地利用的关系（图 4-25）。

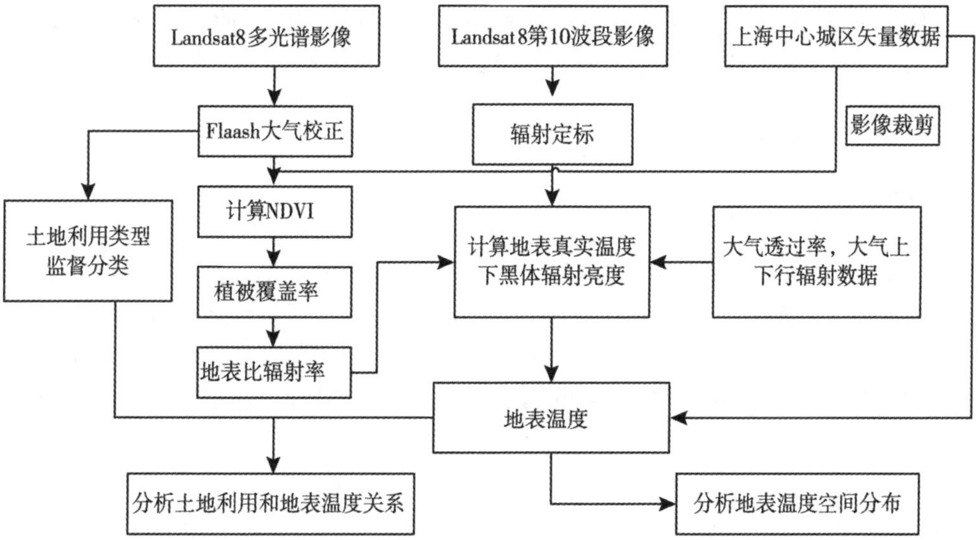

图 4-25　技术路线

(四) 图像预处理

1. 辐射定标

根据叶智威等[4]的研究将 Landsat8 热红外影像的第 10 波段影像灰度值（DN）转化为辐射亮度值。其转化公式如下：

$$L_\lambda = \mathrm{Gain} \times \mathrm{DN} + \mathrm{Offset} \tag{4-8}$$

式中：L_λ为像元辐射亮度值，单位是 W/（m^2 · sr · μm）；DN 为像元灰度值（0~255）；Gain 和 Offset 分别表示增益系数和偏移值，从 Landsat8 元数据中可找到 Gain = 3.342×10^{-4}，Offset = 0.10000。在 ENVI5.2 的 Band Math 中输入转换公式（4-8）对第 10 波段影像进行辐射定标。

2. 大气校正

在 ENVI5.2 中对多光谱影像进行人气校正，在 Toolbox 中，选择 Radiometric Correction→Radiometric Calibration，在文件对话框中选择多光谱数据，单击 Apply FLAASH Settings 按钮，自动设置 FLAASH 大气校正工具需要的数据类型，获得经过定标后的辐射亮度（辐射率）数据，在 Toolbox 中打开 FLAASH 工具：Radiometric Correction→Atmospheric Correction Module→FLAASH Atmospheric Correction，采用辐射定标后的多光谱数据，根据要求设置参数，进行大气校正。

3. 图像剪裁

在 Toolbox 中打开 Regions of Interest→Subset Data from ROIs，使用上海中心城区的矢量数据对经辐射定标后的第 10 波段数据和经大气校正的多光谱数据进行剪裁。

(五) 地表温度反演

1. 大气校正法

采用大气校正法进行地表温度反演，大气校正法是一种基于大气辐射传输模型的传统算法，其最大的优点在于它可以用于任何热红外遥感波段，卫星传感器所接收到的热红外辐射亮度值由三部分组成：大气上行辐射亮度、大气下行辐射亮度及地面辐射经过大气传输后到达传感器的辐射亮度，如图 4-26 所示。因此，传感器所接收到的热辐射亮度值 L_λ 的表达式为

$$L_\lambda = [\varepsilon B(T_S) + (1-\varepsilon) L\downarrow] \tau + L\uparrow \tag{4-9}$$

式中，ε 为地表比辐射率，T_S为地表真实温度（K），$B(T_S)$ 为黑体热辐射亮度，τ 为大气在热红外波段的透过率，在图像预处理中经过辐射定标得到传感器所接收到的热辐射亮度值 L_λ，相关参数可在 NASA 官网（http://atmcorr.gsfc.nasa.gov）中查询，得到大气剖面信息为：大气在热红外波段的透过率 τ：0.9；大气向上辐射亮度 $L\uparrow$：0.75 W/(m^2 · sr · μm)；大气向下辐射亮度 $L\downarrow$：1.29W/(m^2 · sr · μm)，因此求出地表比辐射率 ε 即可求出在地表真实温度 T_S下的黑体辐射亮度 $B(T_S)$。利用普朗克公式可获取黑体辐射亮度对应的地表真实温度，如式（4-10），利用华氏温度和摄氏温度的转换公式（4-11）就可求出用摄氏温度表示的地表真实温度。

$$T_S = K_2 / \ln(K_1 / B(T_S) + 1) \tag{4-10}$$

$$T = T_S - 273 \tag{4-11}$$

2. 地表比辐射率计算

使用 Sobrino 提出的 NDVI 阈值法计算地表比辐射率，见式（4-6）、式（4-7）。

（1）在 Toolbox 中，选择 Spectral→Vegetation→NDVI 工具，选择大气校正后的多光谱图像，在 NDVI Calculation parameters 对话框中，自动识别 NDVI 计算波段：Red：4，Near IR：5，计算研究区的 NDVI。

（2）在 Toolbox 中，选择 Band Ratio→Band Math，输入表达式：(b1 gt 0.7) * 1+(b1 lt 0.05) * 0+(b1 ge 0.05 and b1 le 0.7) * ((b1-0.05) / (0.7-0.05))，其中，b1：NDVI。计算得到植被覆盖度图像。

（3）在 Toolbox 中，选择 Band Ratio→Band Math，输入表达式：0.004 * b1+0.986，其中，b1：植被覆盖度图像 P_v。计算得到地表比辐射率图像 ε。

3. 地表温度计算

依据公式（4-9），在 Toolbox 工具箱中，双击 Band Ratio→Band Math 工具，输入表达

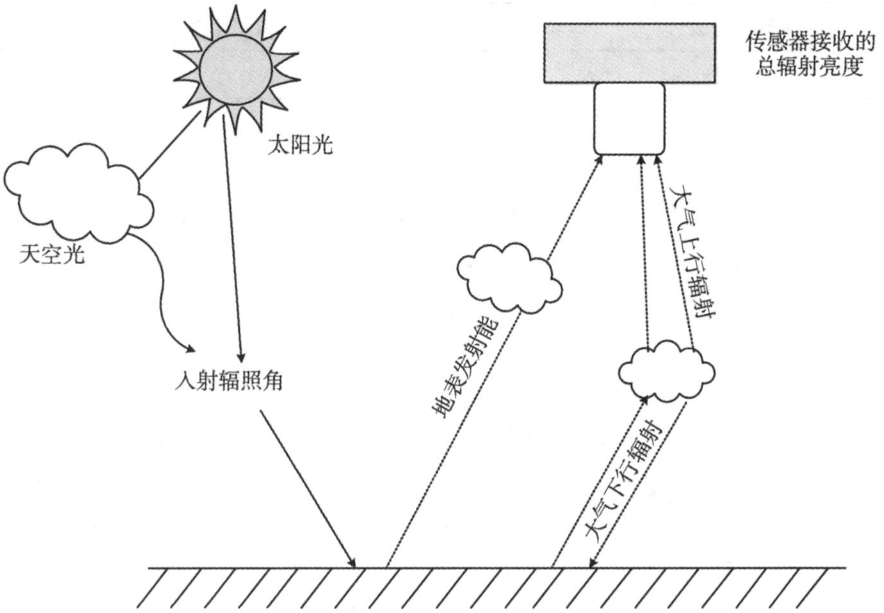

图 4-26　地-气辐射传输示意图

式：（b2-0.75-0.9＊（1-b1）＊1.29）/（0.9＊b1）。其中，b_1：地表比辐射率图像 ε；b_2：Band10 传感器所接收到的热辐射亮度值图像 L_λ。计算得到同温度下的黑体辐射亮度图像 B（T_S），依据公式（4-10）、公式（4-11），在 Toolbox 中，双击 Band Ratio→Band Math 工具，输入表达式：（1321.08）/alog（774.89/b1+1）-273，其中，b_1：同温度下的黑体辐射亮度图像，得到单位为摄氏度的地表温度图像 T。地表温度反演结果显示 2017 年 4 月 2 日上海市中心城区最低温度为 1.226196℃（图像中有少量的云），最高温度为 37.440155℃，平均温度为 22.130798℃，标准差为 2.041214℃。

（六）地表温度空间分布特征

目前，常用的热岛分级的方法有两类：一类是以等间距划分法为代表的硬分级法，这种按照硬性规则划分地表温度的方法使得在分割阈值及确定分级数时具有很大主观性，造成定量研究城市热岛的不确定性，因此不提倡使用。另一类是兼顾均值和标准差的方法，这类方法通常使用研究区地表温度的均值和标准差的不同组合进行温度等级划分，将高于地面平均温度的区域划分为城市热岛区域，并且标准差一般能够说明地面附近温度与地面平均温度的接近程度，因此均值-标准差法比等间距划分法能够更为合理地划分地表温度。为了直观地描述研究区地表温度的差异情况，本研究利用 ArcGIS 工具箱中 Special Analyst 中的重分类工具，采用均值-标准差法来将研究区的地表温度划分为 5 个等级（表 4-2）。

表 4-2　**研究区地表温度等级划分标准**

等级号	温度等级	取值范围	
1	低温区	$T \leqslant u-$std	≤19. 984456℃
2	次中温区	$u-$std$<T \leqslant u-0.5$std	19. 984456～21. 1231465℃
3	中温区	$u-0.5$std$\leqslant T<u+0.5$std	21. 1231465～23. 4005275℃
4	次高温区	$u+0.5$std$\leqslant T<u+$std	23. 4005275～24. 53922℃
5	高温区	$T>u+$std	≥22. 53922℃

注：u 代表研究区地表温度 T 的平均值，std 代表标准差，在本研究中 u = 22. 261837℃，std = 2. 277381℃。

上海中心城区低温区面积占 6. 94%，次中温区面积占 12. 18%，中温区面积占 50. 38%，次高温区面积占 19. 37%，高温区面积占 11. 13%。本研究将次高温区和高温区视为城市热岛区域，热岛区面积占比为 30. 5%。以长江为界西北侧高温区分布较广，东南侧高温区分布较少（图 4-27）。

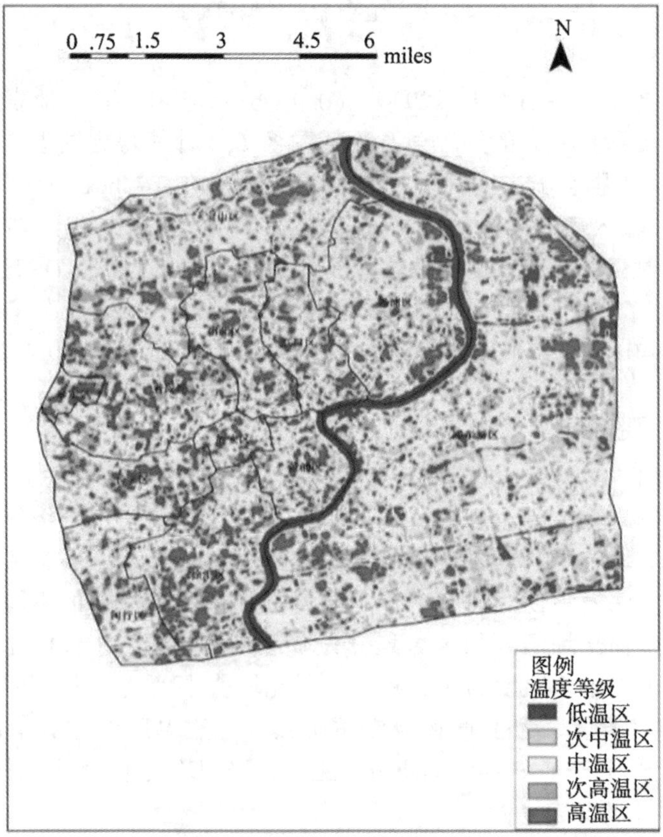

图 4-27　上海中心城区地表温度

图 4-28　土地利用类型监督分类结果

将温度等级划分的栅格数据用 ArcGIS 工具箱的转换工具→栅格转面，转换为矢量数据，和上海各区的面数据叠加，使用分析工具→统计分析→交集制表，统计上海各区各温度等级的面积，计算上海各区各温度等级面积占比（表 4-3）。其中嘉定区热岛效应最显著，热岛区占本区的 64. 21%，高温区占本区的 33. 34%，是上海中心城区高温区占比最大的区域，低温区仅占本区的 0. 40%，是上海中心城区低温区占比最小的区域。其次是静安区、闸北区和徐汇区，热岛区分别占本区的 45. 83%，45. 58%和 45. 36%，这 3 个区域并不在上海中心城区的最中心，在 Google 地图中查看这些区域，发现这些区域有较多企业，说明工业用地是使城市地表增温的重要原因，使高温区在中心城区外围有更高比例的分布。浦东新区的热岛效应最弱，低温区占本区的 10. 26%，高温区占本区的 6. 40%，热岛区占本区的 18. 16%，这和浦东新区发展较晚，对下垫面的改变较少，建筑人口集中程度较低有关。

表4-3　　上海市各区各温度等级占比

行政区	低温区	次中温区	中温区	次高温区	高温区	热岛区
闵行区	0.52%	4.81%	59.25%	24.27%	11.15%	35.42%
闸北区	0.64%	5.19%	48.58%	28.87%	16.72%	45.58%
宝山区	3.37%	6.60%	54.90%	23.52%	11.61%	35.13%
虹口区	3.66%	6.61%	47.37%	27.53%	14.82%	42.35%
黄浦区	10.68%	9.42%	44.22%	22.28%	13.40%	35.68%
嘉定区	0.40%	1.05%	34.34%	30.87%	33.34%	64.21%
静安区	0.92%	6.74%	46.51%	28.55%	17.27%	45.83%
浦东新区	10.26%	19.11%	52.48%	11.76%	6.40%	18.16%
普陀区	1.29%	6.13%	44.90%	30.63%	17.04%	47.68%
徐汇区	6.56%	6.64%	41.44%	26.40%	18.96%	45.36%
杨浦区	11.08%	11.45%	50.73%	16.98%	9.76%	26.74%
长宁区	0.54%	5.09%	50.57%	27.56%	16.23%	43.79%

（七）地表温度与土地利用类型

在ENVI5.2中对多光谱影像的2、3、4波段进行彩色合成，选取水体、植被、建筑3种类型的样本，采用最大似然法进行土地利用类型监督分类，得到总体精度为94.8924%，Kappa系数为0.8346的分类结果。在上海中心城区中，水体占2.7%，植被占18.1%，建筑占比最高，为79.29%（图4-28）。

在ArcGIS工具箱的Spatial Analyst→区域分析→区域直方图工具中对土地利用分类和温度等级数据进行叠加分析，统计各土地利用类型在各温度区间的像元数，在SPSS中计算土地利用类型和温度等级的Pearson相关系数。水体、植被、建筑温度等级的相关系数分别为-0.719、-0.164、0.271，水体面积与植被面积皆与高温面积呈负相关关系，建筑面积和高温面积正相关，说明水体和植被有降温作用，且水体的降温能力更强，建筑是使地表温度局部升高的原因（表4-4）。

表4-4　　不同土地利用类型在各温度区间的像元数及与温度等级的相关系数

土地利用	温度区间					
	低温区	次中温区	中温区	次高温区	高温区	相关系数
水体	19151	408	108	0	0	-0.719
植被	10546	29461	75160	11963	4299	-0.164
建筑	20963	58995	292291	129345	76896	0.271

表 4-5　　上海各区各土地利用类型面积占比

行政区	建筑	水体	植被
闵行区	79.872%	0.307%	19.821%
闸北区	86.817%	0.017%	13.166%
宝山区	80.719%	2.404%	16.877%
虹口区	84.492%	1.853%	13.655%
黄浦区	83.245%	7.810%	8.945%
嘉定区	80.017%	0.013%	19.970%
静安区	90.740%	0.000%	9.260%
浦东新区	78.237%	2.860%	18.903%
普陀区	85.740%	0.023%	14.237%
徐汇区	84.551%	4.098%	11.351%
杨浦区	76.375%	5.935%	17.690%
长宁区	83.286%	0.004%	16.710%

统计上海各区不同土地利用类型面积并计算占比（表 4-5），热岛效应最强的嘉定区、静安区、闸北区和徐汇区都有较高的建筑用地占比，水体和植被占比较小。热岛效应最弱的浦东新区建筑用地占比较小，植被占比较大。黄浦区位于上海中心城区的最中心，但热岛效应较弱，黄浦区的建筑面积占比较高，但水体的占比是所有区中最高的。进一步说明城市热岛效应的产生与建筑增多改变下垫面有关，植被和水体可以缓解城市热岛效应，且水体缓解热岛效应的能力更强。静安区的建筑面积占比比嘉定区大，水体、植被占比比嘉定区小，但热岛效应比嘉定区弱，在 Google 地图上查看静安区，发现静安区的建筑用地以居民区为主，而嘉定区有较多工业区，说明不同类型的建筑对地表温度的影响程度不同。已有研究表明，在不同类型的建筑中，工业用地不透水率高，主要是由砖瓦和水泥等建筑材料构成的，其热容量小而热传导率和热扩散率大，同时其本身有可能就是热源[8]，比其他建筑类型更容易产生高温。嘉定区高温区占比高和工业区的分布有关。

（八）结论

（1）学习了针对 Landsat8 数据的地表温度反演理论和方法，采用大气校正法对上海中心城区进行地表温度反演，地表温度反演结果显示 2017 年 4 月 2 日上海市中心城区最低温度为 1.226196℃（有云的缘故），最高温度为 37.440155℃，平均温度为 22.130798℃，标准差为 2.041214℃。

（2）采用均值-标准差法对上海市中心城区的地表温度进行划分，低温区面积占 6.94%，次中温区面积占 12.18%，中温区面积最大，占 50.38%，次高温区面积占 19.37%，高温区面积占 11.13%，将次高温区和高温区视为城市热岛区域，热岛区面积占比为 30.5%。

(3) 以行政界线为划分单元，经过统计后分析了研究区城市热岛的空间分布格局：上海市中心城区高温区占比并不满足由中心向外围递减的规律，以长江为界，西北侧的各区热岛效应较显著，东南侧的浦东新区热岛效应最弱。嘉定区热岛效应最显著，其次是静安区、闸北区和徐汇区，这3个区域并不在上海中心城区的最中心。说明热岛效应与区域发展程度不均衡导致的建筑人口密集程度不同有关，浦东新区发展较晚，热岛效应较弱，随着城市的扩张，大量企业向外转移导致高温区的扩张，并出现中心城区外围比中心高温区占比更大的情况。

(4) 水体和植被有缓解城市热岛效应的作用，水体缓解城市热岛效应的能力更强。水体面积、植被面积与温度等级负相关的相关系数分别是-0.719、-0.164，建筑和温度等级正相关，相关系数为0.271。热岛效应最强的嘉定区、静安区、闸北区和徐汇区都有较高的建筑用地占比，水体和植被占比较小。热岛效应最弱的浦东新区建筑用地占比较小，植被占比较大。黄浦区位于上海中心城区的最中心，建筑面积占比较高，但热岛效应较弱，这和黄浦区有最高的水体占比有关。

(5) 不同类型的建筑对地表温度的影响程度不同，工业用地不透水率高，主要是由砖瓦和水泥等建筑材料构成，其热容量小而热传导率和热扩散率大，同时其本身有可能就是热源，比其他建筑类型更容易产生高温。静安区的建筑面积占比比嘉定区大，水体、植被占比比嘉定区小，但热岛效应比嘉定区弱，这和嘉定区的建筑中有较多属于工业区有关。

本章参考文献

[1] 季青，贺伶俐，余明，等．基于Landsat ETM+数据的福州市土地利用覆被与城市热岛的关系研究［J］．福建师范大学学报（自然科学版），2009（06）：106-113.

[2] 陈云．基于Landsat8的城市热岛效应研究初探——以厦门市为例［J］．测绘与空间地理信息，2014（02）：123-128.

[3] 胡平．基于Landsat8的成都市中心城区城市热岛效应研究［D］．成都：成都理工大学，2015.

[4] 叶智威，谭志豪，等．洪泽湖区的Landsat TM6地表温度遥感反演和空间差异分析［J］．首都师范大学学报（自然科学版），2009，30（1）：88-95.

[5] 王栋．基于TM数据的莱州市热岛与土地利用覆盖关系研究［D］．济南：山东师范大学，2014.

[6] 张兆明，何国金，肖荣波．北京市热岛演变遥感研究［J］．遥感信息，2005（06）：46-48.

[7] 陈松林，王天星．等间距法和均值标准差法界定城市热岛的对比研究［J］．地球信息科学学报，2009（02）：145-150.

[8] 王敏，孟浩，白杨，等．上海市土地利用空间格局与地表温度关系研究［J］．生态环境学报，2013，22（02）：343-350.

第五章　土地覆被的监督分类

一、实验目的

（1）了解 ENVI 软件中土地覆被监督分类的基本操作；
（2）初步掌握 ENVI 软件中土地覆被的监督分类方法。

二、实验内容

完成基于 TM 遥感影像的土地覆被的监督分类。

三、实验步骤

监督分类又称训练场地法、训练分类法，是以建立统计识别函数为理论基础、依据典型样本训练方法进行分类的技术，即根据已知训练区提供的样本，通过选择特征参数，求出特征参数作为决策规则，建立判别函数以对各待分类影像进行的图像分类，是模式识别的一种方法。要求训练区域具有典型性和代表性。判别准则若满足分类精度要求，则此准则成立；反之，需重新建立分类的决策规则，直至满足分类精度要求为止。

本实验采用以金华市区为中心的 Landsat8 多光谱影像数据进行实例操作。使用的监督分类软件为 ENVI5.1。

（一）实验区域裁剪

打开 ENVI Classic，File→Open Image File，选择实验数据 LC81190402015286LGN00 的 B1～B7 波段，将其加载进来。

合并影像。选择 Basic Tools→Layer Stacking，在 Layer Stacking Parameters 面板中选择 Import File，加载七个多光谱波段。单击 Choose，选择输出路径和文件名合并，其他参数设置保持默认状态，单击 OK 按钮执行处理，得到合并影像，如图 5-1 所示。

打开待分类的合并数据 File→Open Image File，选择合并 . tif 数据。打开实验区域的矢量数据：File→Open Vector File→金华 . shp。

用 ROI 进行裁剪。Basic Tools→Subset via ROI，选择要进行裁剪的影像，合并 . tif 数据，在 Spatial Subset via ROI Parameters 面板中设置以下参数（如图 5-2 所示）：

①Select Input ROIs：金华 . shp；

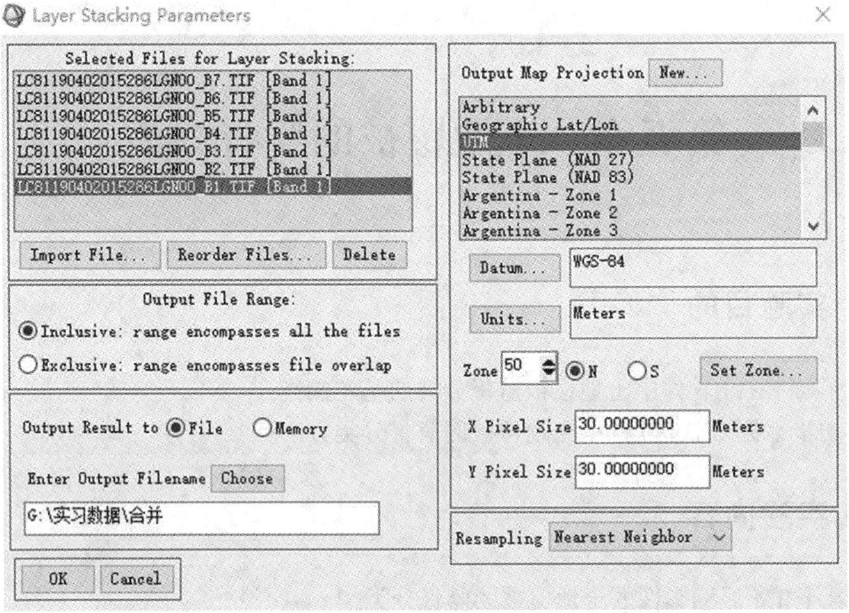

图 5-1　Layer Stacking Parameters 面板

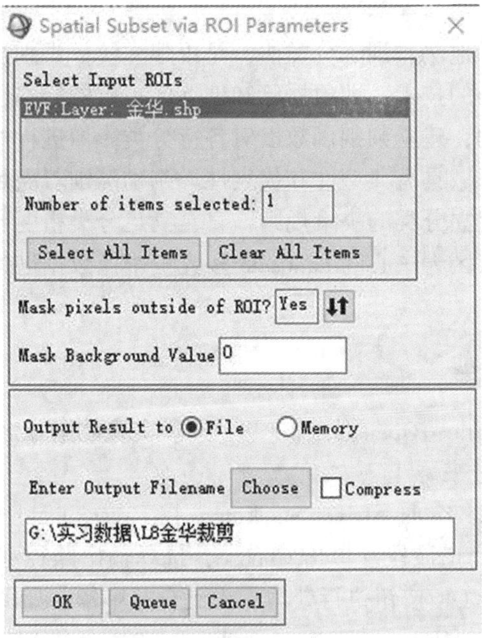

图 5-2　Spatial Subset via ROI Parameters 面板

②Mask pixels outside of ROI：Yes；

③Mask Background Value：0；

④Output Result to：File。

最后，在 Enter Output Filename Choose 中设置输出文件路径及名称，点击 OK 进行裁剪。

（二）建立掩膜文件

（1）选择 File→Open Image File，打开裁剪后的文件“L8 金华裁剪 . tif”。

（2）选择 Basic Tools→Masking→Build Mask，在 Build Mask Input File 中选择“L8 金华裁剪 . tif”数据。在 Mask Definition 面板中选择 Options→Import ROIs，导入矢量数据“金华 . shp”。单击 Choose，选择输出路径和文件名称“金华掩膜”，单击 Apply 得到掩膜数据，如图 5-3 所示。

（三）类别定义/特征判别

根据实验或研究的目的，以及研究区的影像特征确定分类系统。本次实验将研究区分为林地、建筑、水体、草地、耕地五大类。

（四）样本选择

（1）打开待分类“L8 金华裁剪 . tif”的数据文件，RGB 以 764 显示（波段设置）。

（2）在 Image 图像面板中选择 Overlay→Region of Interest，打开 Region of Interest（ROI）Tool 面板，进行样本选择。以水体为例，设置如下参数，并在 Room 窗口中选择样本，如图 5-4 所示。

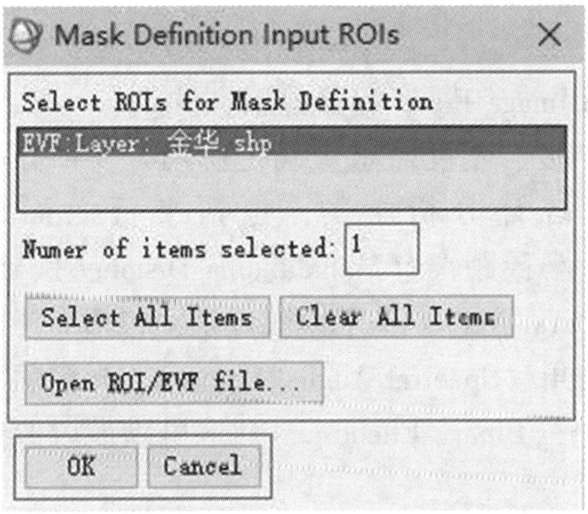

图 5-3　Mask Definition 面板

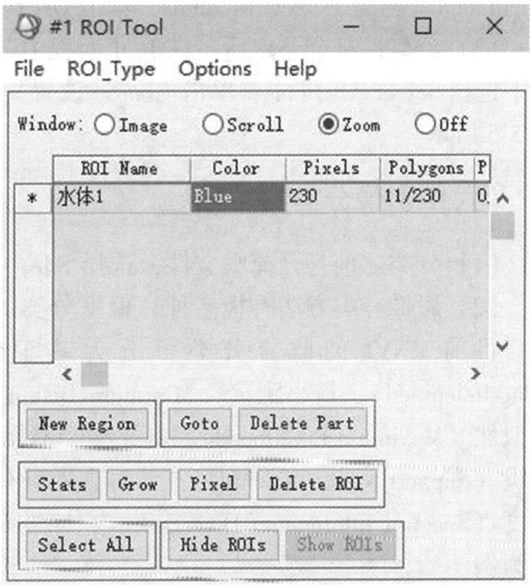

图 5-4　ROI Tool 面板

①Window：Zoom；

②ROI Name：水体 1；

③Color：Blue。

（3）在影像上识别水体，并在 Room 窗口中开始绘制样本，样本绘制结束后，双击鼠标左键或者点击鼠标右键，选择 Complete and Accept Polygon，完成一个多边形样本的选择。

（4）绘制好一个样本后，选择 New Region 新建样本，重复“水体 1”样本选择的方法，分别绘制林地、建筑、耕地和草地的训练样本。注：

①每个类型的训练样本要足够且均匀地分布在影像中。

②同一大类，可以先分为若干小类，再进行合并。如水体根据颜色不同，可分为水体 1，水体 2，提高分类的准确性。

③Window 中选择的是绘制样本的窗口，也可以在 Image 或 Scroll 窗口中进行绘制，选择 Zoom 窗口会使训练样本更精确。

④选择 Goto 可以遍历所绘制的样本。

⑤若要删除某个样本可选择 Delete Part；若要删除整个样本类型，可选择 Delete ROI。

（五）可分离性计算

Jeffries-Matusita，Transformed Divergence 参数表示各个样本类型之间的可分离性，用于检验样本设置的合格性。这两个参数的值在 0~2.0 之间，大于 1.9 说明样本之间可分离性好，属于合格样本；小于 1.8，需要编辑样本或者重新选择样本；小于 1，考虑将两类样本合成一类样本。

（1）在 ROI 面板中选择 Options→Compute ROI Separability。在 ROI Separability Calculation 中选择 Select All Items，单击 OK 得到可分离性结果。

（2）分离性符合要求后，在 ROI 面板中选择 File→Save ROIs，在 Save ROIs to File 面板中选择 Select All Items，单击 Choose 设置文件路径及名称，单击 OK 保存训练样本，如图 5-5 所示。

（六）影像分类

（1）分类之前打开掩膜文件，选择 File→Open Image File，打开掩膜文件。

（2）影像分类方法有很多种，根据分类的复杂度、精度需求等确定使用哪一种分类器。目前 ENVI 的监督分类可分为基于传统统计分析学的，包括平行六面体（Parallelepiped）、最小距离（Minimum Distance）、马氏距离（Mahalanobis Distance）、最大似然（Maximum Likelihood）；基于神经网络（Neural Net）；基于模式识别，包括支持向量机（Support Vector Machine）；针对高光谱有波谱角（Spectral Angle Mapper），光谱信息散度（Spectral Information Divergence），二进制编码（Binary Encoding）。这里以最大似然法为例。

①选择 Classification→Supervised→Maximum Likelihood，在 Classification Input File 面板中选择要进行分类的影像“L8 金华裁剪 .tif”；单击 Mask Options 选择掩膜文件→金华掩膜，单击 OK，如图 5-6 所示。

②在 Maximum Likelihood Parameters 面板中进行如下参数设置，如图 5-7 所示：

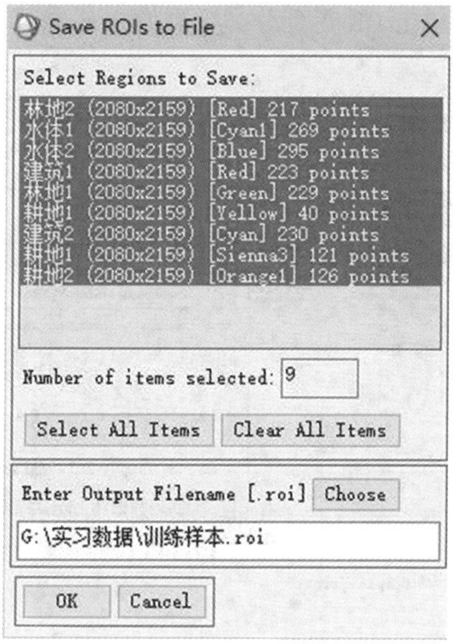

图 5-5　Save ROIs to File 面板

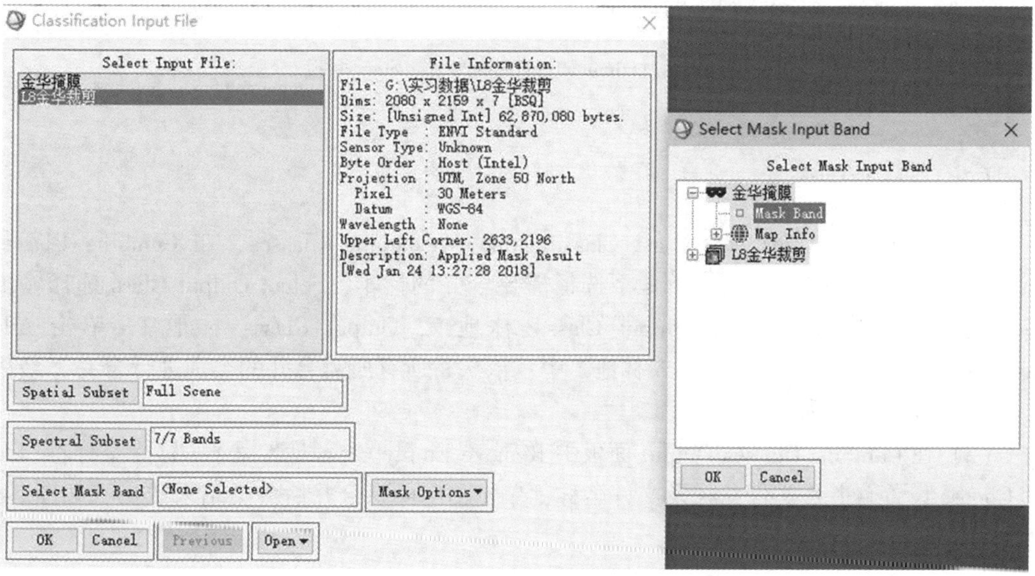

图 5-6　Classification Input File 面板

a. 选择 Select All Items；

b. Set Probability Threshold：None；

c. Output Result to：File；

d. 单击 Choose，选择分类后影像文件的保存路径和文件名称；

e. Output Rule Images：Yes，并单击 Choose 选择文件保存路径及文件名称；

f. 其他参数保持默认，单击 OK 得到分类后影像。

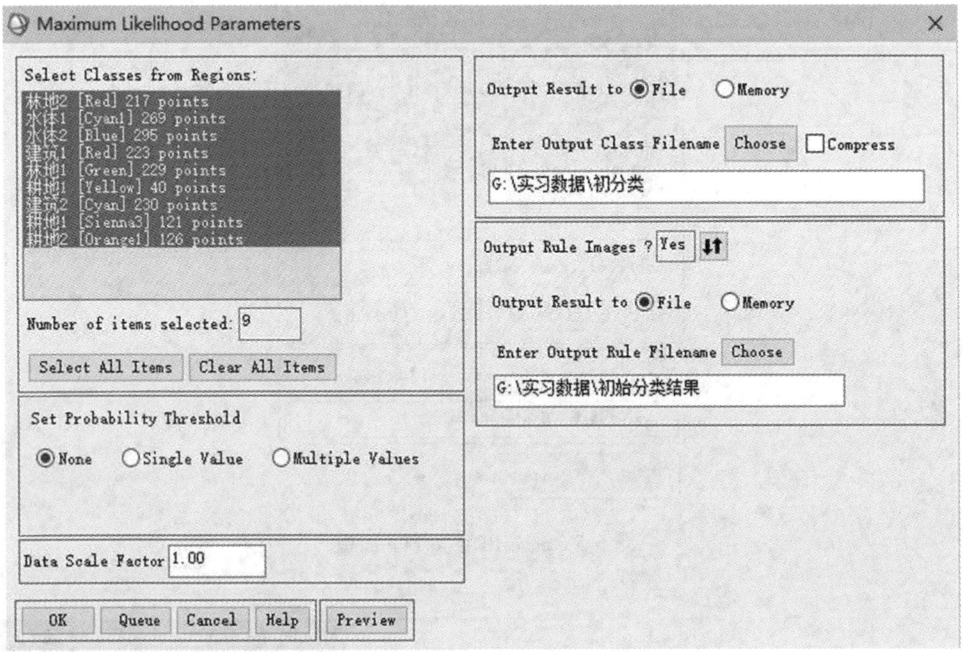

图 5-7　Maximum Likelihood Parameters 面板

（七）分类后合并

（1）选择 Classification→Post Classification→Combine Classes，在 Combine Classes Parameters 面板中 Select Input Class 下选择需要合并的样本，Select Output Class 选择输出与其相对应的合并类别。如 Input Class：林地 2，Output Class：林地 1，单击 Add Combination，即为将林地 2 合并入林地 1 中；依次将所有所需合并的类别进行合并，最后单击 OK，如图 5-8 所示。

（2）在 Combine Classes Output 面板中 Remove Empty Classes 选择 Yes 移除空样本，选择 Choose 设置合并后文件路径及文件名称，单击 OK 得到合并后分类结果数据，如图 5-9 所示。

（八）更改类别名称及颜色

（1）打开合并后分类结果的 .tif 文件，然后选择 Option→Classification，选择合并后分类结果文件。

（2）在 Interactive Class Tool 面板中选择 Options→Edit class names/colors。

（3）在 Class Color Map Editing 面板中可以对类别名称和颜色进行修改，如图 5-10 所示，单击 OK 保存修改结果。

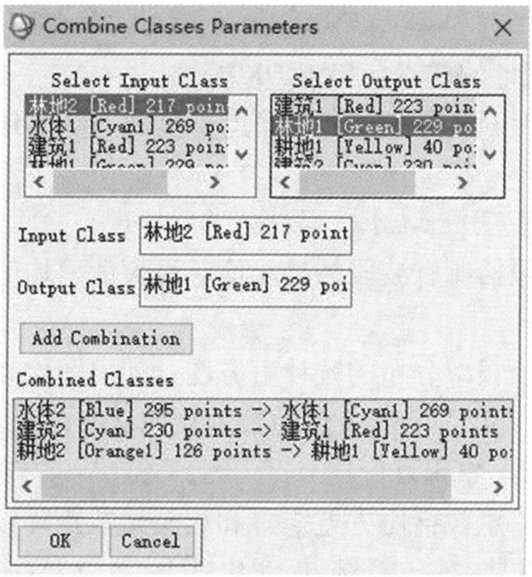

图 5-8　Combine Classes Parameters 面板

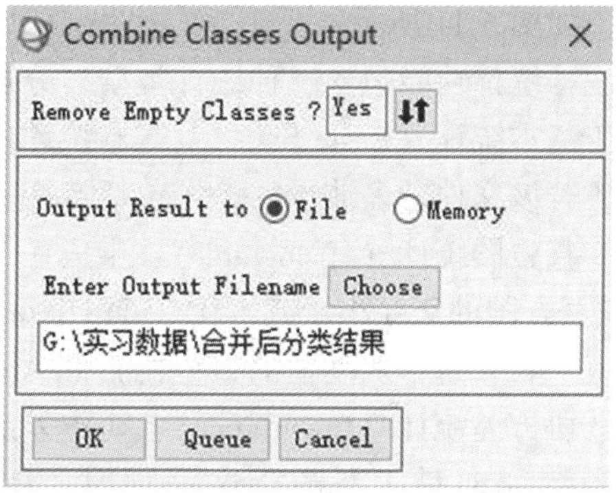

图 5-9　Combine Classes Output 面板

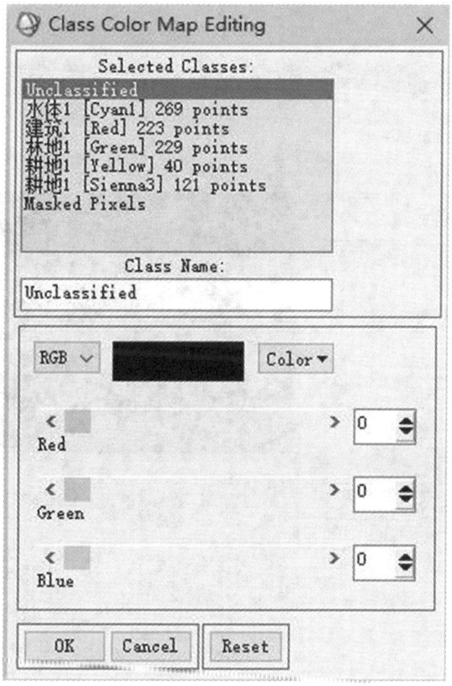

图 5-10　Class Color Map Editing 面板

(九) 分类结果统计

(1) 对各个类别进行统计。选择 Classification→Post Classification→Class Statistics，在 Classification Input File 面板中选择合并后的分类结果，单击 OK。

（2）在 Statics Input File 中选择需要统计的原始影像 L8 金华裁剪 . tif，其他参数设置保持默认，单击 OK。

（3）在 Class Selection 面板中选择要进行统计的样本，单击 OK。

（4）在 Compute Statistics Parameters 面板中可设置如下统计信息，单击 OK 得到统计结果，如图 5-11 所示。

注：统计功能包含三种统计类型，分别为：(引自 esri 教程：分类后处理)

①基本统计（Basic Stats）：基本统计信息包括所有波段的最小值、最大值、均值和标准差，若该文件是多波段的，还包括特征值。

②直方图统计（Histograms）：生成一个关于频率分布的统计直方图，列出图像直方图(如果直方图的灰度小于或等于 256）中每个 DN 值的 Npts（点的数量）、Total（累积点的数量）、Pct（每个灰度值的百分比）和 Acc Pct（累积百分比）。

③协方差统计（Covariance）：协方差统计信息包括协方差矩阵和相关系数矩阵以及特征值和特征向量，当选择这一项时，还可以将协方差结果输出为图像（Covariance Image）。输出结果的方式有三种：输出到屏幕显示（Output to the Screen）、生成一个统计文件（. sta）和生成一个文本文件。

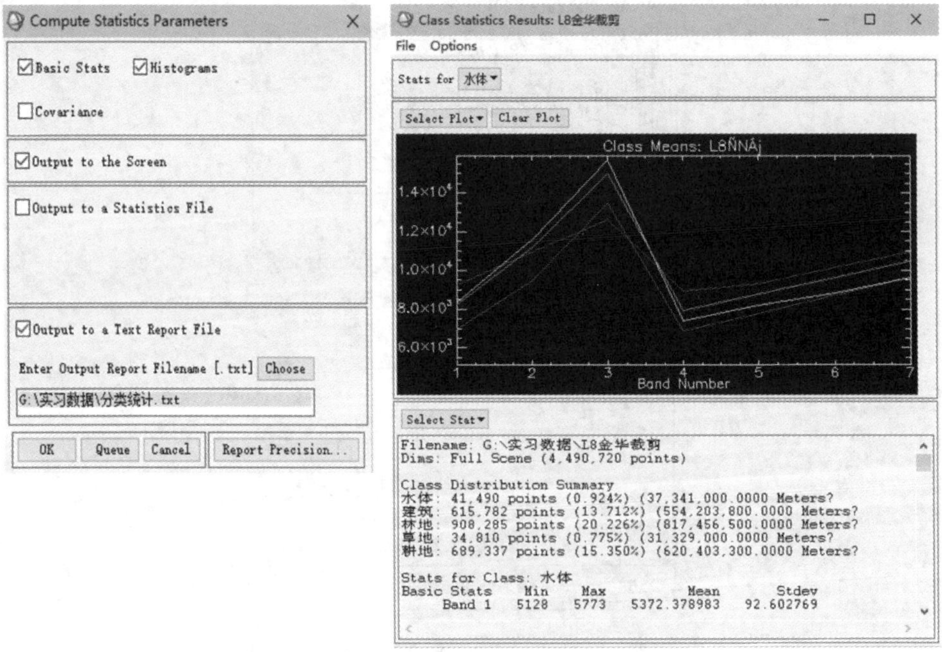

图 5-11 Compute Statistics Parameters 面板

（十）精度评价

常用的精度评价方法有两种：一是混淆矩阵；二是 ROC 曲线。其中，比较常用的为混淆矩阵，本实验用混淆矩阵检验分类精度。

（1）进行检验需要真实参考源，参考源有两种方式：一是标准的分类图；二是选择的感兴趣区（验证样本区）。本次实验采用第二种方式，真实的感兴趣区参考源的选择可以是在高分辨率影像上选择，也可以从野外实地调查获取。验证样本选择方法和训练样本的选择过程是一样的，这里直接使用"检验样本 . roi"作为验证样本。

（2）选择 Classification→Post Classification→Using Ground Truth ROIs。在 Match Classes Parameters 面板中选择相对应的类别，若名称一样则系统会自动进行匹配，单击 OK 得到精度评价结果，如图 5-12 所示。

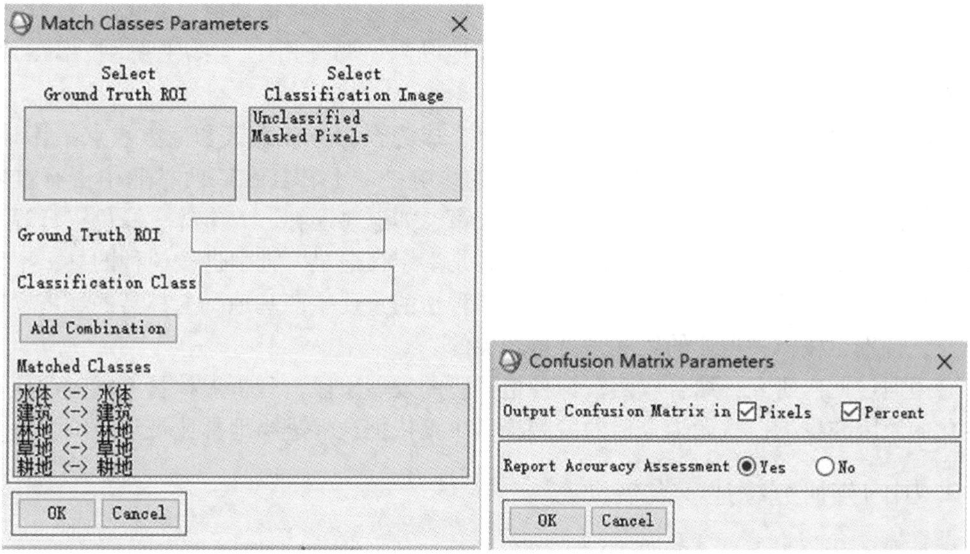

图 5-12　Match Classes Parameters 面板

四、案例研究

南宁市上林县近 30 年植被覆盖变化研究

摘要：本文以上林县为研究区域，基于 1987 年、2000 年和 2014 年的三期遥感影像，采用最大似然法监督分类来提取近 30 年上林县植被覆盖变化的信息。结果表明，林地面积先增多后减少，耕地面积先减少后增多，裸地面积呈减少趋势，建筑面积呈增加趋势，水体面积基本保持不变。1987—2000 年，林地面积增多的原因主要有：①推广桉树种植；②退耕还林政策的实施促使农业向林业发展；③红水河流域石漠化治理增强林业效应。2000—2014 年，林地面积减少的主要原因是政策突变，清剿桉树直接导致林地面积的减少。

关键词：上林县；植被覆盖变化；遥感

（一）引言

1. 研究背景和意义

植被是生态系统中的重要组成成分，植被受环境的影响呈现不同的生长状态，同时也在一定程度上对生态环境起作用[1]。植被覆盖变化能够在一定程度上评估区域绿色资源的可持续发展状况[2]。植被覆盖变化时刻影响着整个陆地生态系统，因此有必要对区域的土地利用变化进行实时监测，获取区域地表植被覆盖的状态，探讨植被覆盖变化产生的原因及其影响，从而为今后的发展提供决策依据。遥感技术对植被覆盖变化进行动态监测是获取地物特征较为便捷、准确的方法。与实地勘测、调查相比，采用遥感技术在时间、金钱成本及实时性方面都存在很大的优势[3]。

广西因其山地众多、丘陵广布的地形特点，成为全国林业大区和南方重点集体林区，广西林业的建设对整个经济的推动有着很大的影响[4]。上林县在广西林业中占有重要地位。上林县近二十年来在林业方面有一系列政策，如退耕还林、大丰林、绿色银行等，使林业在不同时期得到不同程度的发展。上林县是南宁市最早一批引进桉树种的县，率先引领广西桉树种植的发展，现在上林县成为桉树种植的重要生产基地，上林县的经济发展与其林业，特别是桉树种植业的发展是息息相关的。

希望通过此次研究，结合广西桉树种植经历的发展阶段，分析上林县不同时期植被覆盖变化的原因与影响，从而为今后的发展提供决策依据，促进当地林业带动经济发展。

2. 国内外研究综述、发展动态

国外遥感技术起步早，20 世纪 70 年代初就已在各行业中得到广泛应用。Ann Arbor 等[5]利用气象卫星 NOAA 和 TIROS-N 系列等进行遥感数据采集，监测出森林大规模的空间植被变化，结果证明：森林面积逐步向西北地区扩张。McRoberts [6]以两期 TM 影像和 Logistic 回归分析为基础，获取森林数据，在美国明尼苏达州东北部设立研究区，详述了关于遥感估测采伐森林置信区间的构造方法，计算出采伐森林面积，并将此方法应用于其他土地利用类型中。Johanne Pelletier 等[7]利用遥感技术检测巴拿马西部的森林碳储量和生物多样性的时空变化，区分出森林和耕地景观，表示休闲农业土地利用处于动态循环阶段，四种森林类型面积均存在变化，且存在植被交叉现象，转移种植对森林碳储量有一定的影响。这是由于森林碳储量的快速恢复，导致净排放量有限的结果。Ippoliti Carla 等[8]通过高分辨率遥感图像对撒丁岛遥感影像进行分析，并建立 500 米缓冲区，得出每个站点周围的景观指数，当景观指标用在多变量模型中时，正确的植被指数提高了 80%，河岸植被和水的面积变化存在正相关，而林地与耕地之间的面积变化存在负相关。

我国遥感技术起步较晚，1970 年我国开始将遥感引入林业系统，到 2000 年，我国运用 TM 和 SPOT 等卫星遥感资料，已经实现对全国多个地域的土地利用变化进行了动态监测。李琳等[9]基于像元二分模型，利用归一化植被指数（NDVI），对怀柔区 1992 年和 2004 年的植被覆盖度进行了监测，并通过资料分析，结合期间年份对应的植被覆盖变化情况进行了系统的概括总结，得出研究区域植被覆盖整体呈波动上升趋势。邓友志等[10]

采用 1991 年、2006 年的 TM 影像和 2012 年的 HJ1A 影像，利用归一化植被指数（NDVI）像元二分模型估算出不同时期漓江流域的植被覆盖度变化，分析出 1991—2012 年间研究区的植被覆盖度变化较小，较为稳定。

随着遥感技术和计算机技术的发展，针对土地利用信息的提取方法不断涌现，直接提取法包括图像差值法、图像比值法、植被指数法和多时相复合分类法。计算机分类法包括监督分类、非监督分类、模式识别、神经网络分类、分形分类、模糊分类和人工智能等方法，此外还有目视解译法。对这些方法充分掌握并准确运用是本研究得以顺利完成的关键。

3. 研究内容和结构框架

（1）土地利用类型信息提取。

选取研究区上林县 1987 年、2000 年和 2014 年这三期遥感影像，对其进行图像预处理，完成几何纠正、空间配准和研究区范围不规则裁剪，进行多波段彩色合成，然后运用最大似然法进行监督分类，提取建筑、林地、草地、耕地、水体等的信息，得出每一期土地利用类型的基本情况。

（2）分析植被覆盖的时空变化特征。

结合植被覆盖信息提取边界，比较三期遥感影像提取的植被覆盖变化，即植被覆盖的时空特征，空间特征通过植被覆盖的面积变化，面积范围的扩张或者缩小，植被覆盖在整个县的布局点数量增减、分布状况等反映。

（3）分析不同时期植被覆盖变化（包括转化去向和趋势）的原因与影响。

本研究选取的上林县三期遥感影像，对林地和耕地面积变化的转化去向及变化趋势进行研究，分析各变化的原因。这三期影像正好是广西桉树种植的推广、发展和铲除阶段，在统计资料、文献研究的基础上，结合广西桉树种植发展阶段和当地林业政策，尝试通过林地的变化从经济地理学、生态资源角度分析该变化带来的影响。

（二）研究区概况及数据预处理

1. 研究区概况

上林县位于广西壮族自治区中南部大明山东麓，在 23°12′～23°48′N，108°22′～108°52′E范围内（图 5-13），上林县地处低纬度，北回归线横贯该县中部，属南亚热带季风气候，气候温和，光线充足，雨量充沛。县境内地势自西北和东南倾斜，西部多山地林地，中部和东南部地区土壤肥沃。行政区包括大丰镇、明亮镇、西燕镇、三里镇等 11 个乡镇，129 个行政村。

上林县旅游资源丰富，被称为广西壮族自治区首府南宁市的“后花园”。近年来由于上林县旅游业的不断发展以及新型城镇化进程加快，加上人口不断增长，人类加大了对土地资源开发的力度，引起土地利用景观格局的变化。此外，桉树的种植早在 20 世纪 80 年代就得到了很好的推广，特别是广西上林县，从开始的退耕还林工程到最终的“桉树种植由补贴到清理”，更是对上林县植被覆盖变化产生较大影响。

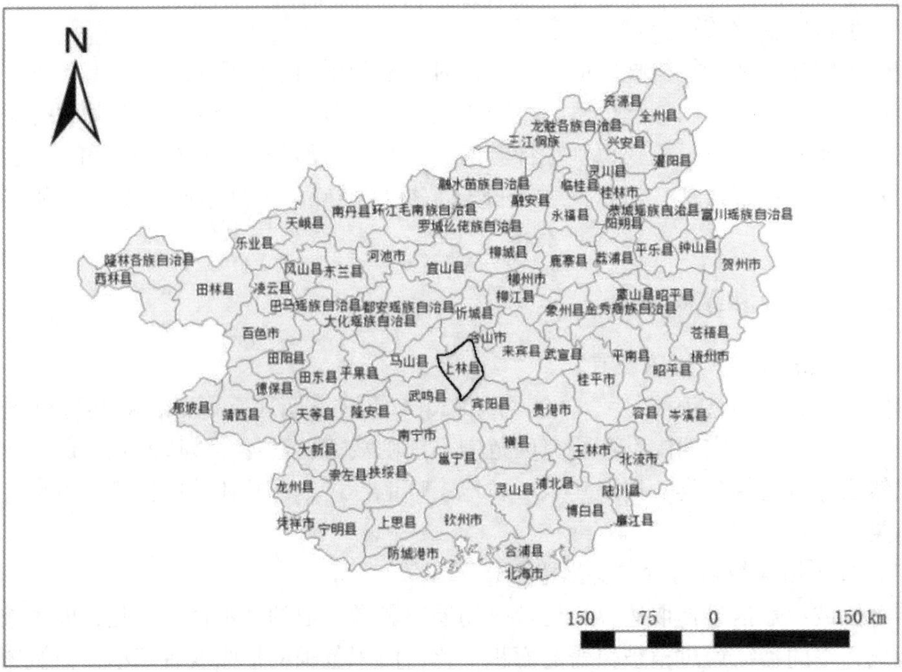

图 5-13　上林县位置图

2. 数据预处理

1）数据源选择及处理软件

本研究的数据源包括遥感影像及地形图、行政区划图、植被资源图等。本研究所使用的遥感影像数据资料源自美国 NASA 的陆地卫星系列即 Landsat 系列，包括：1987 年 10 月、2000 年 12 月和 2014 年 1 月三个时期的 Landsat 遥感影像数据（表 5-1）。其中，1987 年采用 Landsat5 TM 影像，包含 7 个波段；2000 年采用 Landsat7 ETM 影像，包含 8 个波段；2014 年采用 Landsat8 影像，包含 9 个波段，可以组合成不同的 RGB 方案（表 5-2）。

表 5-1　　**遥感影像数据信息表**

成像日期	数据类型	轨道号	地面分辨率（m）
1987-10-26	Landsat5 / TM	125-044	30
2000-12-24	Landsat7 / ETM	125-044	30
2014-01-21	Landsat8 / OLI	125-044	30

表 5-2 **波段设置表**

数据	R、G、B	类型
Landsat5	753	假彩色
	321	真彩色
Landsat7	753	假彩色
	321	真彩色
Landsat8	764	假彩色
	432	真彩色

数据处理软件有 ENVI4. 8 和 ArcGIS9. 3。ENVI 作为功能强大的遥感影像处理软件，它能快速、便捷、准确地从影像中提取信息，本研究主要利用 ENVI 对遥感影像使用最大似然法进行监督分类，并统计出各类别的面积变化特征。通过分类后的合并、混淆矩阵分析和主成分分析等处理，得出上林县三个时期的土地分类图，依据三个时期的土地分类结果，并结合上林县林地相关政策，得出该县植被覆盖变化的原因及其影响。

2）图像数据预处理

Landsat 陆地卫星数据分发前，美国国家航空与航天局（NASA）和美国地质调查局（USGS）对数据产品进行了系统的辐射校正和地面控制点几何校正，并且通过 DEM 高程模型做了地形校正[11]。因此本研究直接对遥感图像进行图像裁剪和图像增强。为了保证研究区内前后时间点各土地类型可以进行对比，利用 ENVI 平台 Basic Tools 工具对三期遥感影像进行裁剪，得到坐标系统一致、范围一致的 1987 年、2000 年和 2014 年的研究区遥感影像。

裁剪后进行图像增强处理，Landsat5 TM，Landsat7 ETM 以及 Landsat8 OLI 的光谱范围基本一致，由于不同的地表覆盖对电磁波有不同响应，因此可利用不同的波段组合。1987 年和 2000 年这两期影像在波段 7、5、3 反映各地物类型区分度最佳，而 2014 年影像在波段 7、6、4 反映各地物类型区分度更高，因此在遥感图像显示中进行 RGB 假彩色合成。1987 年和 2000 年都采用 753 组合方案，2014 年采用 764 组合方案，最后 3 个波段合成假彩色影像（图 5-14）。此外，各期影像的 543 组合方案中，林地呈现红色，且海拔起伏明显，能更好地与其他地类区分开，使得最终提取的结果更为准确，因而用 543 组合方案作为辅助方案。

图 5-14 中三幅影像成像时间分别为 10 月、12 月和 1 月，季节跨度不大，季节、气候等客观因素对本研究影响较小，相同的地物光谱反射率能较为一致。图中，绿色的是林地，灰绿色的是耕地，粉紫色的是建筑，蓝色的是河流和湖泊，白色和黄色的为裸地。

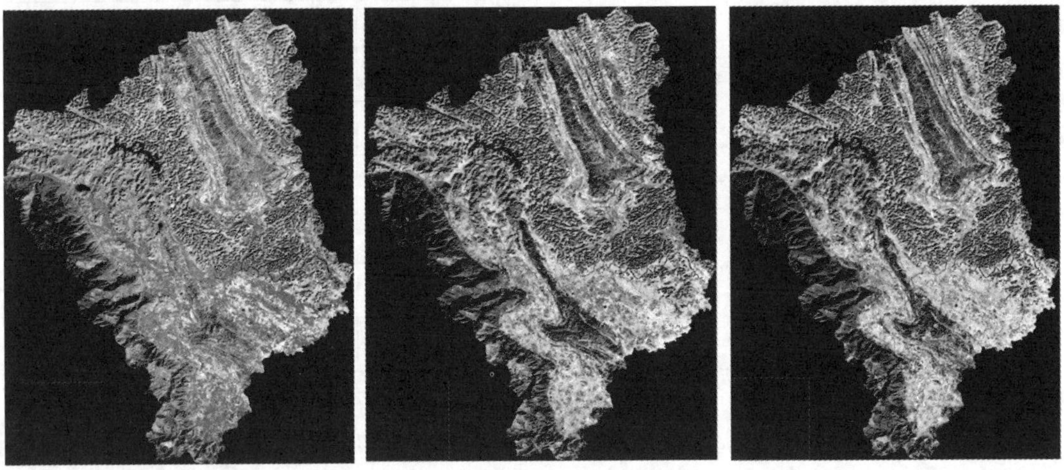

1987年TM753　　2000年ETM753　　2014年OLI764

图 5-14　裁剪后 3 个波段合成的遥感影像

（三）上林县分类

1. 监督分类

本研究采用监督分类法对研究区进行分类。监督分类也称训练场地法，是一种以统计识别函数为理论基础，根据典型样本训练方法而进行分类的技术，即依据已知训练区提供的样本，通过选择特征参数，建立判别函数对各待分类像元进行的分类，要求训练区域具有典型性和代表性。监督分类中常用的具体方法包括最小距离分类法、多级切割分类法、特征曲线窗口法和最大似然法。这里则采用了最广泛应用的最大似然法[12]。

基于参数化密度分布模型的最大似然方法（Maximum Likelihood Classifier）是遥感影像分类最常用的手段之一，是经常使用的监督分类方法之一。它是通过求出每个像素对于各类别的归属概率，把该像素分到归属概率最大的类别中去的方法，与其他非参数方法（如神经网络）相比较，它具有清晰的参数解释能力、易于与先验知识融合和算法简单而易于实施等优点。但是这种方法也有一定的局限性，类别的分布要基本上符合预先的假设，如果某类别选取的像元过于分散，脱离了预设的分布，或者像元的选取缺乏代表性，这会导致最终的分类结果与实际脱离，影响某个类别的分布规律及比例，进而影响整个分类的面积比例。

最大似然法是通过求出每个像素对于各类别的归属概率，把该像素分到归属概率最大的类别中去的方法。最大似然法假定每个波段中的每类的统计都呈现正态分布，并将计算出的给定像元归到概率最大的那一类去。在进行多种类别分类时，需要建立一个判别函数集，比较不同类别的函数大小，对研究区像元进行归类，并根据这个函数集计算出各待分像元的归属概率。这里，归属概率是指：对于待分像元 x，它代表的是分类类别 k（后验）的概率。则归属概率 L_k 可表示为如下形式的判别函数：

$$L_k = P\left(\frac{k}{x}\right) = P(k) \times \left(\frac{P\left(\frac{x}{k}\right)}{\sum_{1}^{i} P(i) \times \left(\frac{x}{i}\right)}\right) \tag{5-1}$$

式中，x 为待分像元，$P(k)$ 为类别 k 的先验概率，它可以通过训练区来决定。此外，由于上式中分母与类别无关，在类别间进行比较时可以忽略，使比较过程更为简便，减少工作量[13]。

2. 训练样本的选择及精度评价

根据研究区 30m 分辨率的遥感影像以及目视解译结果，现将研究区分类系统分为林地、水体、裸地、建筑和耕地共 5 个地类。考虑到遥感影像分辨率和研究目的，本案例将道路、居民点及工矿用地都归为建筑，水田、旱田和草地都归为耕地，河流和湖泊都归为水体。在假彩色合成影像中，道路与建筑所呈现的颜色与林地差别较大，而本研究主要是分析出林地和耕地的变化特征，所以将道路、工矿用地等归为建筑对本研究最终结果几乎没有影响。由于目视解译困难较大，本研究在选择像元归类时，多划分子类，如林地有阳面和阴面，人工林和天然林，所呈现的颜色不尽相同，可划分为林地 1、林地 2 等。找样本的时候，参考了 Google Earth 上各个时期相应的高分辨率卫星影像，尽可能把像元类别的错误率降到最低，以提高分类的精度。

为了检测训练样本的可分离性，本研究对研究区三个时期的训练样本的可分离性进行了检测，因光谱特征比较接近，同一大类内部子类的可分性稍低，没达到 1.8 以上，考虑到这些子类将合并到同一大类中，对最终的研究结果不会有明显的影响，所以仍然采用了这些样本。而本研究所选取的五种类别之间的可分性都较好，质量较高，达到 1.8 以上，从而保证了最终的分类精度。

3. 分类结果及精度评价

利用训练样本，对上林县三个时期的遥感影像进行最大似然法监督分类，将合并后的分类结果生成研究区的分类图像，研究区共分为 5 类，即林地、耕地、水体、裸地和建筑（图 5-15、图 5 16、图 5-17）。

由于在分类过程中人为原因造成的误差，可能导致分类结果与实际不相符。因此精度评价是监督分类过程中一个非常重要的环节，通过精度评价得知分类结果的可信度。本研究采用分类混淆矩阵、总精度和 Kappa 系数来进行精度评价，这也是目前比较普遍的精度评价方法。利用 ENVI 软件的精度评价功能得到各项统计指标（表 5-3、表 5-4、表 5-5）。

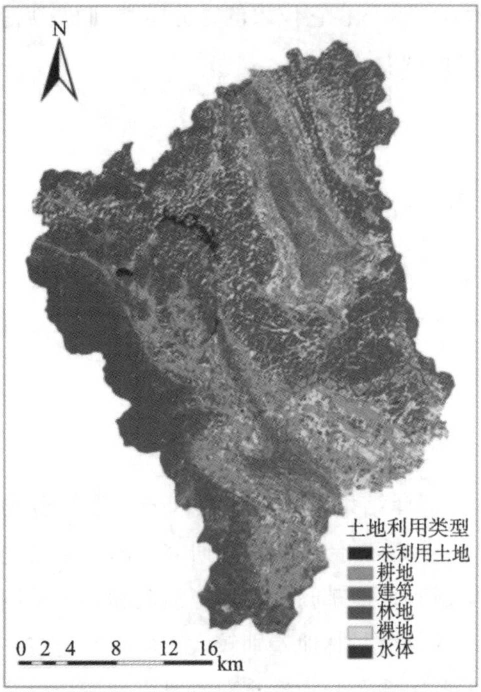

图 5-15 1987 年上林县监督分类图

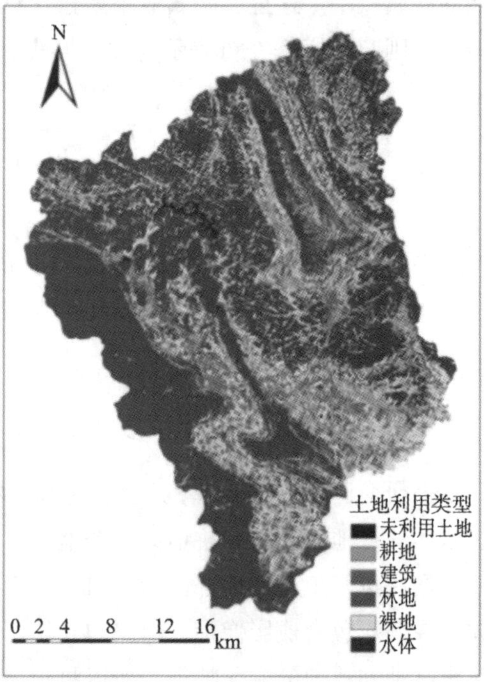

图 5-16 2000 年上林县监督分类图

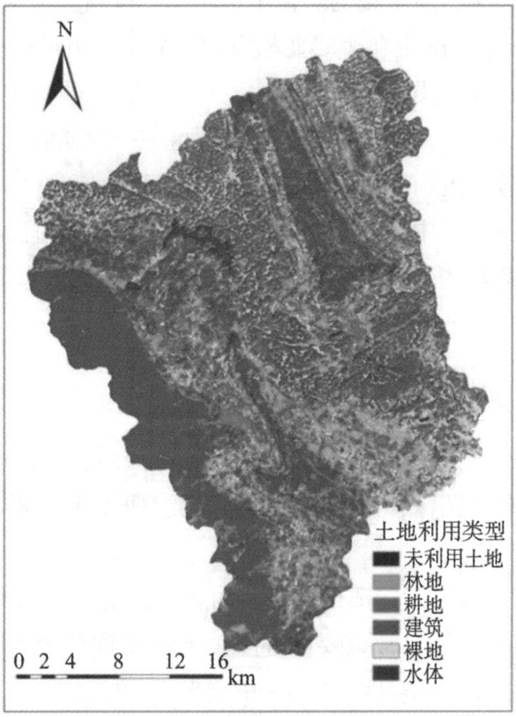

图 5-17 2014 年上林县监督分类图

表 5-3　　**1987 年遥感影像最大似然分类精度评定表**

类别	参考总计	分类总计	正确分类数	生产精度	用户精度
耕地	2813	3280	2747	97. 65%	83. 75%
建筑	2946	2716	2674	90. 77%	98. 45%
林地	5193	5002	4950	95. 32%	98. 96%
裸地	2404	2372	2256	93. 77%	95. 11%
水体	2650	2636	2595	97. 92%	98. 44%
总计	16006	16006	15222		
总精度 = 15222/16006 = 95. 1018%　　Kappa = 0. 9374					

表 5-4　　**2000 年遥感影像最大似然分类精度评定表**

类别	参考总计	分类总计	正确分类数	生产精度	用户精度
耕地	3240	3131	2935	90. 59%	93. 74%
建筑	2132	2064	1983	93. 01%	96. 08%
林地	11259	12146	11259	100%	99. 70%
裸地	4542	3859	3784	83. 31%	98. 06%
水体	4384	4357	4342	99. 04%	99. 66%
总计	25557	25557	24303		
总精度 = 24303/25557 = 95. 0933%　　Kappa = 0. 9311					

表 5-5　　**2014 年遥感影像最大似然分类精度评定表**

类别	参考总计	分类总计	正确分类数	生产精度	用户精度
耕地	4747	5372	4547	85. 64%	95. 79%
建筑	6921	6530	6278	90. 71%	96. 14%
林地	14613	14918	14591	99. 85%	97. 81%
裸地	5558	5386	5042	90. 72%	93. 61%
水体	6071	6019	6007	98. 95%	99. 80%
总计	37910	37910	36465		
总精度 = 36465/37910 = 96. 1883%　　Kappa = 0. 9496					

从混淆矩阵、总精度和 Kappa 系数等精度评价结果中看出，1987 年、2000 年和 2014 年的最大似然监督分类的精度都很高。但总的来看，耕地的分类精度较其他土地类型低，主要有两个方面的原因：一是耕地的地物颜色与林地的子类很相似；二是三期影像选取的月份分别是 10 月、12 月和 1 月，当地的部分农作物处于休耕时期，耕地与裸地可能存在

一定的交集。但这三年的总体分类精度都在90%以上，Kappa 系数也都在 0.85 以上，可见研究区每种地物类型的分类精度还是比较高的，分类结果能较好地反映出上林县的各种地物类型。

（四）结果与分析

在统计植被覆盖变化之前，先对各种土地利用类型变化进行统计，最直接的方法是分析三期遥感影像各种土地利用类型面积的扩大或缩小。利用 ENVI 的数据分析功能，可统计出上林县三年的土地利用面积数据（表 5-6）。为了能更直观地反映各类型土地利用面积的变化情况，制作了上林县各类土地利用面积变化柱状图（图 5-18）与上林县土地利用面积变化比例表（表 5-7）。

表 5-6　　**上林县土地利用面积（km^2）**

类别 / 年份	耕地	建筑	林地	裸地	水体
1987 年	525.0821	77.9400	963.5490	250.8371	46.1331
2000 年	337.1545	170.9361	1106.5687	203.1541	47.7279
2014 年	531.8829	252.5967	853.9893	183.1536	46.9188

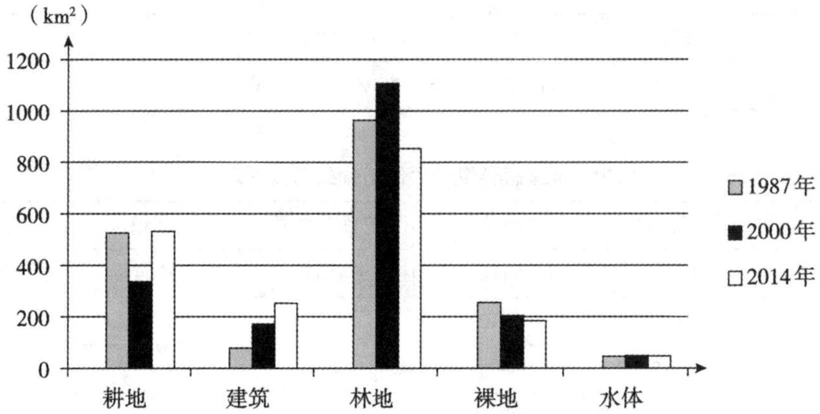

图 5-18　上林县土地利用面积（km^2）柱状图

表 5-7　　**1987—2014 年上林县土地利用面积变化比例表**

土地利用类型	1987 年面积（km^2）	比例（%）	2000 年面积（km^2）	比例（%）	2014 年面积（km^2）	比例（%）
耕地	525.0821	28.101	340.1545	18.204	531.8829	28.465
建筑	77.9400	4.171	170.9361	9.148	252.5967	13.518

续表

土地利用类型	1987年面积（km^2）	比例（%）	2000年面积（km^2）	比例（%）	2014年面积（km^2）	比例（%）
林地	963.5490	51.567	1106.5687	59.191	853.9893	37.509
裸地	255.8371	13.692	203.1541	10.872	183.1536	9.802
水体	46.1331	2.469	47.7279	2.554	46.9188	2.511

由上林县土地利用面积表和柱状图可以看出，水体的面积基本上没有改变；建筑面积逐年增多；裸地面积逐渐减少，但变化幅度较小；耕地面积先迅速减少后迅速增多；林地面积先增多后显著减少，可见林地面积与耕地面积呈负相关增长关系。从柱状图可以直观看出各土地利用类型变化幅度较大的是耕地和林地，并且两者的变化存在一定的关联性。

研究区中植被覆盖主要包括林地与耕地这两大类型，因此，再对研究区植被覆盖面积变化比例进行统计对比（见表5-8、图5-19），能更确切客观地反映实际情况。

表5-8 **上林县植被覆盖面积（km^2）及比例表**

类别 年份	耕地	建筑	林地	裸地
1987年	525.0821	963.5490	1488.6331	79.668
2000年	340.1545	1106.5687	1446.7232	77.425
2014年	531.8829	853.9893	1385.8733	74.169

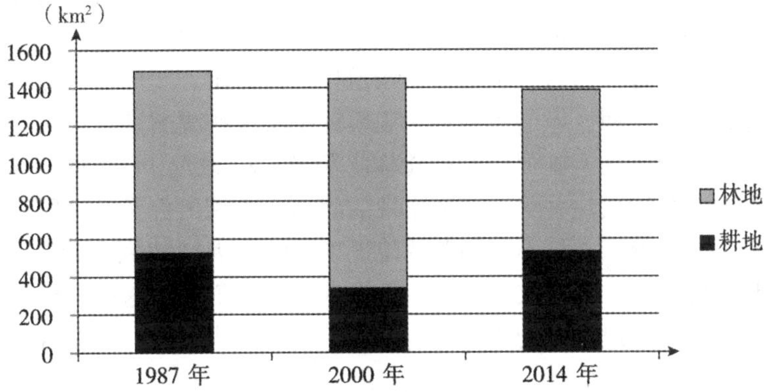

图5-19 上林县植被覆盖面积变化图

1. 1987—2000年植被覆盖变化特征及原因分析

1）1987—2000年植被覆盖变化特征

从图 5-19 植被覆盖面积变化图可见，1987—2000 年植被覆盖变化的特征表现为：①从总体上看，上林县植被覆盖面积出现逐渐减少的现象。②从时间上看，1987—2000 年上林县植被面积从 1488. 6331km^{2}减少到 1446. 7232km^2，减少的面积占全区的 2. 2428%。其间，植被覆盖面积变化幅度较小，但耕地与林地的变化面积却很明显，耕地面积从 525. 0821km^{2}减少到 340. 1545km^2，减少了 184. 9276 km^2，林地面积从 963. 5490 km^{2}增加到 1106. 5687 km^2，增加了 143. 0197 km^2。③从空间上看，上林县植被覆盖面积变化呈稳定减少趋势。植被覆盖面积减少的部分还反映在建筑面积的增多上。结合上林县三期监督分类结果图与该县各乡镇行政图可以看出，1987—2000 年上林县全县区域内耕地面积都有减少的迹象，最明显地表现在西燕镇、明亮镇和乔贤镇。乔贤镇和西燕镇的林地面积有增加的迹象，而明亮镇减少的耕地面积主要贡献于林业和当地城镇的建设方面，林地和建筑面积增加。

2）1987—2000 年植被覆盖变化原因分析

第一，1978 年开始，桉树种植在全国处于推广阶段，到了 1987 年，桉树在广西的种植更是处于高潮期。广西加大对桉树种植的力度，引进美国、印度尼西亚、德国等国家的 174 个桉树种和 200 个种源，与澳大利亚林业专业技术人员同心协力、兢兢业业进行桉树种的研究，经过多次幼苗培育、基因提取检测等试验，终于成功建立了桉树无性系基因库。该基因库库存数量庞大，大大减少了树木种植年限。人造林种植年限的减短使得林业生产循环加快，某种程度上加大了该林业的经济效益。与此同时，有了该桉树无性系基因库，桉树幼苗的成活率大增，节省了大量的人力、物力和财力，整个林业生产成本大大地降低。5 年生优良桉树，每亩（667m^2）立木蓄积已达 5~6m^3，高产的可达 7~8m^3，这是广西，也是我国林业发展史上的奇迹[14]。

看到了桉树效益远景，上林县首先由个别乡镇引进桉树种种植，后经政府的大力支持鼓励先后在西燕镇、大丰镇等多个乡镇进行大规模区域的扩展。桉树对土壤、地形等因素要求并不苛刻，在整个上林县内由丘陵地种植发展到山地种植[15]。20 世纪 90 年代，国家森林分类经营配套政策逐步出台，来自芬兰斯道拉恩索公司、印尼金光集团、日本王子公司等外资巨头相继落户广西，掀起了一场大规模种植桉树的波澜。

第二，退耕还林政策的实施促使农业向林业发展。20 世纪末 21 世纪初，生态环境已经成为全国乃至全球共同关注并给予高度重视的问题，国家出台了一系列政策推动林业的发展，不断完善林业系统，并将林业相关的建设项目整合为“六大工程”。退耕还林工程是继天然林保护工程之后，国家实施的又一重大生态建设工程，退耕还林工程的实施，对优化林业结构、保护和建设良好的生态环境、促进地方经济发展、增加当地农民收入等具有重要的意义。

为实现上林县林业跨越式发展，该县紧紧抓住机遇，取得国家扶持，加速发展林业。实施退耕还林工程不仅可以增加林地的覆盖面积，使上林县林业带动旅游业的发展，并且有国家的补助政策作为强有力的经济扶持后盾，上林县植树造林工作得以顺利开展，森林的幼林保有量得以稳定增加并达到一定的理想状态，森林质量也有了很好的保障[16]。

上林县财政收入较大部分是依靠当地林业的发展，趁着国家退耕还林政策的热潮，该县进一步筹措资金，对退耕还林设定奖励制度，引起当地群众的很大反响，群众对植树造林注入新活力，特别是对种植桉树林更是积极性倍增。该政策大大推动了林业发展的热潮，吸引各界人士把目光投放到投资林业上来[17]。

第三，红水河流域石漠化增强了林业效应。红水河是珠江水系干流西江的上游。源于南盘江，流经贵州、广西境内后与北盘江汇合而成。上林县境内河流属于红水河系，大龙洞水库为红水河提供大量的水资源。但是该流域流经区石漠化问题较为严重，国家加大对该石漠化问题的重视，加强管理力度，设立“珠江防护林工程”。因此上林县县内的石漠化地区人工造林、封山育林等工作得以开展，促进了当地林业的发展，增强了当地林业效应。

2. 2000—2014 年植被覆盖变化特征及原因分析

1）2000—2014 年植被覆盖变化特征

从图 5-19 植被覆盖面积变化图可见，1987—2000 年植被覆盖面积变化的特征表现为：①总体上看，上林县植被覆盖面积出现逐渐减少的现象。②从时间上看，2000—2014 年上林县植被覆盖面积从 1446.7232km^2 减少到 1385.8733 km^2，减少的面积占全区的 3.2562%，变化较为稳定。其间，植被覆盖面积变化幅度也较小，但耕地与林地的变化面积却很明显，耕地面积从 340.1545 km^2增加到 531.8829 km^2，增加了 191.7284 km^2，林地面积从 1106.5687 km^2减少到 853.9893 km^2，减少了 252.5794km^2。因此，植被覆盖面积变化主要是内部植被类型的变化。③从空间上看 2000—2014 年上林县明亮镇、乔贤镇和巷贤镇耕地面积明显增多，裸地面积显著减少，主要是由于上林县特色农业的发展充分精明利用裸地。而上林县东北地区的乔贤镇和西北地区的加方乡、镇圩瑶族乡，特别是大龙洞水库附近，林地面积减少得尤为明显，由于城镇化逐步发展，居民居住地、工业用地等用地面积相对增多，这些用地的贡献主要来源于耕地和裸地。

2）2000—2014 年植被覆盖变化原因分析

第一，清剿桉树热潮的掀起。中国桉树林的种植面积非常大，在世界上排第三，广西的桉树种植面积则占全国一半，相当于每 3 个广西人就拥有 2 亩桉树林。1 亩桉树林的木材产量相当于 5 亩天然林产量，广西桉树面积仅占整个森林面积的 12%，却为广西 80%以上、中国 20%以上的木材提供了需求[18]。

仅在数年以前，广西为了提高土地利用率，在防止裸地撂荒、水土流失等方面采取了一系列措施支持桉树种植业的发展。从造林灭荒、速丰林、退耕还林、公益林保护，到石漠化治理等，广西各级政府开展了一系列造林行动，政府还起领头作用，大力倡导种植速生桉。然而政策突变，2014 年上林县政府颁布了《关于限期清理占用耕地种植速生桉的紧急通知》，而这一政策早在 2013 年就传出相关风声，广西各市各县已采取了一定的清剿方式，缩短部分桉树林种植年限，提前采伐桉树林。在清理速生桉文件颁布后，南宁市上林县成为广西第一个吃螃蟹者，率先开始清理整顿桉树。

政府之所以会采取这一举措，主要是因为桉树生长速度非常迅猛，吸收的水分和土壤的养分很多。而水分的来源主要是降水和地下水。桉树根系发达，成片桉树林摄取地下水会导致水位下降，表土层会有一定程度的下塌，桉树林下的其他根系短小的植被会因长期缺少水分和土壤养分而死亡。部分环保者给桉树贴上了“毒树种”“抽水机”“耗肥机”

等标签。加之 2010 年起，广西连续三年大旱，众人更是把焦点对准了有着“抽水机”之称的桉树。在舆论压力下，政府也不得不做出政策加以调整。

第二，21 世纪初上林县特色农产业的发展。南宁市政府加大对特色产业的扶持，上林县农业优势产业不断发展壮大，农业为该县做出了极大的贡献。甘蔗、花生、桑园、特色瓜果等生产基地规模不断扩大。2005 年以来，甘蔗种植面积以每年 2000 公顷的速度迅猛递增。2007 年全县甘蔗种植面积已超过 1 万公顷；桑园面积由原来的 200 多公顷扩大到 2007 年的 5700 公顷，2013 年花生等油料种植面积达到 4.68 万公顷，同比增长了 2.60%，大大提高了该县的财政收入[19]。

南宁市上林县大部分土地用于耕地和林地，农业带来的经济效益一直居高不下。上林县立足于本地特色农业产业，倾力将农业经济板块做牢做实，通过一批批农业项目推动农业经济发展，让农业最大限度地为该县的经济发展做出贡献。上林县农业得以快速发展，与该县注重“三农问题”息息相关。此外，政府对农业发展有了新的理念和发展趋势：推行“农业稳县”战略，优化农业产业结构，使该县第一产业向第二、第三产业升级发展，积极调整三大产业结构。采取“公司+基地+农户”的方式，使农业与企业进行优配，双方直接签订合同，开辟了农产品收成直接供给供应商的渠道，也使企业有了直接的、有质量保障的产品原料，使得农业产业更有特色化、市场化、经济化。

（五）植被覆盖变化的影响

1. 植被覆盖变化对城镇化的影响

上林县近 30 年来建筑面积稳步增加，而植被覆盖面积和裸地面积一直减少，水体面积几乎保持不变，这说明增加的建筑面积主要依靠占用植被和裸地面积而来。这种土地类型变化过程，正是农村地区向城市地区转变的一个表现，土地及地域空间的变化是该县城镇化的重要表现形式。由广西统计年鉴相关统计资料可知，上林县平均每户农民家庭生产性固定资产原值不断增加，如工业机械由 1990 年的 54.9 元剧增到 2010 年的 453.5 元，生产用房由 1990 年的 195.9 元剧增到 2010 年的 1098.7 元。上林县以农业为基础，扶持上林广西蓝山副食品有限责任公司和南华糖业有限责任公司等龙头企业的发展，城乡建设用地占建设用地总面积的百分比不断增加，城镇工矿产业、运输业等也在运营中不断壮大。2014 年上林县城镇工矿用地面积与交通、水利等其他用地面积约占建设用地总面积的 34%。建设用地总量的增加基本上满足了社会经济发展的需要，在发展过程中，将“经济增长”与“建设用地消耗”结合起来，提高单位面积林业、耕地和建设用地的产出效率，推动了上林县的城镇化发展进程。

2. 植被覆盖变化对财政收入的影响

上林县实施的退耕还林工程，使得耕地面积减少，林地面积增多。耕地面积减少促使上林县土地精明利用的实施。通过间作、套种等多种农作物立体种植模式，调整耕地利用结构，优化空间布局，精明利用土地，促进农作物之间进行协同作用，提高作物产量，促进农作物的财政收入。1990 年玉米与大豆平均每公顷的产量分别为 2212 千克和 635 千克，通过技术的投入以及土地利用的调整，2010 年，玉米与大豆平均每公顷的产量增加到 3547 千克和 1631 千克。上林县 2013 年全年粮食总产量 223.44 万吨，比上年增产 3.86%。其中花生与木薯多为利用立体农业种植模式，花生产量 13.10 万吨，增产 5.40%，木薯产量 54.52 万吨，增产 2.76%，大大提高了农业财政收入[20]。

上林县林业的发展得到政府及各界投资商的大力支持，配套专业技术的指导，该县油茶、油桐、松脂、八角等地方经济林业得到迅速发展，特别是桉树的种植规模更是达到空前壮大。经济林种植面积的增大使林业的财政收入不断增多。此外，上林县通过林地出让收入、承包权转让、建设投资商与村镇拓展互利双赢的渠道，统筹资金，引导社会资金投入，增加林业财政收入。

而由于“清剿桉树”政策的实施，较多尚未达到年限的桉树被迫砍伐，且市场对于木材调控机制尚未完善，一批批砍伐的桉树木材并未得到好的价格，这在一定程度上影响了林业的总收入[21]。

3. 植被覆盖变化对生态环境的影响

上林县主要以低山丘陵为主，主要发展农业，植被覆盖最明显的变化来源于内部林地与耕地的变化，但总的植被覆盖面积处于稳步减少的状态。植被覆盖率降低直接改变了地表反射率，影响到温度和湿度变化，从而改变了上林县的局部气候。植被覆盖率降低又使植被拦截水土的功能下降，土壤侵蚀、沙化加强导致水土流失问题。耕地、林地与裸地的用地用于建设用地促进经济发展的同时，也会给生态环境带来压力。造纸厂等污染性工厂排放的污水不经处理直接流入江河，所含的漂白化学残余物、蒸煮黑液中的硫化物等，都会对水体及水中生物造成影响。

（六）结论

本研究通过对 1987 年、2000 年、2014 年上林县三个时期遥感植被覆盖的变化进行监测，结果显示：总体上上林县植被面积逐渐减少，且减小幅度由大到小，植被覆盖面积由 1987 年占上林县总面积的 76.992%下降到 2000 年占上林县总面积的 70.575%。2000—2014 年，植被覆盖度变化以稳定为主，占地面积由 70.575%下降到 70.455%。植被覆盖面积变化主要是内部植被类型的变化；1987—2000 年，林地面积增多，耕地面积减少；2000—2014 年，耕地面积增多，林地面积减少。

通过对三期影像土地利用类型数据的分析及植被覆盖变化数据的分析，结合相关林业政策可以发现，1987—2000 年，林地面积增多、耕地面积减少的原因主要有以下几点：①该期间桉树种植在全国处于推广阶段，广西积极引进新技术，引进外资的投入，对桉树进行大范围的推广种植；②退耕还林政策的实施促使农业向林业发展；③红水河流域石漠化增强林业效应。2000—2014 年，耕地面积增多、林地面积减少的原因主要有以下几点：①政策突变，清剿桉树热潮的掀起直接导致林业面积的减少；②21 世纪初上林县特色产业的发展，优化农业产业结构，使得农业产业更有特色化、市场化、经济化。上林县近 30 年来植被覆盖的变化加速了城镇化进程，使上林县产业结构由第一产业逐渐向第二、第三产业成功转型。林业与耕地的种植方式变化改变了当地财政收入的方式，而这两大板块促进土地的精明利用，对各板块的财政收入起到促进作用。植被覆盖面积的减少用于建设用地促进经济发展的同时，也会给生态环境带来压力。

本章参考文献

[1] 黄明斌，康绍忠，李玉山．黄土高原森林与草地流域水文动态比较［J］．自然资源学报，1999，14（3）：226-231.

[2] Schimel D S . Terrestrial biogeochemical cycles: global estimates with remote sensing [J]. Remote Sensing of Environment, 1995, 51 (1): 49-56 .

[3] 孙静，赵伟，赵鲁全．土地利用遥感动态监测技术方法介绍［J］．山东国土资源，2005，21（4）：38-41.

[4] 苏展略．上林县发展特色农业深入推进农业产业化［J］．农村实用技术，2007（11）：5-6.

[5] Ann Arbor. Forest change detection. Proceedings of 15th International Symposium on Remote Sensing [J]. Ann Arbor: ERIM, 839-852.

[6] Ronald E. McRoberts, Brian F. Walters. Statistical inference for remote sensing-base estimates of net deforestation [J]. Remote Sensing of Environment, 2012, 124: 394-401.

[7] Johanne Pelletier, Claude Codjia, Catherine Potvin. Traditional shifting agriculture: tracking forest carbon stock and biodiversity through time in western Panama [J]. Global Change Biology, 2012, 18: 3581-3595.

[8] Ippoliti Carla, Gilbert Marius, Vanhuysse Sabine, et al. Can landscape metrics help determine the Culicoides imicola distribution in Italy? [J]. Geospatial health, 2013, 8 (1): 267-277.

[9] 李琳，谭炳香，冯秀兰．北京郊区植被覆盖变化动态遥感监测——以怀柔区为例［C］．农业网络信息，2008，3（6）：23-25.

[10] 邓友志，陈三明，等．基于遥感影像的漓江流域植被覆盖度动态变化研究［J］．数字技术与应用研究，2013，3（6）：13-15.

[11] 孙黎然．Landsat 陆地卫星遥感影像数据［J］．科学数据通讯，2010，3：17-20.

[12] 赵春霞，钱乐祥．遥感影像监督分类与非监督分类的比较［J］．河南大学学报（自然科学版），2004（3）：90-93.

[13] 王永富，龚翠英．广西林业经济发展方式研究——基于林业大区转变为林业强区角度［J］．经济与社会发展，2010，11（2）：11-13.

[14] 黄永平．发展桉树产业势在必行［J］．中国人造板，2008（10）：40-41.

[15] 项东云．新世纪广西桉树人工林可持续发展策略讨论［J］．广西林业科学，2002，31（3）：114-121.

[16] 叶绍明，尤彦彦，周从钜．退耕还林还草工程是促进广西生态经济协调发展的必由之路［J］．森林工程，2003（05）：1-3.

[17] 周继达．上林配套政策激励造林人［J］．广西林业，2004（6）：10-13.

[18] 汪韬，孙然，杨国要，等．广西清剿桉树：一场误会［J］．人民文摘，2014（11）：58-59.

[19] 唐运海，邹黎，冯仲科，等．论广西林业可持续发展战略［J］．广西大学学报（哲学社会科学版），2009，31（03）：20-24.

[20] 韦俊敏，胡宝清，张中秋，等．新型城镇化背景下小城镇土地精明利用评价与应用——以广西上林县为例［J］．资源科学，2014，36（8）：1563-1571.

[21] 黄国勤，赵其国．广西桉树种植的历史、现状、生态问题及应对策略［J］．生态学报，2014，34（18）：5142-5152.

第六章　基于决策树的土地利用分类

一、实验目的

（1）使学生了解 ENVI 软件中进行监督分类的基本操作；
（2）使学生学会使用 ENVI 软件进行决策树土地类型分类的操作。

二、实验内容

使用 ENVI 等软件完成基于决策树的土地利用分类。

三、实验步骤

决策树构建算法主要有三种：ID3 算法、C4.5 算法及 CART（Classification and Regression Tree）算法等，本实验则采用 CART 算法构建决策树并对金华市区（婺城区与金东区）进行土地利用分类。CART 算法是由 Breiman 提出的决策树构建算法，其原理是通过循环测试目标变量和测试变量构成的训练集，从而构建二叉树形式的决策树结构。

决策树分类的主要工作是获取规则，本实验介绍基于 CART 算法获取规则，基于规则提取土地覆盖信息。其总体技术流程为数据预处理、构建多源数据、获取规则、应用规则和分类后处理五大部分。

决策树分类主要需要研究区域的遥感影像、DEM 数据及研究区行政区划矢量图及通过遥感影像求到的 NDVI，各类数据需保证具有相同的时空范围及相同的投影方式。此处选用 2000 年及 2013 年两期遥感影像，影像成像日期相差尽可能小，控制在 1 个月之内，本实验数据都采用 UTM/WGS84 参考系统。

（一）数据准备

1. 遥感影像。本实验选用了金华地区 2000 年 Landsat7 和 2013 年 Landsat8 共 2 景遥感影像数据，时间间隔为 13 年，具体数据信息见表 6-1。

表 6-1　　**遥感影像数据信息**

成像日期	数据	轨道号	地面分辨率（m）	分辨率（m）
2000-5-4	Landsat7/ETM+	119-040	30	30
2013-4-14	Landsat8/OLI、TIRS	119-040	30	30

2. DEM 数据。在 http：//earthexplorer. usgs. gov 中下载了两景 DEM 数据，分别为（28°N，119°E）和（29°N，119°E）数据。

（二）遥感影像预处理

本试验采用的软件为 ENVI 5. 1，所有操作都在 CLASSIC 界面完成。由于遥感影像已具备同样的 UTM/WGS-84 参考系统并经过前期的几何粗矫正，因此本案例根据研究问题的实际需要，主要对图像进行裁剪工作。

ENVI 5. 1 CLASSIC 无法打开 MTL. txt 文件，只能单独加载单波段文件，然后通过 Layer Stacking 将多个波段合并成一个文件，以 2013 年影像为例，操作如下：

（1）使用 File→Open Image File，选择 Band1～Band7 7 个波段加入 ENVI 中，2000 年 Landsat7 ETM+的影像则包含 Band1～Band5 及 Band7 共 6 个波段。

（2）开始合并波段，单击 Basic Tools→Layer Stacking，得到图 6-1 所示对话框，点击 Import Files，弹出图 6-2 所示对话框，选中 B1～B7 7 个图像，单击 OK 按钮。

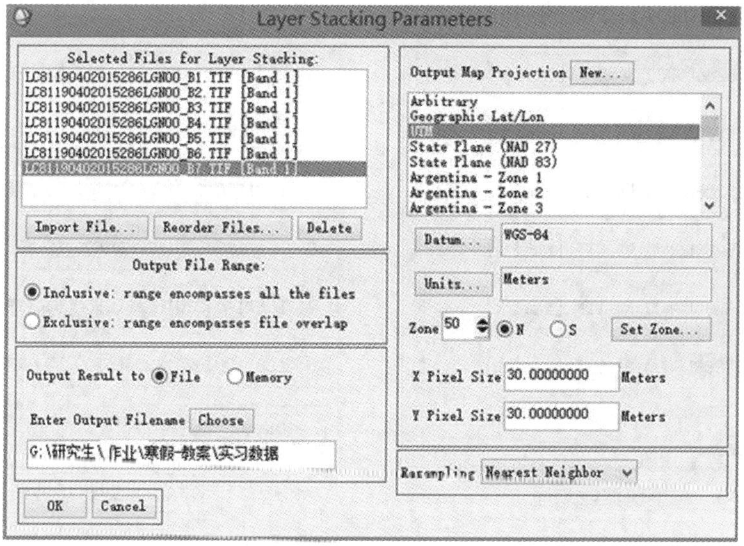

图 6-1　Layer Stacking Parameters 参数设置

单击图 6-1 中 Reorder Files 按钮，弹出图 6-3 所示 Reorder Files 对话框，图中波段的排列顺序是逆序的，需要将其调整正确，拖动每个图层位置，调整为图 6-4 所示顺序，单击 OK 按钮。

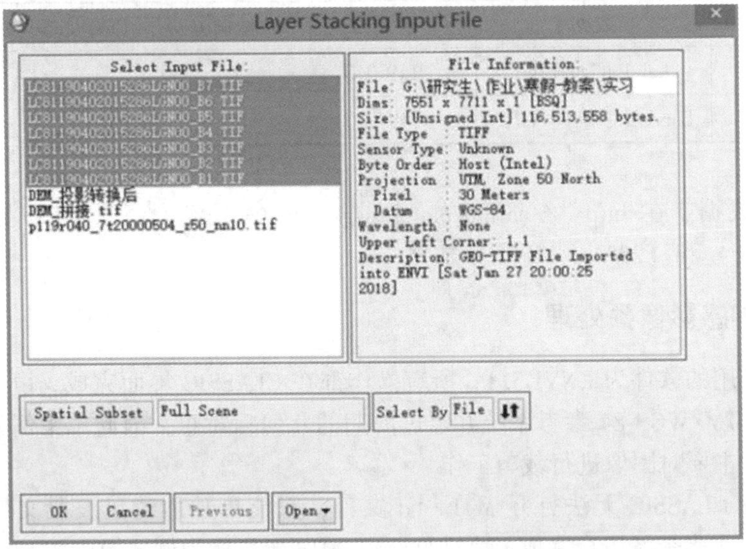

图 6-2 选择需要进行波段组合的波段

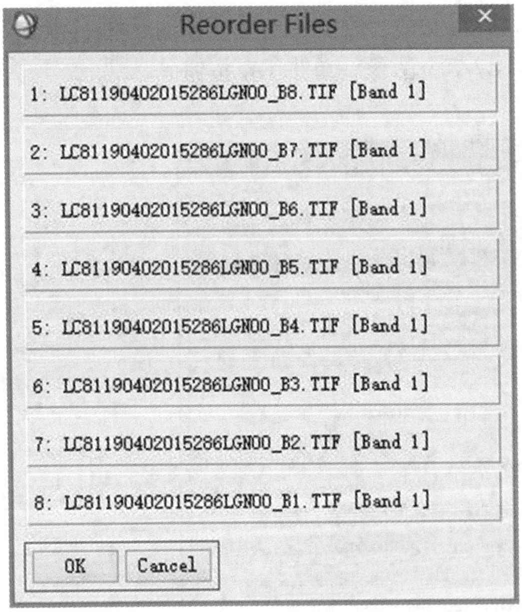

图 6-3 调整前波段顺序

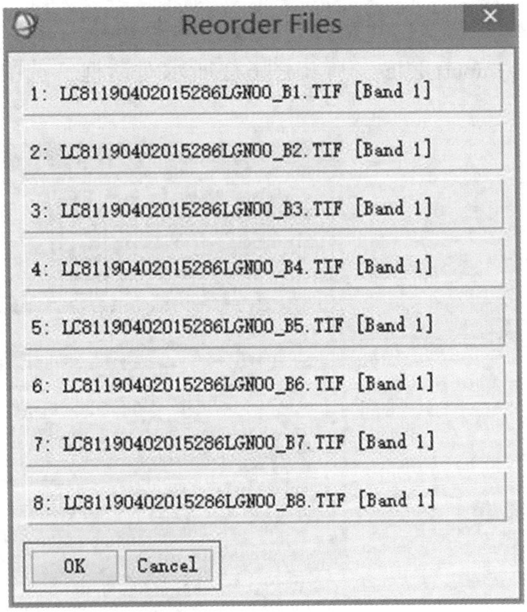

图 6-4 调整后波段顺序

（3）按上述过程设置完毕，选择文件保存地址，单击 OK 执行，得到结果，如图 6-5 所示为按照 543 波段组合显示的影像。

（4）用金华市区的 . shp 格式文件对 2013 年影像进行裁剪，步骤如下：

单击 File→Open Vector Files，选择金华市区 . shp 格式文件打开，在弹出的窗口中点击 OK，即出现如图 6-6 所示窗口；选中 . shp 格式文件，单击 Load Selected，弹出如图 6-7

所示窗口，选中要进行裁剪的窗口，单击 OK 按钮。

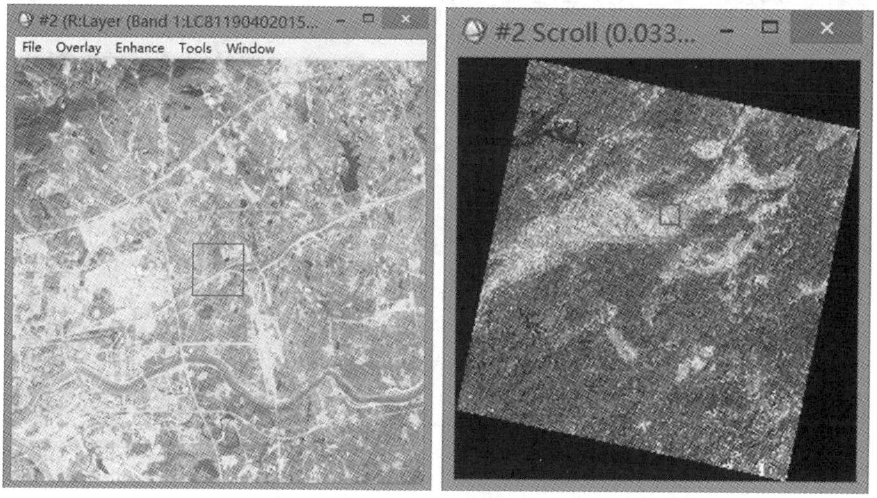

图 6-5　2013 年假彩色合成影像

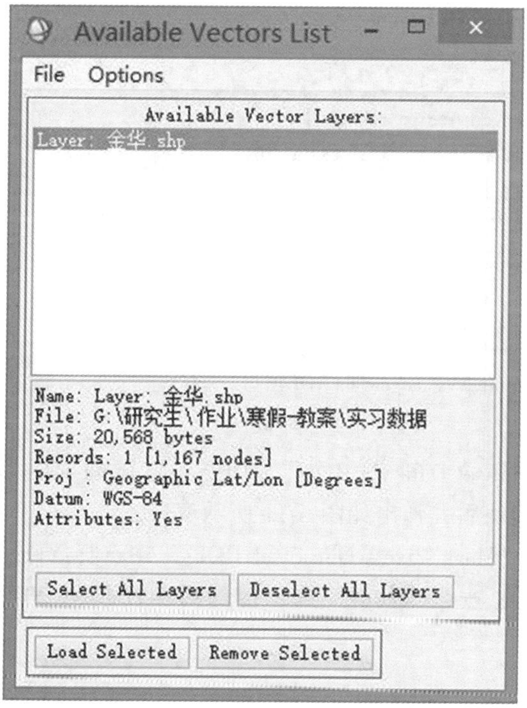

图 6-6　Available Vectors List 面板

图 6-7　Load Vectors 面板

弹出如图 6-8 所示 Vector Parameters 窗口，单击 Apply，则在 Display#2 窗口显示如图 6-9 所示图形。

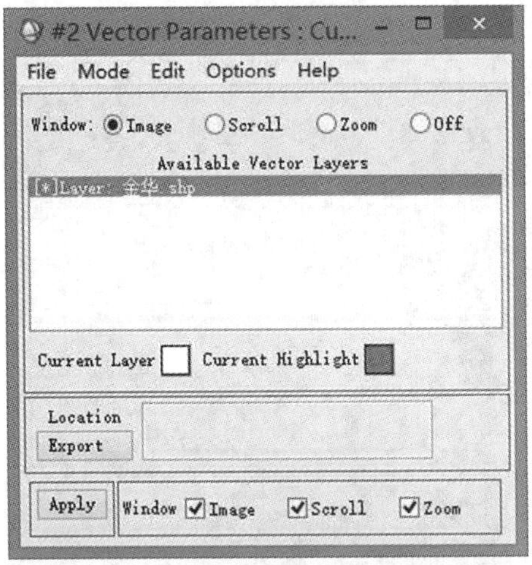

图 6-8 Vector Parameters 面板

图 6-9 Scroll 显示窗口

单击图 6-8 窗口处 File→Export EVF Layers to ROI，弹出 Export EVF Layers to ROI 窗口，按图 6-10 所示选择，点击 OK 按钮。

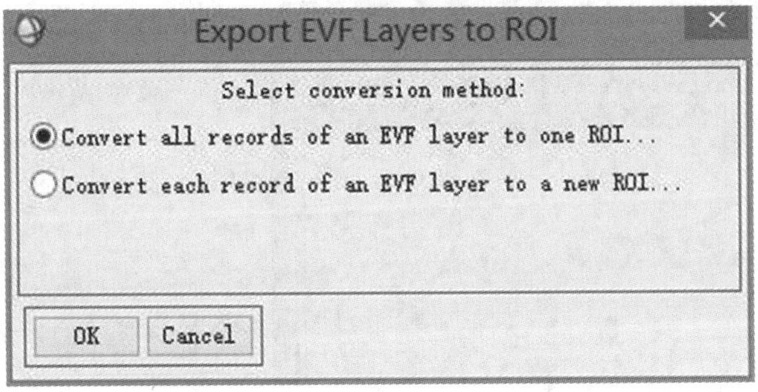

图 6-10 Export EVF Layers to ROI 窗口

选择 ENVI 主菜单→Basic Tools→Subset Data via ROIs，弹出 Select Input Files 窗口，选择要进行裁剪的文件，点击 OK 按钮确认后，弹出如图 6-11 所示窗口。

选择上一步保存的 ROI 文件，在“Mask Pixels Output of ROI?”中选择 YES，背景值设置为 0，选择保存路径名称，点击 OK 按钮，裁剪完成，得到图 6-12 所示 2013 年金华市区假彩色合成影像。

（三）DEM 数据预处理

1. DEM 影像拼接

本研究区域金华需要两幅 DEM 影像进行拼接，本实验下载的 DEM 数据为 ASTGTM2_N29E119、ASTGTM2_N28E119，先在 ArcGIS 中将其进行镶嵌拼接，步骤为：

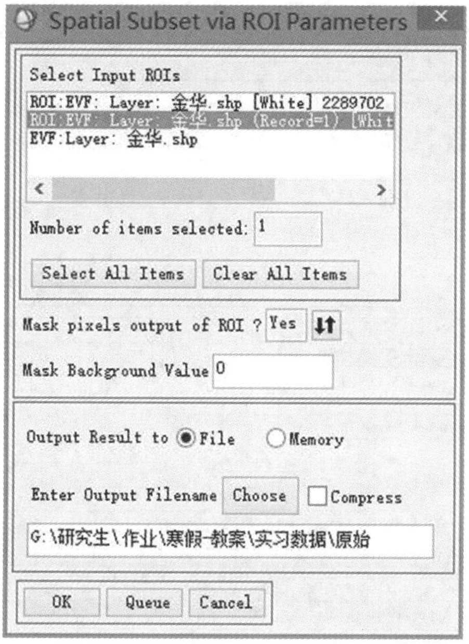

图 6-11 Spatial Subset via ROI Parameters 窗口参数设置

图 6-12 2013 年金华市区假彩色合成影像

（1）打开 ArcGIS，将两幅 DEM 影像导入 ArcMap，选择工具箱 ArcToolbox→Data Management Tools→Raster→Raster Dataset→Mosaic To New Raster，按图 6-13 进行参数设置。

上述参数设置完成后，点击 OK 按钮执行，得到如图 6-14 所示拼接后结果。

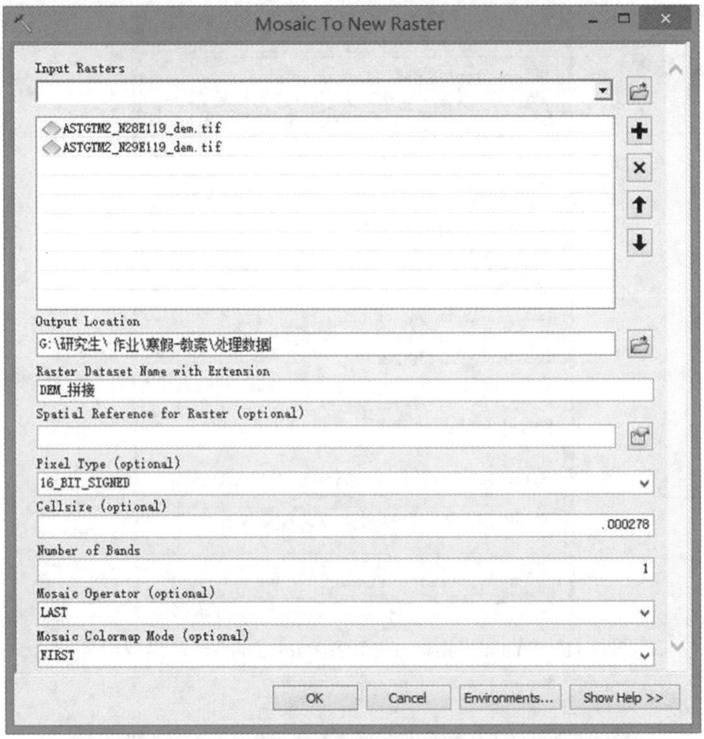

图 6-13　Mosaic To New Raster 参数设置

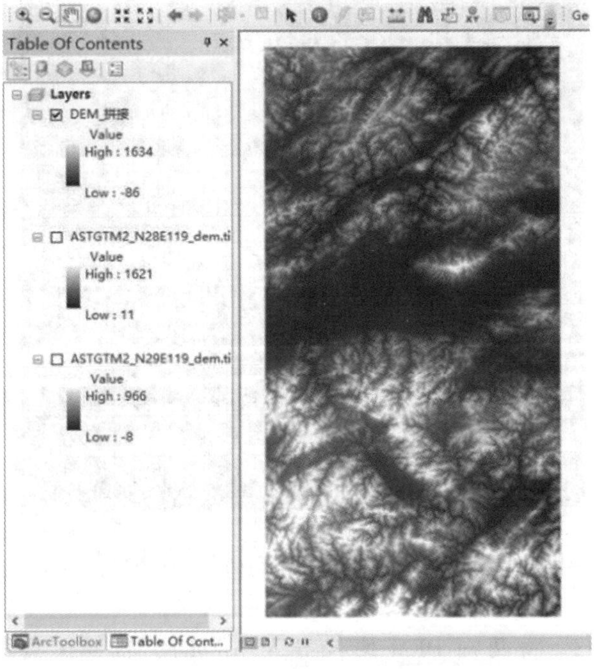

图 6-14　DEM 影像拼接结果

（2）右键点击 DEM 拼接图层→Data→Export Data，输出为 . tif 格式，操作见图 6-15。

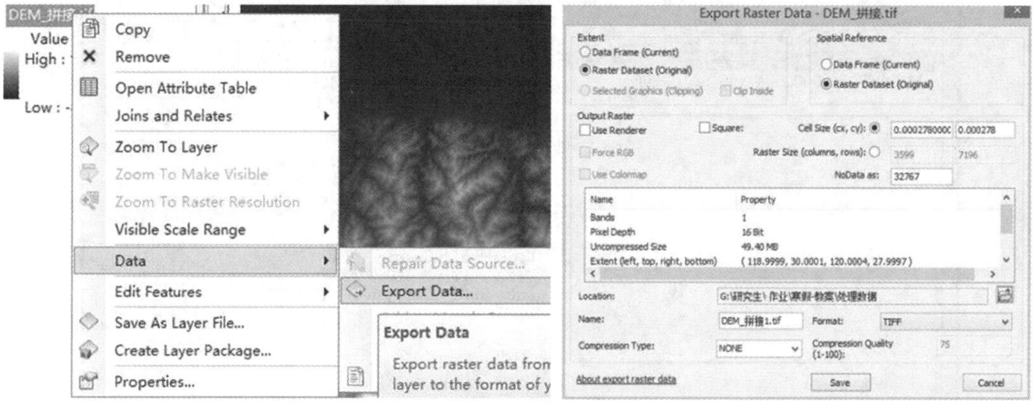

图 6-15　导出 . tif 格式拼接后 DEM

2. 投影转换

在网上下载的 DEM 高程数据的空间参考为记录经纬度的地理坐标系，基准面为 WGS-84，其分辨率为 0. 000278°×0. 000278°，这与研究区的遥感影像的空间参考和分辨率无法匹配，故需要对拼接后的 DEM 数据进行投影转换及重采样处理，使其空间参考为 UTM Zone 50N，分辨率为 30km。

（1）用 ENVI 打开要转换的 DEM 图像。

（2）选择主菜单→Map→Convert Map Projection。

（3）在 Convert Map Projection Input Image 对话框中选择要转换的 DEM 图像名称，单击 OK 按钮（图 6-16）。

（4）在弹出的 Convert Map Projection Parameters 对话框（图 6-17）中设置投影转换的参数。单击 Change Projection 按钮，在弹出的 Projection Selection 对话框（图 6-18）中选择要转换到的投影坐标系，此处选择 UTM Zone 50N，在 Datums 中设置为 WGS-84（图 6-19），然后单击 OK 按钮。

（5）回到 Convert Map Projection Parameters 对话框（图 6-20）中，填写以下参数：

Method（转换方法）：Polynomial（二次多项式）；

Polynomial Degree（二次多项式次数）：2；

将 *X* Pixel Size，*Y* Pixel Size 设置为 30m，即重采样到 30m。

选择输出到文件，选择文件路径和文件名，其他参数按照默认输出。单击 OK 按钮，执行投影转换，结果见图 6-21。

（6）将投影转换结果按照 ENVI 主菜单→File→Save File As→Tiff 路径操作导出 . tif 格式，使之能在 ArcGIS 中打开后能进行后续操作。

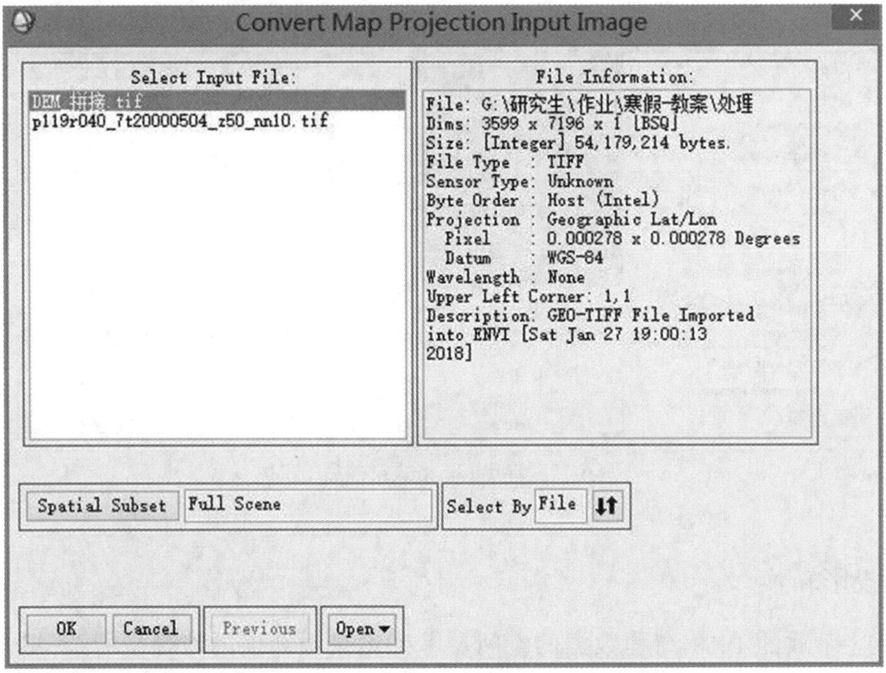

图 6-16　Convert Map Projection Input Image 面板

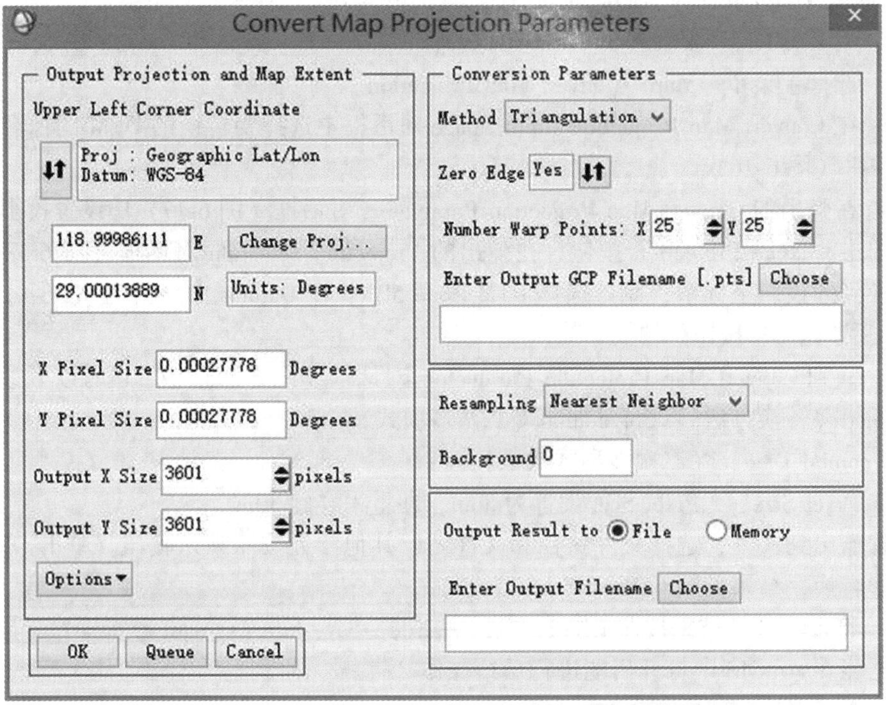

图 6-17　Convert Map Projection Parameters 面板

图 6-18　设置转换的投影坐标系

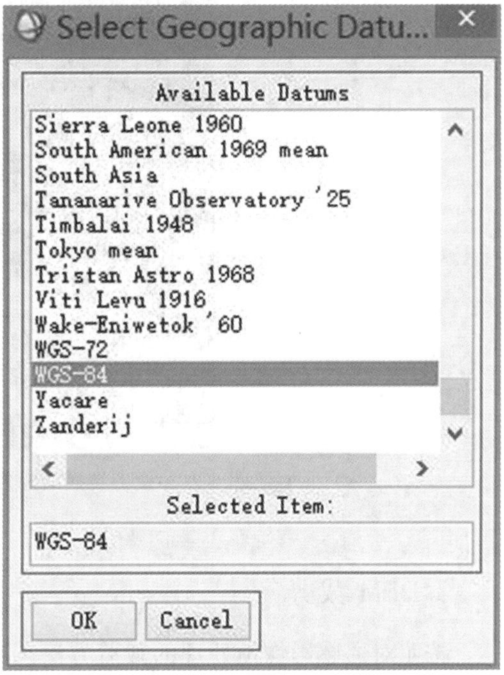

图 6-19　选择地理投影为 WGS-84

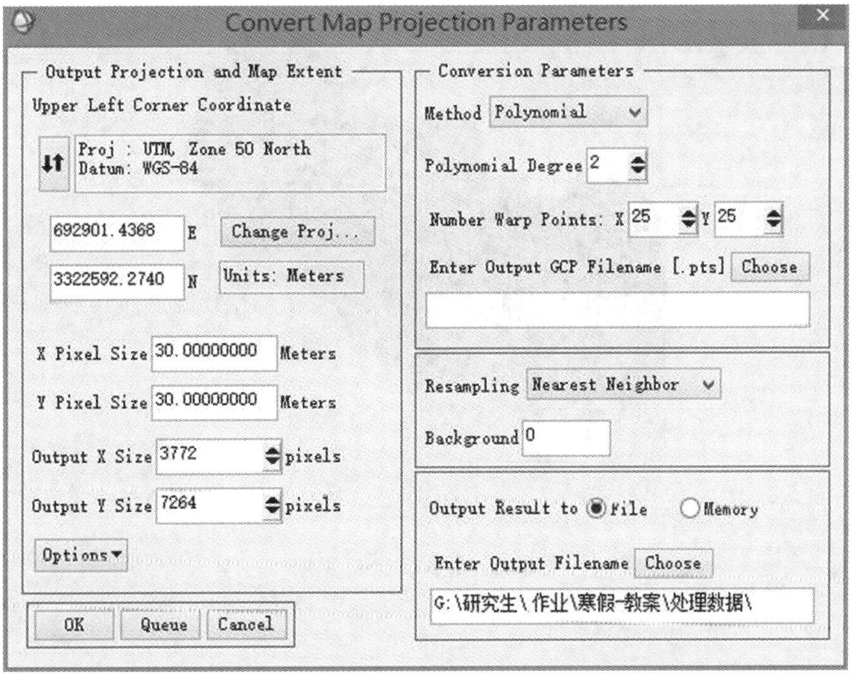

图 6-20　Convert Map Projection Parameters 参数设置

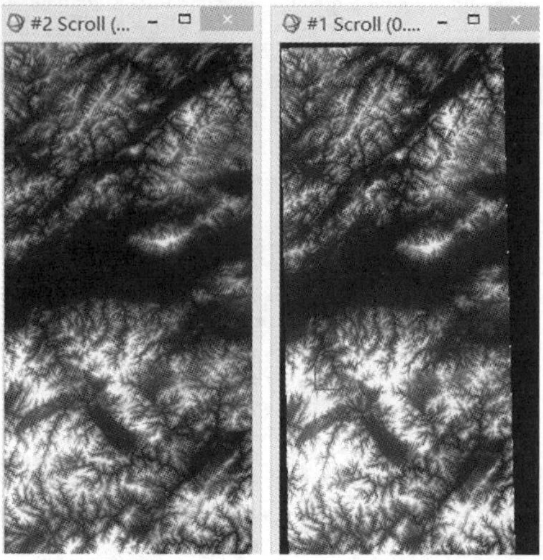

图 6-21 投影转换前（左）与投影转换后（右）影像

3. DEM 裁剪

按照对遥感影像预处理的裁剪方法，在 ENVI 中，用金华市区 . shp 格式文件裁剪前面经过投影转换和拼接后的 DEM 影像，得到结果见图 6-22。

图 6-22 金华市 DEM 影像

(四) NDVI 计算

(1) 经过遥感影像预处理后，将 2013 年结果影像加入 ENVI 5. 1 CLASSIC。

（2）在 ENVI 主菜单中选择 Transform→NDVI，弹出如图 6-23 所示 NDVI Calculation Parameters 对话框，选中遥感影像，点击 OK，弹出如图 6-24 所示窗口。

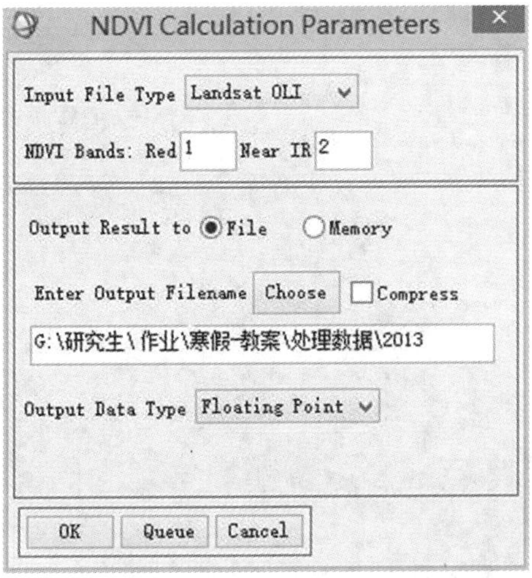

图 6-23　NDVI Calculation Parameters 窗口

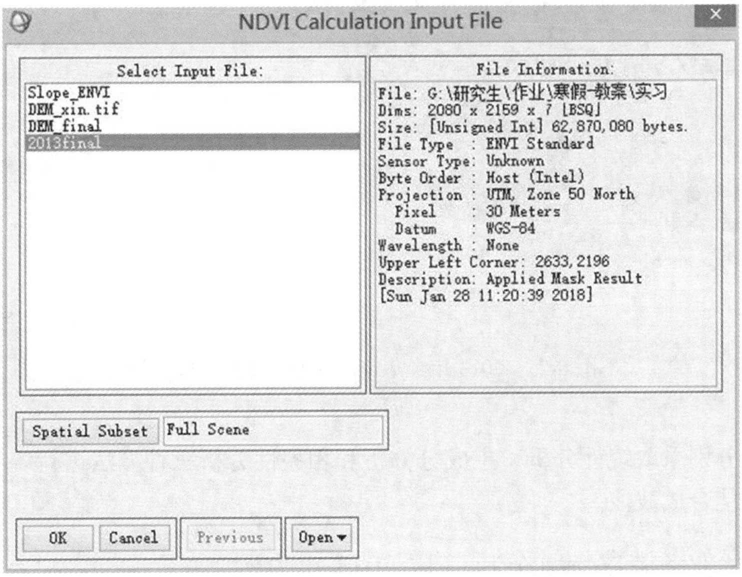

图 6-24　NDVI Calculation Input File 窗口

Input File Type：选择遥感影像类型，此处为 Landsat8 OLI；NDVI Bands：Red 对应波段 4，Near IR 对应波段 5。

Output File：选择保存路径。点击 OK，得到如图 6-25 所示的 2013 年 NDVI 结果图。

（五）提取最佳波段组合

在提取最佳波段组合时，依据的原则是信息量最大、相关性最小，则波段信息量越

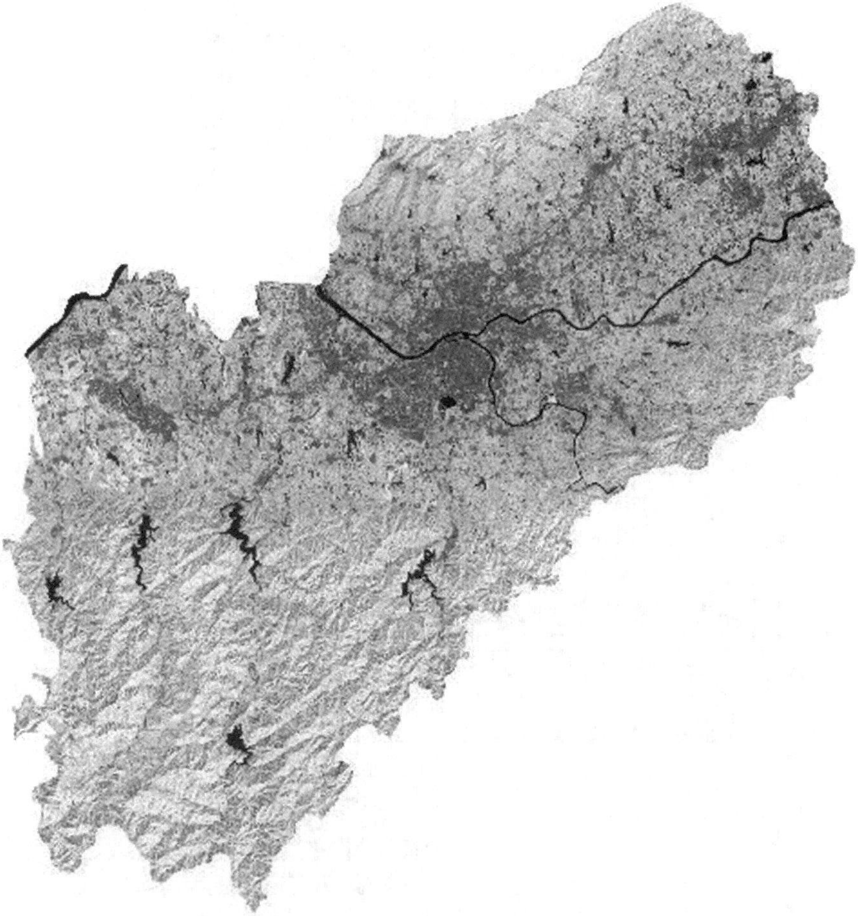

图 6-25　2013 年金华市区 NDVI 提取结果图

大，故本实验分别采取统计分析、主成分分析和相关性分析三种方法进行统计分析，从而提取出影像最佳合成波段。

1. 遥感影像各波段统计分析（以 2013 年为例）

（1）将 2013 年经过预处理的影像加入 ENVI 5.1，裁剪部分矩形区域作为提取最佳波段的研究区。

（2）在 ENVI 主菜单中选择 Basic Tools→Statistics→Compute Statistics，弹出输入文件对话框，选中遥感影像，点击 OK，弹出如图 6-26 所示的 Compute Statistics Parameters 窗口，按图中所示勾选 Basic Stats，Histograms 和 Output to the Screen，其他保存默认设置，点击 OK 按钮得到如图 6-27 所示结果图。

（3）按图 6-28，在 Select Plot 处依次选择波段 1~7，得到如图 6-29 所示结果。

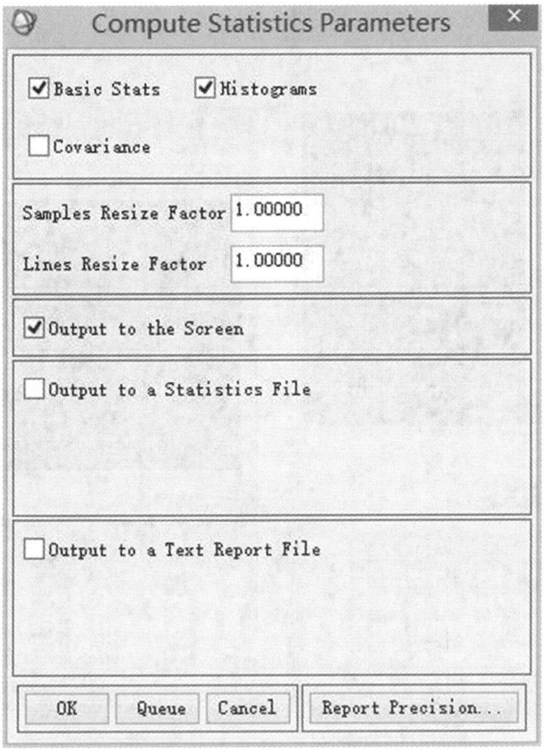

图 6-26　Compute Statistics Parameters 窗口

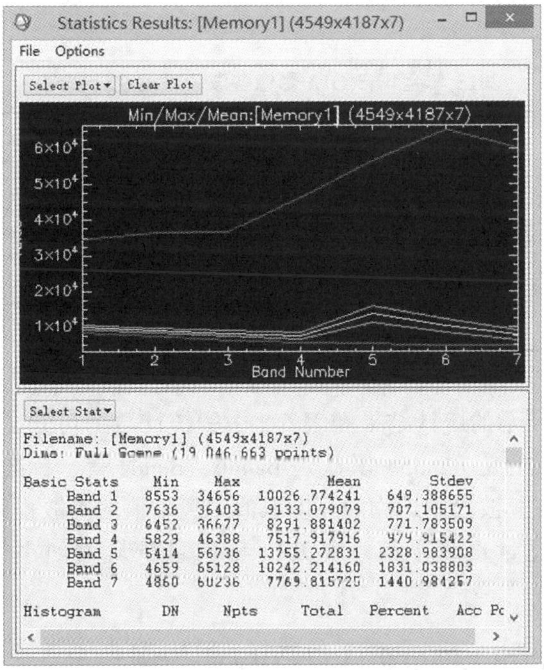

图 6-27　2013 年波段统计结果图

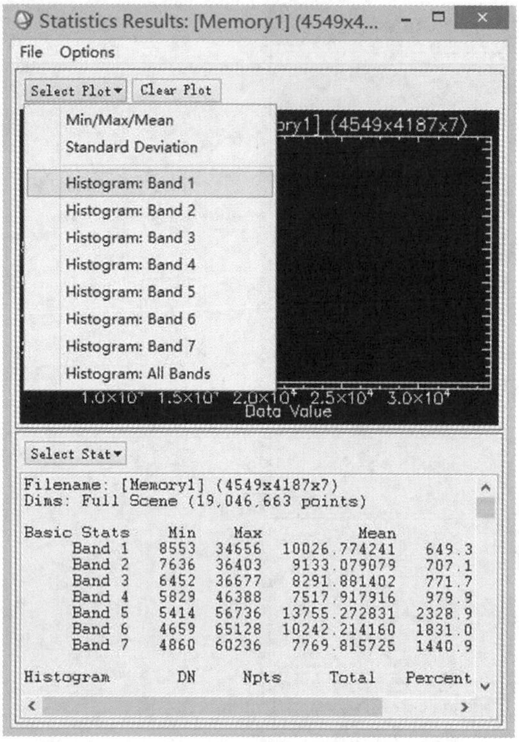

图 6-28　选择显示波段

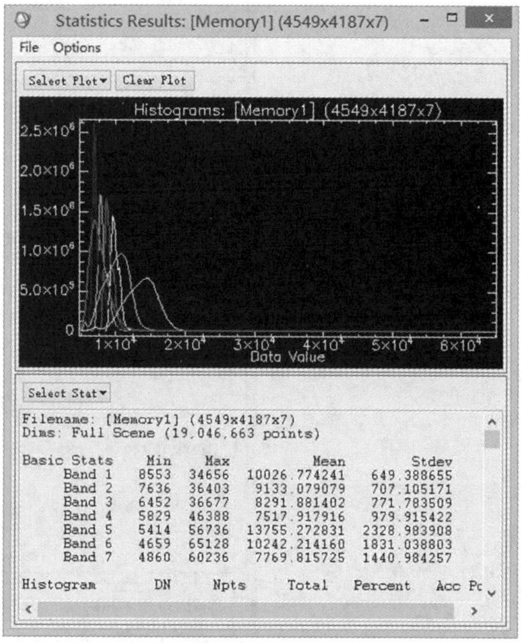

图 6-29　波段统计结果

（4）根据图 6-29 各波段统计结果，得到如表 6-2 所示数据。

表 6-2　**2013 年金华市 OLI 影像各波段数据统计资料**

波段	Band1	Band2	Band3	Band4	Band5	Band6	Band7
最小值	8553	7636	6452	5829	5414	4659	5860
最大值	34656	36403	36677	46388	56736	65120	60236
均值	10026. 774	9133. 079	8291. 881	7517. 918	13755. 273	10242. 214	7769. 816
标准差	649. 389	707. 1054	771. 784	979. 915	2328. 984	1831. 039	1440. 984

通过分析图 6-29 所示的统计结果和表 6-2 中的统计数据可知，2013 年金华 OLI 7 个波段中，亮度覆盖最大的是 Band5，其次是 Band6、Band4 等，标准差也按相同顺序排列。标准差越大，则表示在其波段内地物的亮度取值距离均值的离散程度越大，代表地物间的差异表现越明显，信息量也越丰富，故 2013 年信息量从大到小排列为 Band5、Band6、Band4、Band7。

2. 主成分分析和相关性分析（以 2013 年为例）

选择 ENVI 主菜单→Transform→Principal Components→Forward PC Rotation→Compute

New Statistics and Rotate，选择进行主成分分析的影像，单击 OK 按钮，弹出如图 6-30 所示窗口；

选择保存地址及名称，在 Select Subset from Eigenvalues 处选择 Yes，其他参数保持默认，单击 OK 按钮，得到如图 6-31 所示窗口，选择主成分波段数为 5 个。

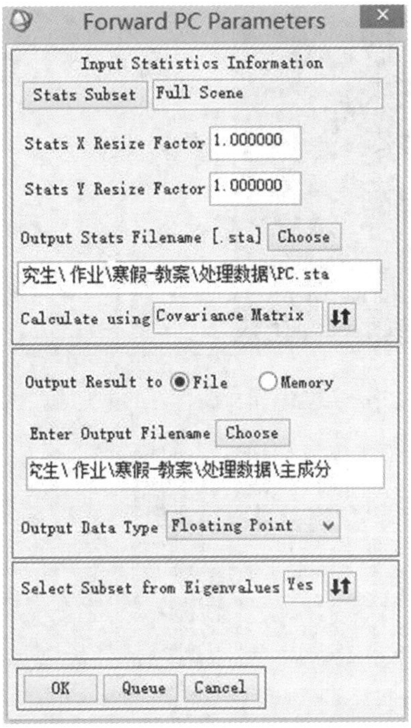

图 6-30　Forward PC Parameters 窗口

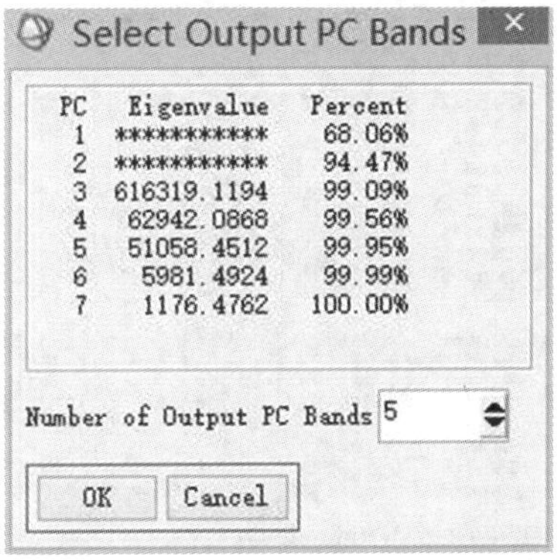

图 6-31　选择输出主成分波段数

单击 OK 按钮，得到如图 6-32 所示窗口。

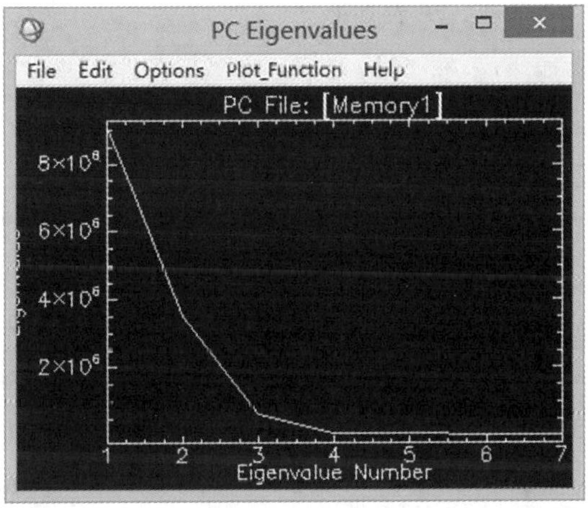

图 6-32　PC Eigenvalues 窗口

选择主菜单→Basic Tools→Statistics→View Statistics File，选择 PC. sta，单击打开，得到如图 6-33 所示主成分分析结果。

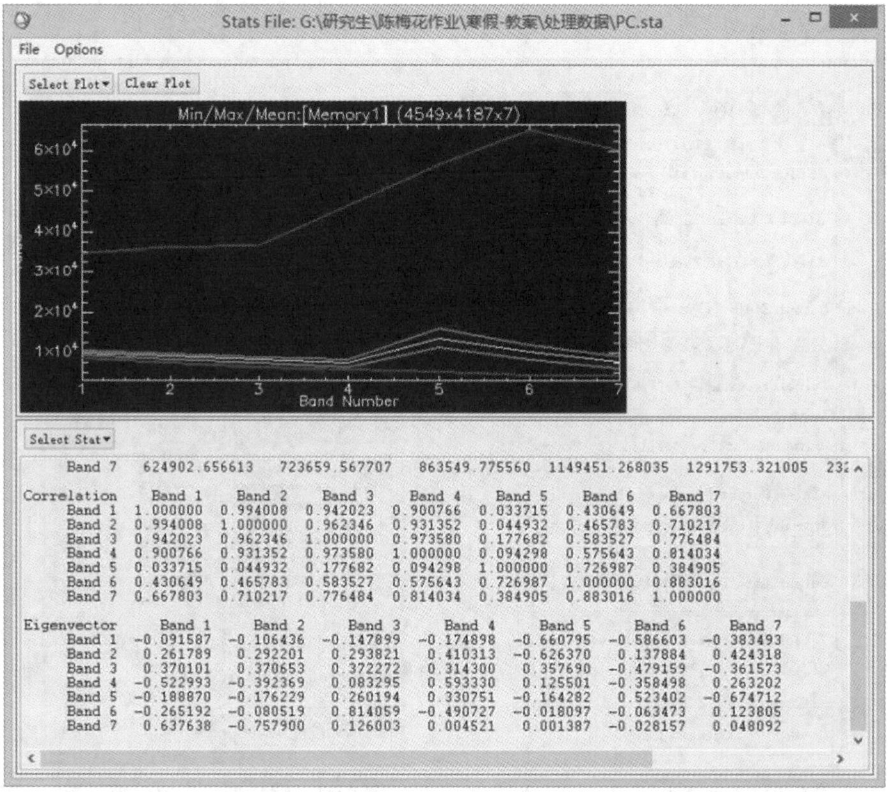

图 6-33　主成分分析、相关分析结果

（1）根据上面的计算过程，统计得到 2013 年主成分分析结果表（表 6-3）和 2013 年 TM 各波段数据相关分析结果表，见表 6-4。

表 6-3　**2013 年 OLI 各波段数据主成分分析结果**

成分	累计百分比（%）	特征向量						
		Band1	Band2	Band3	Band4	Band5	Band6	Band7
PC1	68.06	−0.092	−0.106	−0.148	−0.174	−0.661	−0.587	−0.383
PC2	94.47	0.026	0.292	0.294	0.410	−0.626	0.138	0.424
PC3	99.09	0.037	0.371	0.372	0.314	0.358	−0.479	−0.362
PC4	99.56	−0.523	−0.392	0.083	0.593	0.126	−0.358	0.263
PC5	99.95	−0.189	−0.176	0.260	0.331	−0.164	0.523	−0.675

表 6-4　　2013 年 OLI 各波段数据相关性分析结果

波段	Band1	Band2	Band3	Band4	Band5	Band6	Band7
Band1	1						
Band2	0.994	1					
Band3	0.942	0.962	1				
Band4	0.901	0.932	0.974	1			
Band5	0.034	0.045	0.177	0.077	1		
Band6	0.431	0.466	0.584	0.66	0.727	1	
Band7	0.668	0.710	0.776	0.835	0.385	0.883	1

（2）从表 6-3 可以看出，第一主成分分量（PC1）的信息占 OLI 7 个波段总信息量的 68.06 %，构成第一主成分的分量中，Band5 最高（为 0.661），这说明第一主成分中 Band5 贡献最大，其次是 Band6、Band7 等。第二主成分分量（PC2）的信息占 OLI 7 个波段总信息量的 16.41%，构成第二主成分的分量中，Band4 最高（为 0.410），则表明 2013 年金华市 OLI 影像信息量最大的波段依次为 Band5、Band6、Band7、Band4 等。

（3）由表 6-4 可知，Band1 和 Band2 相关系数最高（$r=0.994$），其次 Band3 和 Band4 波段（$r=0.974$）、Band6 和 Band7（$r=0.883$）、Band5 和 Band6 波段（$r=0.727$）相关性也很高，这说明这些波段数据间彼此重叠较多，可见光三波段（Band1、Band2、Band3）间相关性也较高。而 Band4、Band5 波段的数据有较大的独立性。

（4）综合以上分析表明，针对金华市区 2013 年的 OLI 7 个波段数中：Band5 波段地物间的差异可能表现最明显，信息量最丰富，其次为 Band6、Band4、Band7 波段；根据主成分分析结果，可以得出含信息量最大的波段依次为 Band5、Band6、Band7、Band4 波段；根据相关性分析，Band6 和 Band7 波段、Band5 和 Band6 波段的相关性很高，数据重合过多；综合考虑上述因素，2013 年最佳波段为 Band5、Band4、Band7 波段。

（六）合并图层

选择 ENVI 主菜单→Layer Stacking，以 2013 年为例，选择前面裁剪好了的文件，按照 Band4、Band5、Band7、NDVI、DEM 顺序排列，将其组合成一个多波段文件。

（七）获取规则

这里使用 CART 算法获取规则，首先安装 ENVI 下的 CART 扩展工具，下载地址：http：//vdisk.weibo.com/s/lO3a2，将解压后的文件拷贝到 ENVI 安装目录下的 Save_Add 文件夹内，重新启动 ENVI。

首先从合并影像中选择一部分区域作为获取规则的实验区：

（1）在窗口中加载显示影像，在 Image 视窗中单击 Overlay→Region of Interest，得到 ROI Tool 面板，单击 ROI_Type→Polygon，绘制一定大小规则的实验区，这个区域包含土地覆盖所有类型（图 6-34）。

图 6-34　选择的裁剪区域 ROI

（2）同前面裁剪操作一样，在 ROI Tool 面板中，选择 File→Subset data via ROIs，裁剪出实验区，得到图 6-35 所示裁剪结果。

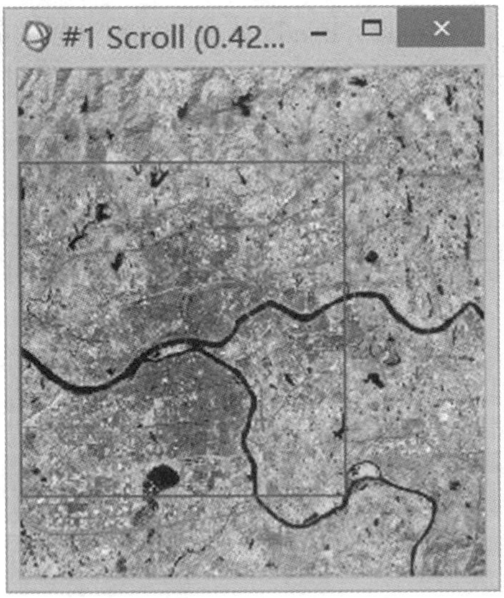

图 6-35　实验区域

下面在实验区影像中选择一定数量的训练样本，利用训练样本获取专家知识规则。

（3）在 Display 中显示裁剪的实验区影像，在 Image 视窗中单击 Overlay→Region of Interest。在 ROI Tool 面板中，分别选择 6 个类型的训练样本（如图 6-36 所示），使得训练样本的可分离度在 1.8 以上。

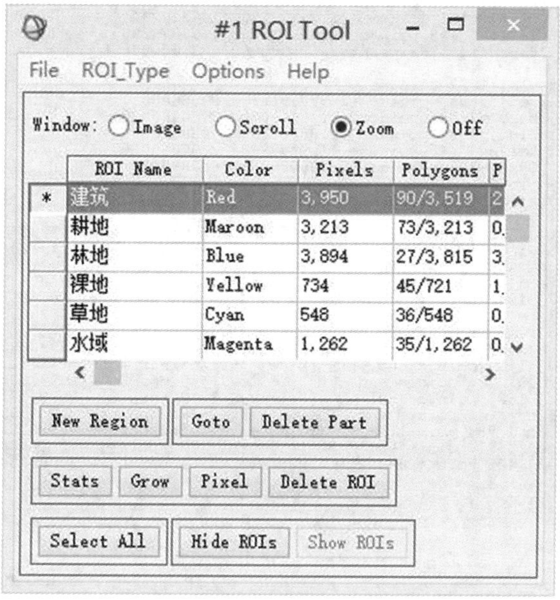

图 6-36　选取训练样本

（4）计算样本的可分离性。在 ROI Tool 窗口中选择 Options → Compute ROI Separability，弹出对话框，选择实验区域图层，弹出 ROI Separability Calculation 对话框（图 6-37），选中 6 种类型的训练样本，点击 OK 按钮，得到如图 6-38 所示窗口，查看各类型 ROI 间可分离性，返回调节训练样本，使其可分离性达到 1.8 以上。

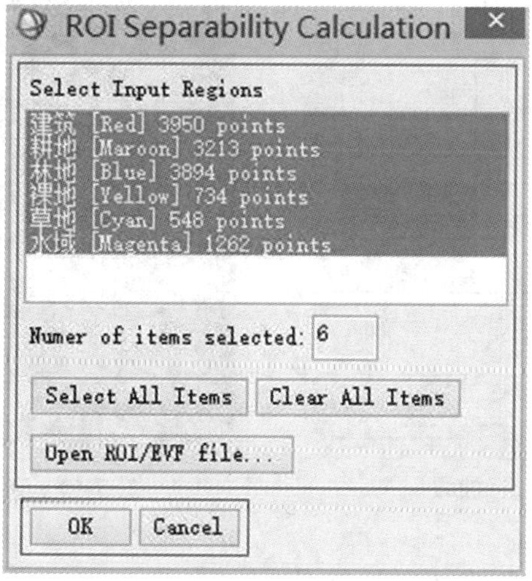

图 6-37　选择 ROI

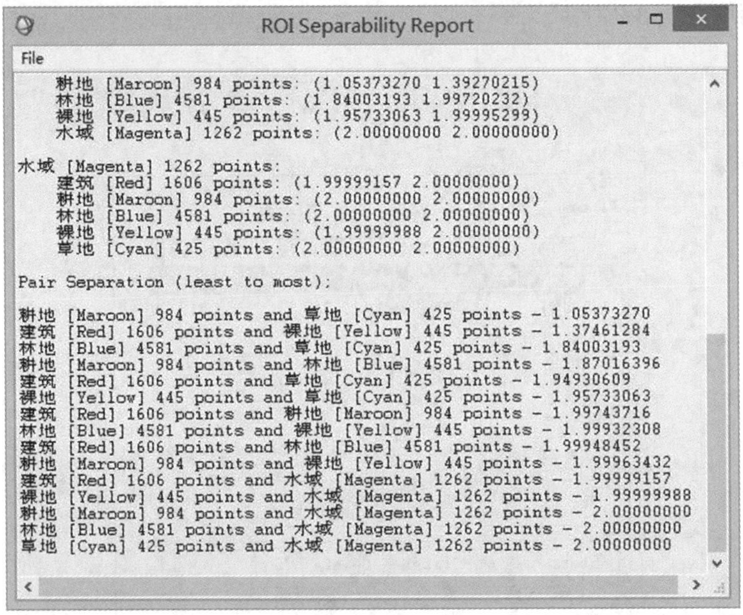

图 6-38　ROI 可分离性

（5）N 维可视化检验。在 ROI Tool 窗口中选择 File→Export ROIs to n-D Visualizer，在弹出的对话框中选择实验区域图层，弹出如图 6-39 所示对话框，选择波段，点击 Start，得到如图 6-40 所示窗口，通过观察图 6-40 中颜色散点的分离情况，不同颜色点越分散且未交杂在一起，则证明可分离性越好。

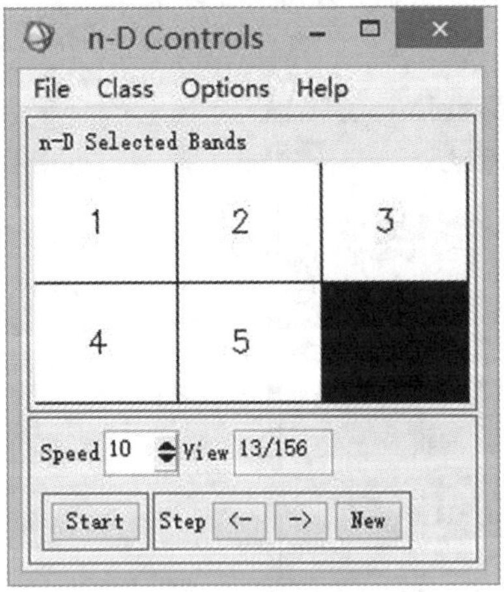

图 6-39　选择波段

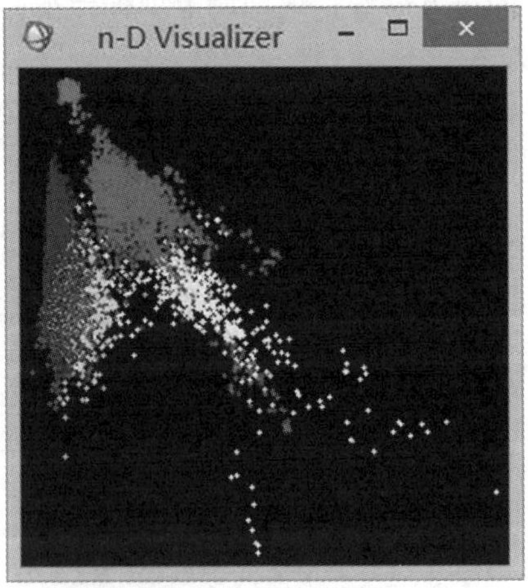

图 6-40　n-D 可视化图

（6）获取规则。单击 ENVI 主菜单→Classification→Decision Tree→RuleGen→Classifier，选择实验区影像，弹出如图 6-41 所示对话框，选择决策树输出路径及文件名，单击 OK 按钮执行。

注：由于此工具是基于4.4版本开发的，在之后的版本上运行完得到决策树文件之后会自动退出ENVI，不影响决策树规则文件的使用，故建议先保存训练样本，以便后面分类结果检验操作。

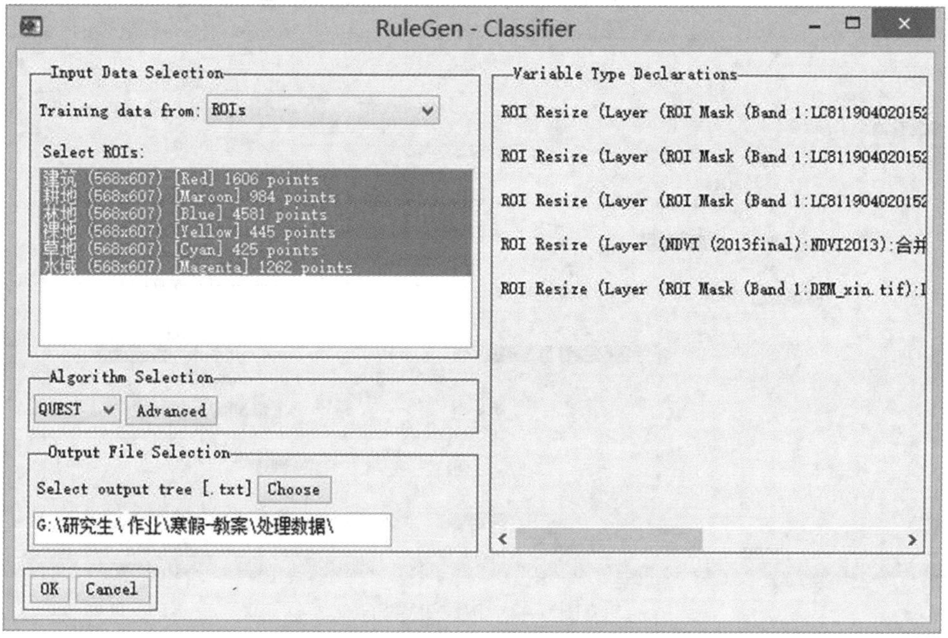

图6-41　运行CART工具

(八) 构建决策树

选择ENVI主菜单→Classification→Decision Tree→Edit Existing Decision Tree，打开从实验区获取的规则文件，得到图6-42所示结果。

(九) 执行决策树

(1) 在图6-43所示ENVI Decision Tree面板中，选择Options→Execute，执行决策树，弹出窗口，选择决策树执行结果输出路径及文件名，点击OK按钮完成，得到如图6-44所示决策树分类结果。

(2) 精度评价（混淆矩阵）。对分类结果进行验证，类似选择训练样本，选择一部分ROI作为验证样本。选择主菜单→Classification→Post Classification→Confusion Matrix→Using Ground Truth ROIs，弹出图6-45所示窗口，选择分类结果文件，点击OK按钮完成。

(3) 选择ROI，依次匹配ROI与分类结果类别（图6-46），点击OK，得到图6-47所示窗口，按窗口所示设置参数，点击OK按钮，得到精度验证混淆矩阵表，精度达到要求，则规则获取工作完成。

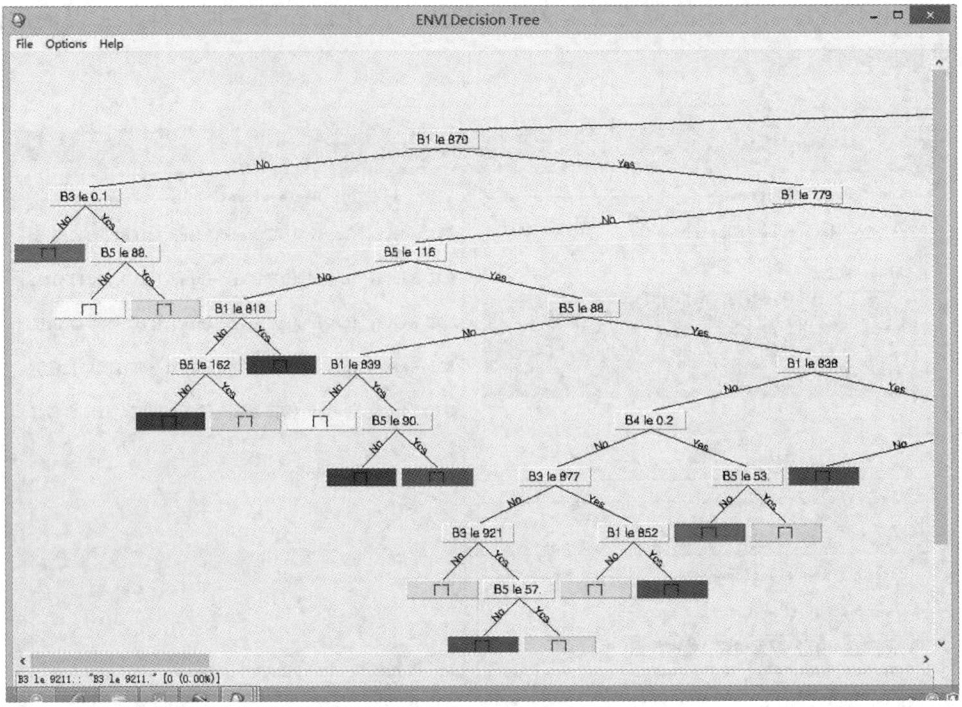

图 6-42　构建决策树

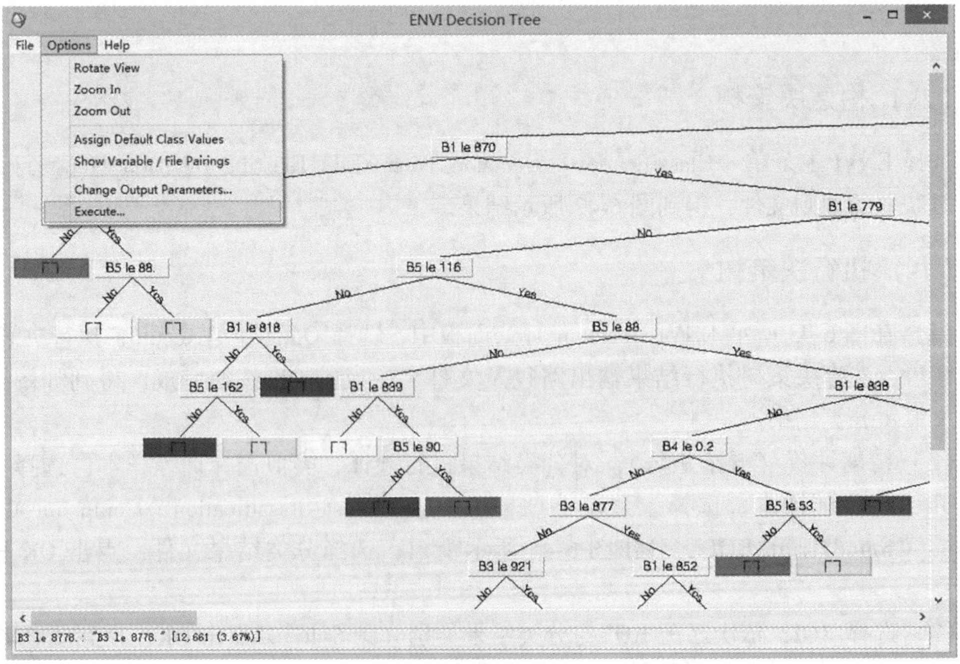

图 6-43　执行决策树

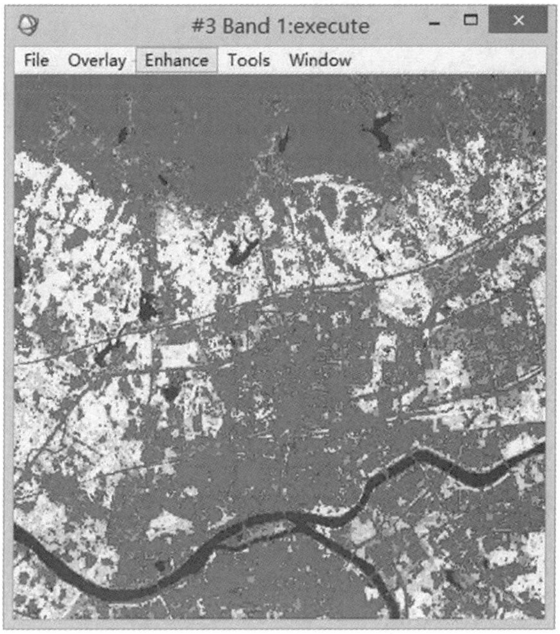

图 6-44　实验区域决策树分类结果

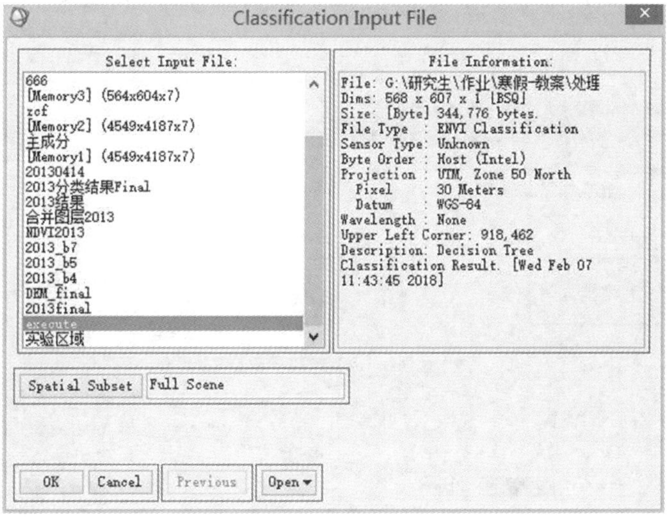

图 6-45　选择分类结果进行验证

(十) 土地覆盖信息提取

这一步是将获取的规则应用于整个图像。

(1) 选择 ENVI 主菜单→Classification→Decision Tree→Edit Existing Decision Tree，打开从实验区获取的决策树规则。

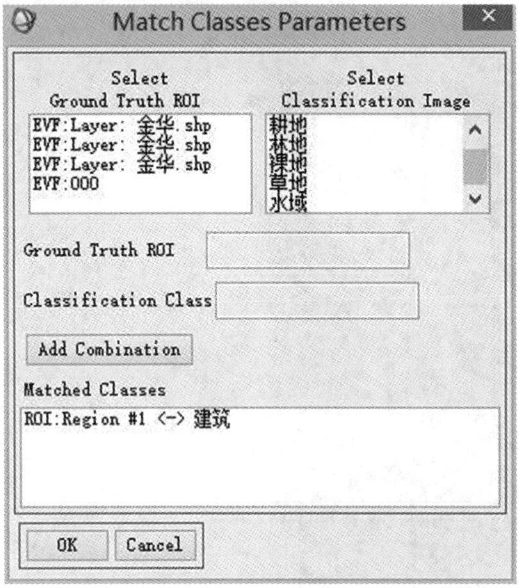

图 6-46　匹配类别

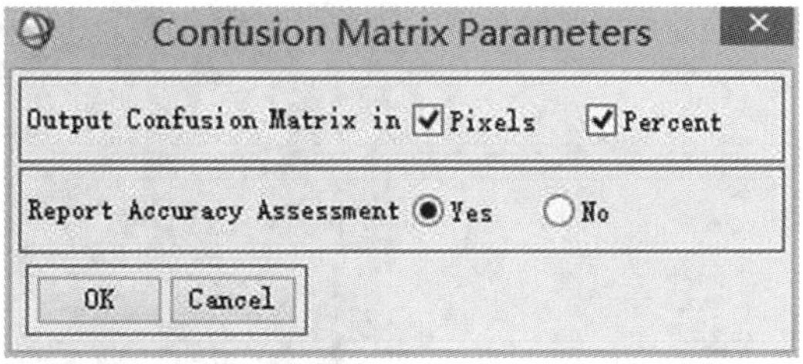

图 6-47　Confusion Matrix Parameters 窗口

（2）按图 6-48 所示选择 Options→Show Variable/File Pairings，弹出图 6-49 所示对话框，单击第一列的变量，出现如图 6-50 所示对话框，选择替换波段，依次全部替换为对应的波段。

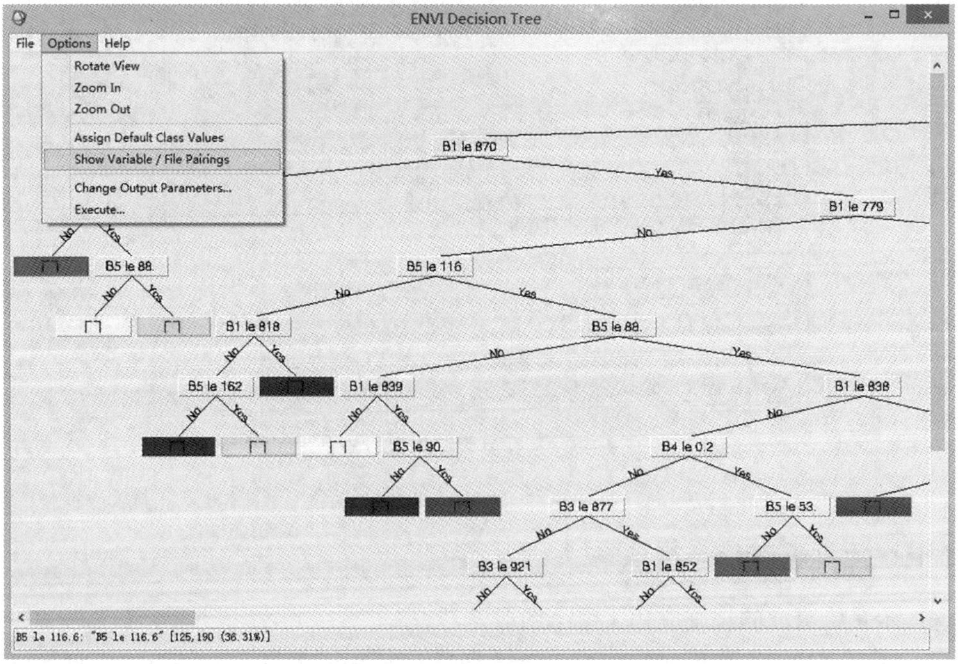

图 6-48　ENVI Decision Tree 对话框

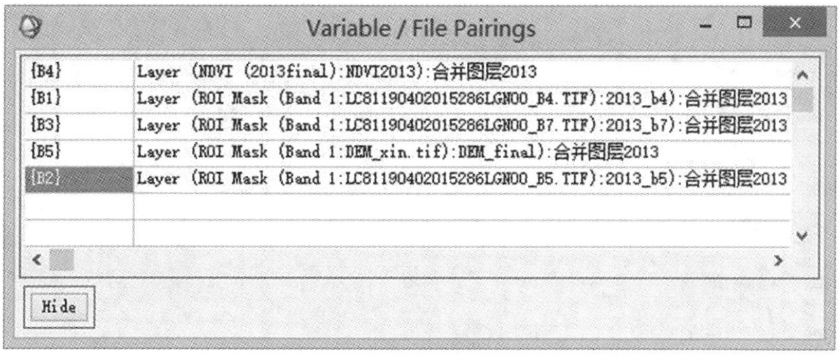

图 6-49　Variable/File Pairings 对话框

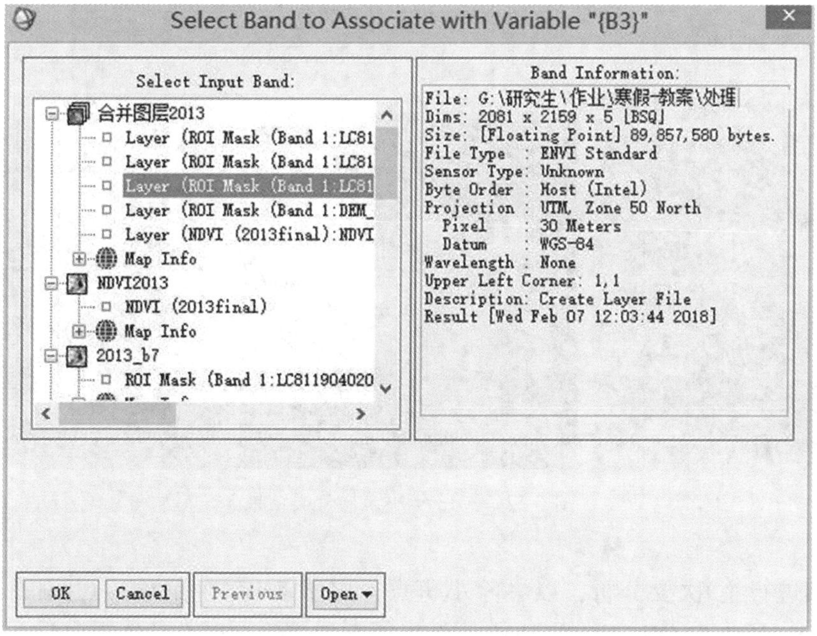

图 6-50　选择对应替换波段

选择 Options→Execute，执行决策树，得到 2013 年金华市区的土地覆盖结果，单击显示窗口 Overlay→Classification，选择需调整的影像文件，弹出图 6-51 所示窗口，选择 Options→Edit Class Color，弹出图 6-51 右侧窗口，选择各土地利用类型的颜色，单击 OK 按钮，得到图 6-52 所示分类结果。

(十一) 分类后处理

根据自己分类后结果的具体情况，可对分类后结果进行主/次要分析、聚类分析等操作；小斑点处理、更改；类别颜色，分类统计分析等。

(1) 主/次要分析处理。根据 2013 年分类结果情况，草地、裸地、林地中有较多小

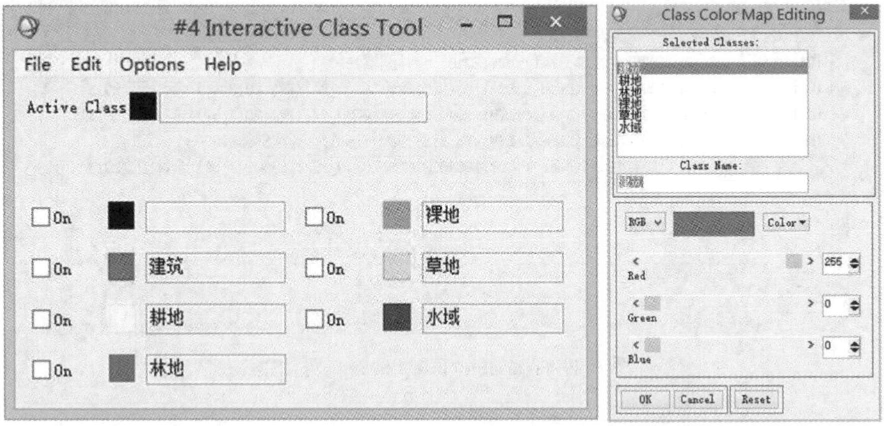

图 6-51 调整显示颜色

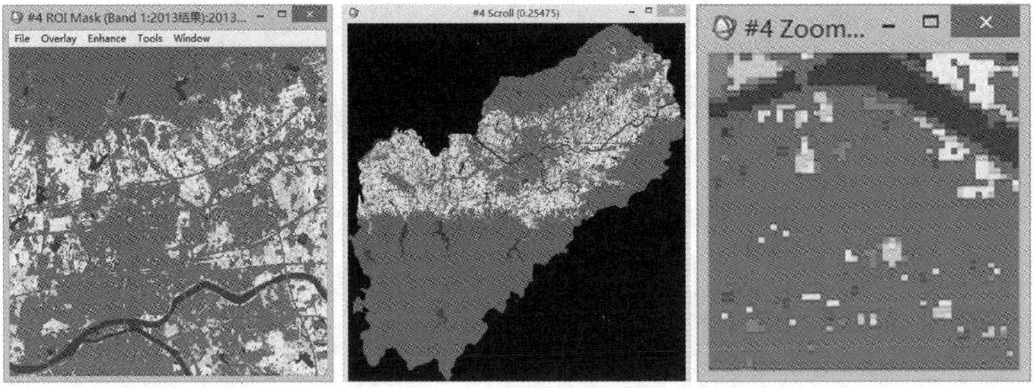

图 6-52 2013 年决策树分类结果

斑点，对其进行主/次要分析，以去除小斑点，按照 ENVI 主菜单→Classification→Post Classification→Majority/Minority Analysis，弹出图 6-53 所示主/次要分析窗口，选择类别，输出保存位置，点击 OK 按钮完成，得到图 6-54（右）主次要分析处理后结果。

（2）将分类结果中明显错分、漏分的区域进行手动修改，经过后处理后，得到 2013 年金华市区最终土地分类结果图（图 6-55）。

四、案例研究

基于决策树的金华市土地利用变化遥感信息分类提取

摘要：土地利用变化在全球环境变化与可持续发展研究中占有重要地位。遥感技术凭借其快速、动态、大面积等优点成为监测土地利用变化的主要手段。本案例以金华市为研究区域，基于 2000 年和 2013 年两期 ETM+/OLI 遥感影像，采用决策树分类方法提取近

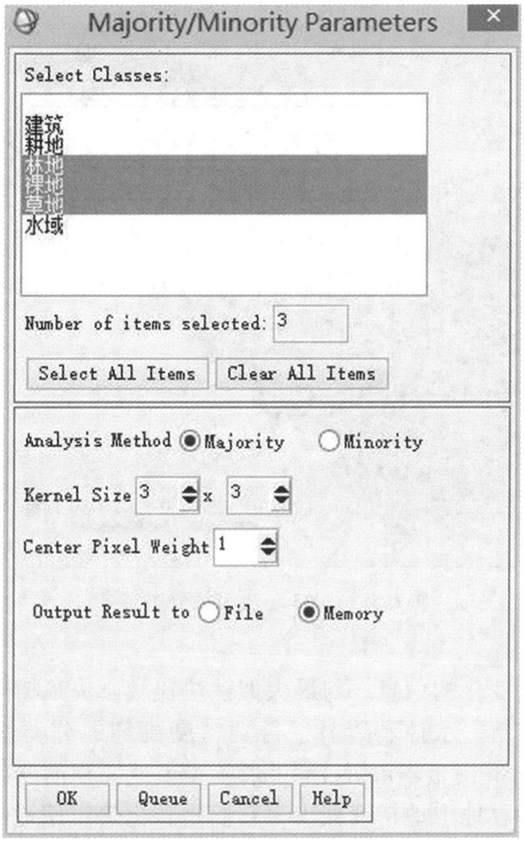

图 6-53　Majority/Minority Parameters 窗口

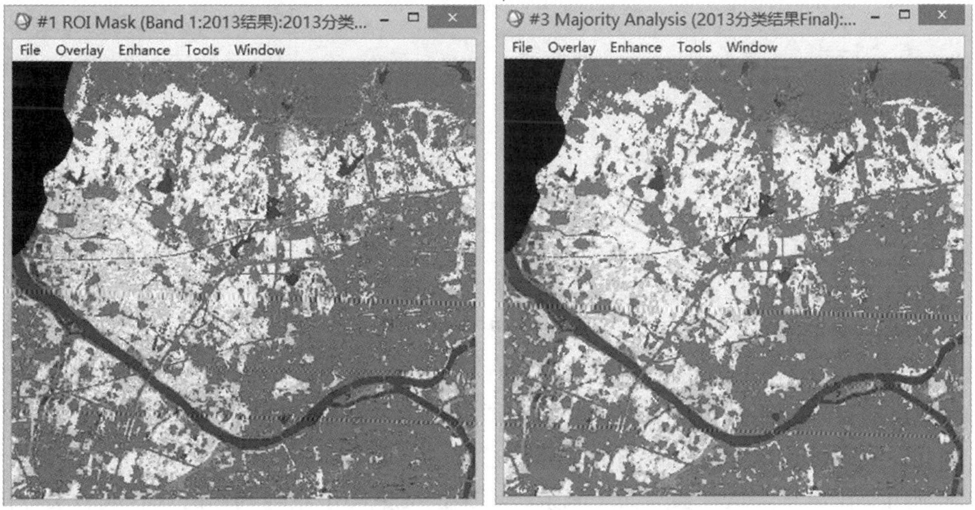

图 6-54　分类结果（左）和主次要分析结果（右）对比

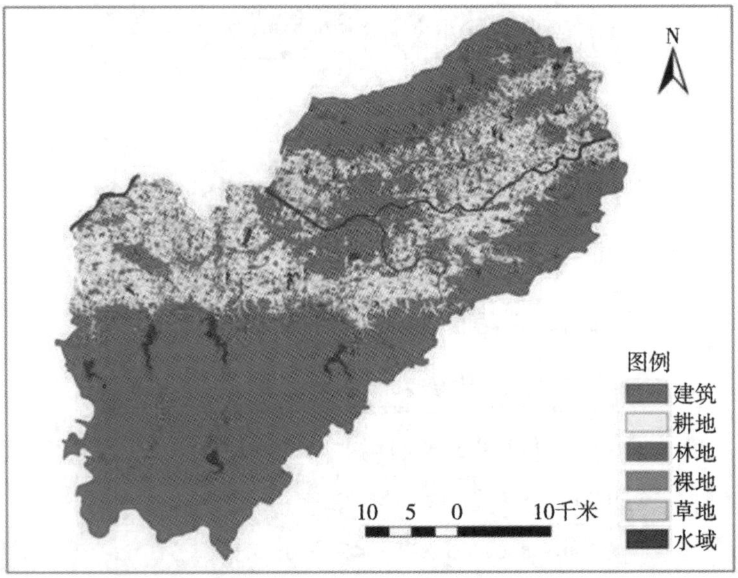

图 6-55　2013 年决策树分类结果

13 年来该地区土地利用变化的信息。与最大似然法比较，决策树分类方法能较好地区别遥感影像中的农田、建筑、水体和森林，得到精度更高的分类结果。然后，通过利用 ENVI 软件的分析功能计算出金华市近 13 年来各类土地面积的变化情况。结果发现在这 13 年期间金华市草地和林地土地持续减少，它们是转化建筑用地的主要来源。经济发展和人口增长是促进金华市土地利用变化的主要因素，政策因素、城镇化过程的推进也影响着土地利用的变化。

关键词：决策树；金华市；土地利用；分类；遥感信息提取

（一）引言

1. 研究背景和意义

土地利用及其变化是全球环境变化过程中的重要因子[1]。把土地利用/土地覆盖变化（LUCC）作为研究环境变化的切入点和立足点，不仅能很好地解释人地系统相互作用的机制，而且还可以以此来预测其发展趋势，从而为今后的发展提供决策依据[2]。

近年来，金华市城区的面貌发生了翻天覆地的变化，城市化进程不断加快。采用多时段的遥感影像对金华市的土地利用变化进行比较分析，可清楚地了解金华市城区扩展变化的特点，进而分析影响城区扩展变化及其扩展进度的主要驱动力因素。

因此，本案例重点探讨决策树分类算法在城市土地利用分类中的应用，分析提取金华市土地利用变化信息。从现实意义上来说，本案例对金华市土地利用的现状能有更好的认识，同时为有效保护和合理开发利用金华市土地资源和今后的发展决策提供了一定的参考依据。从理论意义上来说，本案例可以进一步增进决策树分类方法在地理学中的应用，为决策树理论的发展提供依据。尤其增强在城市土地利用方面的应用，实现监测土地利用方法的不断完善。

2. 遥感影像信息提取研究现状

传统的遥感影像分类方法多是在假设图像灰度值服从某种分布的基础上，基于图像统计特征对影像进行划分的，如最大似然法、平行六面体法、ISODATA 法和 K-均值聚类法等。这些方法的概率分布假设在单一数据源中不一定成立，在多源数据情况下，其出现偏差的概率较大[3-7]。为提高分类精度和丰度，学者们在 20 世纪 90 年代提出了神经网络算法，目前 BP 神经网络[7]和径向基函数神经网络（RBF）[8]以及概率神经网络[9]在遥感图像分类中应用广泛。虽然神经网络的非线性和不确定性为遥感影像分类提供了新思路，但是其网络最优结构难以确定，从而陷入了局部极值和收敛速度慢的困境[10]。而 Yang[11]等提出的分类方法从本质上来讲都是基于像素级的，不能从根本上去除单一功能的有限分析。

而近年来提出的决策树分类法成功地应用于许多分类问题，决策树分类法在很多方面要优于人工神经网络分类法、模糊逻辑混合聚类分类法，并且更加易于使用和理解[12]。它依据规则把遥感数据一级级往下细分以定义决策树的各个分支，直到达到“终极”（叶节点）类别分出为止。决策树算法具有信息提取方法简单、流程清晰而严谨的特点，在充分了解地物光谱特征的基础上，常常能得到精度较高的分类结果。

巴桑等[13]利用决策树分类方法对西藏地区 TM 影像进行分类，取得了较为满意的分类结果。CART 决策树技术对林业地类进行分类，其总体分类精度优于传统参数化分类精度[14]。李亚飞等[15]利用决策树分类方法得到了云南迪庆地区的景观类型分布图，发现决策树分类方法的精度要高很多。张滔等[16]将混合像元分解的丰度加入特征集，结合光谱信息和 DEM 数据生成决策分类规则，得到玛多县的土地覆盖类型图。李爽[6]等探讨了三种不同的决策树算法（MDT、UDT、HDT）在遥感影像分类方面的应用，认为它对输入数据空间特征和分类标识有很好的弹性。杜培军[17]等对决策树的算法发展趋势做了归纳总结，发现决策树分类方法在依据感兴趣区类别进行图像分类时效果较好。刘勇洪[10]等对中国华北地区 MODIS（250m 分辨率）影像进行了土地覆盖决策树分类试验与分析，表明决策树相对于传统方法能明显提高分类精度。李彤[18]等同样将决策树分类方法用于北京市土地利用现状的研究，得到了较好的结果。

决策树分类方法在进行遥感图像分类的基础上也被运用到其他方面。如孙赜[19]等将决策树方法应用到遥感地质填图中，结果表明决策树分类方法优于传统分类，并且利用决策树提取的信息归纳总结地学知识。买买提沙吾提[20]把决策树的分类方法运用到对塔克拉玛干沙漠信息的提取中，分析了沙漠化土地的光谱特征及其波段之间的相互运算，并利用决策树各节点设计来划分出不同的沙漠等级。于新洋[21]等选取胶东半岛具有代表性的果品县为研究对象，分类法用决策树对其 Landsat TM 影像进行分类提取果园信息。

综上所述，学者们主要利用传统的监督分类、非监督分类方法对遥感信息进行分类提取。相比于传统方法，决策树分类方法在遥感信息分类和提取方面更具有优越性。

3. 本案例研究内容及技术路线

土地利用分类及其变化是一个涉及多时相多波段遥感数据的问题，我国学者提出决策树分类方法在处理不同的统计分布和尺度的源数据以及空间分布复杂的遥感影像数据时能得到理想的分类结果[22]。因此，本案例将分别采用传统的最大似然监督分类方法和决策树分类方法对金华市多期遥感影像进行分类信息提取，选用二者中精度较高的决策树分类方法对金华市土地利用及其变化进行探索研究，并分析其土地利用变化的影响因素。本案例的技术路线如图 6-56 所示。

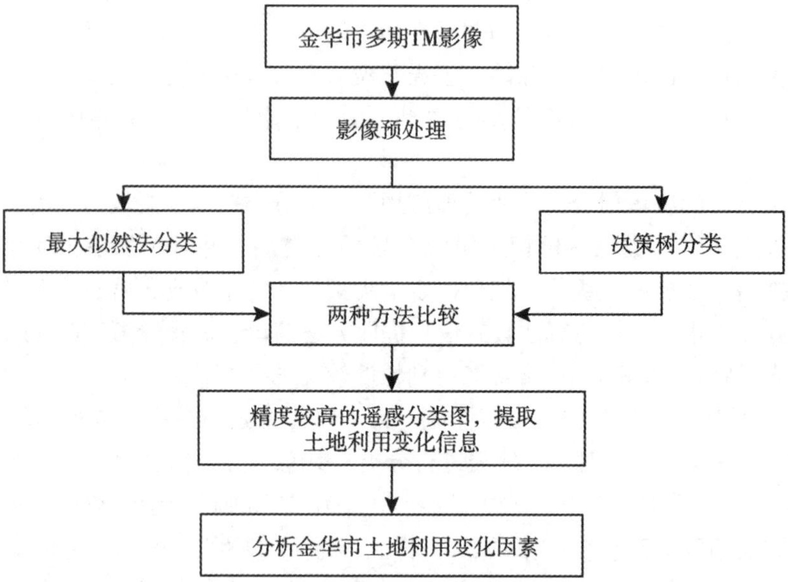

图 6-56　本案例技术路线

本案例首先是对遥感数据进行预处理，通过几何校正和裁剪，获取具有相同参考系统、相同范围的遥感图像。然后分别用最大似然监督分类方法和决策树分类方法对金华市遥感影像进行分类，比较二者的分类精度后选用精度较高的决策树（Decision Tree）分类方法提取金华市土地利用变化信息。最后结合金华市的社会经济资料，概略分析影响该市土地利用变化的作用因素。

（二）研究方法原理、研究区及研究数据

1. 决策树分类原理

决策树（Decision Tree）是一种直观的表示方法，也是高效的广域分类器。它是从一堆没有规则的事例中构建出类似于树形结构的分类规则。分类决策树由一个根节点（Root Node）、一系列内部节点（Internal Nodes）（分支）和终极节点（Terminal Nodes）（叶）组成，每一个内部节点只有一个父节点和两个或多个子节点。在每一个内部节点（包括

根节点）处根据一系列规则将该节点处的数据集划分为两个子集，如此往复直至所有的数据被分为预期设定的各个子集为止。这里的规则可以根据经验和目视解译人为设定，也可以按照一定的算法自动获取。决策树能够处理的数据集不仅包含了光谱信息，还可以是纹理信息、空间特征和高程信息等多源数据。

ID3 算法（Iterative Dichotomiser3）是一个由 Quinlan 于 1986 年发明的用于决策树的算法。ID3 算法的优点在于它构建决策树的速度比较快，它的计算时间随问题的难度只是线性地增加，适合处理大批量数据集。同时，ID3 算法也存在缺点，对训练样本质量的依赖性很强；只能处理分类属性（离散属性）；生成的决策树分支的数量取决于分裂属性的取值，不利于处理分裂属性取值数目较多的情况。Quinlan 在 1993 年对 ID3 算法进行了改进，提出了 C4. 5 算法。C4. 5 算法的核心思想与 ID3 完全相同，但在算法实现上做了更好的改进，并增加了新的功能。主要包括：采用“增益比例”来选择分裂属性、对连续属性的处理、对样本属性值缺失情况的处理、规则的产生、交叉验证等[22]。

CART（Classification and Regression Tree）是由 Breiman 提出的决策树构建算法，其原理是通过循环测试目标变量和测试变量构成的训练集，从而构建二叉树形式的决策树结构。

决策树有三个要求：最优覆盖问题（MCV）、最简单公式问题（MCOMP）、最优示例学习问题。

决策树的优点体现在：结构清晰、易于理解、实现简单、运行速度快、准确性高等；不需要假设检验概率分布，适合处理空间分布复杂、维数较高，具有不同的统计分布和尺度的遥感影像数据[24-25]。本案例则采用了 CART 算法构建决策树并对金华市遥感影像进行了分类。

2. 研究区域概况

金华市位于浙江省中部，其范围是 28°32′~29°41′N，119°14′~120°47′E。西接衢州，东临台州，北接绍兴、杭州，南临丽水。属于浙中丘陵盆地地区，南北有山脉，中部丘陵相间，属于两山夹一川的地理环境。本区属于亚热带季风气候，四季分明，春早秋晚，夏季长而炎热。光照充足，雨量较多，且降水集中于春冬季节，为春冬雨型降水类型。盆地小气候类型多样，有一定的垂直差异，灾害性天气频繁。近年来，金华市在经济建设和各项社会事业方面都取得了较快的发展。粮食生产量和基本农作物产量均有下降，但花卉、苗圃种植面积不断扩大，经济作物占种植业的比重持续上升，农业产业的多元化、商品化、社会化程度不断提升[22-23]。

3. 数据预处理

1）数据源

本案例所使用的遥感图像是美国陆地卫星的 Landsat7 和 Landsat8 数据，Landsat 系列遥感图像具有相对较高的空间分辨率、时间分辨率、辐射分辨率，非常适合对中尺度区域（市、县）的研究[25]。

城市土地利用演变具有较长的周期，同时具有较高的时间相关性和稳定性，本案例需对研究区域做一定的定量分析，数据应该具有一定的连续性，保证可比性，综合以上数据情况，本案例选用了 2000 年和 2013 年的遥感影像数据，时间间隔为 13 年，具体数据信息见表 6-5。

表 6-5　**遥感影像数据信息**

成像日期	数据	轨道号	地面分辨率（m）	采集分辨率（m）
2000-5-4	Landsat7/ETM+	119-040	30	30
2013-4-14	Landsat8/OLI、TIRS	119-040	30	30

2）数据预处理

在遥感图像处理中，为了取得良好的处理效果，所处理的图像必须经过辐射校正、几何校正以及噪声抑制等预处理后，才能根据实际研究问题的需要进行其他的增强、分类等处理。本案例所采用影像已经过前期的几何粗矫正，因此本案例根据实际需要，主要通过图像裁剪进行遥感图像预处理。

通过 ENVI 平台 Basic Tools 工具对 2000 年、2013 年遥感图像进行依次裁剪，获得两幅坐标系统一致、范围一致的遥感影像，该范围包含了金华市本级市镇，即金东区和婺城区。既有以城市为主的建筑物等人工下垫面，又有林地、草地等自然下垫面，能较典型地反映金华市区的情况。经过预处理的金华市遥感影像用假彩色合成显示（图 6-57）。

（a）2000 年　　（b）2013 年

图 6-57　金华市遥感影像假彩色合成图

其中绿色发亮的是林地，蓝色条带状的为河流，紫色的为城市。因为两幅影像成像时间分别为 5 月和 4 月，地物光谱特征受季节影响较小，各种地物的颜色基本保持不变。

（三）金华市土地利用遥感影像分类

结合分类尺度和遥感影像分辨率，本案例在研究中把道路和居民点都归为建筑用地，园地、水田和旱田都归为农田一类，在结合遥感影像 30m 分辨率和实际目视解译的基础上借助 Google Earth 工具，将金华市土地划分为水体、建筑、林地、农田、裸地六种土地利用类型。

1. 监督分类

监督分类是用训练区中被确认类别的样本像元去识别其他未知类别像元的过程。监督分类法中的具体方法包括最小距离分类法、平行六面体法和最大似然法，本案例采用了三者中精度最高的最大似然法对实验区金华遥感影像进行分类。

最大似然法（Maximum Likelihood Classifier）是通过求出每个像素对于各类别的归属概率，把该像素分到归属概率最大的类别中去的方法。该方法在进行多类别分类时，常采用统计学方法建立起一个判别函数，然后利用这个判别函数计算待分类像元的归属概率。

$$L_k = P\left(\frac{K}{X}\right) = P(K) \cdot \frac{P\left(\frac{X}{K}\right)}{\sum_{1}^{i} p(i) \times \left(\frac{X}{I}\right)} \tag{6-1}$$

式（6-1）中，X 为待分类像元，P（X）为类别 K 的先验概率，它可以通过训练区来决定。此外，由于上式中分母和类别无关，在类别间比较的时候可以忽略[25]。

1）训练样本的选择及精度评价

如上所述，最大似然分类法中训练样本的选择至关重要。因此，本案例在遥感图像预处理的基础上，根据影像的光谱特征，通过尽可能多地选择训练样本，使样本尽量具有代表性而且尽量避免出现在局部位置上。在此基础上，案例中采用了分类混淆矩阵对选取的训练样本纯度进行评价，通过利用 Excel 工具对所得混淆矩阵进行分析，即可得到训练样本占原来各类别总数的百分比，以确定其分类的准确性，从而检验训练样本的纯度。表 6-6、表 6-7 表示不同年份的分类法混淆矩阵。

从下面的表格中可以看出，2000 年和 2013 年最大似然分类方法其误差矩阵的总体值都在 90%以上，说明训练样本的选择比较理想，纯度符合分类的要求[25]。

表 6-6　**2000 年最大似然分类法混淆矩阵**

类别 \ 像元数	水体	草地	耕地	建筑	裸地	林地
未分类	0	0	0	0	0	0
水体	947	12	2	4	0	0
草地	0	940	33	43	19	0
耕地	0	3	932	48	4	0
建筑	0	1	1	762	16	0
裸地	1	0	0	92	970	0

续表

类别 \ 像元数	水体	草地	耕地	建筑	裸地	林地
林地	0	20	0	0	2	954
总计	947	976	968	949	1011	954
百分比	100%	96. 31%	96. 28%	80. 29%	95. 94%	100%

表 6-7　　**2013 年最大似然分类法混淆矩阵**

类别 \ 像元数	建筑	林地	裸地	耕地	草地	水体
未分类	0	0	0	0	0	0
建筑	922	0	11	23	0	8
林地	0	936	0	0	2	0
裸地	13	0	927	9	2	6
耕地	31	0	0	938	0	4
草地	1	10	1	0	956	0
水体	0	0	0	6	4	933
总计	967	946	939	976	964	954
百分比	95. 34%	98. 94%	98. 72%	96. 11%	99. 17%	98. 11%

2）分类结果及精度评价

用上面获得的训练样本对金华市多期遥感影像进行最大似然法监督分类（图 6-58）。用了精度评估[23]（Accurary Assessment）方法对最大似然分类结果进行了评估（表 6-8）。

由表 6-8 和表 6-9 的精度评估结果可以看出最大似然监督分类的精度较高，都在 90%以上，Kappa 系数也都在 0. 85 以上，证明金华市每种地物类型分类精度是比较高的，分类结果图能较好地反映出金华市的土地利用类型。下面采用决策树分类方法对金华市土地利用进行分类。

表 6-8　　**2000 年金华市遥感影像最大似然分类精度评定**

类别	参考总计	分类总计	正确分类数	生产精度	用户精度
水体	974	965	974	100%	98. 13%
草地	956	1035	940	98. 33%	90. 82%
耕地	968	987	932	96. 28%	94. 43%
建筑	949	780	762	80. 3%	97. 69%

续表

类别	参考总计	分类总计	正确分类数	生产精度	用户精度
裸地	1009	1062	970	96.13%	91.34%
林地	954	954	954	100%	100%
总计	5805	5805	5505		
总精度=5505/5805=94.83%　Kappa=0.9380					

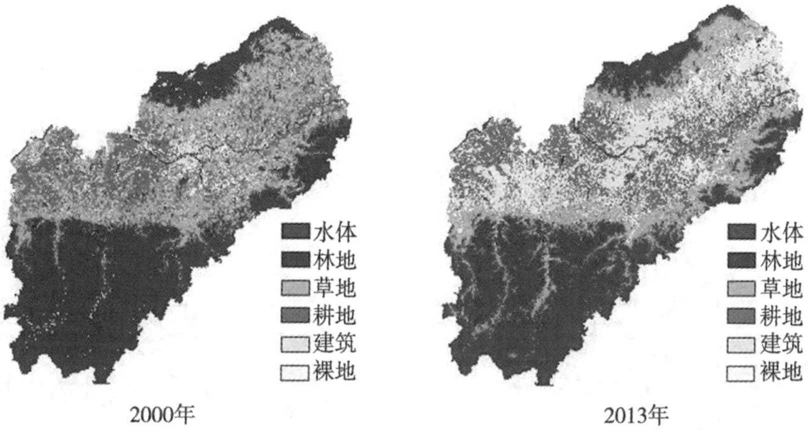

图 6-58　金华市土地利用最大似然法监督分类图

表 6-9　**2013 年金华市遥感影像最大似然分类精度评定**

类别	参考总计	分类总计	正确分类数	生产精度	用户精度
水体	967	964	922	95.35%	95.64%
草地	946	938	936	98.94%	99.79%
耕地	939	957	927	98.72%	96.87%
建筑	976	973	938	96.11%	96.4%
裸地	964	968	956	99.17%	98.76%
林地	951	943	933	98.11%	98.94%
总计	5743	5743	5612		
总精度=5612/5743=97.72%　Kappa=0.9726					

2. 决策树分类

研究实验区域地形类型多样，山形破碎，峰岭交错，水网密布，属于典型的江南丘陵与平原混合地带。用最大似然法分类时由于“同谱异物，异物同谱”的原因，导致这种仅用光谱特征进行分类的方法精度不高，有时不能满足实际应用需求。因此，本案例为了有效识别土地利用类型，提高遥感影像自动分类精度，模仿目视解译的过程，从遥感信息机理与地学规律的综合分析入手，对不同数据源得到的信息进行综合分析，充分利用其中的光谱信息、地学知识以及人的经验知识建立决策树，对金华市多年遥感影像进行分类。

1）归一化植被指数（NDVI）

它是根据卫星不同波段探测数据组合而成的，能反映植物生长状况的指数。通过可见光红光波段3近红外波段4的不同组合可以得到不同的植被指数（式（6-2））。并且，在植被处于中、低覆盖度时，该指数随覆盖度的增加而迅速增加，当达到一定覆盖度后增长缓慢[26]。

$$\mathrm{NDVI}=\frac{(\mathrm{Band}_4-\mathrm{Band}_3)}{(\mathrm{Band}_4+\mathrm{Band}_3)} \tag{6-2}$$

本案例利用ENVI软件Transform模块提供的建模分析功能对金华市2000年和2013年的遥感影像分别计算了它们的NDVI信息（图6-59）。

（1）2000年　　（2）2013年

图6-59　金华市遥感影像NDVI信息提取结果

计算后得到：植被在图上表现为白色的亮色调，建筑用地表现为灰色调，水体表现为黑色调。而耕地、草地等则不易区分，因此本案例在研究中选择遥感影像的最佳波段来对地物进行进一步的区分。

2）遥感影像最佳波段选取

遥感手段利用不同地物在不同波段的差异来记录各类地物的波谱，从而通过细微的波普差别来识别地物。在多波段数据中存在数据冗余的情况。人们通常用红、绿、蓝三原色组合来显示地物，TM遥感影像共有7个波段，这便要求在研究过程中找出最佳波段组合[27]。

（1）OLI各波段数据统计特征分析。

OLI影像的7个不同波段的亮度直方图清晰地显示了波段内亮度的最值分布状况并为统计测量提供了依据。表6-10和表6-11分别为金华市2000年和2013年遥感影像各波段数据的统计结果。

表 6-10　　**2000 年金华市 ETM+ 影像各波段数据统计资料**

波段	Band1	Band2	Band3	Band4	Band5	Band7
最小值	10	1	1	1	1	1
最大值	255	255	255	255	255	255
均值	92.9	75.4	67.4	74.4	81.2	51.2
标准差	10.1	10.1	16.3	14.6	19.3	16.6

表 6-11　　**2013 年金华市 OLI 影像各波段数据统计资料**

波段	Band1	Band2	Band3	Band4	Band5	Band6	Band7
最小值	9486	8548	7447	6649	6623	5434	5270
最大值	28825	32177	38640	45214	54653	64305	62764
均值	10864.181	9991.687	9468.532	8727.933	15452.755	11855.794	9126.842
标准差	678.666	791.23	885.542	1311.491	2238.692	1980.082	1085.817

从表 6-10 和表 6-11 中可以看出，2000 年金华市 ETM+ 6 个波段中，亮度覆盖范围最大的是 Band5，其次是 Band7、Band3 等，而标准差最大的是 Band5、Band7、Band3 等。而 2013 年金华市 OLI 7 个波段中，亮度覆盖最大的是 Band5，其次是 Band6、Band4 等，标准差也按同样的顺序排列。标准差越大，代表地物间的差异表现越明显，信息量也越丰富。

（2）各波段数据的主成分分析。

主成分分析（KL 变换）是在统计特征基础上的多维正交线性变换。它是将多波段空间中的图像数据映射到所选取的主成分空间中，由主成分以各波段协方差矩阵的特征向量为加权系数线性组合而成。各主成分之间具有独立性，信息不重复。因而主成分分析能起到信息压缩、分离和集中的效果。表 6-12、表 6-13 为金华市 2000 年和 2013 年可见光到近红外多个波段数据主成分分析的结果。

表 6-12　　**2000 年金华市 ETM+各波段数据主成分分析结果**

成分	累计百分比	特征向量					
		Band1	Band2	Band3	Band4	Band5	Band7
PC1	57.24	0.345	0.395	0.401	0.064	0.316	0.412
PC2	85.99	-0.337	-0.227	-0.272	0.623	0.425	0.12
PC3	93.87	0.295	0.307	0.214	0.151	-0.004	-0.002
PC4	96.8	0.107	0.135	-0.005	0.195	-0.498	-0.546

表 6-13　　**2013 年金华市 OLI 各波段数据主成分分析结果**

成分	累计百分比	特征向量						
		Band1	Band2	Band3	Band4	Band5	Band6	Band7
PC1	58.92	−0.348	−0.351	−0.353	−0.354	−0.096	−0.301	−0.346
PC2	71.46	−0.245	−0.244	−0.183	−0.201	0.637	0.385	0.133
PC3	80.37	0.007	0.026	0.093	0.06	0.216	0.109	0.133
PC4	88.5	−0.029	−0.032	−0.031	−0.066	0.152	−0.003	0.051

2000 年第一主成分（PC1）占 ETM+ 6 个波段总信息量的 57.24%，构成第一主成分的分量中，Band7 最高（0.412），占各波段特征向量平方和的 13.69%（表 6-12），这说明第一主成分中 Band7 贡献最大，其次是 Band3（12.97%），Band2（12.59%）等。第二主成分（PC2）占 ETM+ 6 个波段总信息量的 28.75%，构成第二主成分的分量中 Band4 最高（为 0.623），占各波段特征向量平方和的 13.57%。2013 年金华市 OLI 影像信息量最大的波段依次为 Band4、Band3、Band2 等（表 6-13）。可以看出，各个波段所包含的信息量差别很大。

（3）各波段数据的相关性分析。

表 6-14 和表 6-15 是研究区域可见光到近红外多个波段数据相关性分析的结果。

表 6-14　　**2000 年 ETM+各波段数据相关性分析结果**

波段	Band1	Band2	Band3	Band4	Band5	Band7
Band1	1					
Band2	0.935	1				
Band3	0.909	0.935	1			
Band4	−0.255	−0.082	−0.198	1		
Band5	0.186	0.331	0.33	0.607	1	
Band7	0.545	0.642	0.693	0.199	0.848	1

表 6-15　　**2013 年 OLI 各波段数据相关性分析结果**

波段	Band1	Band2	Band3	Band4	Band5	Band6	Band7
Band1	1						
Band2	0.971	1					
Band3	0.941	0.953	1				
Band4	0.919	0.936	0.971	1			
Band5	0.041	0.423	0.176	0.077	1		
Band6	0.575	0.593	0.65	0.66	0.587	1	
Band7	0.78	0.799	0.794	0.835	0.301	0.917	1

上表显示了可见光到近红外多个波段数据相关分析的结果。从表 6-14 中看出，Band2 和 Band3 相关系数最高（$r=0.935$），其次是 Band7 和 Band5 波段（$r=0.848$）。可见光 Band1、Band2、Band3 间相关性也较大，而 Band4、Band6 波段的数据有较大的独立性。

分析表明，这一地区、这一时段的 Band5 波段地物间的差异性最明显，信息量最丰富，其次为 Band7、Band3、Band4 波段。而根据主成分分析表的结果可以得出含信息量最大的波段依次为 Band7、Band4、Band3、Band2 波段，但是，Band2 和 Band3 波段，Band5 和 Band7 波段的相关性很大，数据重合过多，综合考虑上述因素，最佳波段为 Band7、Band4、Band3 组合。而 2013 年 Band 最佳波段组合为 Band5、Band4、Band7 波段。

3）决策树模型的构建

为了更好地获取金华市地物的分布状况，本案例进一步结合 DEM 对金华市土地利用进行划分，并利用 ENVI 软件的 CART 插件功能构建了两期遥感影像的分类决策树（图 6-60、图 6-61）。

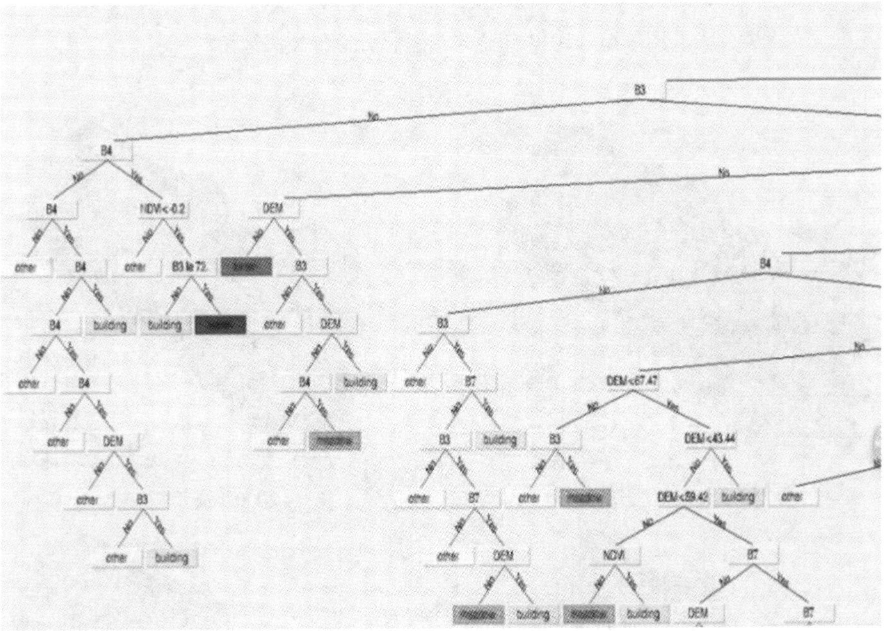

图 6-60　2000 年金华市遥感影像分类决策树

3. 两种分类方法结果对比及精度评价

利用构建的分类决策树对金华市遥感影像进行分类，得到了不同年份的土地利用分类图（图 6-62）。

通过目视判读，可以从图 6-62 图像上很明显地看出，决策树分类图比最大似然法分类图像的分类结果在细节方面有更好的分类效果。水体和周围的农田、植被信息能很好地提取开来，而最大似然分类方法分出的图像像元混淆的程度较高，分类效果不

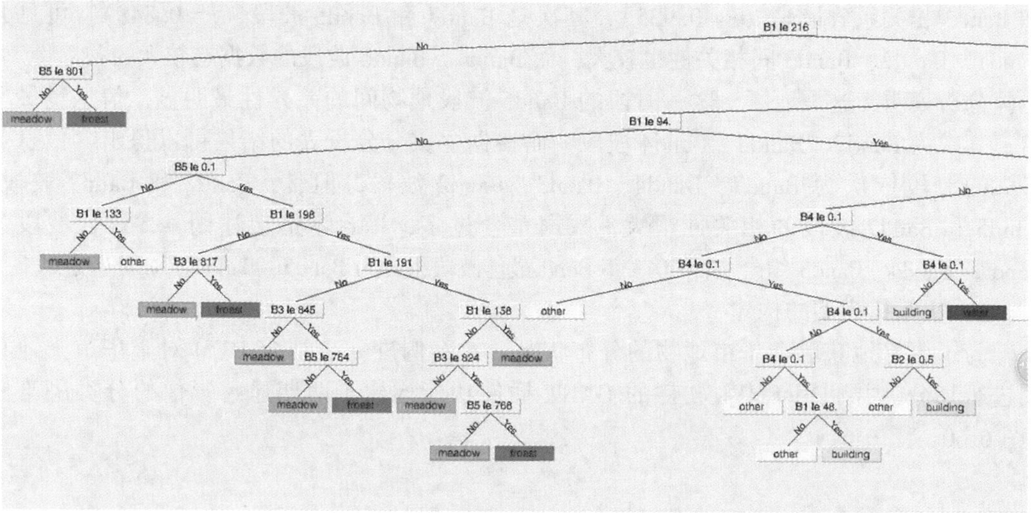

图 6-61 2013 年金华市遥感影像分类决策树

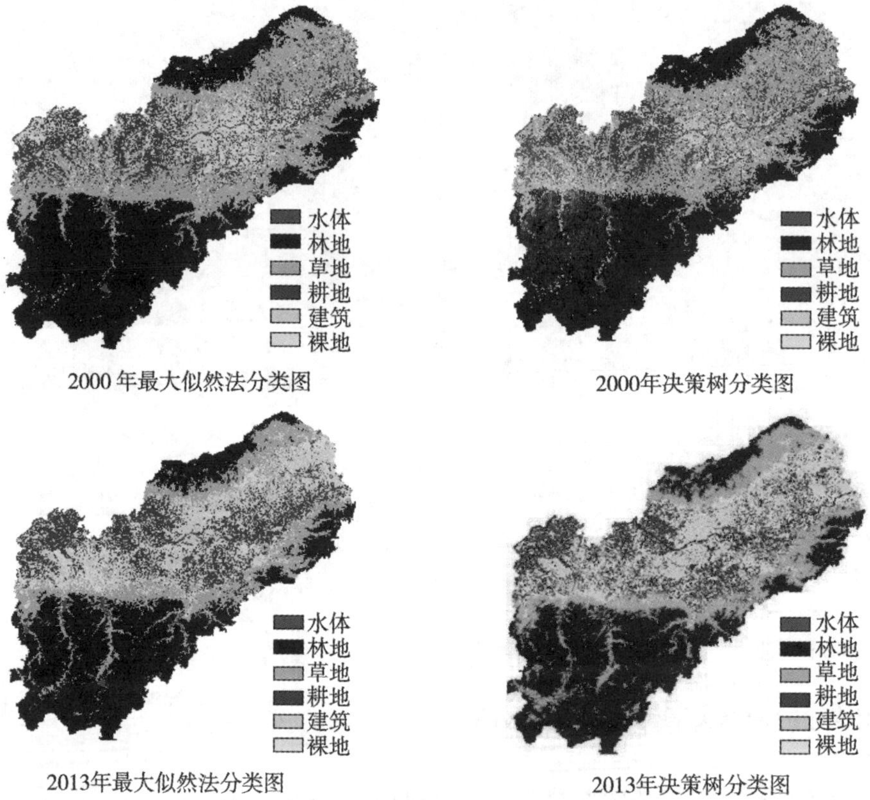

图 6-62 两种分类方法结果比较

够理想。为了进一步从数据上证明决策树分类的精确性，下面对决策树分类进行了精度评价（表 6-16、表 6-17）。

表 6-16　**2000 年金华市遥感影像决策树分类精度评定**

类别	参考总计	分类总计	正确分类数	生产精度	用户精度
水体	992	947	947	100%	95. 46%
草地	963	976	942	96. 52%	97. 82%
耕地	987	968	933	96. 38%	94. 53%
建筑	921	949	833	87. 78%	90. 45%
裸地	988	1011	948	9377%	95. 95%
林地	954	954	954	100%	100%
总计	5805	5557	5557		
总精度 = 5557/5805 = 95. 73%，Kappa = 0. 9487					

表 6-17　**2013 年金华市遥感影像决策树分类精度评定**

类别	参考总计	分类总计	正确分类数	生产精度	用户精度
水体	967	982	946	87. 78%	90. 45%
草地	939	925	919	96. 38%	94. 58%
耕地	979	975	954	100. 00%	95. 46%
建筑	963	965	963	100. 00%	100. 00%
裸地	951	949	945	93. 77%	95. 95%
林地	954	979	979	98. 56%	97. 75%
总计	5775	5775	5706		
总精度 = 5706/5775 = 98. 81%，Kappa = 0. 9820					

从表 6-16 和表 6-17 中可以看出，水体、建筑、森林的分类精度明显有了不同程度的提高，这体现出决策树分类方法的优越性。农田相比之前的最大似然分类法分类精度有所提高，但仍有少量误分现象，这是因为在划分土地利用类型的过程中将水田也归为农田的范围，水体和水田在波段特征上具有相似性。

表 6-18 为最大似然法与决策树分类方法的精度比较。从上述结果中可以总结出如下特点：

表 6-18 **最大似然法与决策树分类方法的精度比较**

精度 / 年份	最大似然法		决策树分类法	
	总体精度	Kappa 系数	总体精度	Kappa 系数
2000 年	94.83%	0.9380	95.73%	0.9487
2013 年	97.72%	0.9726	98.81%	0.9820

（1）决策树分类方法的分类结果从整体上要优于最大似然法，地类之间的分类结果比较均衡，而且该方法在各单项地物类型的分类精度之间相差比较小，分类结果较为满意，总精度达到了 90%以上，均达到了最低允许判别精度 0.7 的要求。

（2）由于该地区土地利用类型复杂，而且缺乏同一时期的实际验证资料，受目视判断本身误差的限制，造成分类精度有一定的偏差，但从总体来看基于知识的决策树分类方法由于集成了多元信息进行分类，有利于提高分类精度。

（3）基于知识的决策树分类方法是提高遥感影像土地利用信息分类精度的有效途径之一，其关键在于知识的获取与规则的创建，只有在对地物光谱特征、地物间相互关系、几何特征、地类变化规律、地学分布规律等知识认真分析的基础上，建立合理的规则，通过有效地推理判断才能获得高质量的分类结果。本研究在对金华市地物分布规律、地物光谱特征分析的基础上建立的规则取得了较好的分类效果，说明规则的创建是合理而有效的。

（4）本研究在知识的获取和规则的创建过程中还存在着很多人为干扰因素，需要大量反复的尝试，若想进一步提高分类精度，还需要挖掘更多图像本身信息来获取分类知识。

（四）金华市土地利用变化及其影响因素分析

由于研究区域影像决策树分类结果优于最大似然法分类的结果，地类间的分类结果比较均匀，总体上效果较好，因此采用决策树分类结果来分析金华市土地利用变化的情况，利用 ENVI 软件提供的数据分析功能，得到了金华市不同土地利用类型的面积（表 6-19）。

表 6-19 **金华市土地利用面积（单位：hm^2）**

类别 / 年份	建筑	水体	林地	草地	耕地	裸地
2000 年	20843.4	5368.4	87513.3	44791.2	25830.4	10803.7
2013 年	36825.1	5226.7	73919.2	47552.2	40873.7	11860.2

图 6-63 更清晰地反映了多年来金华市各类型土地利用类型面积的变化情况。从图 6-59 中能直观地看出在 2000 年到 2013 年金华市建筑面积在显著增加，水体总体上不变，而林地和草地在十多年来面积明显减少，此外，耕地面积有少许增加。为了更加清楚地分

析各种土地利用类型的转换关系，利用 ENVI 软件提供的数据分析功能，得到了金华市土地利用转移矩阵（表 6-20）。

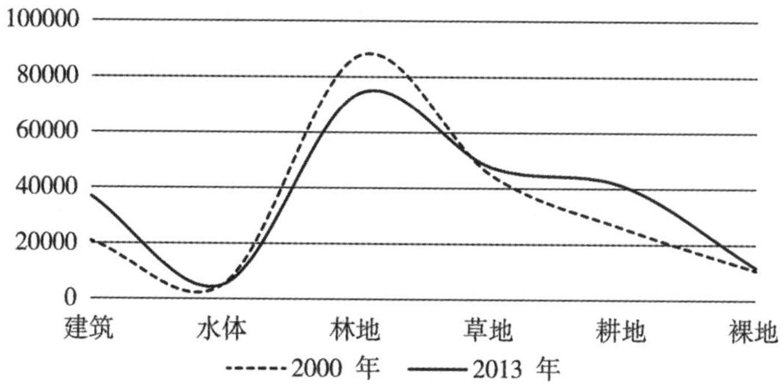

图 6-63　金华市各类型土地利用面积变化曲线图

表 6-20　**2000—2013 年金华市土地利用转移矩阵（单位：hm^2）**

土地利用类型	建筑	森林	裸地	耕地	草地	水体	2013 年总面积
建筑	10471. 77	0. 18	4198. 14	9980. 82	11422. 53	744. 93	36825. 12
森林	35. 82	73429. 47	43. 11	0. 81	129. 87	228. 42	73919. 16
裸地	853. 38	0	1305. 27	962. 1	8636. 58	100. 44	11860. 2
耕地	8397. 99	0. 09	3932. 19	14145. 66	12861. 09	1519. 74	40869. 36
草地	569. 34	10430. 64	1104. 21	99. 36	21277. 26	463. 23	37552. 23
水体	495. 99	2. 43	217. 44	845. 75	454. 59	2308. 95	4126. 77
2010 年总面积	20830. 41	87513. 3	10803. 69	25843. 59	54791. 19	5368. 41	
变化面积	10358. 64	14083. 83	9498. 42	11697. 93	33513. 93	3059. 46	

表 6-20 清晰地反映了 2000—2013 年金华市土地利用转换情况，能看到近十多年来金华市建筑用地显著增加，而大量的耕地、草地、裸地转换为建筑用地。这种变化在一定程度上和我国在城市发展过程中的进程有关：我国自 1977 年以来城镇化的速度加快，城市经济活力增长，金华市良好的自然条件和优越的经济条件、较高的收入和生活水平、更多的就业机会以及更完善的社会保障制度和较多的受教育机会形成了强大的城市拉力，吸引着外来人口大量迁入，人口机械增长显著。而金华市有浙江师范大学等几所高校，外来人口数量的增多，必然加大了对住房、交通等公共设施的需求，这成为导致金华建筑用地扩大的诱导因素之一。近年来，金华市第二、三产业迅速发展，人均 GDP 总量持续增加。并且，伴随着金华市旅游业的迅速发展，从周边地区到金华市旅游的游客数量增多，要求金华市建立健全相应的设施，如道路、宾馆、景区设施扩建等，这些因素都导致了耕地、林地、未利用土地向建筑用地的转变。

此外，人口作为一种持续的外界压力，对耕地数量变化起着重要的作用。近几十年来，由于人口的迁移，势必会引起人们生活和工作方式的改变。而中心城市由于土地面积有限，不能满足不断增加的住宅、工业场地因扩建对土地增大的需求，中心城市为了获得更多的发展空间，进一步向城市外围扩展。城镇化的过程中，周边的农田不断转化为城市用地，建筑用地面积不断增加。此外，在城市道路向外延伸的同时，一些城市用地沿着交通线呈条带状发展，从图 6-58 中呈线状分布的建筑用地特点上也可以看出。

由于在本研究过程中把未利用土地、园地、菜地、旱田、水田都归为农田一类。从这里可以看出：农田（旱田、水田、菜地、园地）和未利用土地是建筑用地的主要来源。而且农田面积减少和金华"两山夹一平原"的地形特点有很大的关系，金华市境内山岭和林地所占的比重较大，平原地区相对缺少。城市在发展过程中由于区位条件的改善，发展环境的优化及经济社会的迅速发展对土地的需求增加，导致金华市农田面积不断减少。

此外，水体所占的面积波动，有部分原因是人为因素减少了水体面积，但不排除在分类过程中人为因素造成的误差。而从两期遥感影像分类面积计算结果中可以看到，还有一部分像元未被分到六类土地利用类型中，一方面是由于这些图斑的光谱特征不易被区分，另一方面说明还需提高分类的精度，另外，在目视判读中人为因素也是造成结果有误差的因素之一。

（五）结论

本研究基于 2000 年和 2013 年两期的金华市 Landsat ETM+/OLI 遥感影像，对金华市土地利用类型信息进行了提取，得到了下面的结论：

（1）通过决策树分类方法提取了金华市 2000 年和 2013 年两期的土地利用信息。本研究采取的决策树分类方法提取精度较理想，比最大似然法的精度要高，而且决策树的分类精度比较均匀，整体分类效果也要好于最大似然法。决策树分类方法能较好地区别农田、建筑用地、水体与森林植被，尽可能消除它们之间因为"同物异谱、同谱异物"带来的影响。

（2）利用典型地物的反射光谱曲线分析类别间的光谱特征并提取基于知识的分类规则，该过程不受灰度图像概率分布的影像，能够最大限度地挖掘不同地物的光谱差异，而且可以根据分类结果对规则进行修改，比较灵活。

（3）本研究在知识的获取和规则的创建过程中还存在着很多的人为干扰因素，若想进一步提高分类精度，还需要挖掘更多图像本身信息来获取分类知识。

（4）通过 ENVI 软件的分析功能，得到了多年来金华市各类土地利用类型面积变化的情况。发现在金华市城市化的过程中，建筑用地数量增加显著，而相应的草地数量大量减少，二者之间呈现"此消彼长"的互补关系。金华市用地类型的变化深受当地社会、政策、人口、经济发展的影响，建筑用地不断向周边扩展，周边土地不断被蚕食。林地和草地持续减少，它们是建筑用地的主要来源，经济发展和人口增长是促进土地利用变化的主要因素。为了城市的长久发展，政府应合理规划土地利用方式。

本章参考文献

[1] 李爽，丁圣彦，钱乐祥．决策树分类法及其在土地覆盖分类中的应用［J］．遥感技术与应用，2002，17（1）：6-11.
[2] 史培军．土地覆盖变化研究的方法与实践［M］．北京：科学出版社，2000.
[3] 骆剑承，周成虎，杨艳．人工神经网络遥感影像分类模型及其与知识集成方法研究［J］．遥感学报，2001，（2）：122-129.
[4] 杨存建，周成虎．基于知识的遥感图像分类方法的探讨［J］．地理学与国土研究，2001，（1）：72-77.
[5] 黄天强，郭躬德，卓飞豹．基于多分类器的复合决策树在遥感分类中的应用［J］．青岛大学学报（工程技术版），2007，22（4）：60-64.
[6] 田正杰，梁明．遗传 BP 算法在特征遥感影像融合中的应用［J］．测绘工程，2013，17（6）：59-62.
[7] 王玲，龚健雅．基于 RBF 神经网络的高分辨率遥感影像分类研究［J］．测绘工程，2009，123（3）：7-9.
[8] 李朝锋，杨茂龙，许磊，等．概率神经网络与 BP 网络模型在遥感图像分类中的对比研究［J］．国土资源遥感，2004（4）：11-13.
[9] 刘勇洪，牛铮，王长耀．基于 MODIS 数据的决策树分类方法研究与应用［J］．遥感学报，2005，9（4）：405-412.
[10] Yang X M, Zhou C H, Gao Z Y, et al. Research on extracting method of micro-scale remote sensing information combination and application in coastal zone［J］. Acta Oceanologica Sinica, 2009,（5）：30-38.
[11] 徐会明，靳小兵．决策树方法在雷电潜势预报中的应用［J］．高原山地气象研究，2013，28（4）：55-58.
[12] 巴桑，刘志红，张正健，等．决策树在遥感影像分类中的应用［J］．高原山地气象研究，2011，31（2）：31-34.
[13] 徐军，谭莹，郑云峰．基于 CART 决策树技术的林业地类遥感影像分类研究［J］．华东森林经理，2011，25（4）：79-84.
[14] 李亚飞，刘高焕．基于决策树分类的云南省迪庆地区景观类型研究［J］．资源科学，2011，33（2）：328-334.
[15] 张滔，张友静，谢丽军．结合丰度特征的决策树及其土地覆盖分类［J］．遥感应用，2010，（5）：44-48.
[16] 杜培军，潘琛，张海荣．决策树分类法及其在遥感图像处理中的应用［J］．测绘科学，2013，33（1）：208-253.
[17] 李彤．采用决策树分类计数对北京市土地覆盖现状进行研究［J］．遥感技术与应用，2004（6）：485-487.
[18] 孙畋，白志强．决策树方法在遥感地质填图中的运用［J］．地球科学：中国地质大

学学报，2004 (6)：753- 758.
[19] 买买提沙吾提，何祺胜塔．基于决策树分类法的塔克拉玛干沙漠南缘沙漠化信息提取方法研究 [J]. 环境科学研究，2013，21 (2)：109-114.
[20] 于新洋，张安定，侯西勇．胶东半岛果园 TM 影像信息的提取决策树方法 [J]. 测绘科学，2012，37 (04)：57-60.
[21] 张燕平，张铃．机器学习理论与算法 [M]. 北京：科学出版社，2012.
[22] 赵济，陈传康．中国地理 [M]. 北京：高等教育出版社，1997.
[23] 蔡海良．基于多时相遥感影像的金华市土地利用/土地覆被变化及读懂力分析 [D]. 南京：南京师范大学，2007.
[24] 梅安新，秦其明，刘惠萍，等．遥感导论 [M]. 北京：高等教育出版社，2001.
[25] Friedl M A, Brodley C E, Strahler A H. Maximizing Land Cover Classification Accuracies Produced by Decision Trees at Continental to Global scales [J]. IEEE Transactions on Geoscience and Remote Sensing, 1999, 37 (2): 909- 977.
[26] 陈洁丽，刘永学，李满春，等．基于归一化指数分析的居民地遥感信息提取 [J]. 测绘科学，2010，35 (2)：173-177.
[27] 赵英时．遥感应用分析原理与方法 [M]. 北京：科学出版社，2013.

第七章　基于 GIS 的校园噪声环境监测与评价

一、实验目的

（1）学会利用 ArcMap 软件中的 Fishnet 工具创建渔网，利用网格法布点来设置采样点。

（2）通过校园噪声质量评价实验，让学生熟悉属性表的基本操作，包括属性表字段和记录相关编辑操作。

（3）通过实验了解 GIS 空间分析模块中各类空间插值的基本操作。

（4）熟练掌握专题地图制作。

二、实验内容

包括：采样点的布设，噪声现场监测和计算，空间分析，专题图制作等。

三、实验步骤

（一）噪声测量

1. 测量仪器

测量仪器使用普通声级计（Ⅱ型：HS-5633），如图 7-1 所示。

2. 测量条件

（1）测量时加风罩以避免风噪声干扰，同时保持传声器清洁。

（2）测量时仪器距离地面 1.2m，手持声级计，人体与传声器距离 0.5m。

（3）测量时，声级计离任何建筑物距离不得小于 1m。

（4）测量中，每隔 5s 读取一个瞬时 A 声级，连续读取 100 个数据。读数的同时记录附近主要噪声来源。

3. 测量方法

测量方法详见仪器使用说明书。

图 7-1　普通声级计

4. 监测时间

白昼建议每小时进行连续观测，每次记录时间为 5 分钟，每个观测点取 100 值。夜间每隔 2 小时进行连续观测，每次记录时间为 5 分钟，每个观测点取 100 值。（说明：夜间观测可随校园管理要求进行调整）

（二）采样点设置

布点要求：①声环境现状测量点布置一般覆盖整个评价范围，但重点要布置在现有噪声源对敏感区有影响的那些点上。②声环境现状测量点布置要考虑建设项目声源性质。③声环境现状测量点布置要考虑现状声源源强特性。

校园采样点具体布设方法：采用网格法，即将校园总平面分成 15×10 的方格，共分 150 个网格（网格大小可根据小组实际情况进行调整），网格按顺序编号，测量点选在每个网格中心，因此共设 150 个监测点。监测点分布图如图 7-2 所示。

（三）数据记录与处理

每个采样点每次采样时间共记录 100 个连续观测值。

（四）等效连续声级评价

在声场内的一定点位上，将某一段时间内连续暴露的不同 A 声级变化，用能量按时间平均的方法以 A 声级表示该段时间内的噪声大小。这个声级称为等效连续 A 声级，简称等效声级，单位 dB（A），即

$$L_{eq} = 10\lg\left(\frac{1}{T}\int_0^T 10^{0.1L_{PA}}\mathrm{d}t\right)$$

由于 A 声级的测量，实际上是采取间隔取样的，所以等效连续 A 声级又可表示为：

$$L_{eq} = 10\lg\left(\frac{1}{N}\sum_{i=0}^{N} 10^{0.1L_i}\right)$$

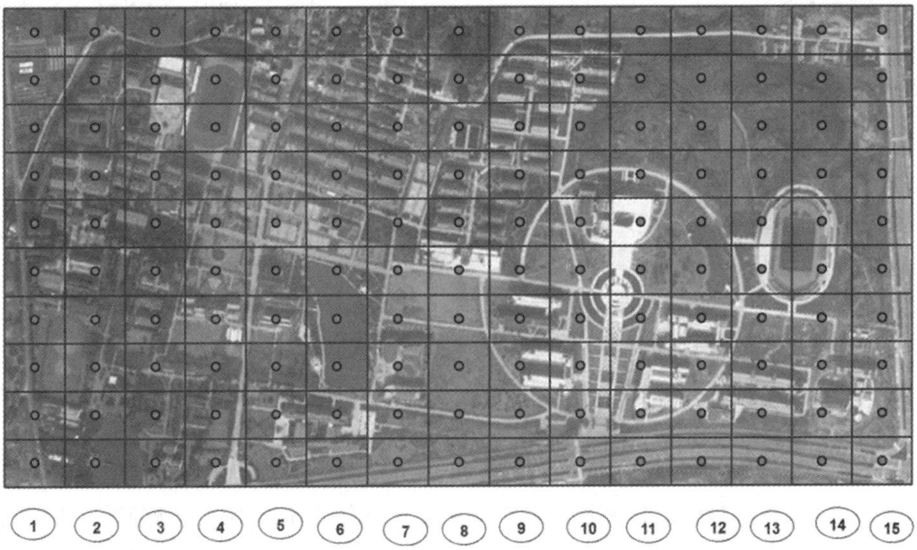

图 7-2　校园噪声监测点布置图

式中，L_{eq}为等效连续声级；L_i为第 i 次读取的 A 声级，dB；N 为取样总数。

如果数据符合正态分布，可近似计算：

$$L_{eq} \approx L_{50}+d^2/60,\ d=L_{10}-L_{90}$$

L_{10}，L_{50}，L_{90}为累积百分声级，也称统计噪声级。

L_{10}表示在取样时间内 10%的时间超过的噪声级，相当于噪声平均峰值。

L_{50}表示在取样时间内 50%的时间超过的噪声级，相当于噪声平均值。

L_{90}表示在取样时间内 90%的时间超过的噪声级，相当于噪声背景值。

（五）基于 GIS 的空间分析

利用 ArcToolbox →Spatial Analyst Tools（空间分析模块）→Interpolation 对点数据进行空间插值，分析校园噪声环境的空间特征。

四、案例研究

浙江师范大学校园噪声监测调研报告

摘要：随着工业和社会经济的发展，噪声污染已经成为当今世界的主要污染源之一，环境中几乎到处都充斥着令人不悦的声音——环境噪声：建筑施工、汽车鸣笛、人声喧哗等。这些声音对人们的工作、学习和生活产生了极大的影响。校园是人群较为集中的区域，噪声分布上有时段差异性和区域差异性，教学区和宿舍区特别需要安静的氛围，是较为典型的调研对象。调研将整个浙江师范大学校园划分为不同的区块，使用声级计对每天同一时段的噪声进行监测，记录监测结果；在此基础上通过计算、图表、GIS分析等方法进行总结，得出这一时段校园不同区域的环境噪声影响评价，并提出相应的改善措施。

关键词：噪声；校园；噪声源；等级

（一）噪声的概念

一般来说，凡是人们不需要的，使人厌烦并干扰人的正常生活、工作和休息的声音被称为噪声。物理学上来说：噪声是发声体做无规则振动时发出的声音。生理学上来说：凡是妨碍人们正常休息、学习和工作的声音，以及对人们要听的声音产生干扰的声音。具体来说：环境噪声指在工业生产、建筑施工、交通运输和社会生活中所产生的、干扰周围生活、环境的声音。噪声与人们所处的环境和主观感觉反应有着密切的关系。

（二）噪声的影响

噪声污染对人、动物、仪器仪表以及建筑物均构成危害。对物体而言，特强噪声会损伤仪器设备，甚至使仪器设备失效；对轻型建筑开始有破坏作用。对人而言，噪音给人带来生理和心理上的危害：①损害听力；②危害人的心血管系统；③影响人的神经系统，使人急躁易怒；④影响睡眠、造成疲倦。对动物而言，噪声对动物的影响：噪声能对动物的听觉器官、视觉器官、内脏器官及中枢神经系统造成病理性变化。噪声对动物的行为有一定的影响，可使动物失去行为控制能力，出现烦躁不安、失去常态等现象，强噪声会引起动物死亡。鸟类在噪声中会出现羽毛脱落、影响产卵率等。

（三）噪声的来源

（1）交通噪声包括机动车辆、船舶、地铁、火车、飞机等的噪声。由于机动车辆数目的迅速增加，使得交通噪声成为城市的主要噪声源。

（2）工业噪声主要是指工厂的各种设备产生的噪声。工业噪声的声级一般较高，对工人及周围居民带来较大的影响。

（3）建筑噪声主要来源于建筑机械发出的噪声。建筑噪声的特点是强度较大，且多发生在人口密集地区，因此严重影响居民的休息与生活。

（4）社会噪声包括人们的社会活动和家用电器、音响设备发出的噪声。这些设备的噪声级别不高，但由于和人们的日常生活联系密切，使人们在休息时得不到安静，尤为让人烦恼，极易引起邻里纠纷。

（四）校区概况

浙江师范大学校区位于金华市婺城区江北城郊，北靠城中村高村，南临主干道二环北路，西靠次干道北山路，东临主干道迎宾大道，交通便利，环境相对清幽，主要噪声来源为二环北路交通噪声及校园内车流与人流噪声。校园内乔木主要有香樟树、马尾松、杉树、银杏等，绿化带主要集中在学生宿舍区、教学区以及老校区。校区内有一条生活性的杏园主干道，人流分布较为密集，两侧商业也比较发达。杏园主干道临近北门商业街，时常有电瓶车、自行车和行人从此处进入学校。校区南门设有BRT站台和公共自行车租赁点，也有较多的人流和车流。在15幢教学楼南边有新教学楼施工点，但是在中午时分施工噪声并不严重，另外，在杏园食堂东南角有挖土机施工，声音较大，同时在新田附近也有机器在施工。中午时分，学校北门商业街、校园内各大食堂、施工点及各交通重要节点是本小组重点监测区域。

经监测分析，现对几个重点监测区域的噪声做如下说明：杏园主干道属于商业区，主要噪声来源是送外卖电动车声、人群交谈声等；校区南门和正大门的噪声主要来自二环北路上的交通噪声、出入的人群噪声等；各个食堂的噪声主要来自集聚的人群产生的声音，各交通重要节点的噪声主要来自学生在中午12：00下课以及下午2：00上课路途中的交谈声、车辆行驶的声音。

图7-3　重点监测区分布图

(五) 噪声的测量

1. 测量仪器

调研使用的测量噪声的仪器为普通声级计。声级计在把声信号转换成电信号时，可以模拟人耳对声波反应速度的时间特性；对高低频有不同灵敏度的频率特性以及不同响度时改变频率特性的强度特性，是最基本的噪声测量仪器。作为电子仪器，它不同于电压表等客观电子仪表，属于主观性的电子仪器。

2. 测量条件

(1) 测量时，选择无雨无雪的天气，选择正确的测试地点，加风罩以避免风噪声干扰，同时保持传声器清洁。

（2）测量时，声级计仪器距离地面 1.2m，手持声级计，人体与传声器距离 0.5m。

（3）测量时，声级计离开墙壁，离任何建筑物距离不得小于 1m。

（4）测量中，将声级计置于 A 状态，每隔 2s 读取一个瞬时声级，连续读取 100 个数据。读数的同时记录附近主要噪声来源。

3. 测量方法

调查的基本方法采用定点监测法，每个测量点在每个时段都获取监测数据，连续测量。调查的内容包括噪声源种类、噪声产生对应的时间及相应的噪声级、噪声环境质量情况。

1）监测时间

2017 年 5 月 19 日、22 日、25 日，11：30 至 14：00，该时段包括午间下课高峰期、午间食堂就餐高峰期、午间上课高峰期三个时段。

2）监测点设置

监测点的设置采用网格法，即将校园总平面分成 120m×120m 的方格，网格按顺序编号，测量点通常选在每个网格中心，若中心点的位置不宜测量，则移动到网格内周边适宜测量的位置，由于部分监测点位于校外，还有一些监测点不便测量，故最终选取 99 个监测点，并将其分为 2 块区域，便于组内成员测量。部分监测点编号如图 7-4 所示（由于实际测量，GIS 图中的选点与理论选点图有差距）。

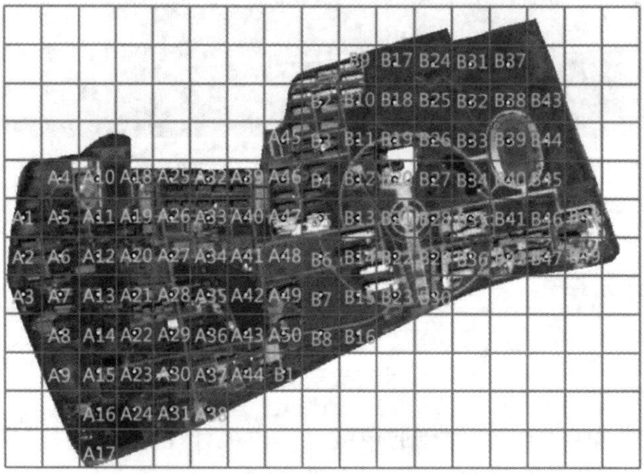

图 7-4　监测点设置及其编号

（六）数据的记录与处理

本小组共记录 9900 个数据，其中包括区域内每个监测点的噪声值（每个点共 100 个）、该点的等效连续声级、等效污染级，以及最大值、平均值、极差、标准值。

1. 计算结果

下面以其中 8 个点为例，噪声记录如表 7-1 所示。

表 7-1　　**实测噪声记录表**

	A1	A2	A35	A36	B1	B2	B20	B21
1	41.8	42.2	43.3	46.5	62.6	47.6	50	54.3
2	41.9	42.1	44.7	48.5	61.4	49.9	50.8	51.2
3	42	41.8	44.1	45.4	61.1	46.8	50.3	48.7
4	42.2	42.1	43.9	46.2	60.4	47.7	49.5	46.3
5	42.3	41.9	46.3	44.3	60	46	57.7	50.4
6	42.4	41.8	44.8	43.9	59.5	46.3	54.5	51.7
7	42.4	41.9	47.8	44.6	60.1	46.7	56.4	48
8	42.6	42	47.4	44.3	59.7	50.1	51.2	51.8
9	42.7	42.2	49.3	45	60	49.1	51.7	52.9
10	42.9	42.3	50.3	46.2	59.1	51.5	49.3	48.6
11	…	…	…	…	…	…	…	…
…								
99	50.8	42.1	44.7	48.2	45.2	45.3	45.8	51.8
100	50.9	42.1	44.3	47.6	45.1	44.3	47.3	51.4
噪声源	车辆，鸟鸣	电瓶车喇叭声	鸟鸣	车辆，鸟鸣	校外车辆	打篮球	广播，行人	车辆，广播
L_{max}	51.8	47.6	53.7	55.4	62.6	58.1	58.2	56.1
L_{10}	47.7	44.2	52.1	53.2	59.7	49.1	53.1	52
L_{50}	44.5	42.7	46.6	50.4	52.4	46.3	50	49.1
L_{90}	43	42	44.1	48.8	46.4	44.7	47.2	45.8
L_{eq}	44.9	42.8	47.5	50.7	55.3	46.6	50.6	49.7
L_{np}	49.6	45	55	55.1	68.6	51	56.5	55.9
平均值	45.1	43	46.6	50.7	52.8	46.7	50	49.1
极差	10.0	6.1	10.4	7.1	18.5	14.7	13	13.5
标准差	2.05	1.19	2.02	1.61	5.12	2.05	2.56	2.48

2. 计算方法

1）等效连续声级

A 计权声级能够较好地反映人耳对噪声的强度与频率的主观感受，因此对一个连续的稳态噪声，它是一种较好的评价方法。等效连续声级法就是把实地监测所得到的 L_{eq} 值做算术平均运算，所得到的平均值代表该区域的噪声水平，该平均值可以对照《声环境质量标准》（GB 3096—2018），评价该区域的声环境质量是否符合标准。

在声场内的一定点位上，将某一段时间内连续暴露的不同 A 声级变化，用能量按时间平均的方法以 A 声级表示该段时间内的噪声大小。这个声级称为等效连续 A 声级，简称等效声级，单位 dB（A）。测得的 100 个噪声数据符合正态分布，可近似计算：

$$L_{eq} \approx L_{50} + d^2/60,\ d = L_{10} - L_{90}$$

L_{10}，L_{50}，L_{90} 为累积百分声级，也称统计噪声级。

L_{10} 表示在取样时间内 10%的时间超过的噪声级，相当于噪声平均峰值。

L_{50} 表示在取样时间内 50%的时间超过的噪声级，相当于噪声平均值。

L_{90} 表示在取样时间内 90%的时间超过的噪声级，相当于噪声背景值。

2）噪声污染级

许多非稳态噪声的实践表明，变化的噪声所引起人的烦恼程度比等能量的稳态噪声要大，并且噪声暴露的变化率与平均强度有关。经实验证明，在等效声级的基础上，加上一项表示噪声变化幅度的量，更能反映实际污染程度。若噪声服从正态分布，则

$$L_{np} = L_{50} + d^2/60 + d$$

式中：$d = L_{10} - L_{90}$；L_{10} 是测量时间内出现时间或次数在 10%以上的 A 声级，其余类推。

3. 计算过程

计算过程如下（以点 A_1 为例）：

（1）将点 A_1 的 100 个噪声测量数据进行由大到小排序；

（2）累计数分别为 90、50、10 处的分贝值分别为 L_{90}、L_{50}、L_{10}，此处为 43dB、44. 5dB 和 47. 7dB。

（3）按公式计算：

$$L_{eq} \approx L_{50} + d^2/60$$

$$d = L_{10} - L_{90} = 47.7 - 43 = 4.7\ (\text{dB})$$

等效连续声级：

$$L_{eq} = 44.5 + 4.7^2/60 = 44.9\ (\text{dB})$$

噪声污染级：

$$L_{np} = L_{eq} + d = 44.9 + 4.7 = 49.6\ (\text{dB})$$

4. 评价标准

评价标准参考《声环境质量标准》（GB 3096—2008），见表 7-2。

表 7-2　　《声环境质量标准》（GB 3096—2008）

类别	区　域	白天（dB）	夜晚（dB）
0	疗养区、高级别墅区、高级宾馆区等特别需要安静的区域，位于城郊和乡村的这一类区域分别按严于 0 类标准 5dB 执行	50	40
Ⅰ	以居住、文教机关为主的区域；乡村居住环境可参照执行该类标准	55	45
Ⅱ	居住、商业、工业混杂区	60	50
Ⅲ	工业区	65	55
Ⅳ	城市中的道路交通干线道路两侧区域，穿越城区的内河航道两侧区域，穿越城区的铁路主、次干线两侧区域的背景噪声（指不通过列车时的噪声水平）限值也执行该类标准	70	55

浙江师范大学属于以居住、文教为主的区域，应该执行 I 类标准，白天环境噪声标准值为 55dB。

参照《声环境质量标准》（GB 3096—2008）和《社会生活环境噪声排放标准》（GB 22337—2008），将浙江师范大学噪声评价等级划分为重度污染、中度污染、轻度污染、较好和好五个等级，具体见表 7-3，根据噪声评价等级划分绘制了噪声污染等级专题图（见图 7-5）。

表 7-3　　等效连续声级分类标准

类别	重度污染	中度污染	轻度污染	较好	好
等效连续声级（dB）	>65.0	60.1~65.0	55.1~60.0	50.1~55.0	≤50.0

（七）噪声的评价

根据图 7-5 两张噪声污染等级专题图可知：

（1）环境噪声质量好的区域有体育馆、图文信息中心东南边的广场及其后的树林、北田径场西北角、新桃源公寓西北角、新田径场西南角、老校区的东半部分等。

（2）环境噪声质量较好的区域有图文信息中心及其外围区域、新田径场东北部分、启明公寓东北角、桃源食堂、初阳湖、邵逸夫图书馆西北角、新月湖、文化广场等。

（3）环境噪声质量轻度污染的区域有校体育馆及其周边区域、东边的商业街、杏园篮球场西南角、杏园排球场南边、杏园食堂、初阳公寓东北角、启明湖、桂苑公寓、图文信息中心北面和南面广场、新田径场北面和东面区域、校医院南边、16 幢前面大草坪西侧、邵逸夫东半部分、17 幢南边树林、17 幢前排球场、科技馆、国际交流中心北半部分等。

（4）环境噪声质量重度污染的区域有杏园 14 幢、桂苑食堂北边、行政楼边上的排球场、靠近南边校外的草坪和道路等。

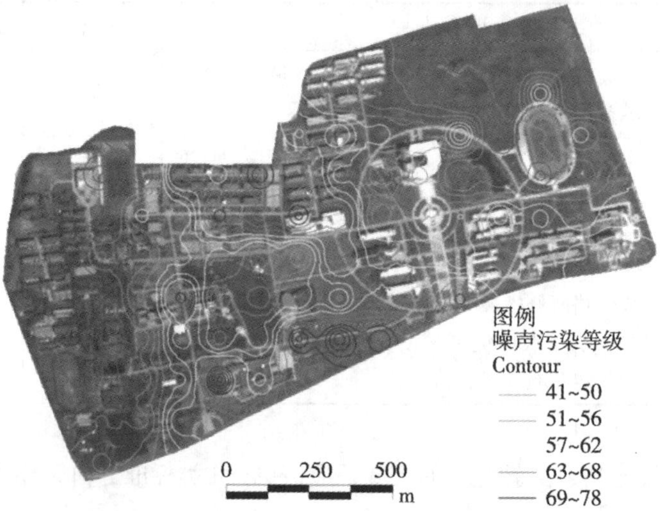

（a）

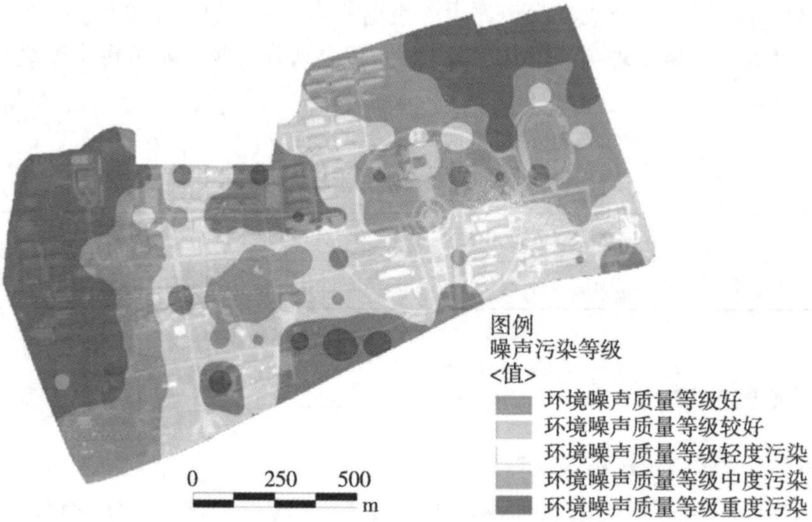

（b）

图 7-5　噪声污染等级专题图

根据实际情况可知，杏园 14 幢的噪声源主要是过往行人和电瓶车喇叭声；桂苑食堂则由于监测点在食堂门口，又处于下课就餐高峰，人流声、餐盘声都较大；行政楼附近噪声源主要是下课高峰以及北二环路的车辆和行人喧哗声；校南侧草坪则是由于靠近北二环路和校内北侧道路，车辆经过的噪声较多。

（5）校园其他区域环境噪声质量为中度污染。

根据图 7-6 两张噪声污染等效专题图可知：

（1）噪声环境质量好的区域有北田径场、启明公寓、启明篮球场、启明湖、桂苑公

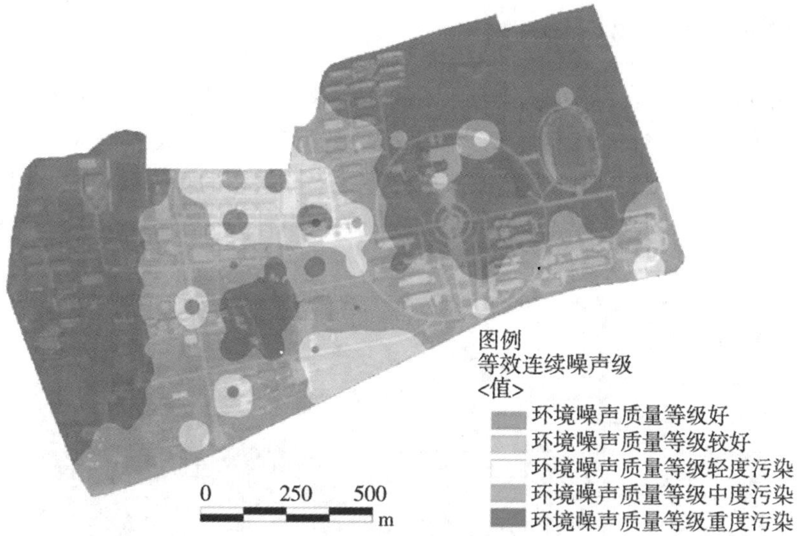

(a)

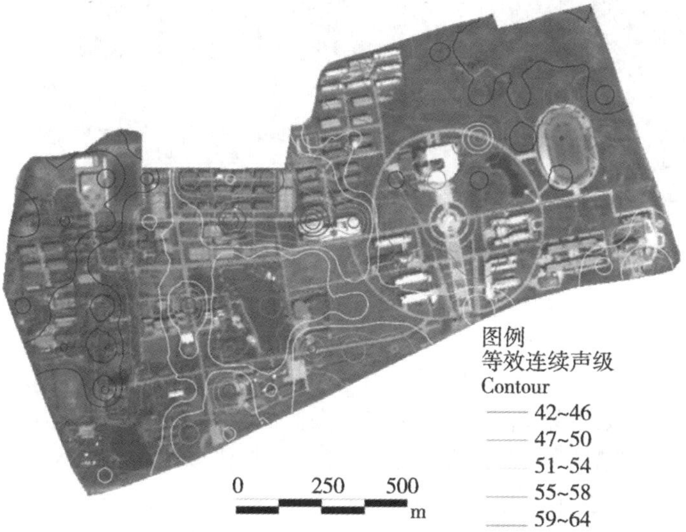

(b)

图 7-6　噪声污染等效连续声级专题图

寓、图文信息中心以及其后的树林、图文南边广场及以东的路段、初阳湖及周边、文化广场、桃源公寓、老校区、新田径场以及其后的绿化区域、26 幢、27 幢等。

(2) 噪声环境质量较好的区域有国际交流中心、桂苑公寓、21 幢、22 幢、25 幢、27 幢、科技馆、新月湖、邵逸夫图书馆、风雨操场、杏园食堂、16 幢、17 幢、19 幢等。

(3) 噪声环境质量中度污染的区域是行政楼南边校友林、校医院、商业街东边部分、杏园公寓、初阳公寓西半部分、图文东北角的路上、国际交流中心的东南角等。

(4) 噪声环境质量重度污染的区域只有桂苑食堂北侧出入口。

（5）校园内其他区域噪声环境质量轻度污染。

（八）等效连续声级曲线分析

根据使用功能的不同，将校区分为休闲区、教学区、宿舍区、行政办公区、体育活动区、用餐区和商业区（图 7-7）。由于学校上下课的特殊性，白天教学区、运动区和行政办公区人口分布比较密集，夜晚宿舍区人口分布密集。学校的行人噪声主要出现在上下课及用餐时间，傍晚时段运动区较为嘈杂。校区内的噪声种类主要是人声及少量的车辆。

图 7-7　浙江师范大学校园分区示意图

1. 用餐区

根据用餐区噪声污染级曲线（图 7-8）可知，在监测期间，该区域噪声值大多高于标准值。从曲线走势来看，噪声污染峰值较高，污染强度起伏变化较大。A11 区为低峰值，该区测量点在桃园食堂后面，来往相对较少。

本次噪声监测时间为晚间就餐高峰期时段，食堂使用率较高，人员流动率大，排风扇、空调等处于运转状态，进出人口、来往车流较多。噪声主要是排队就餐、人员往来聊天、收拾餐盘等行为发出的。

2. 宿舍区

根据宿舍区噪声污染级曲线（图 7-9）可知，在测量时间范围内（11：30—14：00），杏园、初阳、桂苑公寓的噪声污染较为严重，噪声峰值较高，曲线起伏较大。

杏园公寓临近商业较繁华的杏园主干道，对面是杏园食堂，人车流量较大；初阳公寓则在观测时有三轮车等在观测点发动和停留，又有人在附近大声喧哗，由此产生了较为严重的噪声污染。

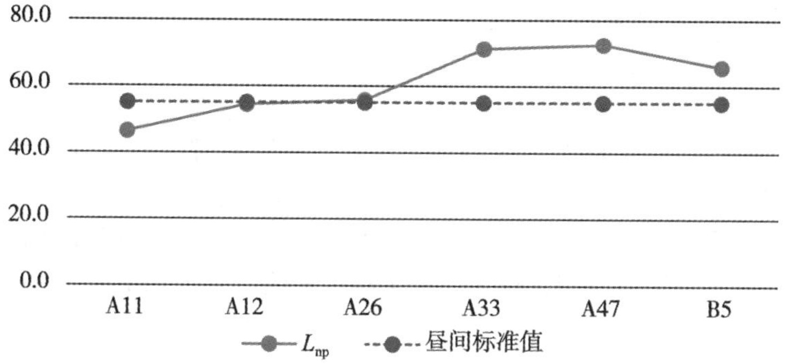

图 7-8　用餐区噪声污染级曲线

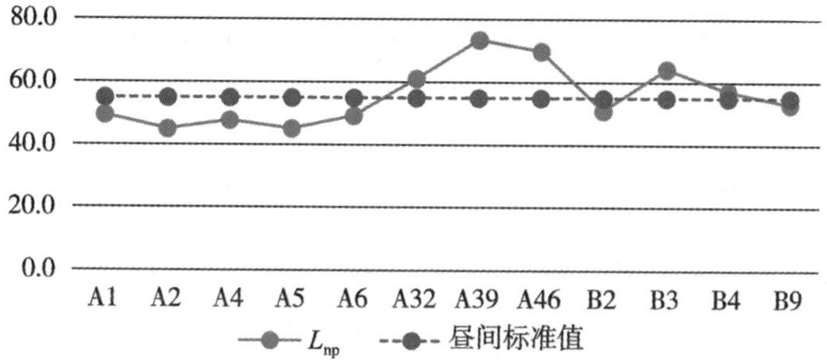

图 7-9　宿舍区噪声污染级曲线

3. 体育活动区

根据体育活动区噪声污染级曲线（图 7-10）可知，在测量时间范围内，只有少于半数监测点的噪声值处于标准值以上，峰值相对不高且较为相似，走势整体平稳，在标准值上下波动，曲线起伏变动较为平缓。

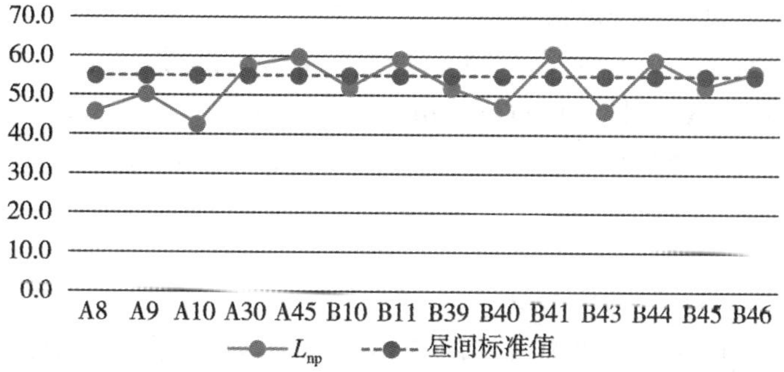

图 7-10　体育活动区噪声污染级曲线

可见测量时间段内，体育活动区噪声控制相对较好，进行体育活动的人员产生的噪声污染不是很严重。

4. 教学区

根据教学区噪声污染级曲线（图 7-11）可知，在监测时段内，多数教学区噪声污染较稳定，受噪声影响较小。曲线整体起伏较大，走势整体平稳，在标准值上下波动，有小范围的安静区域，部分区域污染也较严重。两个噪声高峰值分别在美院南侧和 16 幢东入口，测量时正好处于上课高峰期，行人、车辆经过极为频繁，由此产生的噪声较多且高，形成污染。

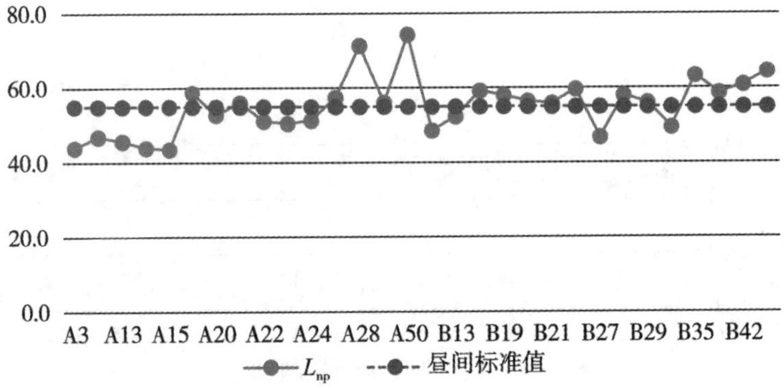

图 7-11　教学区噪声污染级曲线

教学区整体产生噪声的因素在于：一方面，教学楼一般都临近校园干路，周边偶尔会有自行车、电瓶车、摩托车、小汽车等车辆经过；另一方面，监测时段是上下课的高峰期，有大量的人进出教学区。

5. 行政办公区

从校园行政办公区噪声污染级曲线（图 7-12）可知，在监测时段内，行政办公区所受噪声高于标准值，且产生一定污染。

行政办公区靠近行知门入口道以及北二环路，而检测时期刚好处于下课高峰期，经过车辆较多，又有行人交谈、打电话行为，由此产生了噪声污染。监测点 A37 较靠近外侧道路，而 A44 较靠近行政楼东侧，所以噪声变化呈现下降趋势，也显示出行政区噪声东西侧的差异。

6. 休闲区

根据校园休闲区噪声污染级曲线（图 7-13）可知，在监测时段内，该区域的不同地块噪声污染差别较大，峰值较高，远远超出昼间标准值，最低值较小，略低于昼间标准值。

校园休闲区主要是校园内的草坪、空地、湖泊等绿化很好的区域，该区声环境受人群

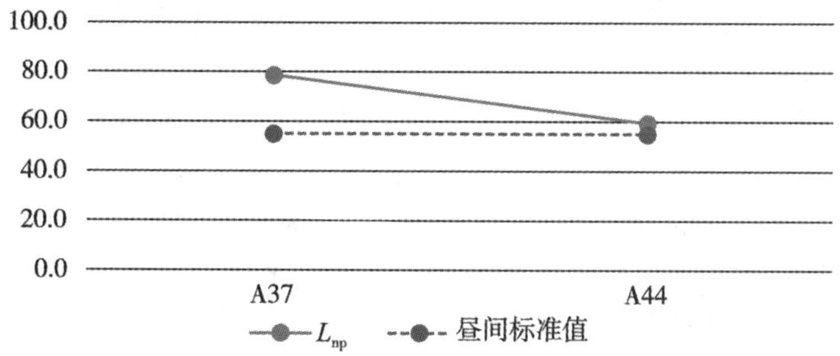

图 7-12　校园行政办公区噪声污染级曲线

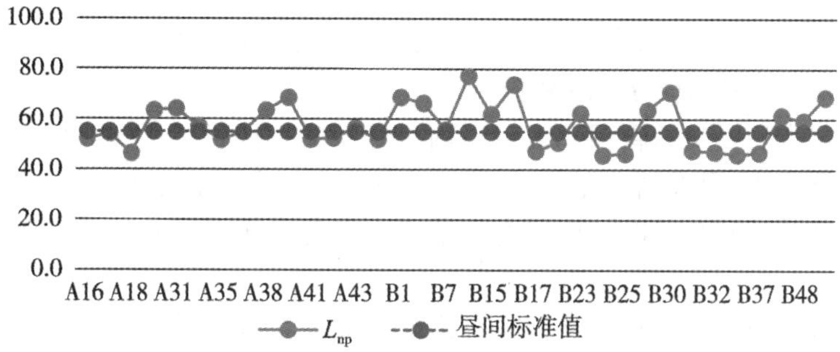

图 7-13　校园休闲区噪声污染级曲线

活动影响较大。噪声污染严重的区域，有处于施工期间的游泳馆附近区域，或者受校园外道路交通影响的区域。

7. 商业区

因区域划分原因，商业区仅有 A25 区域为商业区。根据此点信息可见，在监测时段内，该区域噪声值超出昼间标准值较多。

校园商业区主要是杏园主干道处店铺较多的区域，该区包含北门区域，进出校门的人数较多，商业活动频繁，人群流动量较大。而测量数据时刚好是下课高峰期，人行嘈杂，因此噪声污染严重。

(九) 噪声监测结论与建议

综合全校区 99 个测点三天 11：30 到 14：00 时段 9900 个数据的监测情况，根据《声环境质量标准》(GB 3096—2008) 1 类声功能区昼间限值 55dB（A），整个校园声环境大体较好，符合文教区要求。

根据监测和调查发现，靠近北二环路、同心路的校区噪声较大。可通过在道路一侧增设一些隔音设施、多种植绿化等措施减少外侧交通道路上来往车流的交通噪声影响。

15 幢前面的工职学院新教学楼建筑施工工地的噪声在监测时间段内噪声情况不是很严重，因为中午的时候，工人都在休息，所以对校园噪声环境没有太大的影响。

食堂是噪声的敏感区域，同学们、食堂阿姨们之间的交流、师生排队就餐、人员往来等产生极大的噪声。要减少食堂噪声，可采取的措施有食堂顶棚采用具有良好吸声性能的材料，同时倡导大家文明就餐，营造一个良好的、安静的就餐环境。

杏园公寓南侧杏园主干道上商铺较多，全天都会产生一定的噪声，尤其是靠近杏园男寝室和女寝室出入口的地方，噪声更大，主要是人流的来往和送外卖的车辆停留在门口造成的；而北侧则与北门外的街道相邻，这条街上商店营业时间都很晚，时常人声喧哗，虽然之间有树木阻隔，但严重时仍然会受到噪声干扰；临街的几栋公寓楼受到影响比较严重，为了营造更加良好的休息环境，可以将这些宿舍的窗户改成隔音窗，阻止外面的噪声进入宿舍，也可以通过种植更多的高大乔木，在一定程度上减少北门商业街噪声对靠近道路的寝室的影响。

主要噪声来源有：二环北路车流、校园内送外卖等车辆声音、汽车鸣笛声、校园内施工工地噪声、人群交谈声、新校区广播的声音、运动场活动的声音等。要创造更安静的校园环境我们应该从以下几个方面改善：

（1）首先加强校内交通管理，对校园内送外卖的车辆进行限制，同时对进入学校的车辆应限制车种类型、限制车速，禁止鸣高音喇叭，尤其禁止校外汽车、摩托车在校内随意通行，应每天限制小汽车进入校园内的数量，以免车辆拥挤鸣笛而造成更大的噪声污染。

（2）对于校外道路：二环北路、同心路等，适当在围墙处修建隔音墙，削减校外车辆的噪声，加强通过车辆管理，完善相关条例，文教区附近禁止鸣笛等措施。

（3）对于商业街以及主要的公共活动场所，建议学校通过合理布置绿化隔离带，增大绿化面积，减少对寝室、教学楼等需要安静环境的区域的影响。

（4）对于校园内的施工点，应规定其工作时间，尽量避免在中午休息时间制造噪音，打扰师生休息，并且尽力提高工作效率，减少工作总时间。

（5）加大宣传噪声对人体的危害性，提高全校师生的噪声环境保护意识，从个人层面降低噪声污染。

本章参考文献

[1] 吴对林．环境噪声自动监测技术规范释义［M］．广州：广东人民出版社，2010.

[2] 张新英，张超兰，刘邵刚，等．环境监测实验［M］．北京：科学出版社，2016.

[3] 陈建荣，王方园，王爱军．环境监测实验教程［M］．北京：科学出版社，2014.

[4] 金昊雯，祝榕婕，孙露，等．基于 ArcGIS 的校园环境噪声分析和评价研究［J］．环境科学与管理，2019，44（3）：186-190.

[5] 巴忠文，赵建兵．滨州学院校园环境噪声监测与评价［J］．黑龙江农业科学，2012，7：98-102.

[6] 朱剑虹，白焓，张蒙蒙，等．高校校园噪声监测评价——以陕西师范大学雁塔校区为例［J］．中国人口资源与环境，2016，S2：413-416.

[7] 陈荣平，潘洁，张银龙，等．基于 GIS 的区域环境噪声分析与评价［J］．中国环境监

测，2013，5：114-117.
[8] 于红，阿斯娅·克里木，刘玲玲．新疆师范大学校园环境噪声测量与评价［J］. 新疆师范大学学报（自然科学版），2011，3：21-24.

第八章　基于 3S 的农用地适宜性评价

一、实验目的

（1）理解 ArcGIS 应用模型的基本概念，掌握应用模型的建模方法。

（2）了解 ArcGIS 软件中区域图制作、设置缓冲区、土地利用类型划分提取、属性图编辑合并、Reclassify 分级、Raster Calculator 等相关的基本操作。

（3）学会利用软件进行 DEM 文件以及矢量文件转换成栅格文件等的操作。

二、实验内容

（1）建立农用地适宜性评价体系；

（2）完成农用地各影响因子的空间分布等级的栅格图像；

（3）完成农用地适宜性分析报告。

三、实验操作平台

ArcGIS 10.1 系列软件。

四、实验原理

适宜性分析是指土地针对某种特定开发活动的分布，这些开发活动包括农业应用、城市化选址、作物类型布局、道路选线、选择重新造林的最适宜土地等。因此，建立适宜性分析模型，首先确定具体的开发活动，其次选择其影响因子，然后评判某一地域的各个因子对这种开发活动的适应程度，以作为土地利用规划决策的依据。

（一）评价对象

玉米种植用地的土地适宜性评价，通过评价将研究区分出不同的适宜性等级 S1（优）、S2（良）、S3（中）和 N（差）。

（二）评价方法

采用基于 GIS 的土地质量评价法，即将与玉米作物生长有关的主导生态条件与土地质量相比照，从而评定土地的适宜性等级。

（三）评价过程

（1）评价对象生态条件的调查：玉米属禾本科，为一年生草本植物，其主导生态条件如喜高温，需水量大，要求土壤肥沃和土层疏松，其根系生长要求防止土壤侵蚀等。

（2）确定评价对象的影响因素和因子。根据将与玉米作物生长有关的生态条件与土地质量相比照，除了温度可以通过季节调节外，其他因子如图 8-1 所示。

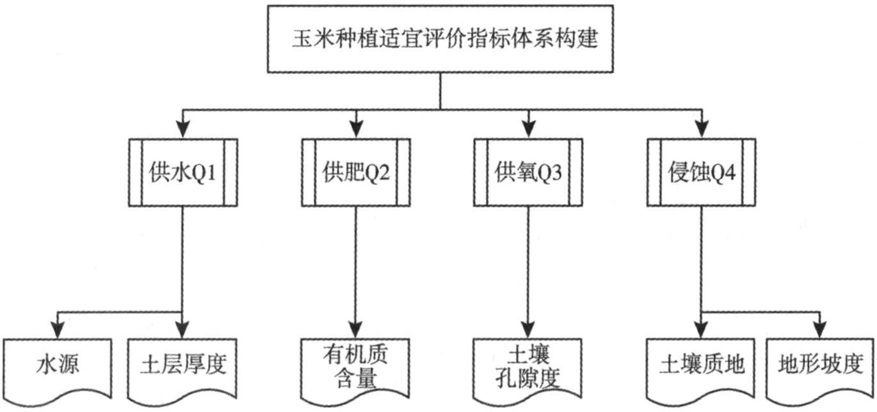

图 8-1　与玉米作物生长有关的影响因素和因子分析图

（3）利用 ArcGIS 生成影响因素的数据和对应的空间数据，经过图 8-2 所示的操作过程，生成基于栅格单元的供水条件等级数据 R_1，同理，生成供肥条件等级数据 R_2，供氧条件等级数据 R_3和坡度坡向等级数据 R_4。

（4）计算各因素的权重和贡献函数值。由于每个影响因素 F_i（$i=1, 2, 3, 4$）对评价对象的贡献大小和适宜程度不同，因此，可表述为：不同因素有不同的权重（w_i），不同级别的因素对评价对象的贡献函数值（P_{ij}）也不相同，可通过计算来获得权重（w_i）和贡献函数值（P_{ij}）。

Q_i对应的权重 W 为：$W_1=0.67$，$W_2=0.17$，$W_3=0.08$，$W_4=0.08$；

各个等级的分值 P：$P_1=100$，$P_2=67$，$P_3=33$，$P_4=0$。

根据查阅的相关资料，对各因子属性进行分析，结果如表 8-1 所示：

表 8-1　**各因素属性分级表**

级别	与水源距离	供肥	供氧	坡度
1	<100	水稻土	粗骨土	0°~5°
2	100~200	紫色土、黄壤	黄壤、紫色土	5°~15°
3	200~500	粗骨土	红壤	15°~30°
4	>500	红壤	水稻土	大于 30°

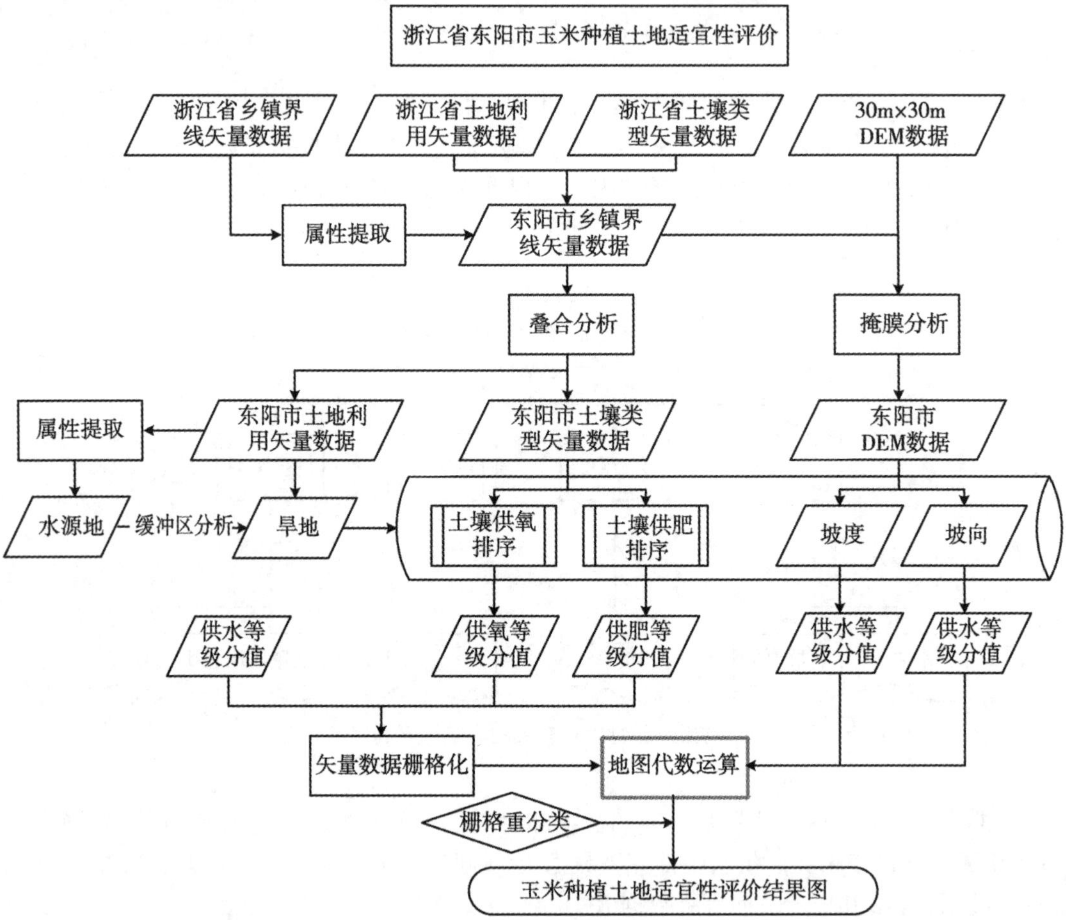

图 8-2 技术操作流程图

通过计算，因素等级评价指标如表 8-2 所示：

表 8-2 **因素等级评价指标表**

指标 等级	因素（权重×贡献）			
	F_1 水	F_2 肥	F_3 氧	F_4 侵蚀
1	0. 67×100 = 67	0. 17×100 = 17	0. 08×100 = 8	0. 08×100 = 8
2	0. 67×67 = 44. 8	0. 17×67 = 11. 4	0. 08×67 = 5. 4	0. 08×67 = 5. 4
3	0. 67×33 = 22. 2	0. 17×33 = 5. 6	0. 08×33 = 2. 6	0. 08×33 = 2. 6
4	0. 67×0 = 0	0. 17×0 = 0	0. 08×0 = 0	0. 08×0 = 0

（注：表格中计算结果保留一位小数。）

通过将不同土地质量数据 R 的等级，切换为表 8-2 中的指标值，通过下式计算出栅格单元的评价分值。

$$R(T)=\frac{1}{100}\sum_{i=1}^{m}W_iP_{ji},\ j=1,\ 2,\ 3,\ \cdots,\ n$$

根据使

$$G(P_{ji})=1-|[R(T)-P_{ji}]/100|$$

的值最大时 P 所对应的 J，即为所求的某个 T 的适宜级别 S_i。

五、实验步骤

（一）距水源地远近的分级及赋分

（1）在 ArcGIS 中打开东阳市土地利用数据（图 8-3），打开属性表，选择水源地相关属性，导出数据，得到水源地图层（图 8-4）。

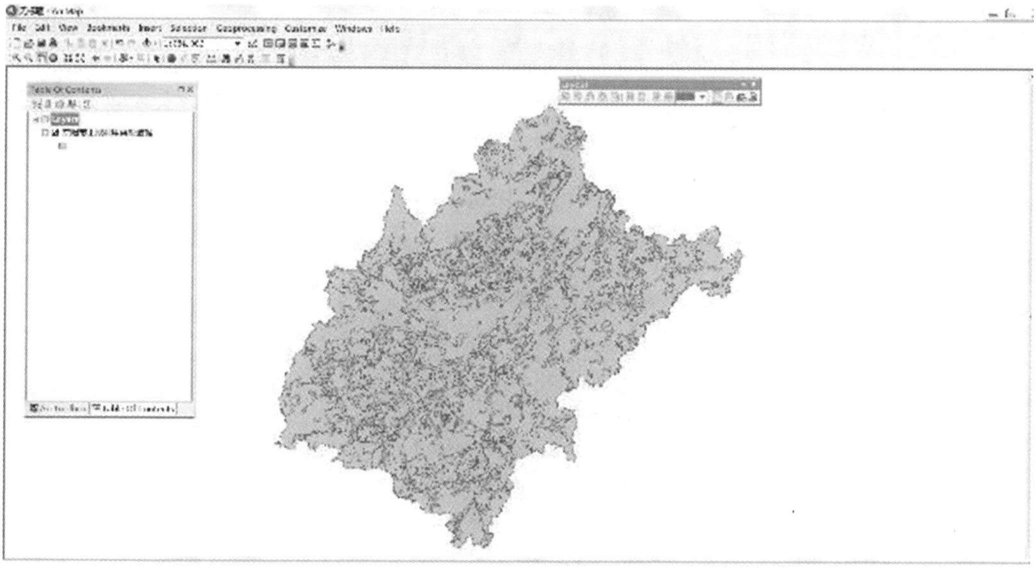

图 8-3　加载土地利用类型图

（2）选择 ArcToolbox→Analysis Tools→Proximity→Buffer，分别做水源地的 100 米、200 米、500 米缓冲区（图 8-5）。

（3）选择 ArcToolbox→Analysis Tools→Overlay→Erase，分别用小于 100. shp 擦除水源地，小于 200. shp 擦除小于 100. shp，小于 500. shp 擦除小于 200. shp，东阳土地利用类型 . shp 擦除小于 500. shp，分别得到距离水源地小于 100m、100～200m、200～500m 以及大于 500m 的图层，如图 8-6、图 8-7 所示。

（4）利用东阳土地利用类型数据（图 8-8），选择旱地，得到旱地图层。选择

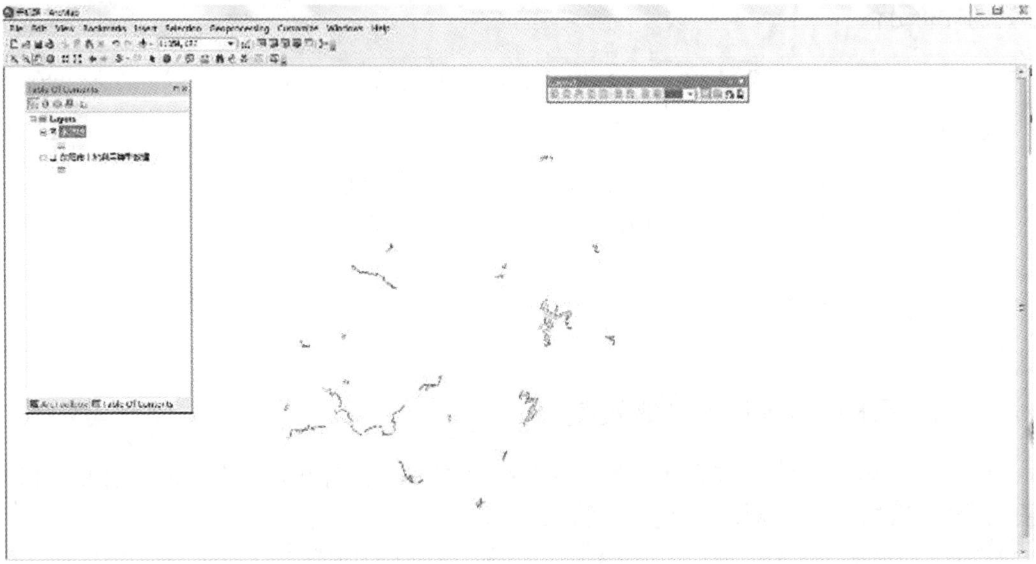

图 8-4　导出水源地图层

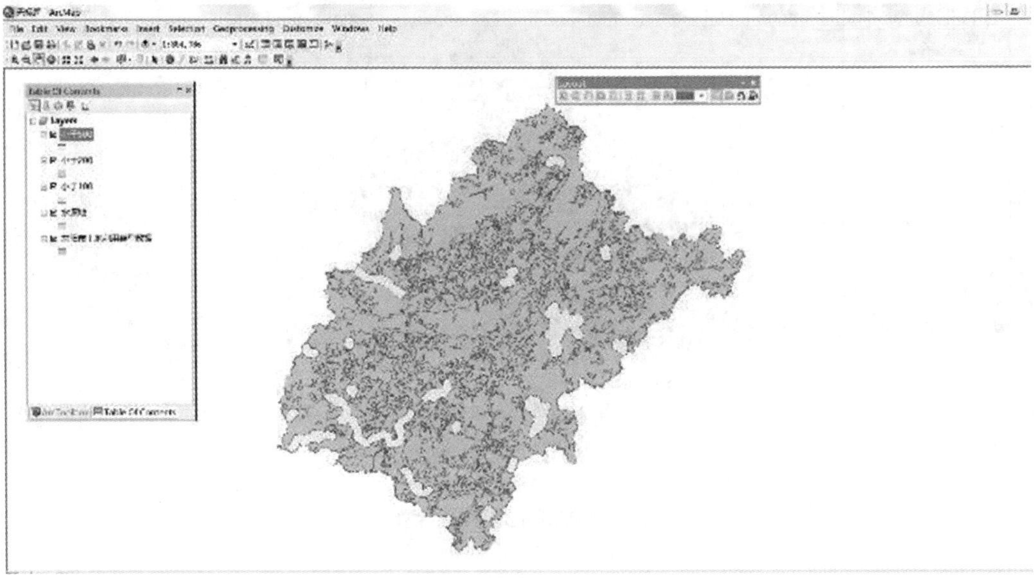

图 8-5　水源地缓冲区

ArcToolbox→Analysis Tools→Overlay→Intersect，将上一步得到的缓冲区图层分别与旱地相交（图 8-9），得到旱地距离水源地 100m、100~200m、200~500m 以及大于 500m 的图层（图 8-10）。

（5）选择 ArcToolbox→Analysis Tools→Overlay→Union，将四幅旱地的图层合并（图 8-11），利用 Editor 进行字段编辑，将供水等级分为四级，小于 100m 为 1 级，100~200m

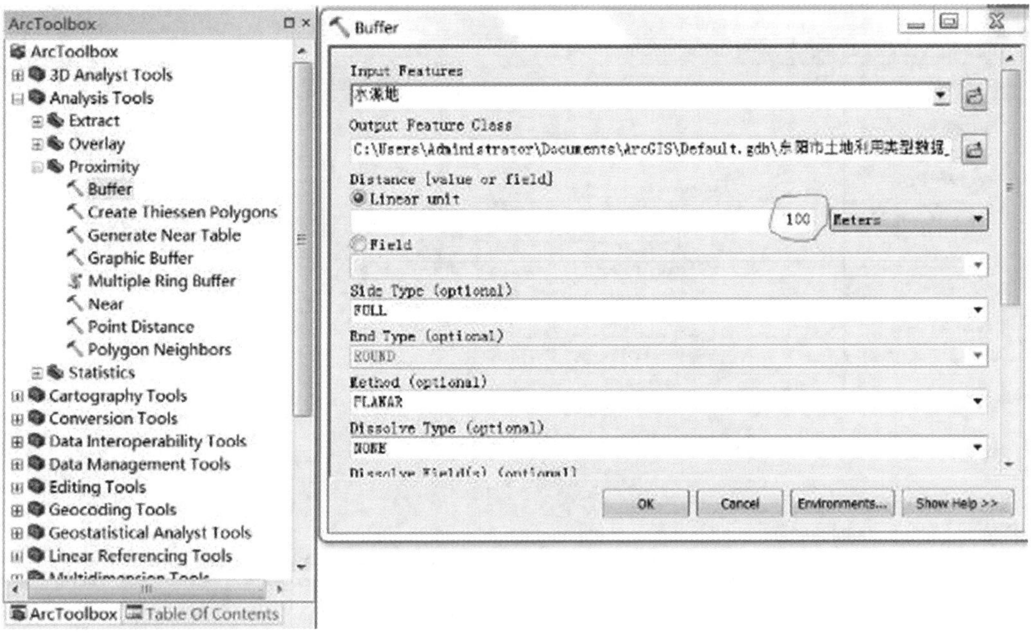

图 8-6 擦除

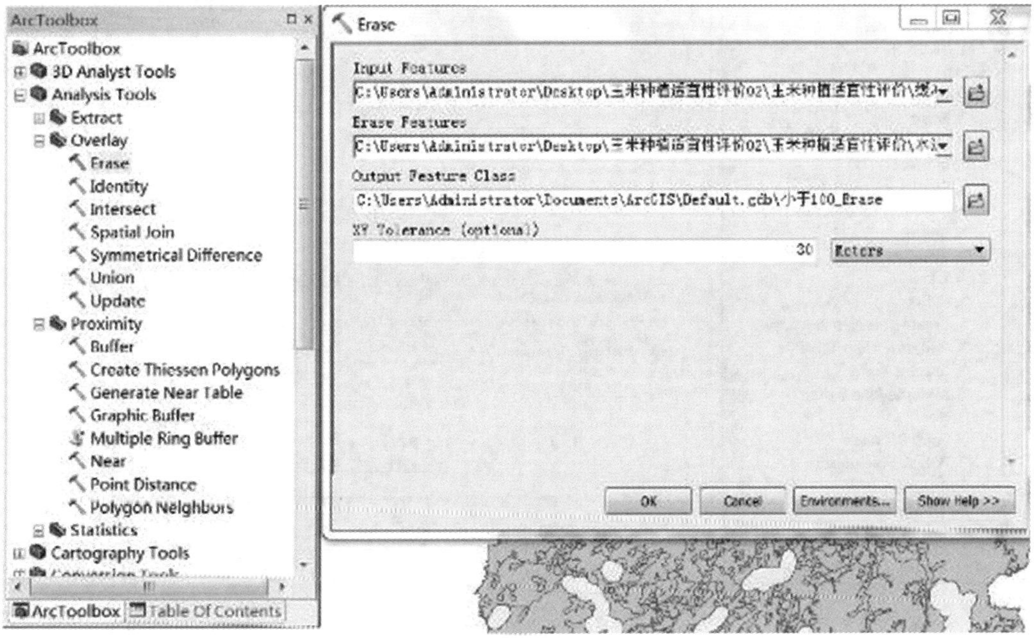

图 8-7 擦除

为2级，200~500m为3级，大于500m为4级（图8-12）。

（6）利用 ArcToolbox→Conversion Tools→To Raster→Feature to Raster，将上一步操作

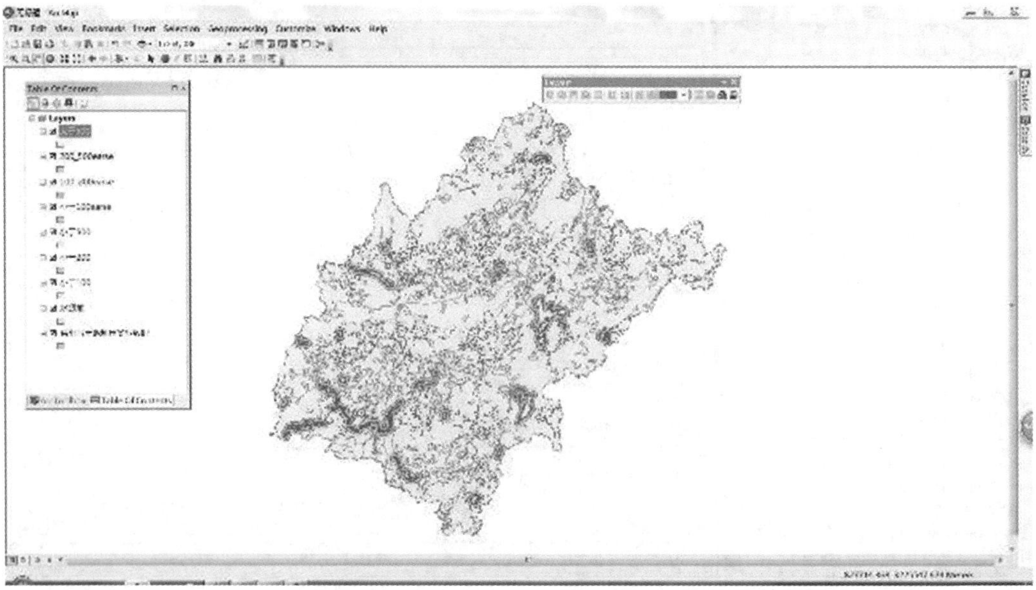

图 8-8　缓冲区图层

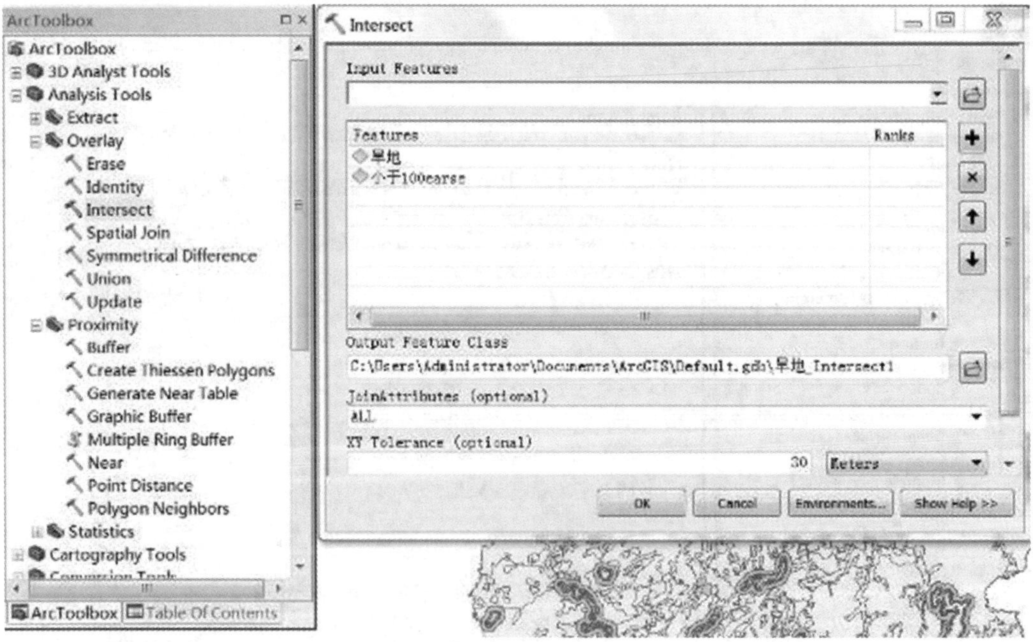

图 8-9　相交分析

得到的图层转化为栅格图层（图 8-13），再利用 ArcToolbox→Spatial Analyst Tools→Reclass→Reclassify 对栅格图层各类进行重分类和赋值（图 8-14），见表 8-2，将第 1 级赋予 67，第 2 级赋予 44. 8，第 3 级赋予 22. 2，第 4 级为 0。最终得到水源地评价分值图（图 8-15）。

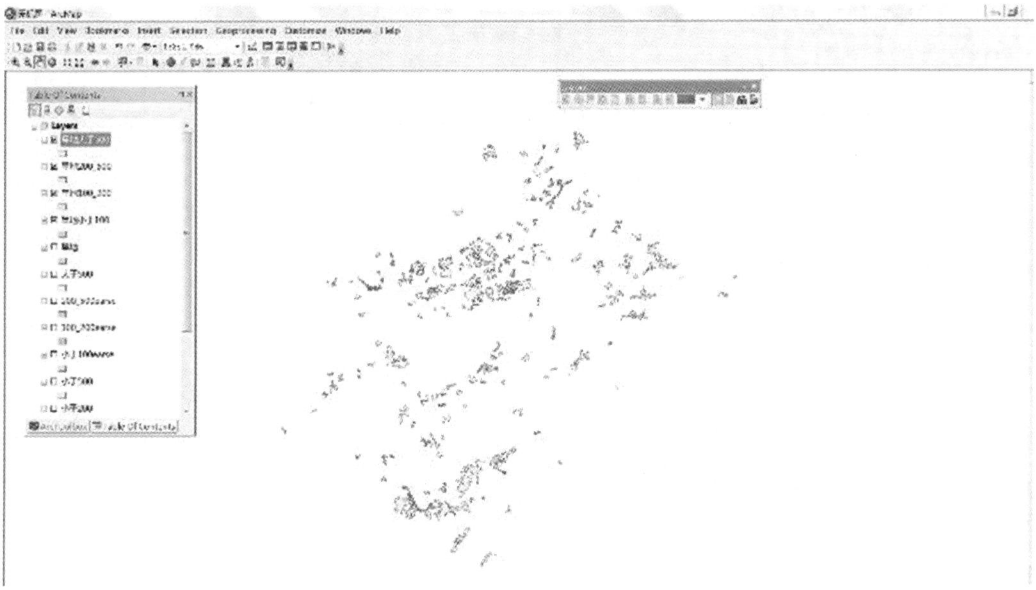

图 8-10　旱地与缓冲区相交结果

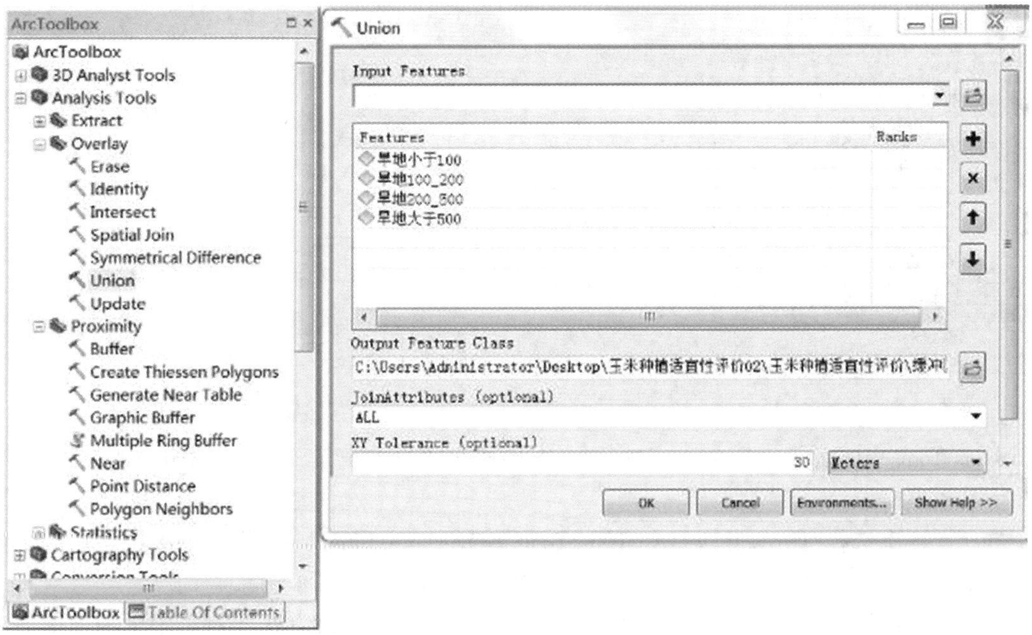

图 8-11　旱地图层合并

(二) 供肥的分级及赋分

(1) 在 ArcGIS 中打开浙江省土壤类型文件及东阳乡镇（图 8-16），选择 ArcToolbox→

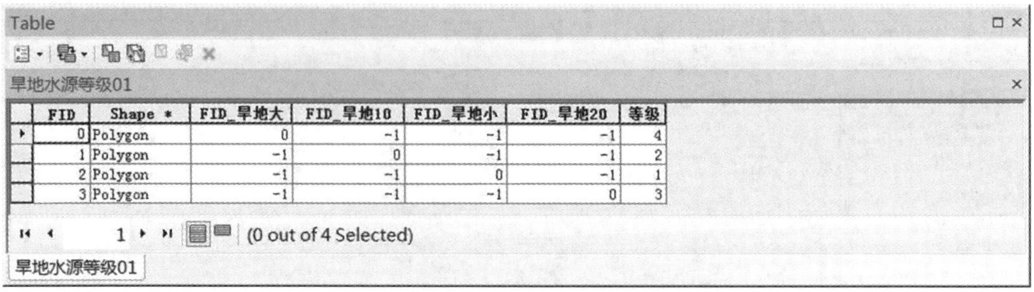

图 8-12 供水等级字段编辑

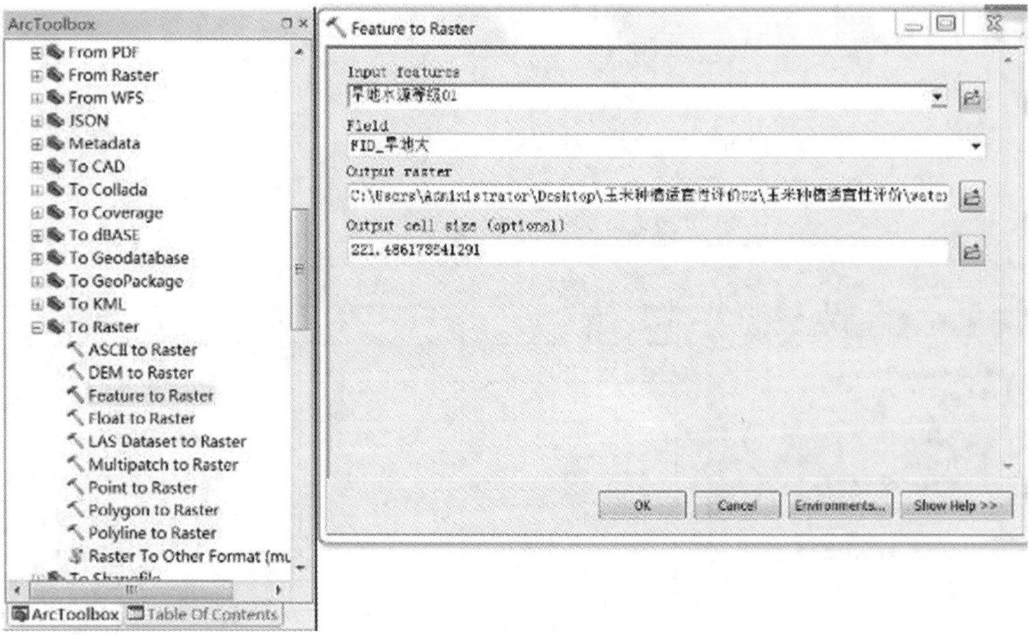

图 8-13 矢量数据转栅格数据

Analysis Tools→Overlay→Intersect，将两个图层相交（图 8-17），得到东阳市土壤类型分布图（图 8-18）。

（2）再次选择 ArcToolbox→Analysis Tools→Overlay→Intersect，将旱地图层与东阳土壤类型分布图层相交（图 8-19），得到东阳市旱地土壤图层（图 8-20）。

（3）在属性表中增加字段，打开编辑，按照表 8-2 的分级方法，对东阳旱地土壤类型进行肥力评价的分级，水稻土为 1 级，紫色土、黄壤为 2 级，粗骨土为 3 级，红壤为 4 级。并利用 Editor→Merge，按照肥力等级将记录合并为 4 条（图 8-21）。

（4）利用 ArcToolbox→Conversion Tools→To Raster→Feature to Raster，将上一步操作得到的图层转化为栅格图层（图 8-22），再利用 ArcToolbox→Spatial Analyst Tools→Reclass→Reclassify 对栅格图层各类进行重分类，见表 8-2，将第 1 级赋予 17，第 2 级赋予 11.4，

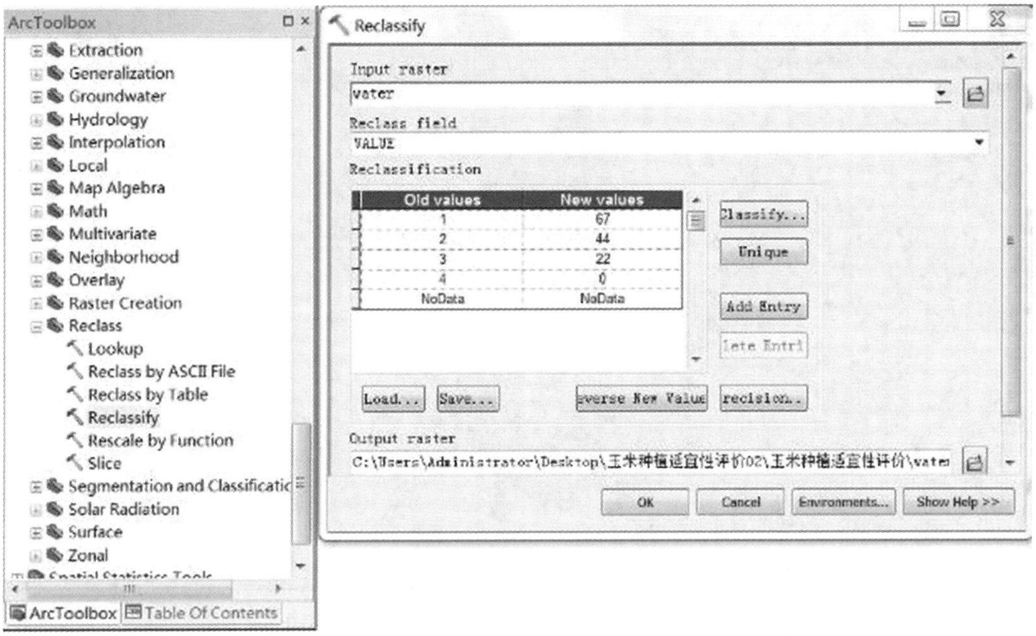

图 8-14　栅格数据重分类

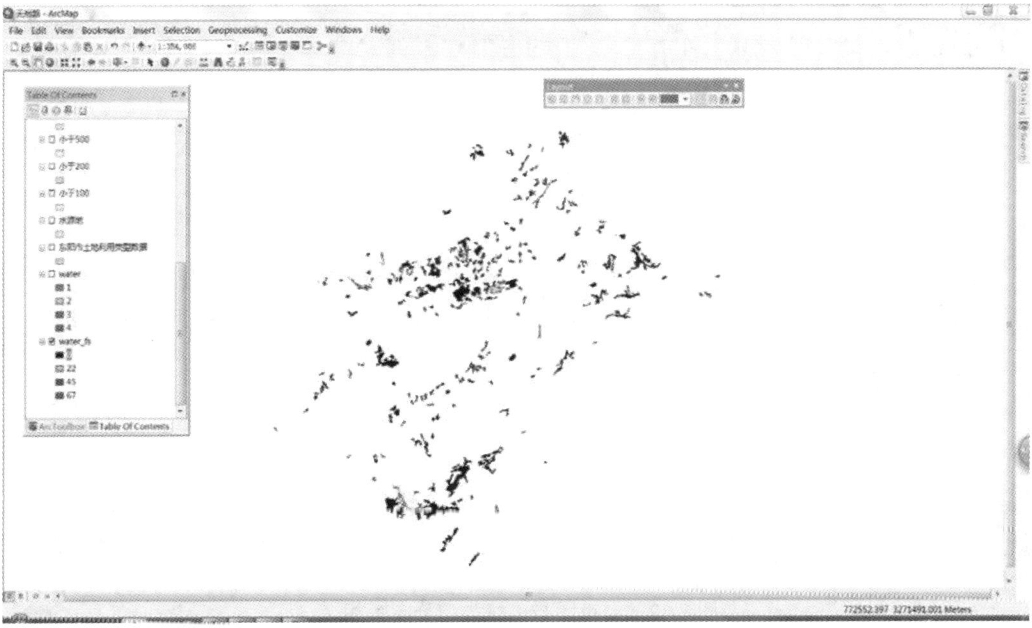

图 8-15　水源地评价分值图

第 3 级赋予 5.6，第 4 级为 0。最终得到肥力评价分值图（图 8-23）。

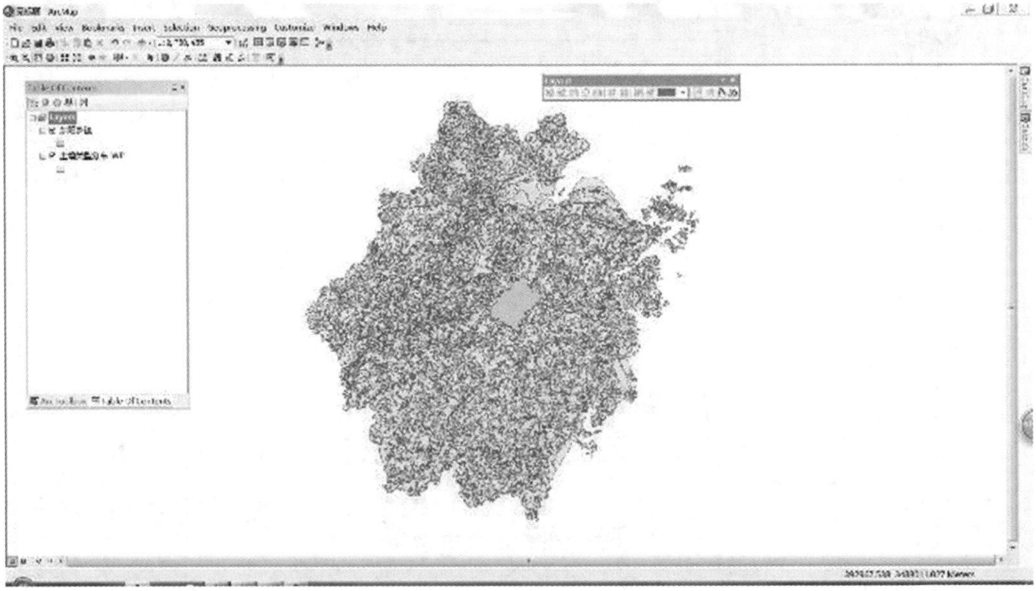

图 8-16　加载东阳市土壤类型分布图和乡镇图

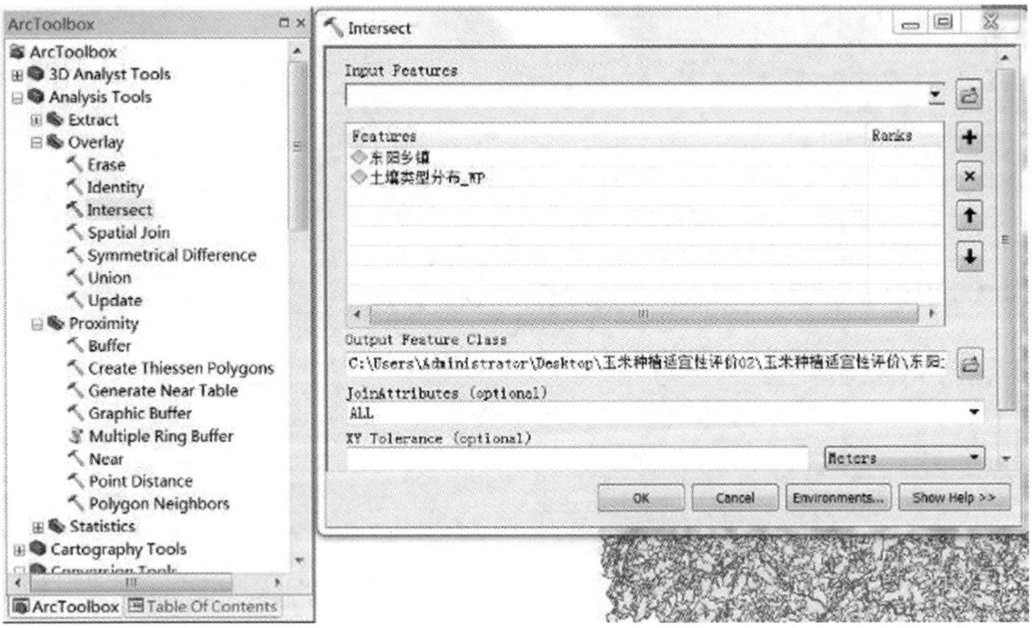

图 8-17　乡镇图与土壤类型分布图相交

(三) 供氧的分级及赋分

(1) 打开东阳市旱地土壤类型图，在属性表中增加字段，对供氧等级命名，打开编

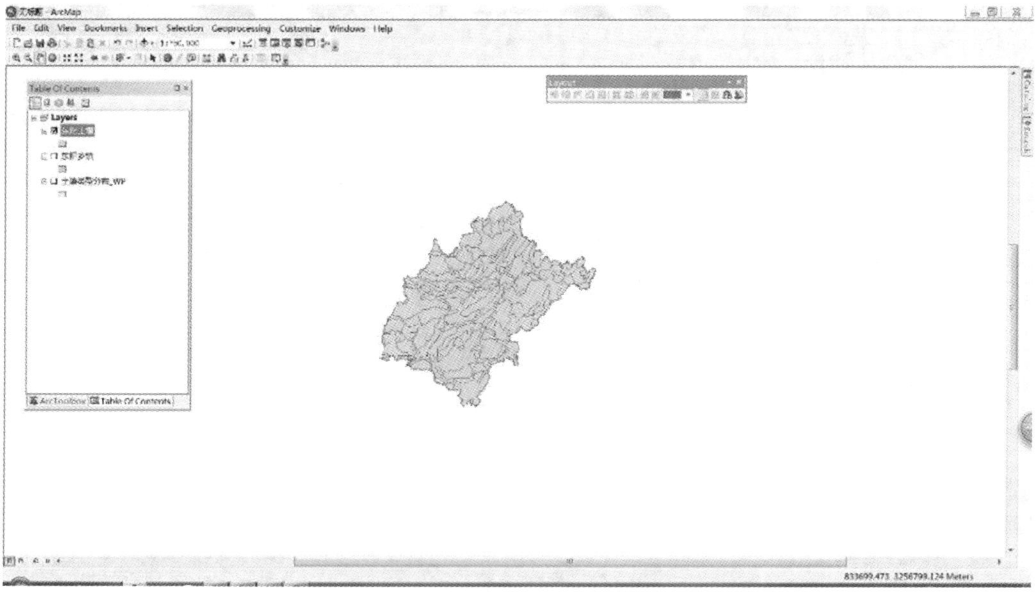

图 8-18　东阳市土壤类型分布图

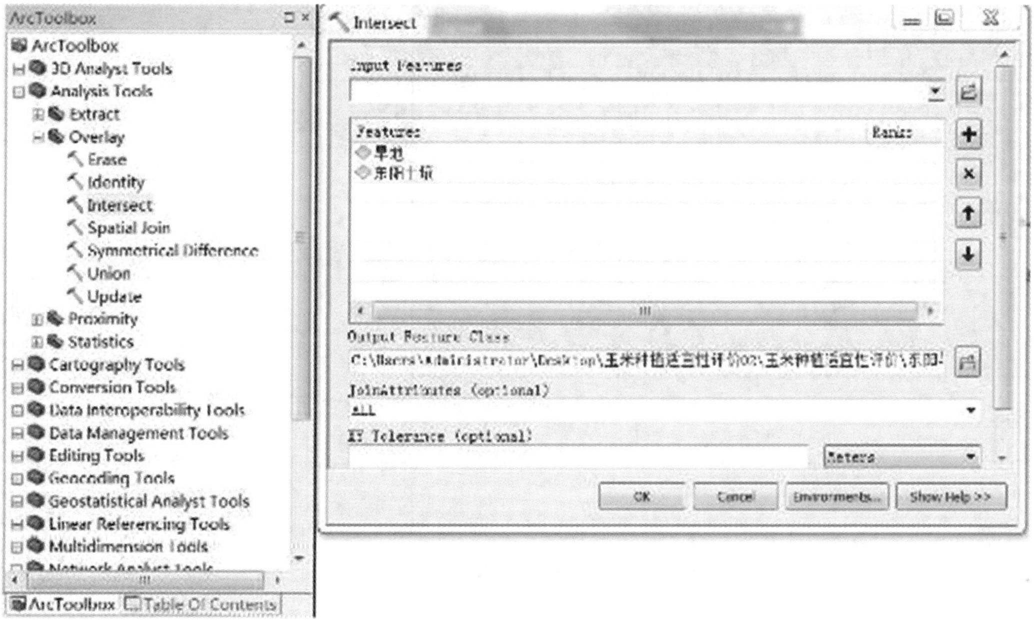

图 8-19　旱地图层与土壤类型分布图层相交

辑，按照表 8-2 的分级方法，对东阳市旱地土壤类型进行供氧评价的分级，粗骨土为 1 级，紫色土、黄壤为 2 级，红壤为 3 级，水稻土为 4 级。并利用 Editor→Merge，按照供氧等级将记录合并为 4 条。

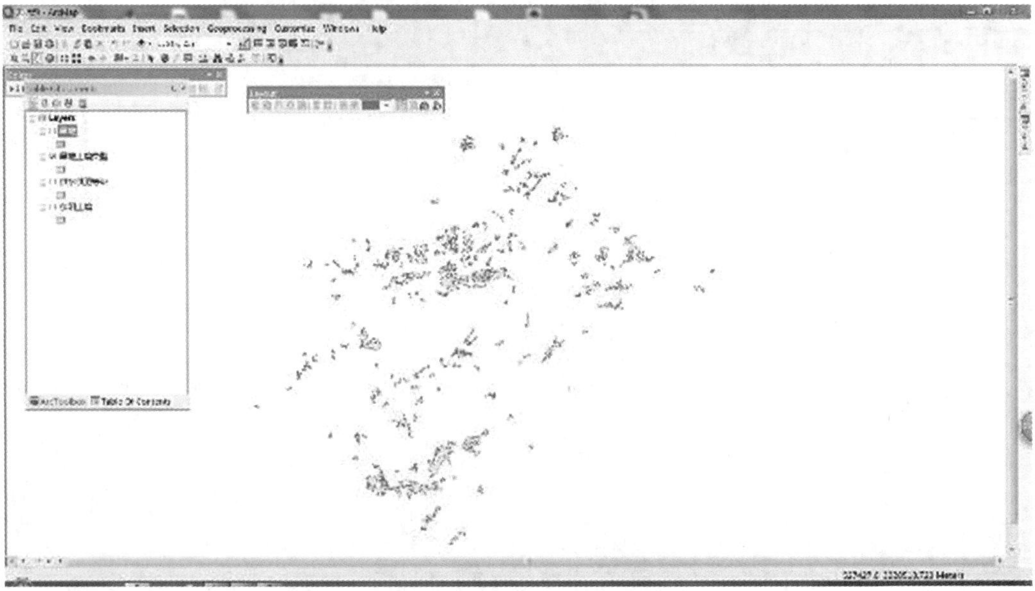

图 8-20　东阳市旱地土壤图层

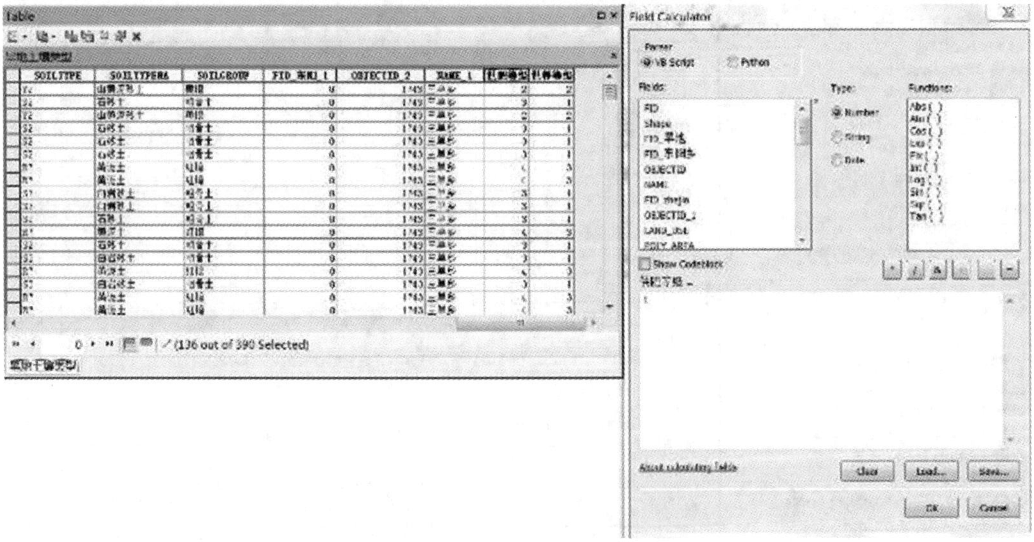

图 8-21　对东阳市土壤肥力等级分类

（2）利用 ArcToolbox→Conversion Tools→To Raster→Feature to Raster，将上一步操作得到的图层转化为栅格图层，再利用 ArcToolbox→Spatial Analyst Tools→Reclass→Reclassify 对栅格图层各类进行重分类，见表 8-2，对第 1 级赋予 8，第 2 级赋予 5.4，第 3 级赋予 2.6，第 4 级为 0。最终得到供氧评价分值图（图 8-24）。

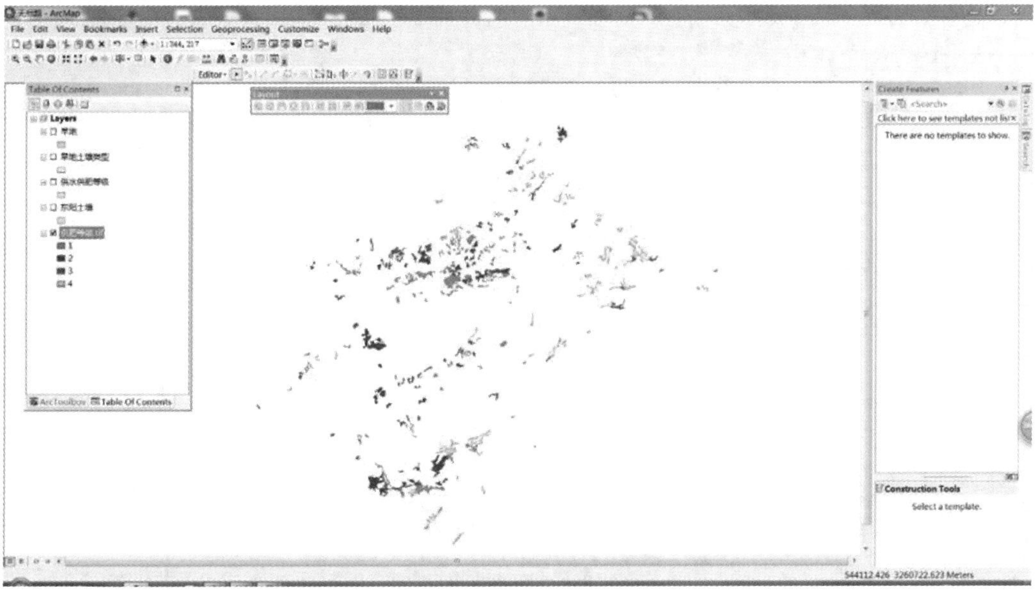

图 8-22　肥力等级矢量数据转栅格数据

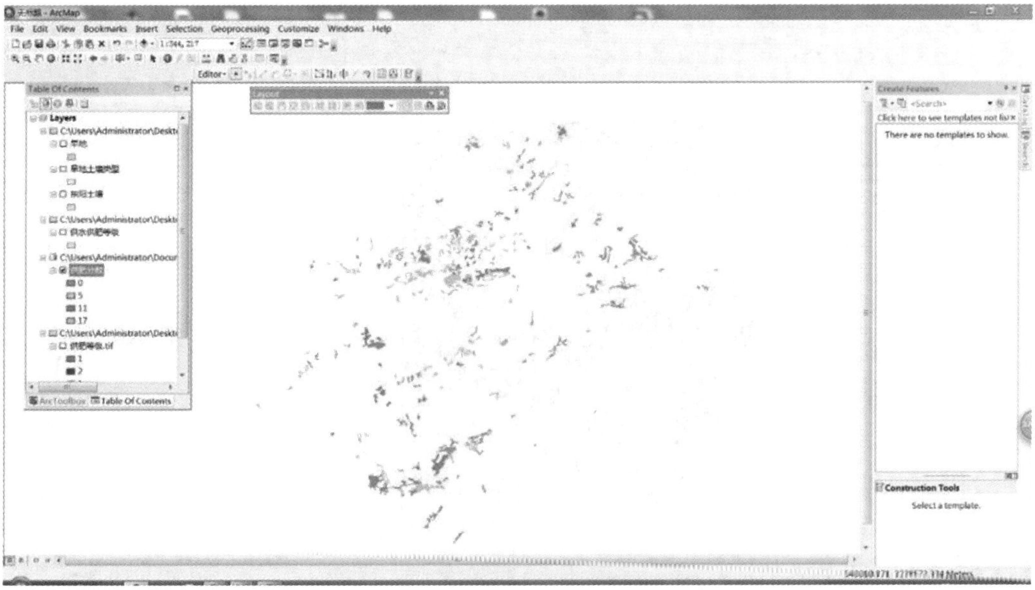

图 8-23　肥力评价分值图

(四) 坡度的分级与赋分

(1) 打开 DEM 数据及东阳乡镇矢量数据（图 8-25），选择 ArcToolbox→Spatial Analyst Tools→Extraction→Extract by mask（图 8-26），得到东阳市的 DEM 数据（图 8-27）。

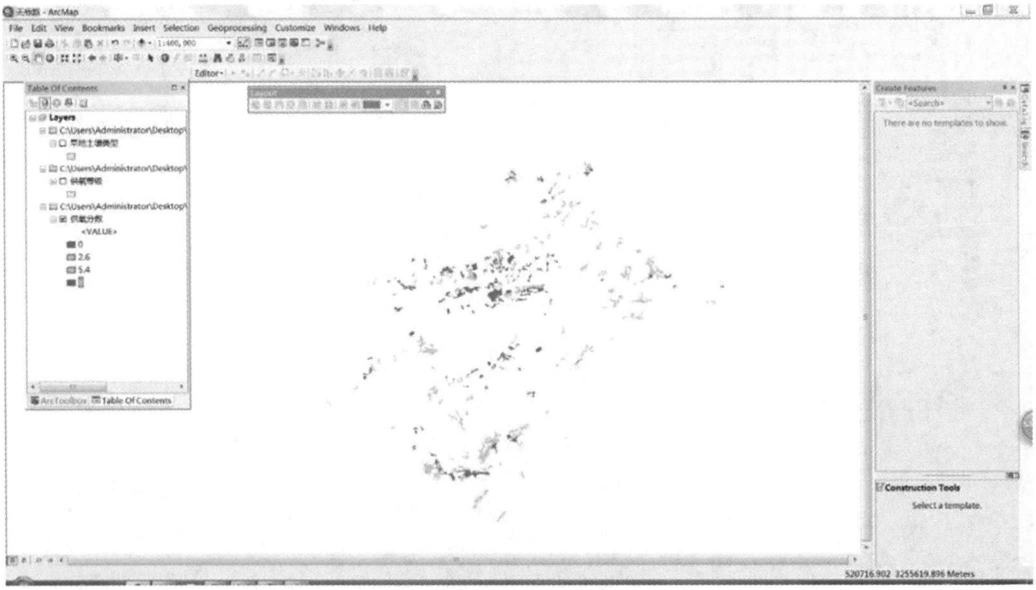

图 8-24 供氧评价分值图

图 8-25 打开 DEM 及东阳市乡镇矢量数据

（2）选择 ArcToolbox→Spatial Analyst Tools→Surface→Slope（图 8-28），利用空间分析工具里的表面分析功能，得到东阳市土地坡度图（图 8-29）。

（3）选择 ArcToolbox→Spatial Analyst Tools→Extraction→Extract by mask，得到旱地的坡度图（图 8-30）。对旱地坡度进行分级，0°～5°为 1 级，5°～15°为 2 级，15°～30°为 3

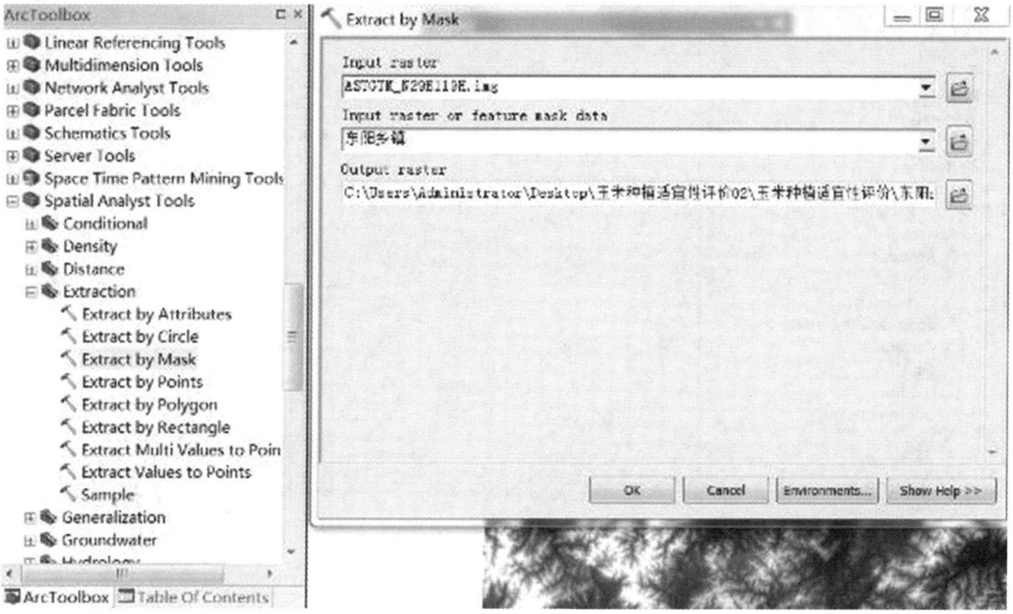

图 8-26　切割工具

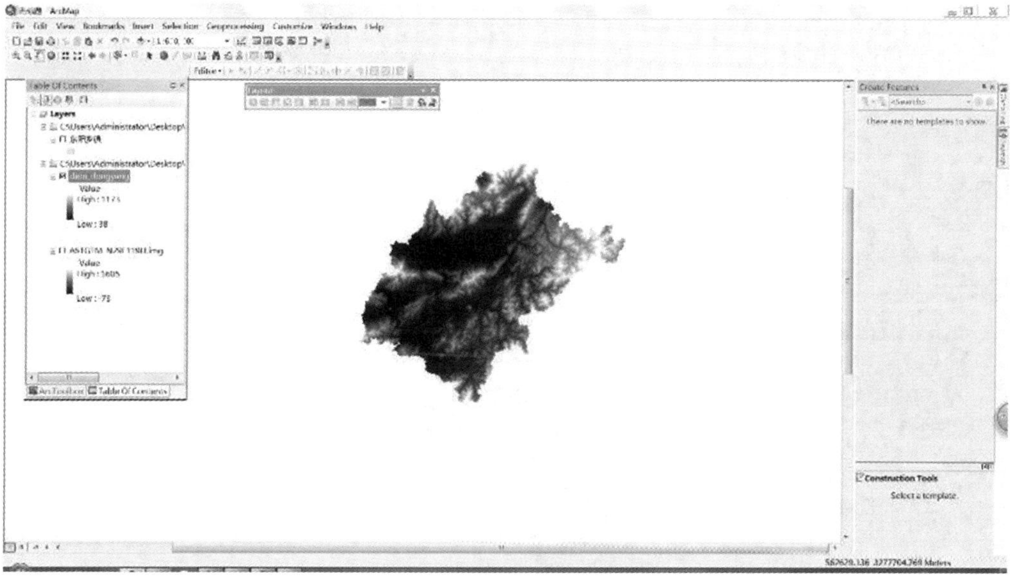

图 8-27　东阳市 DEM 数据

级，大于 30°为 4 级（图 8-31）。

（4）选择 ArcToolbox→Spatial Analyst Tools→Reclass→Reclassify 对栅格图层各类进行重分类，对每一级进行赋分，1 级赋予 8 分，2 级赋予 5.4 分，3 级赋予 2.6 分，4 级赋予 0 分（图 8-32）。最终得到坡度分值评价图（图 8-33）。

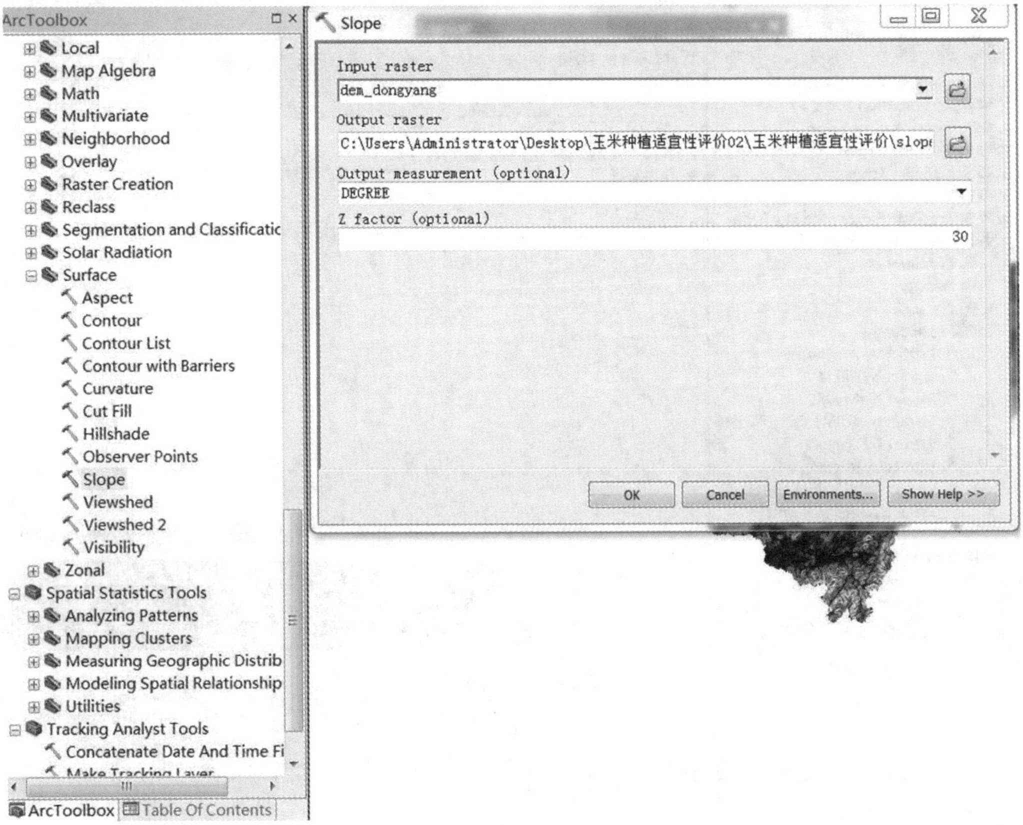

图 8-28　表面分析功能

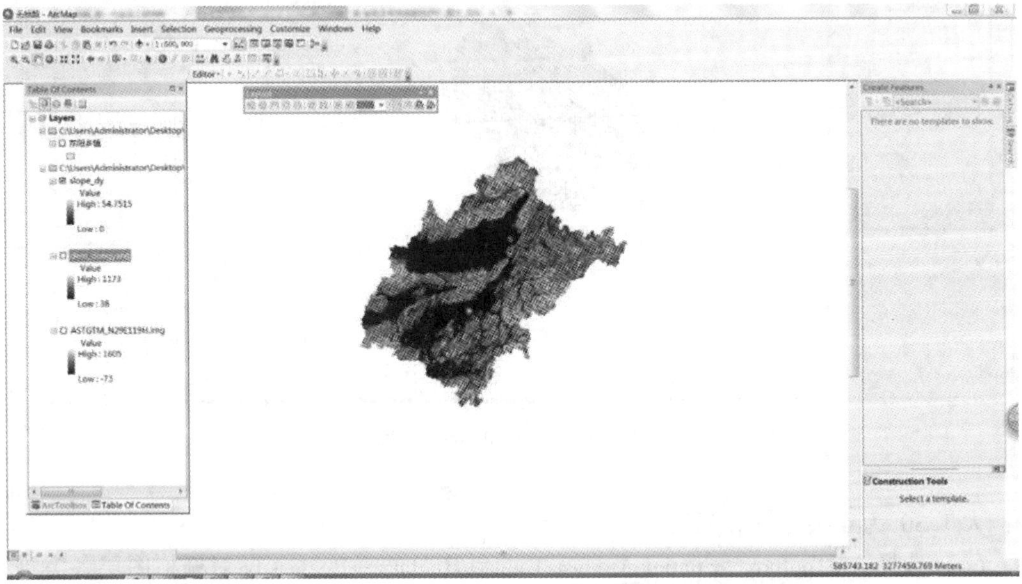

图 8-29　东阳市土地坡度图

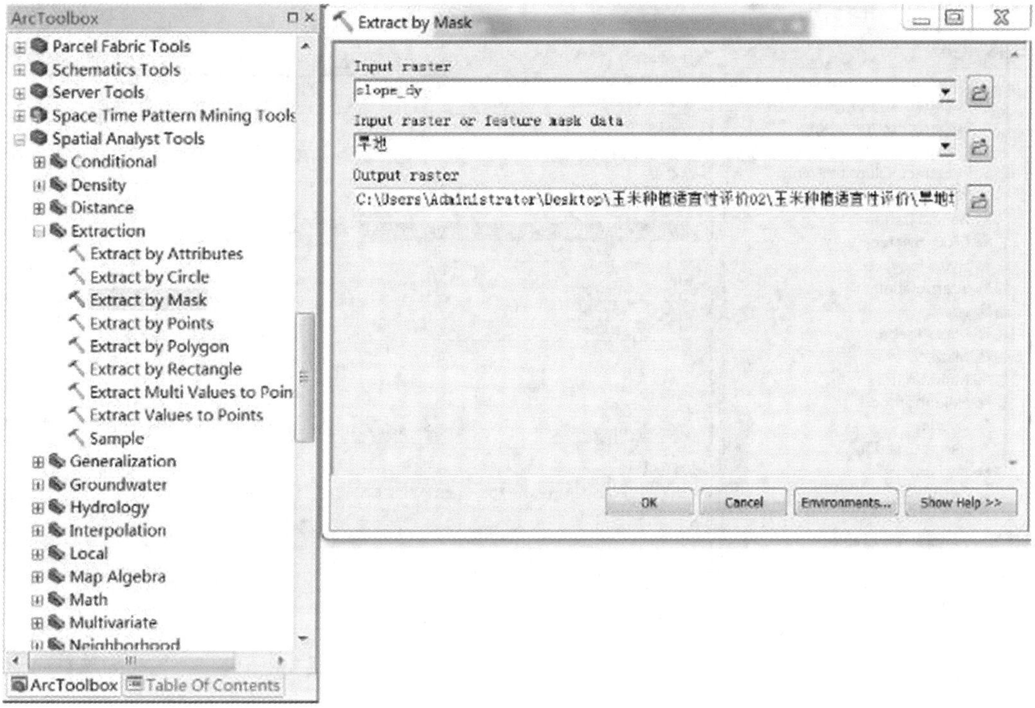

图 8-30　分割提取

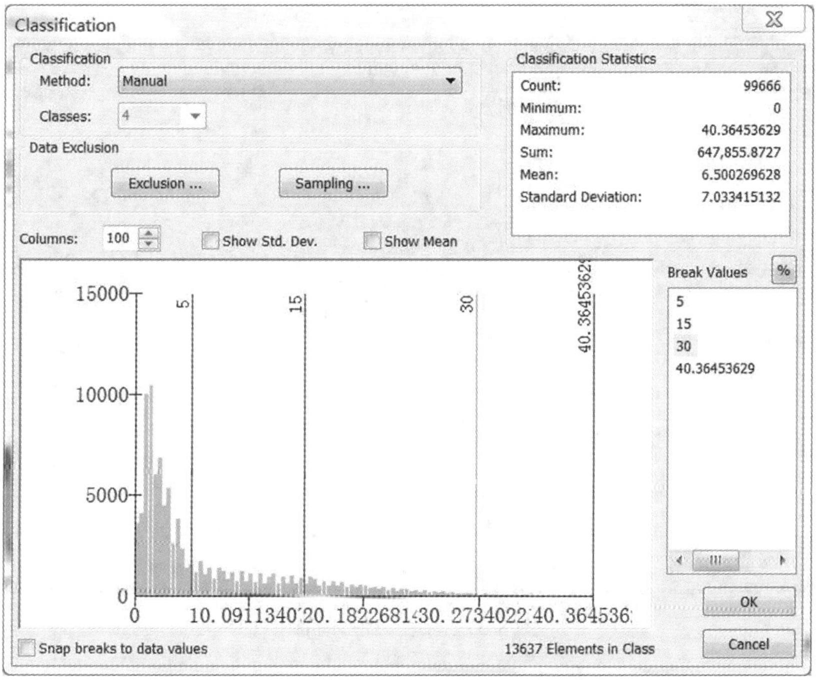

图 8-31　对旱地坡度重分类

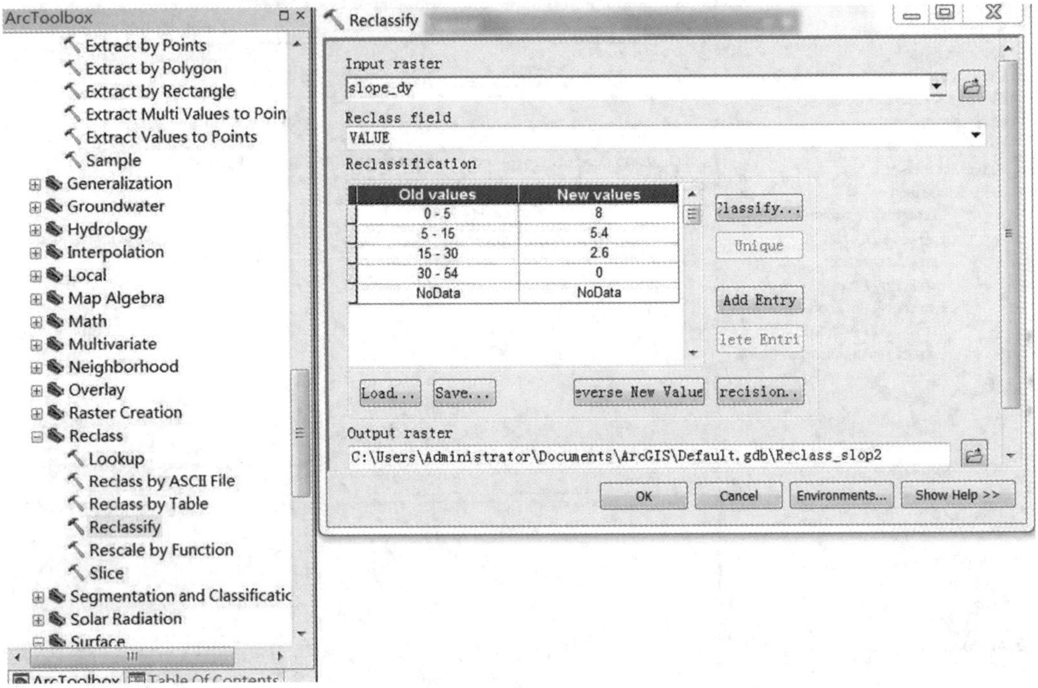

图 8-32　栅格数据重分类

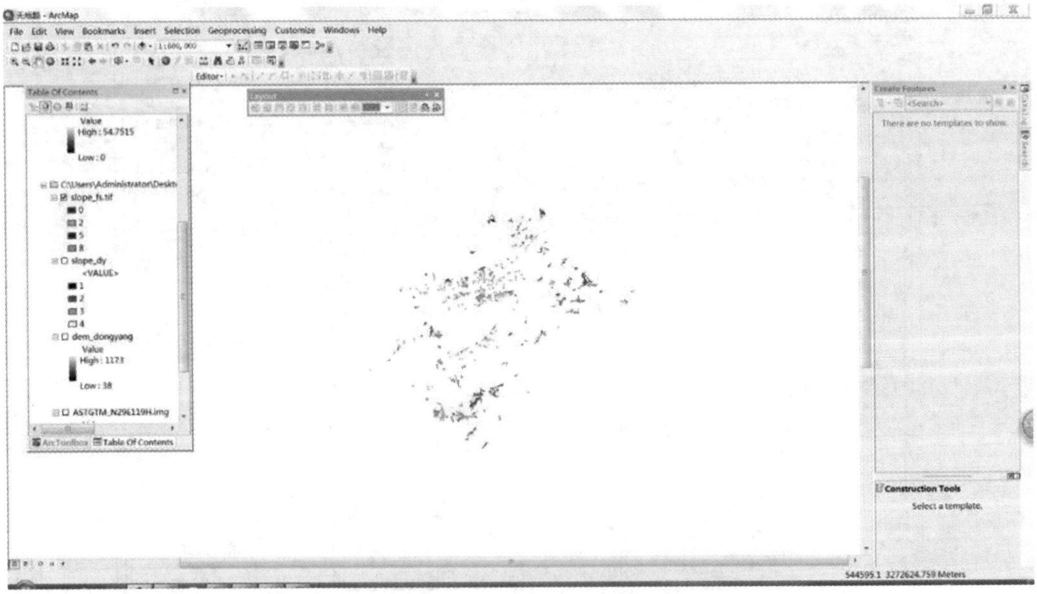

图 8-33　坡度分值评价图

（五）计算玉米地土地适宜性评价等级，并输出分级图

（1）利用 ArcToolbox→Spatial Analyst Tools→Map Algebra→Raster Calculator，利用栅格计算器将四个分值图层叠加（图 8-34），再根据 20，50，80 的界限进行重分类（图 8-35），分别赋予差、中、良、优的评价，得到土地适宜性评价图（图 8-36）。

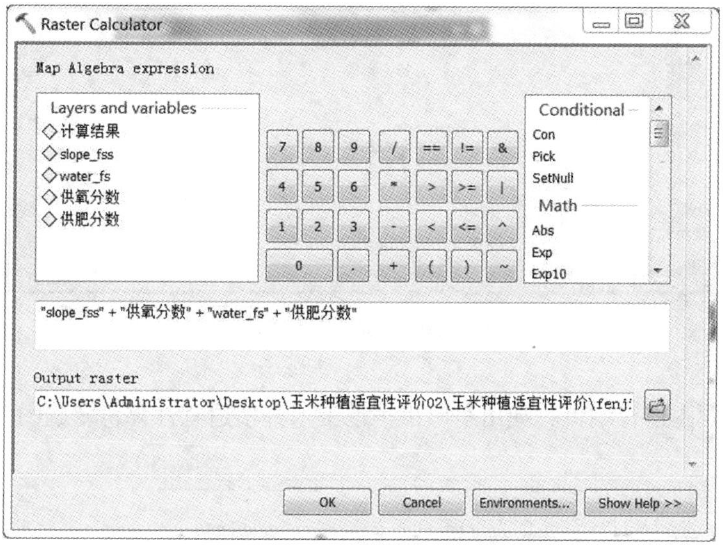

图 8-34　栅格计算器叠加

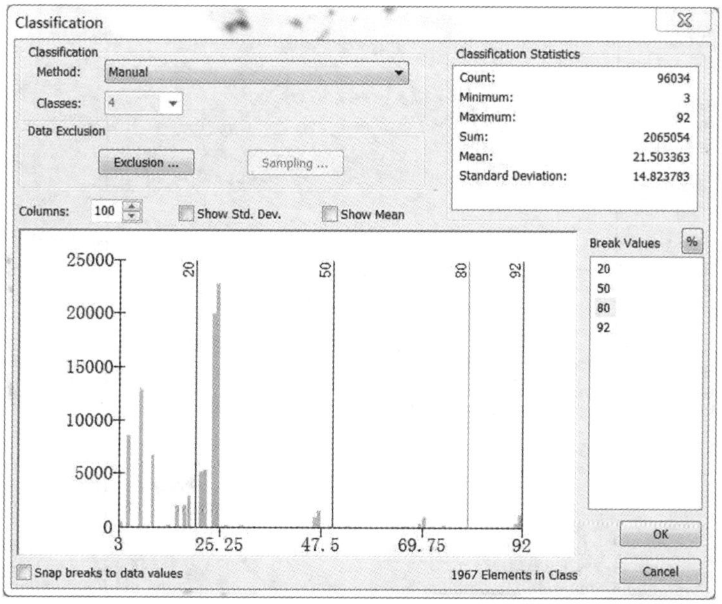

图 8-35　栅格重分类

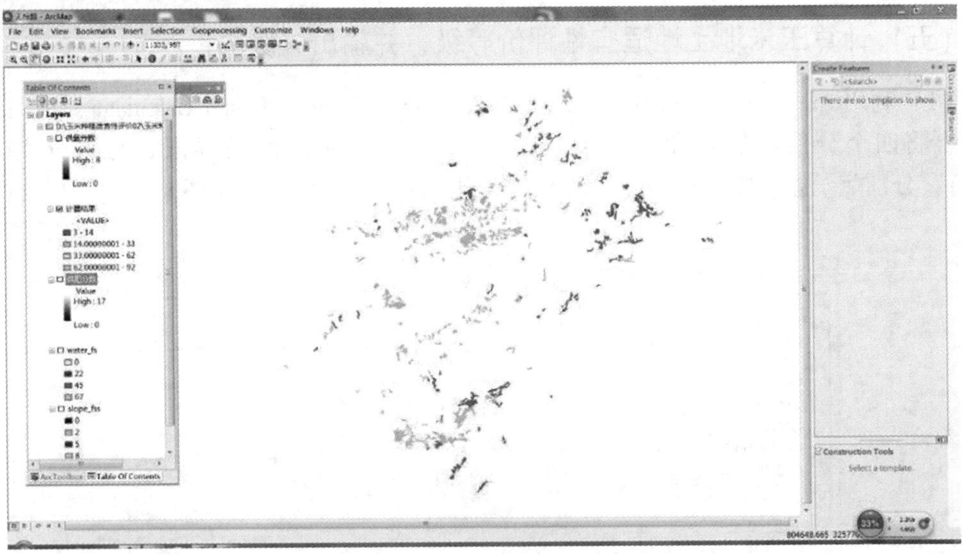

图8-36　土地适宜性评价

（2）对专题图进行编辑，导出东阳市旱地玉米种植适宜性评价专题图（图8-37）。

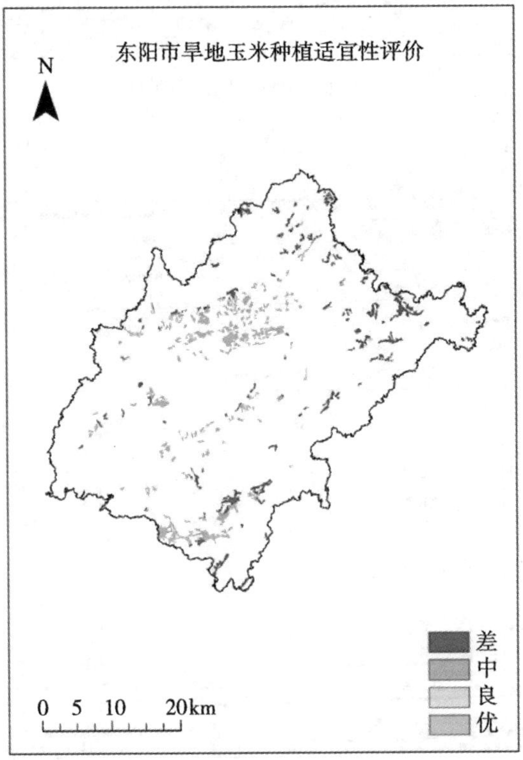

图8-37　东阳市旱地玉米种植适宜性评价

六、案例研究

基于 GIS 的安吉县耕地水稻种植适宜性定量评价

摘要：本案例利用 GIS 技术和适当的评价方法，从影响水稻生长与产量的地形因素、土壤条件、灌溉条件等方面考虑，选取土壤养分、理化性状、立地条件、灌溉条件、土壤环境五大类指标，确定了 10 个评价因子，构建层次分析模型对安吉县水稻进行适宜性评价，结果表明：安吉县耕地总体适宜种植水稻，其适宜种植水稻的耕地面积为 136.9hm^2，占耕地总面积的 33.8%，其适宜耕种水稻的区域主要分布在东北部苕溪流域附近，而西南部的大部分山区不适宜耕种水稻。未来安吉县在水稻种植过程中可以从水利建设、排灌体系、合理施肥三方面提高水稻种植产量水平。

关键词：水稻；土地适宜性；定量评价

（一）引言

农业是国民经济的基础，农业生产是生态系统中的第一生产力，产地环境是农业生产的基本条件，环境质量的好坏，直接关系到农作物生产布局、作物产量、农产品质量安全乃至人类生态质量的好坏。因此，综合评价农业生产环境质量是农业可持续发展乃至国民经济持续发展的重要依据[1]。

我国是世界上最大的水稻生产国和消费国[2]，长江中下游地区水热资源相对充足，稻作制度主要为早、晚两季，是我国重要的水稻粮食生产基地。浙江省作为水稻的种植大省，在 2017 年水稻播种总面积达到 1242.71 万亩，占全省粮食播种面积的 64.6%。水稻生长受土壤、环境、水利等条件的影响，适宜的气候、较好的土壤等因素是水稻高产、优质的重要条件，合理开展水稻的耕地适宜性评价有利于发挥耕地的生产潜力，对进一步提高水稻产量有着重要意义[3]。

目前，已有不少学者对土地适宜性评价进行了研究，取得了丰富的研究成果。郑宁等对山东省土地适宜性做了空间分析及其优化配置研究[4]，李湘阁等从气候的角度对南京地区茶树生长气候适宜度做了评价，讨论了气象条件对茶叶采摘的影响状况[5]，申金山等从自然、社会、环境等因素入手，对城市居住地做了适宜性评价，为居住地的合理布局和城市土地的优化配置起到很好的作用[6]。于婧等引入生态位适宜度理论，采用加权平均模型和限制因子模型对水稻、小麦、棉花和油菜种作物的适宜性进行了定量分析[7]。

综合文献可以看到，大部分的适宜性研究主要集中在经济作物、城市土地利用上，而关于 GIS 技术应用于水稻种植适宜性评价和空间布局的研究尚少。因此，本案例选取了浙江水稻种植面积较广的安吉县，从灌溉条件、土壤养分、立地条件、理化性状、土壤环境 5 个方面进行评价，旨在为该地区水稻种植的合理布局与规划提供参考。

（二）研究区域及数据来源

1. 研究区概况

安吉县地处浙江省西北部的天目山北麓，为太湖水系西苕溪发源地，南接余杭、临安，东临德清，北邻长兴，西与安徽省宁国市广德县相毗邻，辖15个乡镇（图8-38）。县城递铺镇距杭州市76km，县境内山地、丘陵、河谷、平原纵横交错，地势南高北低，呈“畚箕形”。山地丘陵面积占总面积的61.5%，岗地平原面积占总面积的38.5%，全县总面积1886km^2，总人口46万，其中农村人口38万人，现有耕地面积2.47×10^{4}hm^2，常年农作物播种面积3.2×10^{4}hm^2。境内属亚热带季风气候，雨水充沛，光照充足，四季分明，生物资源丰富，生态环境优美，适宜农作物的生长，在2002年被确定为全国无公害农产品生产区[8]。

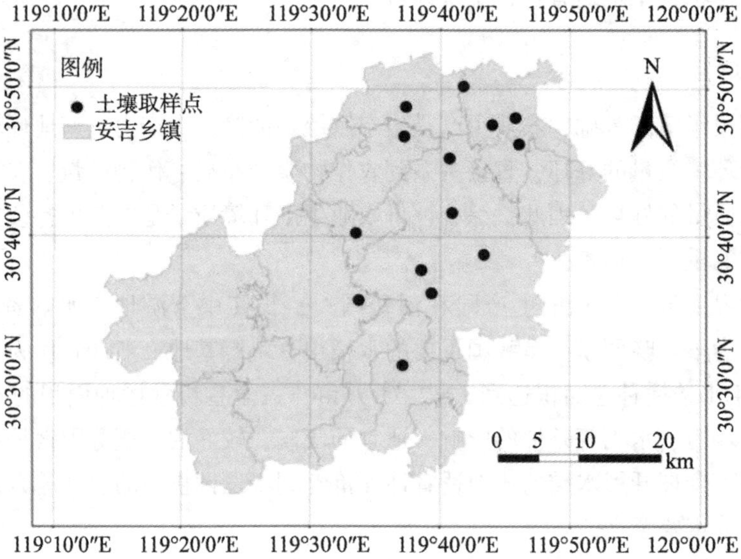

图8-38　安吉县行政区划及土壤采样点

2. 数据资料

本案例所采用的数据资料有浙江省行政区划矢量图、浙江省土地利用类型图、浙江省土壤类型分布图、浙江省DEM数据。

浙江省土壤环境及质量数据来源于中国土壤数据库。土壤数据库提供了中国科学院南京土壤研究所在浙江安吉的14个采样点数据，根据采样点的经纬度，将其绘制在ArcGIS中，并将pH值、有机质、有效磷、速效钾、全汞等土壤环境质量数据输入属性表中，从而建立浙江安吉的土壤数据资料库。

（三）研究方法

1. 评价因子的选取

水稻的生长受气候、地形、土壤、环境条件等多种因素综合影响。安吉县属亚热带海洋性季风气候，光照充足、气候温和、雨量充沛、四季分明。其光照、温度、降水等气候条件均有利于水稻的生长。而且县域范围内高程、气候差异较小，因此气候不作为评价因素。

1）地形因素

海拔、坡度、坡向等对水稻生长有较大的影响。海拔高度主要影响气温，海拔越高则温度越低，而积温减少易引起水稻的产量和品质降低[9-10]；坡度的缓急、地势的陡峭起伏等，不但会影响小气候的变化，而且对水土的流失和积聚都有影响，因此可以直接或间接地影响作物生长。坡度越缓越利于田间管理，更适宜水稻种植，而且坡度、坡向不同，日照时间和太阳辐射强度都有较大差异[11]。不同方位山坡的气候因子有很大的差异，迎风坡的蒸发量较大，土壤侵蚀较为严重，会对水稻的生长产生一定的影响。

安吉县三面环山，中间凹陷，呈东北开口的“畚箕形”的辐聚状盆地地形，坡度坡向变化大。安吉地势西南高、东北低，最高处海拔 1587.4m，海拔差异明显。因此将海拔、坡度、坡向列入评价因素。

2）土壤因素

土壤物理性状主要为质地因素。土壤质地影响土壤的物理机械性，影响土壤贮水保肥能力。依据安吉县土壤特点，将质地作为水稻适宜性的评价因素。

土壤环境质量包括镉、铬、铜、铅、汞等重金属含量。重金属含量超标不仅对水稻生长产生抑制作用，使其叶片发黄、产量下降，而且还会对人体健康造成严重的影响，引起中毒、神经系统损害等疾病。根据国家土壤环境质量标准，安吉县土壤数据中的重金属含量基本均在Ⅰ类土壤的标准内，土壤环境质量较好，但部分采样点全汞含量为Ⅱ类土壤标准，因此将全汞含量作为土壤环境质量评价指标。

土壤 pH 值大小影响土壤结构、养分状况、生物类型和生物活性，也影响水稻的生长发育；土壤有机质反映水稻生长发育的土壤生产能力，能够提高土壤保肥、保水的能力，改善水稻根系的微生态环境，促进水稻生长、发育[12]。因此，将土壤 pH 值、有机质作为水稻适宜性评价的重要因素。

氮素是水稻干物质形成的重要成分，磷素是水稻体内核酸、磷脂、ATP 的重要成分，钾是水稻体内多种酶的活化剂，土壤中氮、磷、钾是水稻生长的重要养分来源，合理的氮、磷、钾含量能够保障水稻的高产、优质[13]。因此，将氮、磷、钾作为重要的评价因素，然而有机质和土壤氮素存在显著相关关系[14]，为避免评价因素重复，土壤氮素不参与评价。

3）灌溉条件

水是植物重要的组成部分，植物的一切生理活动都需要水分的参与。灌溉是为作物补充所需水分的技术措施。为了保证作物正常生长，获取高产稳产，必须供给作物以充足的水分。良好的灌溉条件能保障水稻生长的水分需求，提高作物产量；一般来说，距离河流等水源地越近，获取水资源越容易，灌溉条件越好。此外，水稻比旱地作物需要更厚的土层，较厚的有效土层能够贮存较多的养分、水分等物质，有利于作物根系活动，扩大根系营养范围。因此，水稻适宜性评价中也将距离水源地的远近、土层厚度作为重要评价因素。

2. 指标因子的数据获取

综合考虑安吉县气候、地形、土壤、环境因素对目标的贡献，结合因子数量适中性、县内差异性、相对稳定性等原则，确定有机质、有效磷、速效钾、pH 值、质地、水源地、土层厚度、坡度、坡向、全汞含量共 10 个指标，并分为土壤养分、理化性状、立地条件、灌溉条件、土壤环境 5 大类，进一步构建安吉县水稻适宜性评价指标体系（图 8-39）。

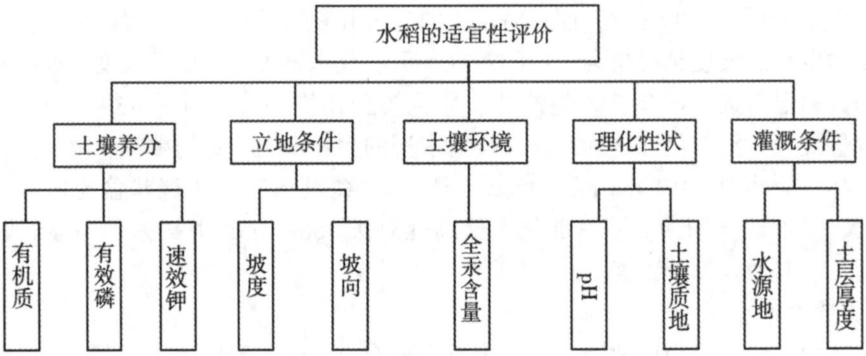

图 8-39 安吉县水稻适宜性评价指标体系

10 个评价指标中，有机质、有效磷、速效钾、土壤 pH、全汞含量的数据来源于中国土壤数据库，根据数据库中安吉县 14 个采样点信息，利用 ArcGIS 软件进行空间插值，得到安吉县的土壤质量评价图；坡度、坡向指标来源于浙江省 DEM 数据；土壤质地、土层厚度来源于浙江省土壤类型分布图；水源地数据来源于浙江省土地利用类型图。

3. 层次分析模型的建立

参考相关文献，结合实际经验，确定土壤养分、理化性状、立地条件、灌溉条件、土壤环境五大类 F_i 的相应权重 W_i，确定每一大类评价指标中各参评因子 C_i 的权重系数 P_i，最后得到各评价因子的组合权重（表 8-3）。

表 8-3 安吉县水稻种植适宜性评价

目标层		准则层		目标层	
因子（$F_{总}$）	权重（Q_i）	因子（F_i）	权重（W_i）	因子（C_i）	权重（P_i）
安吉县水稻适宜性	1.00	灌溉条件	0.35	水源地	0.50

续表

目标层		准则层		目标层	
因子（$F_{总}$）	权重（Q_i）	因子（F_i）	权重（W_i）	因子（C_i）	权重（P_i）
				土层厚度	0.50
		土壤养分	0.25	有机质	0.40
				有机磷	0.30
				速效钾	0.30
		立地条件	0.20	坡度	0.60
				坡向	0.40
		理化性状	0.12	土壤质地	0.75
				pH	0.25
		土壤环境	0.08	全汞含量	1.00

对每一个参评因子进行赋分，分为四级，第一级评分为100，第二级评分为67，第三级评分为33，第四级评分为0，其参评因子分值记为 N，故该参评因子 C_i 的最终评价得分为

$$C_i = N \cdot W_i \cdot P_i$$

最终，采用累加法得到每个评价单元的水稻适宜性综合性指数 F_z：

$$F_z = \sum_{i=1}^{n} C_i$$

(四) 结果与分析

1. 土壤养分与土壤环境分析

根据土壤有机质、有效磷、速效钾的含量差异，将安吉县的土壤养分状况划分为四个等级（图8-40），从图中可以看到，安吉县的土壤养分呈现东南部条件较好，西北部条件较差的情况。主要原因在于安吉县西北部处于耕作区，人类活动干扰较强，土壤养分消耗较快；而东南部为山区，人类活动较少，土壤养分含量保持在自然水平状态下。

根据国家土壤环境质量标准，安吉县所有采样点的重金属含量基本达到了Ⅰ类土壤标准，土壤环境良好，只有全汞含量部分为Ⅱ类土壤标准，故采用全汞含量进行土壤环境状况评价，得到图8-41。从图中可以看到，全汞含量较高的区域大致位于安吉县东南部，这与安吉县的工业区布局相吻合。1992年，省级经济开发区在安吉西南部的递铺镇，其主导产业为生物医学科技、汽车汽配机电，这些产业难免排出带有重金属的工业“三废”，因此导致当地的土壤重金属含量升高。

2. 土壤理化性状与灌溉条件分析

土壤的理化性状包括pH值、土壤质地等指标。根据14个土壤采样点数据得知，安吉县的土壤均呈现酸性，自南向北酸性逐渐增强（图8-42），pH值由南部的5.5增

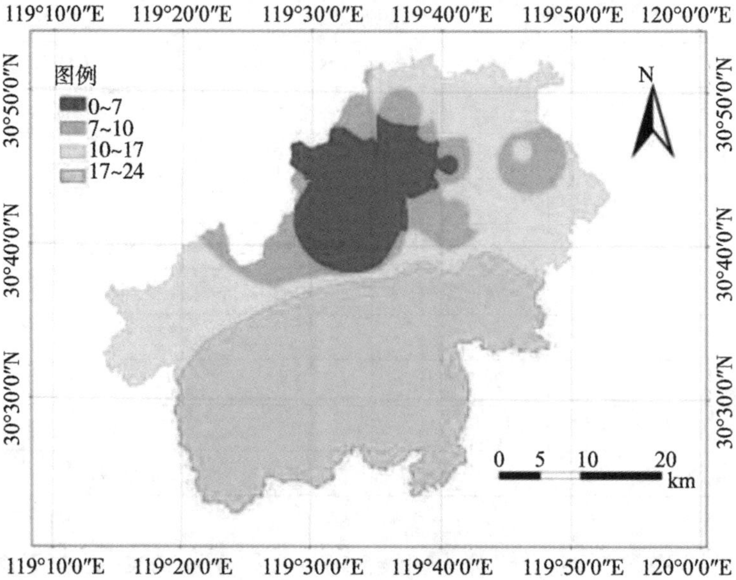

图 8-40 土壤养分状况评分

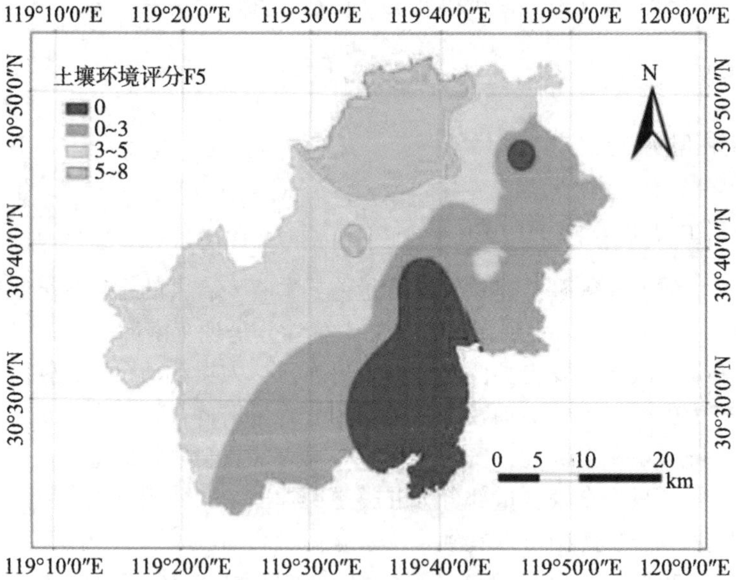

图 8-41 土壤环境状况评分

强到北部的5.0，其原因可能与北部平原受人类活动干扰较大有关。而水稻最适宜的pH值为6~7，酸性越强对水稻生长越不利。南方土壤由于岩基离子的淋溶，其本身就呈酸性，加之安吉县各地区土壤pH值差距不大，对水稻生长影响作用不大，因此对它的权重也较低。

在土壤质地的分级评分上，由于缺乏土壤质地类型数据，本案例根据土壤类型进行评分（表 8-4），根据土壤质地与 pH 值评分状况，进行图层叠加分析，得到理化性状的评分情况（图 8-43），可以看到土壤评分状况优良的区域与水稻土的分布区域相一致。

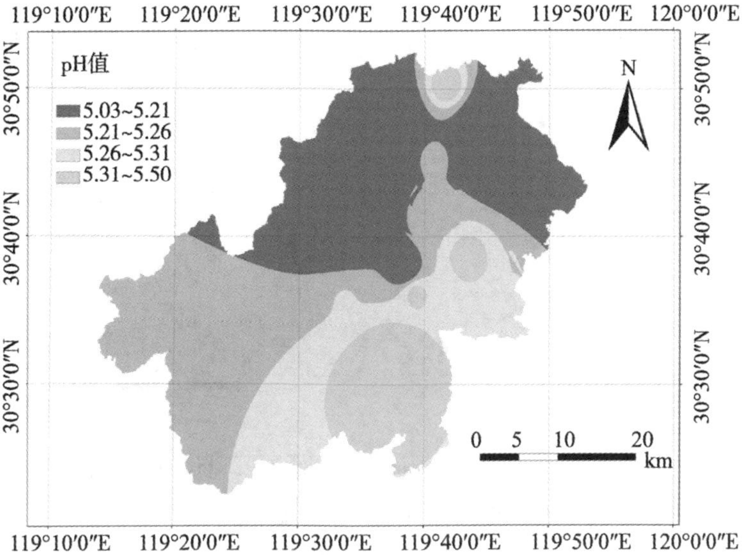

图 8-42　安吉县土壤 pH 状况

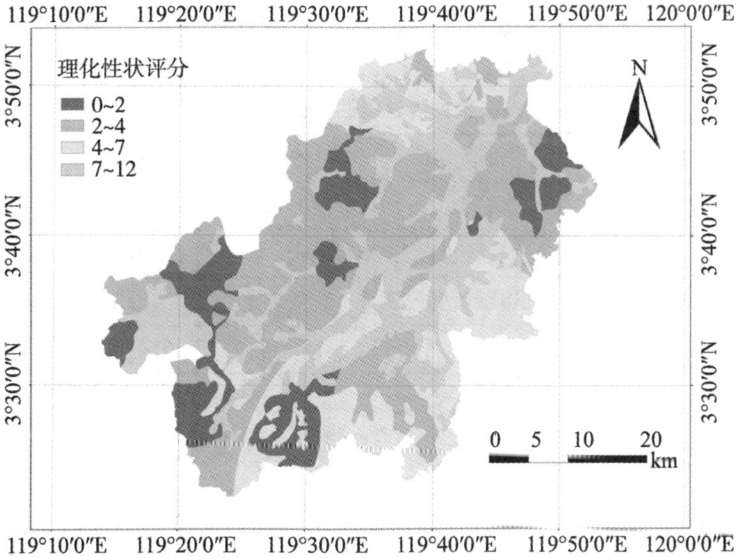

图 8-43　土壤理化性质状况评分

水源地是衡量灌溉条件的重要因素，也是适宜农作物生长的有利区位条件。安吉县内主要水系为西苕溪。它的上游西溪、南溪与塘浦长潭村汇合后，形成西苕溪干流，然后由西南向东北斜贯县境，于小溪口出县（图8-44），流域附近适宜发展农业。

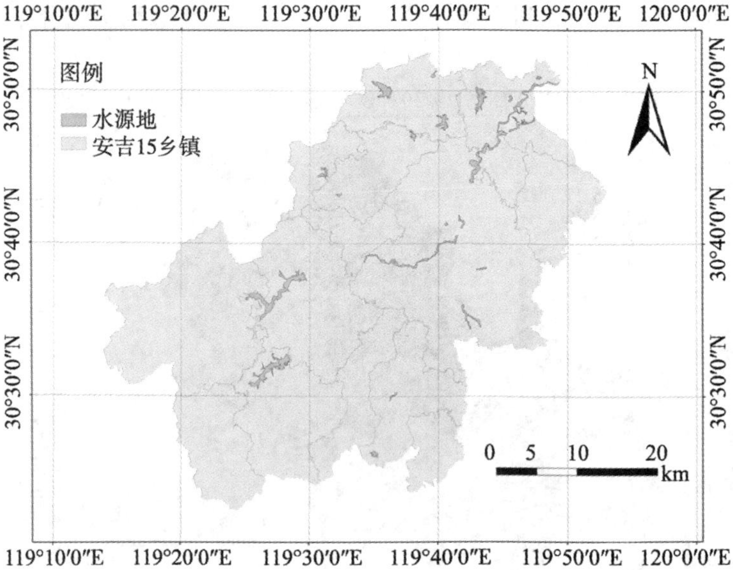

图8-44　安吉县水源地分布

土壤厚度是衡量灌溉条件好坏的另一重要指标，由于缺乏相关数据，同样根据土壤类型进行评分（表8-4），根据距离水源地的远近与土壤厚度进行灌溉条件综合评分，得到图8-45。可以发现，在流域覆盖的地方灌溉条件较好，而远离水源地的区域灌溉评分较低。

表8-4　**相关因素属性分级表**

级别	距水源远近（m）	质地	厚度	全汞含量（mg/kg）	坡度
1	<100	水稻土	红壤、水稻土	<0.13	0°~5°
2	100~200	紫色土、石灰岩土	紫色土、黄壤	0.13~0.15	5°~15°
3	200~500	红壤、黄壤	石灰岩土	0.15~0.17	15°~25°
4	>500	粗骨土	粗骨土	>0.17	>25°

3. 立地条件分析

土壤立地条件是影响水稻生长的主要因素之一，包含坡度、坡向两个评价指标。坡度的大小影响着水土的流失，水稻适宜在坡度较小的环境下生长。坡向通过影响水热等气象条件间接影响作物生长，本案例对坡向的评分主要根据风向进行判断，迎风坡风力作用明显，水分蒸发与土壤侵蚀较严重，因此迎风坡的评分较低。安吉县的盛行风向为东南风，据此进行坡向的等级评分。

根据坡度与坡向的情况，得到安吉县立地条件评分（图8-46）。从图中可以看到，在

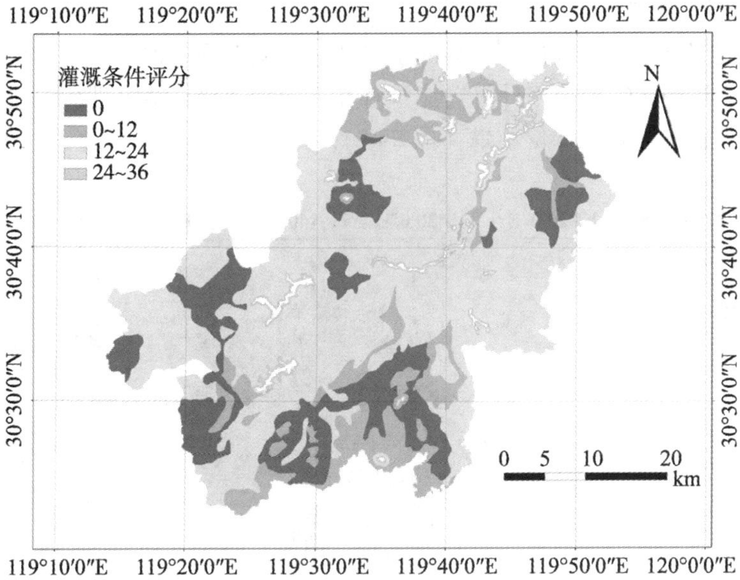

图 8-45　灌溉条件评分

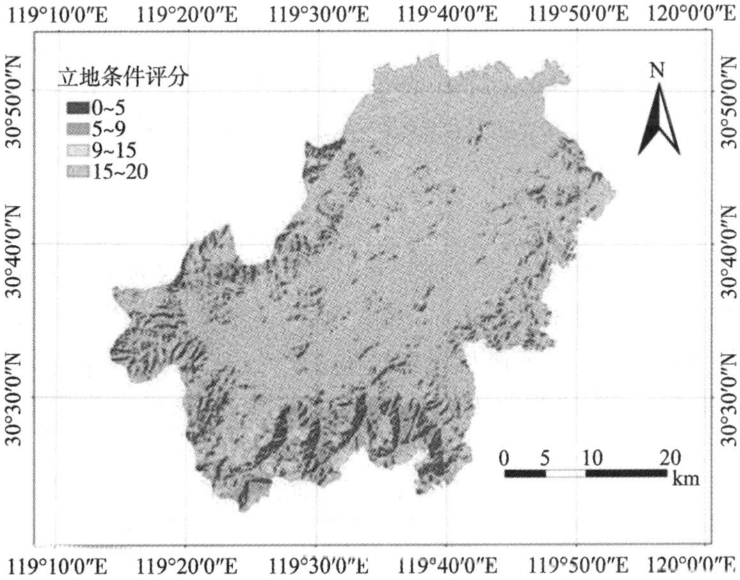

图 8-46　立地条件评分

东北部的平原地区，土地坡度较缓，适宜农作物的生长。而在安吉县西南部，天目山脉入境，分东西两支环抱县境两侧，山脉海拔较高，南端有浙北的最高峰龙王山，而且坡度也较陡，因此不适宜发展农业。

4. 耕地水稻种植适宜性面积统计与分布

根据土地利用类型，筛选出安吉县的水田区域，从而确定评价单元。再根据前述的五大类评价指标，运用 GIS 的栅格计算功能，对五类指标的评分结果进行图层叠加分析，得到安吉县水稻种植的适宜性评价结果（图 8-47）。

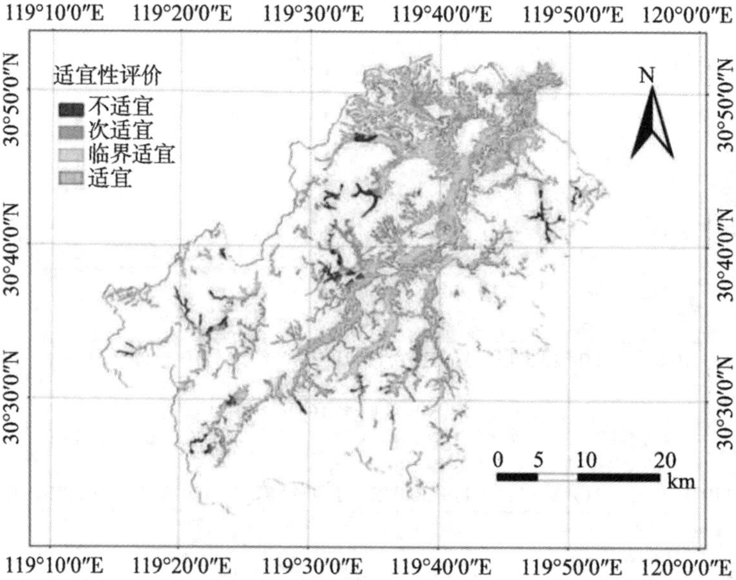

图 8-47　安吉县水稻种植适宜性评价

对耕地水稻适宜性评价结果属性表进行检索，统计各等级的面积（表 8-5）：安吉县耕地水稻种植不适宜、次适宜、临界适宜和适宜的面积分别为 136.9hm^2、576.8 hm^2、1347.8hm^{2}和 1051.3hm^2，分别占耕地面积的 4.4%、18.5%、43.3%、33.8%。总体来看，安吉县的耕地适宜种植水稻。实际情况也证明了这一点，2017 年安吉县水稻种植面积 13070hm^2，占农作物总播种面积的 45.7%，说明水稻是安吉县的优势种植作物。

表 8-5　**安吉县水稻种植各个等级的土地面积**

等级	像素个数	像素面积（m^2）	总面积（km^2）	占比（%）
不适宜	152120	30×30	136.908	4.40
临界适宜	640844	30×30	576.7596	18.53
次适宜	1497542	30×30	1347.7878	43.30
适宜	1168142	30×30	1051.3278	33.77

从安吉县水稻各等级适宜性的分布情况来看，不适宜、次适宜、临界适宜以及适宜的

土地均呈条带状分布。最适宜种植水稻的耕地集中分布在东北部苕溪流域附近，而流域外围，由于距离水源地较远，耕地适宜性等级下降，大致呈现出以苕溪流域为最适宜种植的中心区域，向外围扩展耕地适宜性下降，各等级耕地呈现出环带状分布的情况。

以乡镇为单位，可以看到适宜种植水稻的区域主要分布在东北部的梅溪镇、高禹镇以及东南部的上墅乡、天荒坪镇，这些区域位于苕溪流域附近，灌溉条件、土壤性质、地形因素等都非常适宜种植水稻；安吉中部的递铺镇大部分耕地为临界适宜，这与坐落于该镇省级开发区有关，较为强烈的工业活动降低了耕地质量，故该区的水稻种植评价中等；水稻种植不适宜的区域大部分位于西南部的章村镇、杭垓镇和报福镇，东北部的昆铜乡也有小部分不适宜区域分布。总体来看，不适宜耕作水稻区域大多位于安吉县西南部的山区，坡度较陡，远离流域，水热条件不佳，不适宜水稻生长种植。适宜耕作水稻的区域主要位于东北部的平原地区，河流的经过为这里的水稻种植提供了良好的条件。

(五) 耕地利用建议

耕地质量的优劣关系到农产品的产量和品质，不断提高耕地的综合生产能力，加强耕地保护和耕地质量建设是发展优质、高产、高效生态农业的重要保障。安吉县是传统的商品粮生产基地，盛产优质稻。但安吉县不适宜和次适宜水稻种植的面积有 713.7km^2，占耕地总面积的 22.9%。如何充分利用这些耕地，提高粮食产量是当前要解决的问题，针对这一问题提出下列对策和建议[15]：

1. 加强水利建设，增加稻田旱涝保收面积

近年来，安吉县把水利建设放在突出位置，遵循打造安全水利、生态水利、资源水利和可持续水利的理念，更加注重水利在服务民生方面的作用。“十一五”期间，安吉县共投入资金 6.84 亿元，完成水库除险加固 34 座，新增治理水土流失面积 25 万平方千米，使全县水土流失面积占总土地面积的比例下降到 8.9%。通过进行病险水库除险加固、中小河流治理、农村安全饮水、小型农田水利、山洪灾害防治等工程措施，能够有效提高和改善农村水利基本状况，使稻田旱涝保收的面积逐年扩大。

2. 完善排灌体系，改善土壤理化性状

通过开沟排水，改造中低产田，建设标准粮田，农业综合开发等措施，加大田间排灌沟渠的建设，改善农田基础设施，解决安吉县潜育型稻田地下水位高、泥温低、还原物质积累等问题，降低地下水位，改善土壤理化性状，提高耕地质量。在安吉县等不适宜水稻种植的乡镇，改造低产田。

3. 合理施肥，协调土壤养分含量

据调查，由于施用化肥简单，安吉县很多农民在播种作物时底肥施用复合肥，追肥施用尿素，这种单一的施肥方式已经造成了地力退化、农产品质量下降等不可忽视的后果[16]。此外，安吉县有机肥施用量不足。经调查，2017 年全县有机肥施用总量为 0.56 万吨，平均施用 225kg/hm^2。而增施有机肥，能够增加土壤有机质含量，增加土壤团粒结

构，促进微生物活动。合理施用化肥，调整土壤中氮、磷、钾等大量元素肥和中微量元素肥施用比例，使土壤营养元素保持平衡，提高土壤生产能力。

（六）结论与讨论

1. 讨论

层次分析法是在定性方法的基础上发展起来的定量确定参评因子权重的一种系统方法。这种方法可将人们的经验思维数量化，用以检验决策者的一致性，有利于实现定量化评价[7,22]，本研究中采用层次分析法来确定参评因子的权重，并以 GIS 为空间分析和计算平台，结合因子评价模型计算综合评价分值，并对结果进行分类定级，能快速、准确地实现各种可视化显示和空间分析。本案例在权重赋值方面依据经验和相关论文作为参考，实际上，不同的地区评价指标权重值有所不同，因此需要实地调查，并与专家咨询法相结合，才能够更加精准地进行各个指标的权重赋值。

土壤类型在一定程度上能够反映土壤质地与土壤厚度，但两者之间并不存在必然的联系，本案例在土壤质地与土壤厚度的评分上不够严谨。因此更为精确的适宜性评价，应当结合实地调查采样，进行综合评估。

2. 结论

本案例利用 GIS 技术和适当的评价方法，从影响水稻生长与产量的地形因素、土壤条件、灌溉条件等方面考虑，选取了五大类指标 10 个评价因子，构建层次分析模型进行安吉县水稻适宜性评价，得到以下结论：

（1）安吉县的土壤养分状况东南部优于西北部，土壤环境状况西北部优于东南部，土壤理化状况良好的区域与水稻土的分布范围一致，灌溉条件良好的区域基本在境内流域覆盖的地区，立地条件较好的地区在东北部的平原，西南部的山区立地条件较差。

（2）安吉县耕地总体适宜种植水稻，其耕地适宜种植水稻的面积为 136.9hm^2，占耕地总面积的 33.8%，其适宜耕种水稻的区域主要在东北部苕溪流域附近，而西南部的大部分山区不适宜耕种水稻。

（3）结合安吉县的水稻种植状况，未来安吉县在水稻种植过程中需要加强水利建设，增加稻田旱涝保收面积；需要完善排灌体系，改善土壤理化性状；合理施肥，协调土壤养分含量，做到因地制宜利用土地，增加耕地水稻种植产量水平。

本章参考文献

[1] 邵文杰．农业生态环境污染治理迫在眉睫［Z］. 光明日报，2000-06-13.

[2] 梁书民．中国农业种植结构及演化的空间分布和原因分析［J］. 中国农业资源与区划，2006，27（2）：29-34.

[3] 李文西，张月平，毛伟，等．水稻种植适宜性评价及指标选取研究［J］. 农学学报，2013，3（4）：19-24，41.

[4] 郑宇，胡业翠，刘彦随，等．山东土地适宜性空间分析及其优化配置研究［J］．农业工程学报，2005，21（1）：60-65.

[5] 李湘阁，阂庆文，余卫东．南京地区茶树生长气候适宜性研究［J］．南京气象学院学报，1995，18（4）：572-577.

[6] 申金山，关柯，李峰．城市居住用地适宜性评价方法与应用［J］．城市环境与城市生态，1999，12（2）：29-31.

[7] 于婧，聂艳，周勇，等．生态位适宜度方法在基于 GIS 的耕地多宜性评价中的应用［J］．土壤学报，2006，2（43）：190-196.

[8] 杨晓蔚．安吉县“中国美丽乡村”建设的实践与启示［J］．政策瞭望，2012，（9）：42-45.

[9] 蒋端生．红壤丘陵区耕地肥力质量演变规律及其影响因素研究［D］．长沙：湖南农业大学，2008.

[10] 傅伯杰．土地评价的基本理论问题初探［J］．地域研究与开发，1991，10（1）：1-4.

[11] 李志，刘文兆，王秋贤．黄土塬区不同地形部位和土地利用方式对土壤物理性质的影响［J］．应用生态学报，2008，19（6）：1303-1308.

[12] 贾莉君，范晓荣，尹晓明，等．pH 值对水稻幼苗吸收 NO^{3-} 的影响［J］．植物营养与肥料学报，2006，12（5）：649-655.

[13] 付小勤，原保忠，刘燕，等．钾肥施用量和施用方式对棉花生长及产量和品质的影响［J］．农学学报，2013，3（02）：6-11.

[14] 李菊梅，王朝辉，李生秀．有机质、全氮和可矿化氮在反映土壤供氮能力方面的意义［J］．土壤学报，2003，40（2）：232-238.

[15] 刘聪．安仁县水稻及油菜耕地土壤适宜性评价研究［D］．长沙：湖南农业大学，2013.

[16] 曹建民，奚慧慧，童超，等．安吉县种植业生产现状与发展趋势分析［J］．农技服务，2008，25（6）：110-111.

第九章　基于 DEM 的河流流域提取及应用

一、实验要求

掌握 ArcGIS 中水文模型的具体操作。

二、实验内容

基于 DEM 提取河流网络，计算流水累积量、流向，根据指定的流域面积大小自动划分流域。

三、实验步骤

水文分析的主要步骤如图 9-1 所示。

由于被较高高程区域围绕的洼地是进行水文分析的一大障碍，因此在确定水流方向以前，必须先将洼地填充，获得无洼地的 DEM。有些洼地是 DEM 生成过程中的数据错误带来的，但另外一些却表示了真实的地形，如采石场或岩洞等。

（一）水文流向分析原理

流向分析的原理如图 9-2 所示，共有 8 个方向，分别是 2 的 n 次方。水流的流向是通过计算中心栅格与邻域栅格的最大距离权落差来确定的。距离权落差是指中心栅格与邻域栅格的高程差除以两栅格间的距离，栅格间的距离与方向有关，如果邻域栅格对中心栅格的方向值为 2，8，32，128，则栅格间的距离为 SQRT（2）≈ 1.414，否则距离为 1。如果高程差为正值，则为流出；为负值，则为流入。

（二）原始资料数据的获得

在 ArcMap 中加载浙江 DEM 数据，执行 ArcToolbox 下的工具条 Hydrology 中的菜单命令 Hydrology→Fill，在出现的对话框中将 Input Surface Raster 参数指定为 DEM，确定后得到无洼地的 DEM 数据：Fill_jiancai（见图 9-3）。

（三）水文分析的具体步骤

（1）流向分析：执行工具条 Hydrology 中的菜单命令 Hydrology→Flow Direction，在

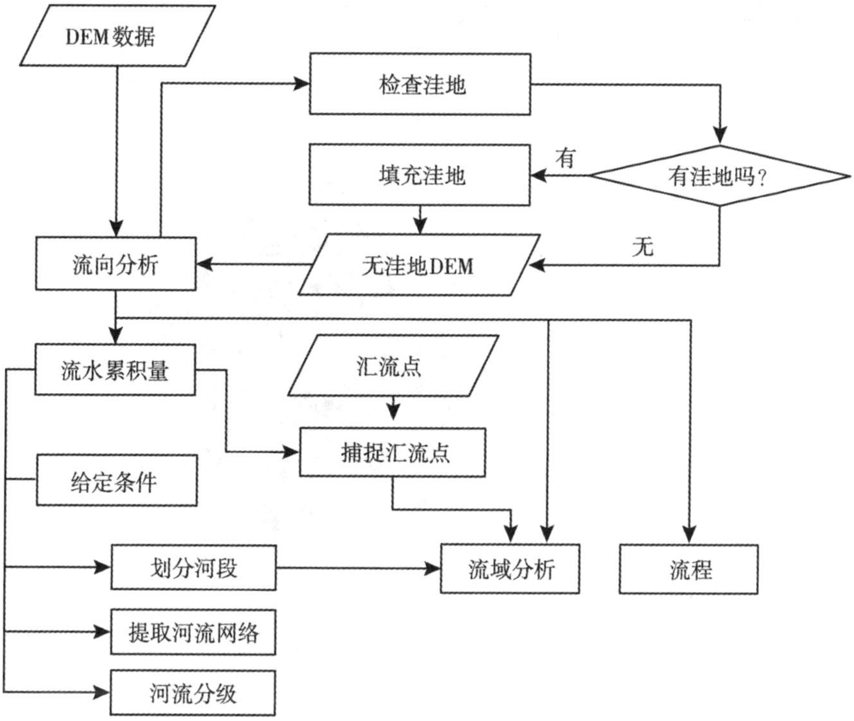

图 9-1　水文分析的主要步骤

32	64	128
16		1
8	4	2

图 9-2　流向分析原理图

出现的对话框中将 Input Surface Raster 参数指定为 Fill_jiancai，确定后得到流向栅格 flowdir_fill，流向栅格单元的数值表示的含义即是前文提到的流向分析原理中的值（见图 9-4）。

（2）计算流域盆地：执行工具条 Hydrology 中的菜单命令 Hydrology→Basin，在出现的对话框中将 Input Flow Direction Raster 参数指定为 Fill_jiancai，获得浙江省的流域盆地分布图 basin_flowdi（见图 9-5）。

（3）将栅格数据转化为矢量数据：执行工具条 Conversion Tools 中的菜单命令 From Raster→Raster to Polygon，在出现的对话框中将 Input Raster 参数指定为 basin_flowdi，获得矢量化浙江省的流域盆地分布图 RasterT_Basin_F1（见图 9-6）。

（4）获得飞云江水系流域图：点击 Editor Toolbar→Editor→Start Editing，在出现的对话框中选择 RasterT_Basin_F1，删除其他流域只剩下飞云江的大致流域分布图，获得飞云

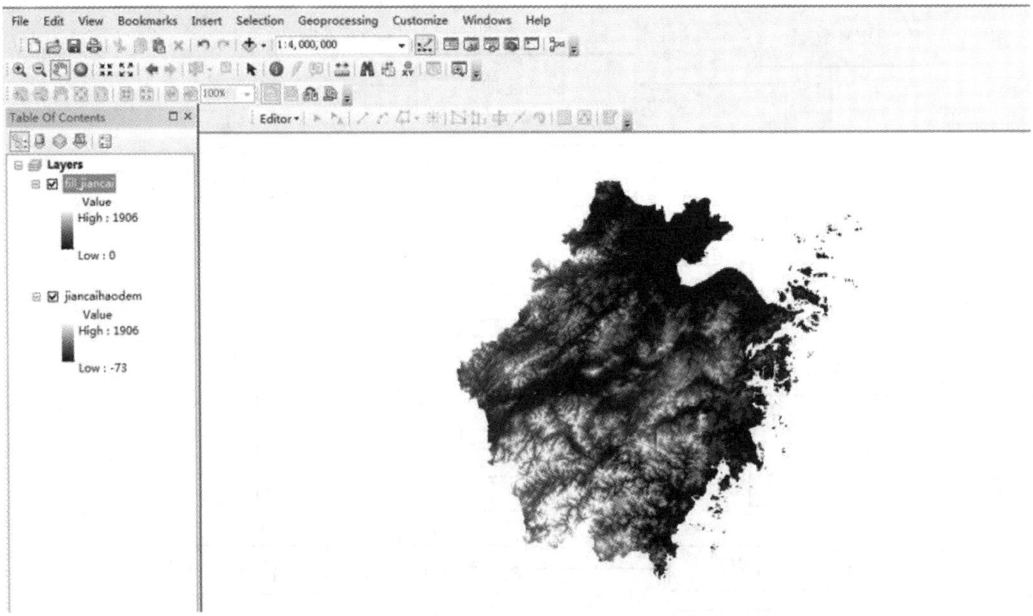

图 9-3　无洼地的 DEM 数据

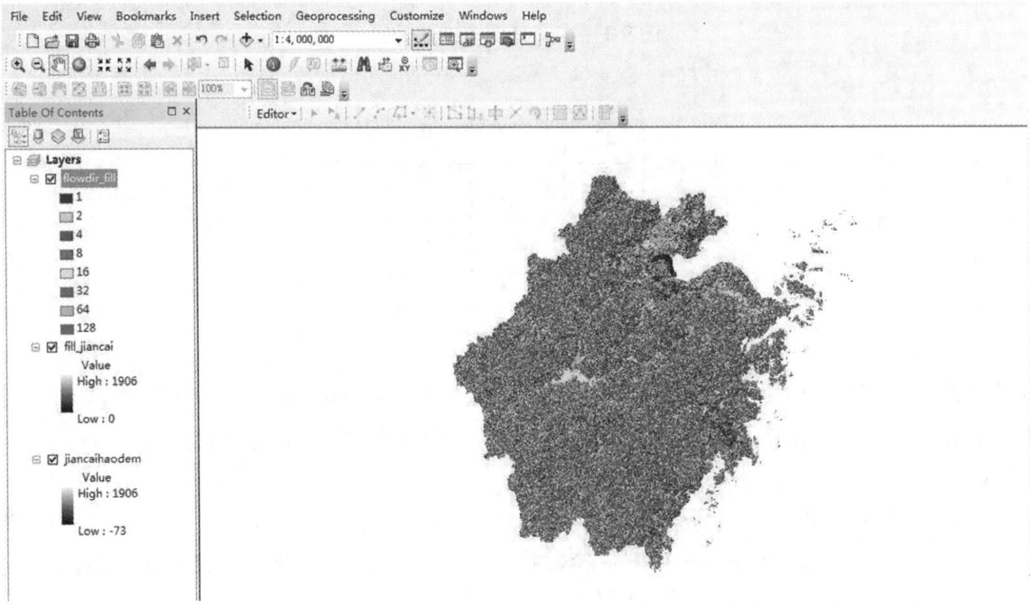

图 9-4　获得流向栅格数据

江流域分布图 rastert_basin_f2（见图 9-7）。

（5）裁剪获得飞云江的流向分析图：执行工具条 Spatial Analyst Tools 中的菜单命令 Extraction→Extract by Mask，在出现的对话框中将 Input Raster 参数指定为 FlowDir_Fill，将

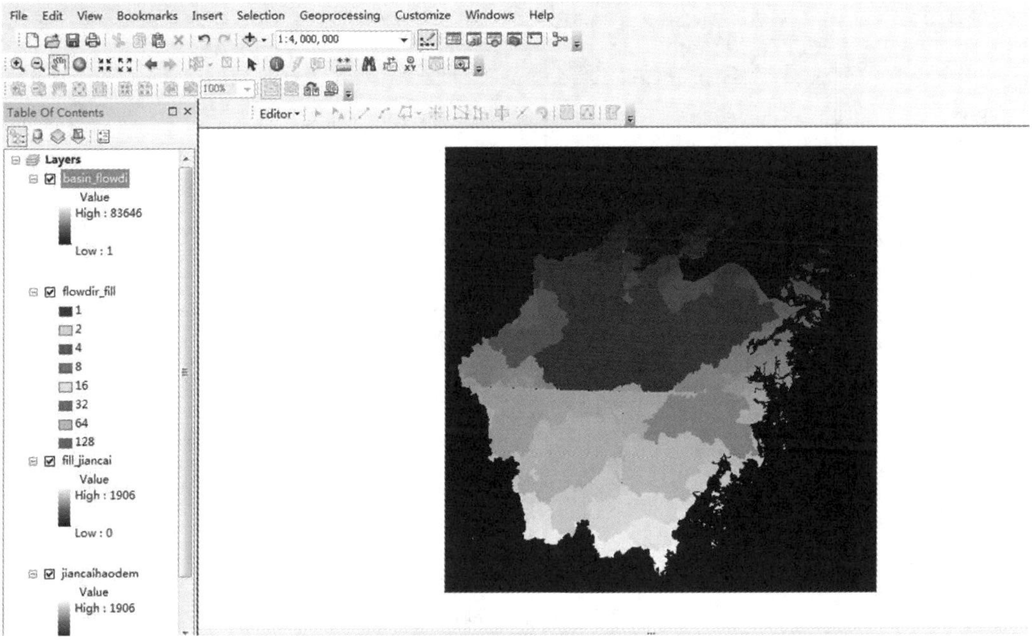

图 9-5　浙江省流域盆地分布图

图 9-6　矢量化浙江省的流域盆地分布图

Input Raster or Feature Mask Data 参数指定为 rastert_basin_f2，确定后得到飞云江流向栅格

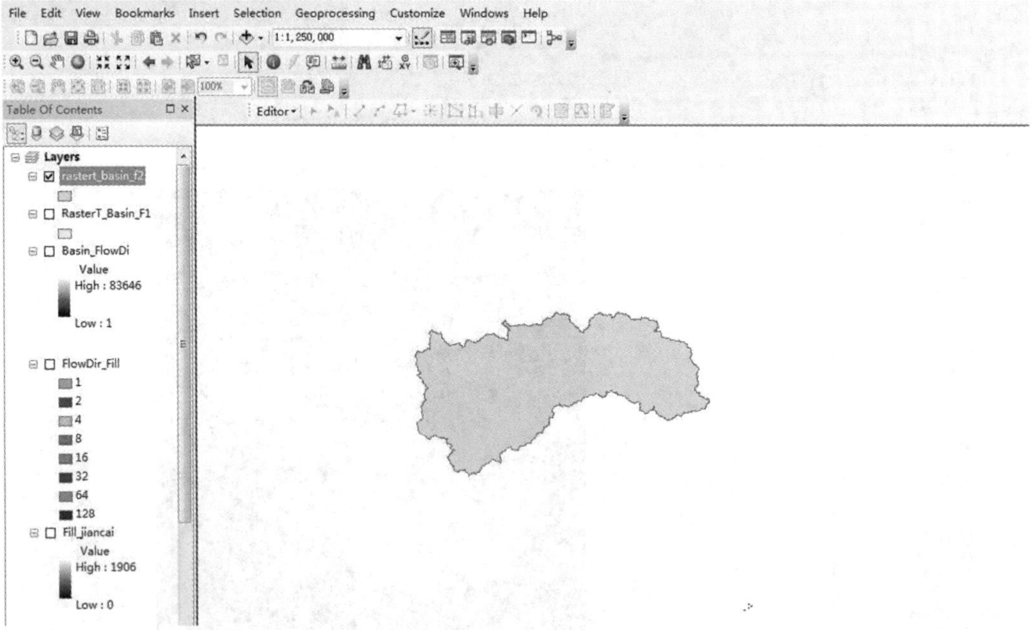

图 9-7　飞云江流域分布图

图 extract_flow1（见图 9-8）。

图 9-8　飞云江流向栅格图

(6) 计算流水累积量：执行工具条 Hydrology 中的菜单命令 Hydrology → Flow Accumulation，在出现的对话框中将 Input Flow Direction Raster 参数指定为 extract_flow1，得到 flowacc_extr1（见图 9-9）。

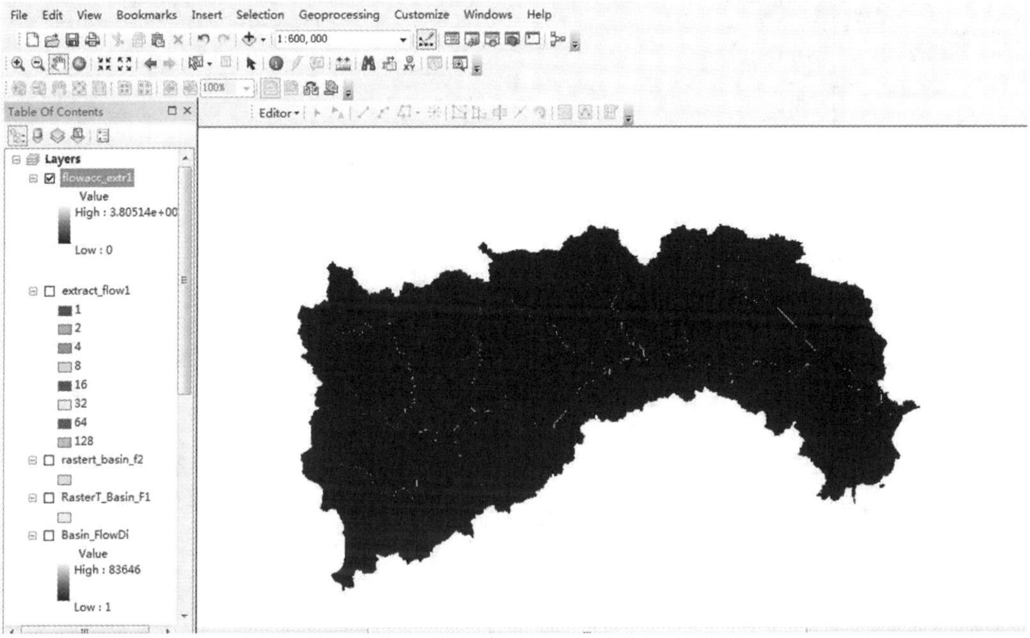

图 9-9 流水累积量

(7) 提取河流网络：利用地图代数来进行河网提取。目前常用的河网提取方法是采用地表径流漫流模型计算：首先是在无洼地 DEM 上利用最大坡降的方法得到每一个栅格水流方向，然后利用水流方向计算出每一个栅格在水流方向上累积的栅格数，即汇流累积量，所得到的汇流累积量则代表在一个栅格位置上有多少个栅格的水流方向流经该栅格。

(8) 提取河流网络栅格：打开 ArcToolbox，点击 Spatial Analyst Tools→Map Algebra→运行 Singleout。在地图代数表达式 1 中输入公式：con（flowacc_extr1>2500，1），[输出栅格] 指定为：rastert_singleo2。说明：通过此操作，流水累积量栅格 flowacc_extr1 中栅格单元值（流水累积量）大于 2500 的栅格赋值为 1，从而得到河流网络栅格 rastert_singleo2（见图 9-10）。

(9) 流域分析：执行工具条 Hydrology 中的菜单命令 Hydrology→Stream Link，在出现的对话框中将 Input Stream Raster 参数指定为 rastert_basin_f2，Input Flow Direction Raster 参数指定为 extract_flow1，确定后得到 streaml_flow1。再执行工具条 Hydrology 中的菜单命令 Hydrology→Watershed，在出现的对话框中将 Input Flow Direction Raster 参数指定为 extract_flow1，将 Input Raster or Feature Pour Point Data 参数指定为 streaml_flow1，确定后得到流域栅格 Watersh_flow2（见图 9-11）。

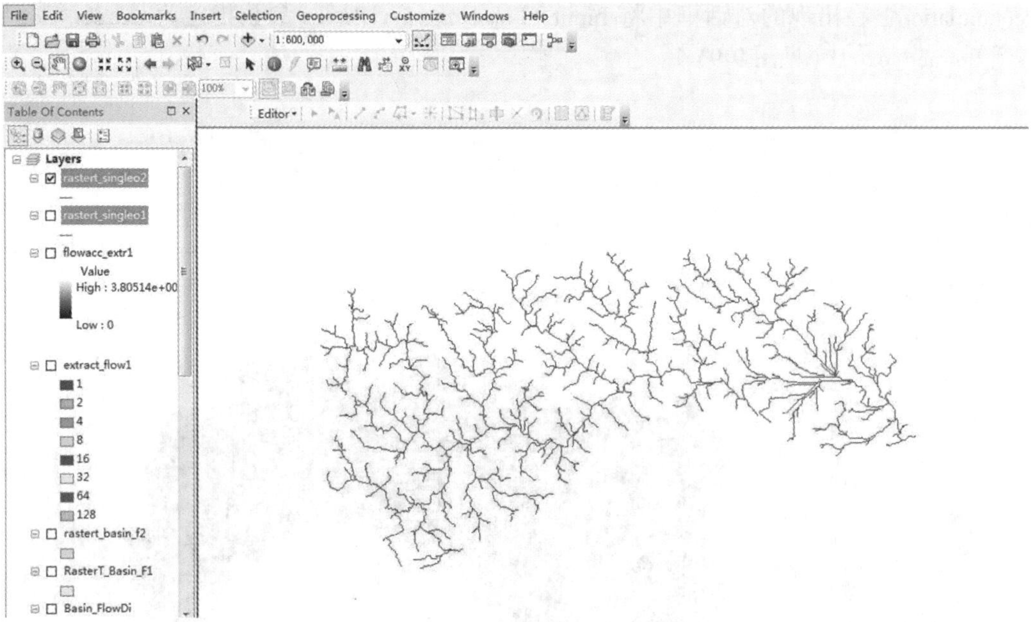

图 9-10　飞云江网络栅格图

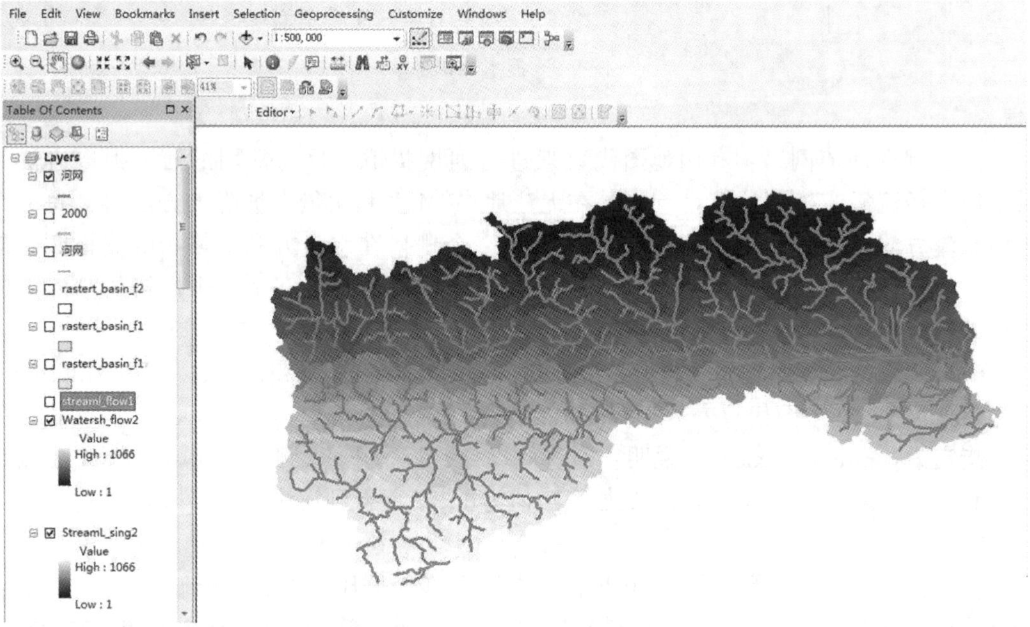

图 9-11　飞云江流域栅格图

（10）生成专题地图浙江省温州市飞云江水系模型图，见图 9-12。

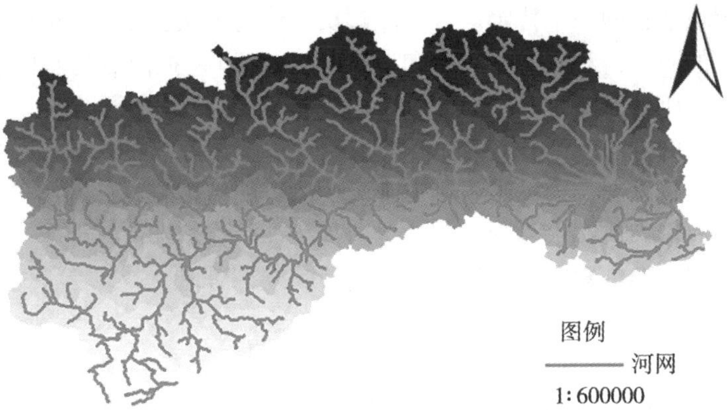

图 9-12　浙江省温州市飞云江水系模型图

四、案例研究

基于分形维数的钱塘江流域地貌发育阶段分析

摘要：基于钱塘江流域 DEM 数据，利用 ArcGIS9.3 的水文分析模块，分别提取不同累计流量下的钱塘江流域河网信息。通过网格法计算得到了相应的水系分维值。根据不同累计流量的阈值与水系分维的相互关系，确定该流域水系分维值为 1.3~1.5；同时在分析过程中对钱塘江流域的分形相关性做出合理性检验，利用高程-面积积分曲线对分形结果进行验证，发现钱塘江流域高程-面积积分曲线与老年期的曲线的相似度较大，分析得出钱塘江流域分形维数为 1.3~1.5，该流域地貌侵蚀阶段应该被界定为老年期。

关键词：分维；钱塘江；侵蚀阶段；高程-面积积分曲线

（一）引言

分形理论被誉为大自然的几何学，该理论承认事物的局部可能在一定条件或过程中，在某些方面（形态、结构、信息、功能、时间、能量等）表现出与整体的相似性，且空间维数的变化既可以是离散的，也可以是连续的[1]。分形理论自提出以来，不断地被应用于各个领域。在《大自然分形几何学》一书中，就着重介绍了布朗分形对河流、地形、海岸线、湍流等地理现象的模拟[2]。在水文学方面，前人研究发现水系、水网等流水地貌具有明显的分形特征，对流水地貌的研究分为水系、紊流的分形特征以及水系分形性质与所在地域自然现象的关系。国内学者李后强等[3-4]进行了分形地貌的研究，并解释了“分形地貌学”这一地理学新名词，认为分形源自地球表面复杂多样的地貌，通过阐述紊流的分形性质来说明流水地貌的分形特征，并列举了用于地貌学的三种分形函数。汪永清等[5]将 Horton 定律与水路网分形理论相结合，将其应用于黄土高原流水地貌的分形研究，结果表明研究区的沟道长度与汇水面积存在较好的幂函数关系，且发现沟道网的 Horton

极比参数和分维值在一定程度上可看作是一个稳定的常数。在流域地貌特征研究中，分形维数可以看做流域地貌的一个特定参数，能够反映地貌的状态或者变化情况的特征。在研究流域分形系数的同时，利用 GIS 软件和 DEM 数据可以模拟流域的水网状况，结合分形维数的大小来分析所处流域地貌侵蚀发育程度和流域地貌发育程度的差异[6]。马宗伟[7]等就利用盒子维数的方法，结合 GIS，分析了赣江中上游流域的 Hurst 指数数据，得出水系分维越高，水系越复杂，则洪涝干旱灾害发生的可能性也就越低的结果。

本案例应用分形理论在水文学方面的普遍规律，对钱塘江流域地貌进行研究，并作相关探讨，尝试利用分形维数确定钱塘江流域的地貌发育阶段。

（二）研究区域

钱塘江流域位于浙江省西北部，区域概况见图 9-13。纬度位置为 28°5′0″～30°24′0″N，经度位置为 117°24′0″～121°12′0″E，跨越安徽、浙江、江西和福建四省，橄浦以上流域面积 49876km²，主流长 583km，其中浙江境内流域面积 35500 km²[8]。气候属典型的亚热带季风湿润气候，四季分明，气温适中，雨量充沛，光照丰富，多年平均气温 16.1～17.7℃，南部高于北部，盆地高于丘陵山区。多年平均降水量 1200～2200mm，降水总的分布趋势是自西向东北递减，流域降水量年内分布也不均衡，最大连续四月降水量占全年降水量的 50%～60%。最大月降水量一般出现在 5 月或者 6 月，6 月下旬至 7 月上旬常出现连绵阴雨天气，并时常有暴雨发生，易形成流域性洪涝灾害[9]。

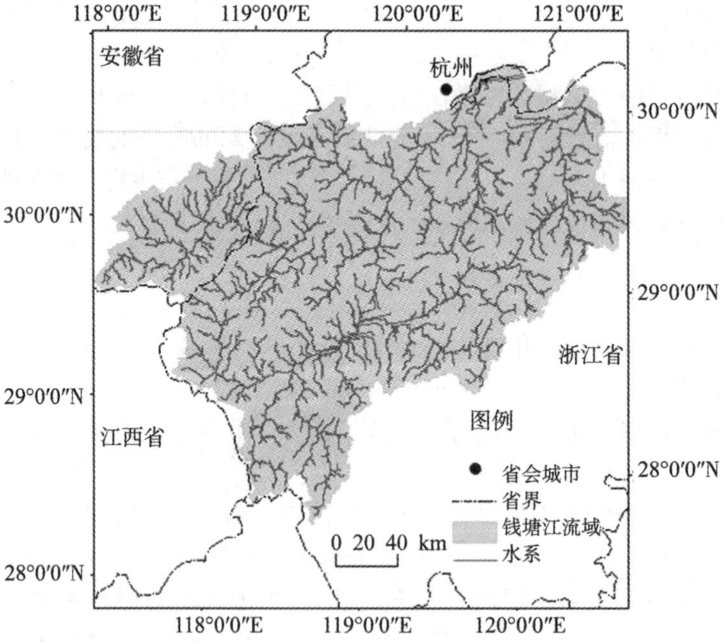

图 9-13　研究区域图

（三）材料来源及计算方法

1. 数据来源

主要利用钱塘江全流域的 DEM 数据，数据空间分辨率为 30m，数据来源于中国空间数据云，如图 9-14 所示。

图 9-14　钱塘江流域 DEM

2. 流域分形维数的计算方法

利用水系分形理论提出的水系盒子分维数算法，计算钱塘江流域的分维值。本案例采用简单实用的盒子分维系数计算方法，基本思想是使用边长不同的正方形去覆盖水网。在前人的总结下，发现覆盖网格数量 $N(\varepsilon)$ 和尺度 ε 的分形负 D 次幂之间存在正比例关系：

$$N(\varepsilon) = \varepsilon^{-D} \tag{9-1}$$

在两边都以 a（$a>0$）为底进行对数时，即得

$$\log_a N(\varepsilon) = -D\log_a \varepsilon \tag{9 2}$$

在一组对应的尺度（ε_1，ε_2，ε_3，…，ε_K）上，得到一系列对应的网格数（$N(\varepsilon_1)$，$N(\varepsilon_2)$，$N(\varepsilon_3)$，…，$N(\varepsilon_k)$），以两数据（$\log_a\varepsilon$，$\log_a N(\varepsilon)$）建立坐标，再以最小二乘法拟合一条直线，M 为所得直线的截距，D 为所得直线的斜率，即得

$$\log_a N(\varepsilon) = M - D\log_a \varepsilon \tag{9-3}$$

所得的 D 值就是我们要求的流域分形维数。

(四) 钱塘江流域水系分维值计算

1. 流域信息提取

1）洼地填平

洼地是影响地表水流过程的重要因素。由于数据噪音、内插方法的影响，DEM 数据中常包含一些“洼地”，“洼地”将导致流域水流不畅，不能形成完整的流域网格。在自然条件下，水流从高处向低处流动，遇到洼地首先将其填满，然后再从该洼地的某一最低出口流出[10]。其基本步骤是：首先确定洼地单元格，洼地单元格是指一个单元格的高程低于与它相邻 8 个单元格的高程。接着确定洼地的积水区域。在处理过程中，扫描地的单元格及其相邻 8 个单元格，如果沿下坡能够到达洼地单元格，就标记，反之不标记。如此重复和扩充单元格临近区域范围，直到全流域都被处理过，以此确定洼地集水区域。最后对洼地集水区域中的标记单元格用高程较低的单元格值替代。在不断重复的过程中，完成洼地的填充工作。

2）水流方向确定

水流方向的确定是地表径流模型建立的基础，所以为了模拟地表径流在流域表面的流动情况，需要确定水流在每个栅格单元格内的流动方向。在水流方向确定后，其单元的注入流水单元格数量也相应确定，从而可以形成集水的界限和水系网格图。每个单元格均有 8 个相邻的单元格（水平、垂直和一组对角线）。为了确定唯一的水流方向，首先要对不同的方向进行取值，确定单元格周围 8 个方向的高程信息，然后以顺时针的方向分别计算相邻单元格和中心单元格之间的坡度大小，最后进行统一比较，按坡度最陡原则进行选取[11]。对其他单元格重复上述过程，直到填平后的水系图全部处理后，就可以获得全流域的流水方向结果。

3）汇流分析

汇流分析的主要目的是确定流路。首先每一个网格有一个相对的 NIP 值，NIP 值代表流入此单元格的所有栅格点总数。NIP 较大的值汇入栅格数多，代表河谷低端，NIP 值为 0 的单元格没有汇入栅格，作为高地。

4）水系生成

水系生成要确定生成水系的阈值，利用 ArcGIS 软件中的单因素栅格计算器（single output map Algbra），输入 con 函数，这个函数的作用就是提取汇流结果途中大于阈值情况的单元格，将不符合要求的单元格忽略。对于不同的流域，水系阈值的大小不同，需要结合流域情况进行选择，图 9-15 是累积流量阈值为 8000 时提取的流域水系图。

2. 水系维数的计算

1）转化及网格统计

对提取出来的流域水系图，用不同尺度的网格进行分割，利用叠加分析的求交方法，获得全流域范围的网格。本次使用的网格尺度边长分别为 400、500、700、1000、2000、4000、5000、7000、10000，对不同集水面积下的网格数进行统计。不同流量阈值情况下

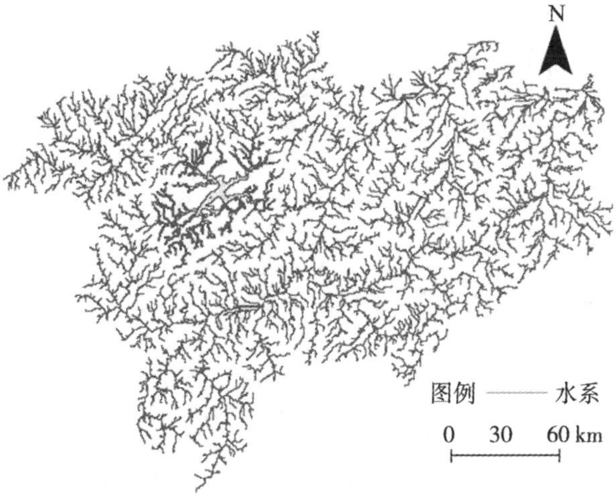

图 9-15　钱塘江提取图

不同网格尺度的网格数如表 9-1 所示。

表 9-1　**不同流量阈值的网格数据表**

网格边长（ε）	网格数（N（ε））					
	3000 阈值	4000 阈值	5000 阈值	6000 阈值	7000 阈值	8000 阈值
400	70487	62246	56343	52007	48707	45831
500	54573	48217	43702	40342	37824	35599
700	37409	33135	30127	27862	26195	24664
1000	24623	21938	20003	18518	17445	16468
2000	10191	9376	8694	8418	7730	7354
4000	3176	3139	3064	2987	2905	2830
5000	2064	2050	2037	2022	1999	1975
7000	1081	1077	1074	1067	1064	1057
10000	556	551	547	544	544	540

2）水系分维的计算和确定

当网格边长 ε 不断变化时，就会获得一系列与之相应的网格数量 N（ε），由式(9-3)可以知道水系的分形系数就是这个公式的斜率。以 3000 阈值情况为例，在不同网格情况下的网格数和网格边长以 e 为底数取对数的值作为一组坐标，然后再用最小二乘法的方法拟合出它们之间的相关函数，图 9-16 即为阈值为 3000 时的坐标图。R^2 表示本次计算的相关性，其值为 0.9912（图 9-16），表示分形维数计算较为合理。接着重复以上分形维数的计算方法分别算出阈值在 4000，5000，6000，7000，8000 不同情况下的分形维数。

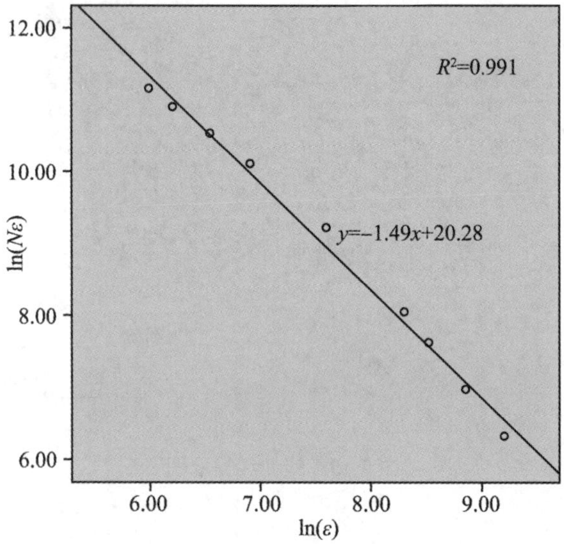

图 9-16　3000 阈值坐标图

3. 分形相关性分析

分别计算完成 3000~8000 不同累积流量阈值情况下的分形维数，为了确定钱塘江是否具有分形特征，对本次计算的结果进行分形相关性的计算，并将计算的维数结果和阈值以图的形式表现出来，通过将两类数据用最小二乘法拟合，得到结果如图 9-17 所示。在图中，首先可以看到不同阈值分形维数拟合直线后 R^2 为 0.974（>0.95），很明确地表现出本次研究的钱塘江流域水系具有很好的线性相关性，可以利用分形维数进行钱塘江流域的侵蚀发育研究和探讨。

4. 分形结果验证方法

简单地依靠分形理论的结果对钱塘江流域的侵蚀阶段判断存在很大的误差，所以要对其结果进行检验。本次研究用于检验的方法是高程-面积积分曲线法，高程-面积积分曲线法的计算方法如下：

$$\frac{V}{HA}=\int_0^1\frac{a}{A}\mathrm{d}\frac{h}{H}\text{或者}\frac{V}{HA}=\int_0^1 x\mathrm{d}y \tag{9-4}$$

通过式（9-4）对本次研究的 DEM 图像数据进行提取，得到钱塘江流域高程-面积积分曲线。如图 9-18 所示即为本次钱塘江流域高程-面积积分曲线图。

结合本次的高程-面积积分曲线结果与承继成、江美球[12]在流域地貌数字模型中总结地形发育阶段的高程曲线特征示意图（图 9-19）进行对比，发现钱塘江流域积分曲线与老年期的曲线的相似度较大，因此，判断钱塘江流域属于流域侵蚀阶段的老年期。

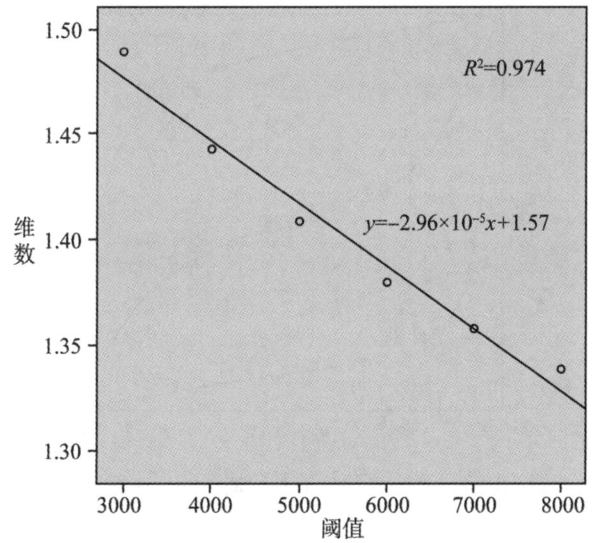

图 9-17　多组维数相关性分析

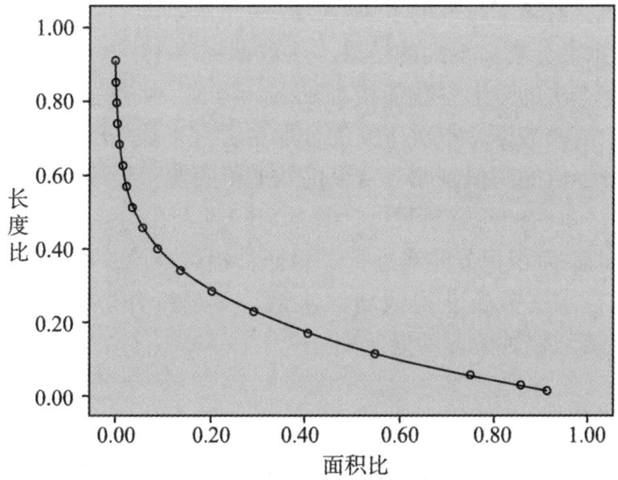

图 9-18　流域面积-高程曲线

(五) 分析与讨论

一般认为水系的分维反映了水系的发育程度。河网密度越大，河流发育越成熟，其分维值就越高。何隆华[13]对分形维数的意义进行了很好的总结，提出全国水系分形维数分维值小于 1.6 时，流域地貌处于侵蚀发育阶段的幼年期，分维值 1.6~1.89 为中年期，分维值 1.89~2.0 为老年期。根据其理论，本案例计算出钱塘江流域的多个阈值的分形维数介于 1.3~1.5，故此得出钱塘江流域地貌侵蚀发育处于幼年期。但是，本案例利用高程-面积积分曲线对分形维数的侵蚀阶段进行验证，发现图 9-18 中的高程-面积积分曲线与地

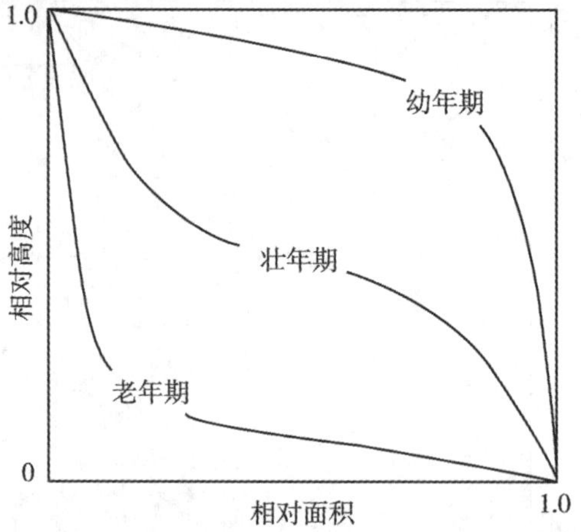

图 9-19　地形发育阶段的高程曲线特征示意图[12]

形发育阶段的高程曲线特征示意图中的老年期曲线相似度较高，而这一结果与上述基于何隆华[13]等对流域侵蚀阶段的判断相互矛盾。在仔细参考何隆华等的论文后发现两次研究的区别。首先数据上，何隆华研究的水系数据来源于水系图的扫描结果图，本次研究利用的数据来源于 DEM 水文分析后得到的结果，从数据提取上，本次的水系密度应该会大于扫描的结果图，但是本次的分形系数却相对较小。其次，从数据分析范围来说，何隆华等研究的分形是基于全国的数据，本次研究的分形主要基于钱塘江流域。最后何隆华在文中也提出了侵蚀阶段分维值的阈值判断"结果仍然值得商榷，要确定更加合理的临界值还需要做进一步的探索"。本次的研究对数据计算的可行性利用分形相关性进行了验证，分形维数阶段判断利用高程-面积积分曲线进行了验证，相对来说，本次研究的结果是合理的。而基于 DEM 数据进行水文分析获得钱塘江水系，并进行分形维数值计算，计算结果为 1.3~1.5，应判定为流域侵蚀阶段的老年期。

（六）结论

利用 DEM 数据提取钱塘江流域水系图，采用网格法求取钱塘江流域水系的分形维数，利用集水面积阈值与水系分维的相关关系，确定钱塘江流域水系提取的阈值及相应的水系分维，钱塘江的分形维数在 1.3~1.5，且其分形意义为侵蚀阶段的老年期。

本章参考文献

[1] 王桥，毋河海．地图信息的分维描述与自动综合研究［M］．武汉：测绘科技大学出版社，1998：28-29.

[2] 伯努瓦 B. 曼德布罗特，陈守吉，等．大自然的分形几何学［M］．上海：上海远东出版社，1998.

[3] 李后强，艾南山．分形地貌学及地貌发育的分形模型［J］．自然志，1992，15（7）：

516-519.
[4] 艾南山，陈嵘，李后强．走向分形地貌学［J］. 地理学与分形研究，1999，15（1）：92-96.
[5] 姜永清，邵明安，李占斌，等．黄土高原流域水系的 Horton 级比数和分形特征［J］. 山地学报，2001，20（2）：206-211.
[6] 冯平，冯焱．河流形态特征的分维计算方法［J］. 地理学报，1997，52（4）：324-330.
[7] 马宗伟，钟善锦．水系分形特征对流域径流特性的影响——以赣江中上游流域为例［J］. 长江流域资源与环境，2009，18（2）：163-169.
[8] 于海燕．钱塘江流域生态功能区划研究［D］. 杭州：浙江大学，2008.
[9] 高希超．气候变化对钱塘江水域资源的影响［D］. 杭州：浙江大学，2014.
[10] 周启鸣，刘学军．数字地形分析［M］. 北京：科学出版社，2006.
[11] 江滔，刘洪斌．基于 DEM 的重庆长江流域水系分维估算［J］. 中国农学通报，2010，26（15）：365-368.
[12] 承继成，江美球．流域地貌数学模型［M］. 北京：科学出版社，1986.
[13] 何隆华，赵宏．水系的分形维数及其含义［J］. 地理科学，1996，16（2）：124-128.

第十章　基于3S的海岸带人类活动干扰强度评价分析

一、实验目的

（1）了解不同类型海岸线地理影像特征，了解不同岸线类型的地理解译标志。

（2）了解人类活动干扰强度的定义，并学会计算陆域和海域不同地区的人类活动干扰强度。

（3）学会利用GIS软件计算岸线分形维数，并了解岸线分形维数的地理意义。

二、实验内容

完成海岸带人类活动干扰强度与岸线分形维数的关系分析。

三、实验步骤

利用遥感影像和相关海图数据，运用ENVI软件进行图像预处理，包括几何精校正、噪声去除、识别地物并进行类别归并，参照研究区地形图、野外调查数据等辅助资料，进行海陆信息分离，运用ArcGIS软件通过人工目视解译方法确定海岸线的位置，获取海岸线形态数据。

海岸线形态包括岸线长度和复杂度，长度指不同比例尺下的海岸线线段长度，在本次实验中，采用遥感影像（Landsat_TM）获取中国大陆海岸线长度，海岸线复杂度的计算通过分析海岸线的分形维数获得，而岸线形态与海陆干扰度指数关系的计算利用ArcGIS相关模块统计分析后进行相关分析获得。具体实验操作过程如下：

（一）海岸线提取

自然岸线的提取：以30 m空间分辨率的SRTM1 DEM为基础，基于ArcGIS软件平台，提取海陆交界处0 m等高线，并叠加卫星影像加以修正。

人工岸线的提取：以Landsat卫星影像为基础，基于ArcGIS软件平台，采用人工目视解译提取人工海堤作为海岸线，提取过程中参照地形图进行修正（如图10-1所示）。

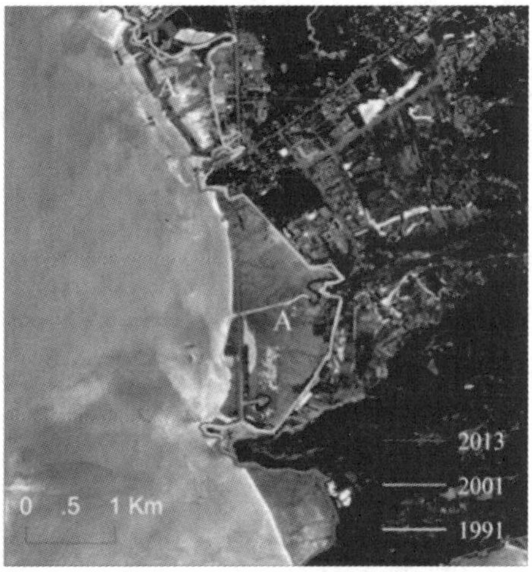

（a）乐清湾玉环县西海岸岸线变化

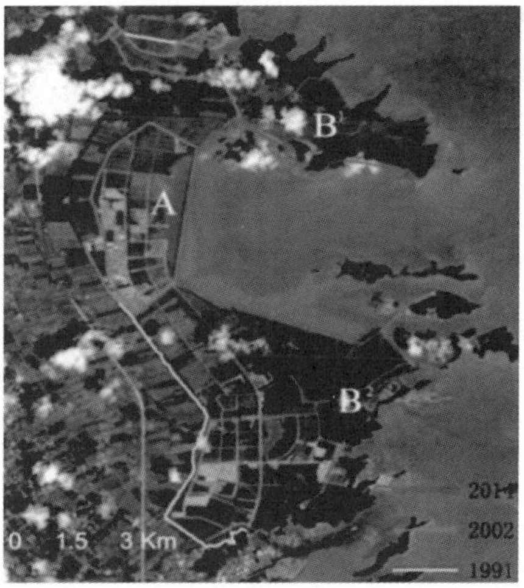

（b）台州白果山——黄礁、大港湾、九洞门岛岸线变化

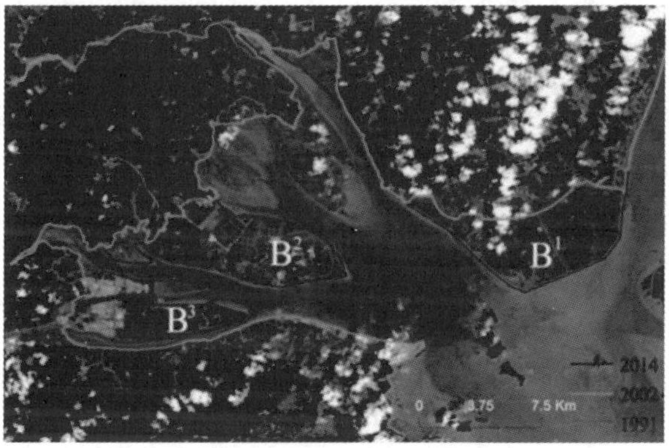

（c）三门湾三门县岸线变化

图 10-1 提取人工岸线

（二）海岸线长度计算

海岸线长度具有尺度效应。海岸线长度受所采用地图比例尺大小的影响，本次研究以 1∶10 万比例尺地图计算岸线长度，所采用数据 TM 影像 30m 分辨率能够满足其要求。在 ArcGIS 软件平台计算分析，获取岸线长度。

（三）海岸线分形维数计算

计算海岸线分形维数的方法有两种：一是量规法，二是网格法，本次实验采用网格法计算海岸线的分形维数。网格法的基本思路就是使用不同长度的正方形网格连续且不重叠地去覆盖被测海岸线，当正方形网格长度 r_k 出现变化，则覆盖整条海岸线所需网格数目 N_k（r_k）会出现相应的变化，根据分形理论：

$$N_k(r_r) = r_k - D \tag{10-1}$$

对式（10-1）两边同取对数，可得：

$$\lg N_k\ (r_k) = -D\lg r_k + A \tag{10-2}$$

式中：A 为待定常数；D 为被测海岸线的分形维数，直线的分形维数理论值为 1，矩形的分形维数理论值为 2，分形维数值越大，表示海岸线的形状越复杂。

(四) 海岸线形态与干扰度指数关系研究

首先进行海岸带基本单元构建，基本单元构建原则：由海岸线向陆 10 km，向海至 -6m等深线的范围内，以岸线矢量数据为基础，建立 1 km×1 km 渔网，在综合考虑岸线类型、地貌类型以及行政区划管理的基础上合并构成海岸带基本单元，如图 10-2 所示。

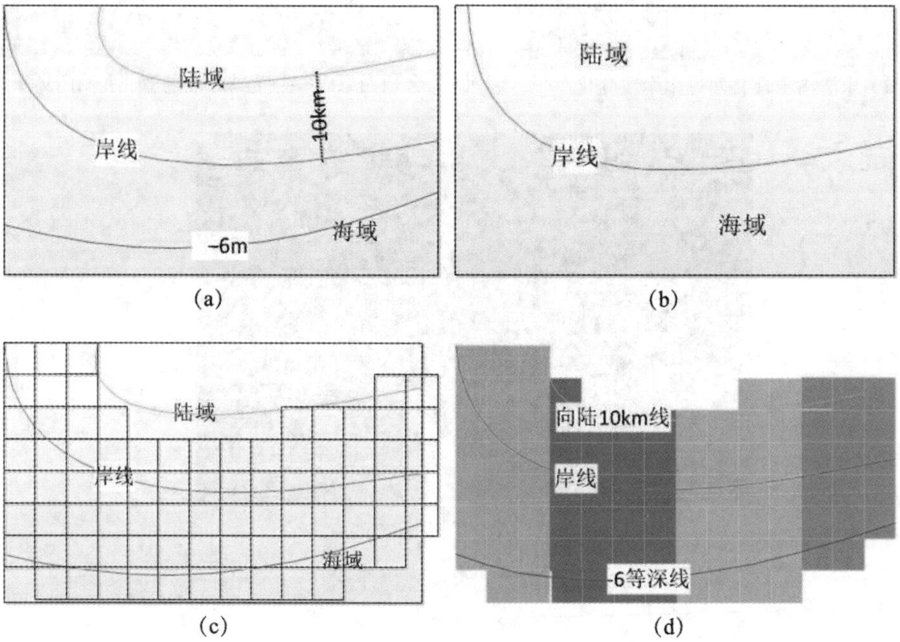

图 10-2　海岸带基本单元的构建过程

(五) 海岸带干扰指数的计算

所谓干扰指数是指人类活动对自然环境的影响程度。干扰（Hemeroby）一词由植物学家 Jalas 于 1955 年提出，其最初目的是测度人类对植被和植物群落的驯化和培育程度。后来 Hemeroby 一词被 Sukopp 解释为针对生态系统的所有人为影响的一种综合监测方法，其将 Hemeroby 定义为"是人类过去所有有意识和无意识地对立地和植被施加的干扰的一个总的量度"。这一量度的不同强度等级，即为 Degree of Hemeroby。我国学者李迈和将 Degree of Hemeroby 翻译为生态干扰度，认为生态干扰度（Hemeroby）与天然性程度（Naturalness）是一对相对的概念。人类的干扰越强，植被和立地受到的破坏就越大，它们的天然性程度就越低，或者说距离它们的顶级群落（Climax Community）或离它们的潜在的自然植被（Potential Natural Vegetation）就越远。国内外的人为干扰度研究主要应用于森林生态学、生物学过程、景观过程等，常用来描述不同森林类型，或作为森林背景因子进行森林动物生境、多样性的研究。

在提取干扰强度指数时，景观类型和格局变化成为干扰度变化研究的主要方法和手段，德国学者 Walz 在对德国全境进行干扰度研究时，利用景观分类资料将干扰强度按照不同的土地利用类型分为 7 个干扰强度等级，如表 10-1 所示。根据不同的干扰强度分别赋值 1~7。其中 1 为几乎不受人为干扰，如裸岩地和冰川及永久积雪。7 为极强干扰，如大面积的城市区、工商业用地、交通道路网、港口码头和机场等。然而该干扰强度等级在进行海岸带干扰度评价时却不很合适，因为海岸带地区包括陆地和浅海的海陆过渡地带，海岸带的人类干扰强度与海岸线类型及形态、海域使用类型等密切相关。因此，在进行海岸带人类干扰活动研究时，必须获取一种“新景观格局”——既包括陆地的土地覆被类型信息，也包括海域使用类型及海岸线形态信息。

表 10-1 **干扰强度等级及说明 I**

干扰强度	覆被类型代码	覆被类型说明
1. ahemerobic 几乎不受人为影响	332	裸露的岩石
	335	冰川和永久积雪
2. oligohemerobic 微弱的人为影响	311	阔叶林
	312	针叶林
	313	混交林
	331	海滩、沙丘、沙滩
	411	内陆沼泽
	412	泥潭沼泽
	421	盐地沼泽
	423	潮间带
	521	沿海潟湖
	522	河口
	523	海与洋
3. mesohemerobic 中度的人为影响	312	人工针叶林
	313	人工混交林
	321	天然草地
	322	沼泽和荒野
	324	林地灌丛区
	333	植被稀疏区
	334	焚烧地区

续表

干扰强度	覆被类型代码	覆被类型说明
4. β-euhemerobic 中偏强度的人为影响	141	城市绿地
	231	牧场
	243	种植农用地
	511	河道
	512	水体
5. α- euhemerobbic 较强的人为影响	142	体育休闲设施
	211	非灌溉耕地
	221	葡萄园
	222	水果种植园
	242	复合栽培
6. polyhemerobic 非常强的人为影响	112	不连续的城市区
	131	矿区
	132	垃圾场
	133	施工地
7. metahemerobic 过分强度的人为影响 生物群落已破坏	111	连续的城市区
	121	工业或商业区
	122	公路与铁路线及其附属物
	123	港口
	124	机场

为解决此问题，国内学者陈爱莲将 Hemeroby 引入海岸带湿地景观监测研究中，完成了双台河口湿地景观及生态干扰度的动态变化研究。其后，孙永光、肖翠等在此基础上建立了河口海湾/海岛湿地景观类型的人为干扰度指数值，如表 10-2 所示。

表 10-2　　**干扰强度及说明Ⅱ**

干扰强度	景观类型	含　　义	干扰度指数
无干扰	浅海	低潮 6m 以外的浅海水域	0. 1
	河口水体	河口区高低潮之间水域	0. 2
	潮沟	潮沟	0. 13
	泥滩地	高潮被淹没、低潮裸露的沿海泥滩	0. 17
	红树林湿地	红树林湿地	0. 15

续表

干扰强度	景观类型	含　义	干扰度指数
无干扰	芦苇湿地	潮间带以芦苇群落为主的湿地	0.16
	互花米草湿地	潮间带以互花米草群落为主的湿地	0.16
半干扰	水库坑塘	人工水库、池塘	0.30
	灌排沟渠	人工水渠	0.50
	防护堤	水库、围海养殖等防护堤	0.50
	林地	自然林、人工林、稀疏林、果林等	0.55
	围海养殖	浅海中筑堤围割海域，进行养殖生产	0.63
	浮筏养殖	利用浮筏、吊绳、网箱等在海面上进行养殖的区域	0.63
	滩涂养殖	滩涂上养殖鱼、虾、蟹、牡蛎等的水面	0.63
	水稻田	水田	0.65
	农用旱地	旱地、菜园	0.70
	裸地	裸土、裸岩地	0.72
	盐田	晒盐田	0.75
全干扰（人造地物如公路等）	城市建筑用地	市、县、区等大型工、商、住混合区	0.99
	交通用地	主干公路、一般道路、桥梁	0.95
	农村居民地	农村居民点	0.95
	油田	油田井场，油田相关处理、管理设施	0.98
	田埂	地物间用于分隔的埂、坎，具有道路的功能	0.70
	码头	码头及附属建筑	0.98

在得到了景观类型的干扰度指数后，即可以给予不同的景观单元相应的干扰强度值，如果采用多期遥感数据，我们将得到一个多时相的干扰强度变化值，其结果可以用于研究同一个地区的干扰强度变化趋势，得到其变化规律。而在计算干扰强度指数时，一般是计算面积加权平均的干扰强度指数。如式（10-3）所示。

$$M = 100\sum_{h=1}^{n} f_n \cdot h \tag{10-3}$$

式中，M 为干扰指数；h 为干扰强度；n 为干扰强度等级值（$n=7$）；f_n为干扰强度类别面积比值。

式（10-3）的计算结果使干扰指数介于 1~7。与表 10-1 对应，方便判读地图中每个评价单元的干扰等级。

（1）海岸带（陆域和海域）干扰指数的获取。在海岸带基本单元范围内，提取土地利用类型和海域使用类型，并参照海陆不同类型的干扰强度等级及赋值的匹配结果，利用式（10-4）计算得到海域和陆域的干扰等级。

（2）海岸形态与干扰度指数关系分析。在海岸带基础单元内，借助ArcGIS空间分析模块，计算各个单元的岸线长度和分形维数，统计分析岸线形态与海、陆干扰指数之间的相关关系，完成海岸形态与干扰指数关系分析。

四、案例研究

近30年杭州湾海岸线变迁及其与人类活动关系研究

摘要：“十二五”规划以来，环杭州湾地区社会经济以前所未有的速度迅猛发展，进而导致杭州湾地区用地需求猛增。突出的人地矛盾严重制约了该地区经济社会的可持续发展，在此背景下，探讨海岸线变迁与人类活动相互关系显得十分必要。本案例以杭州湾沿岸地区为研究区，应用1988—2016年5期Landsat系列遥感影像数据，研究了1988—2016年的杭州湾海岸线演变特征，并结合实际情况和相关资料分析杭州湾海岸线变迁的原因，探讨杭州湾海岸线变迁和人类活动的相互关系。该案例的主要结论可以归纳为以下几点：①近30年来杭州湾海岸线长度呈现先增加后递减的趋势，杭州湾近30年的岸线变化与该地区的社会经济发展和人类围填海方式息息相关；②岸线分形维数变化的趋势和岸线的长度变化趋势是相同的，即岸线长度变化和分形维数相关性很好；③各个县市的岸线变化情况十分复杂，总的来看，杭州湾北岸的上海岸段和嘉兴岸段人为因素影响较大，杭州湾南岸的杭州岸段、绍兴岸段和宁波岸段人为因素和自然因素并重。

关键词：杭州湾；海岸线变迁；人类活动；地理信息系统

（一）绪论

1. 研究背景和意义

杭州湾位于浙江省东北部及上海市南部，位处我国东部沿海长江三角洲的南翼。杭州湾外形呈喇叭状，西接钱塘江，东达东海，属河口海湾。杭州湾北起30°29′24″N，南至29°43′48″N，西起119°48′49″E，东至121°57′E，主要包括了杭州市、绍兴市、宁波市3个地级市的主城区及其周边的区和县级市。

长江三角洲地区作为中国改革开放进程的前沿地带，是改革开放以来经济发展的热点地区之一，以上海、南京、杭州等大城市为龙头，成为中国城市发展最快的地区之一，特别是以杭州为中心的杭州湾地区，近30年来发展极为迅速。

海岸带监测是国家发展和环境保护的一项重要任务。在当前我国海岸带开发的活跃时期，人工开发海岸带导致海岸线变化较为频繁，基于分形维数理论对海岸线进行分类，完全可以在海岸带遥感调查工作中把海岸线的分形维数作为衡量海岸带变化状况的直接依据，为政府的管理工作提供支撑。

本案例采用多期遥感数据获得1988—2016年杭州湾海岸线动态变化信息，并统计分析变化的位置、方向、长度以及增加和减少的滨海陆地面积、用地类型，从而揭示该地区海岸线变化规律及其与人类活动的关系。因此，以杭州湾为研究区，开展海岸线动态变化研究具有典型意义。研究成果对于地图制图、滨海湿地生态资源管理，以及海岸线保护具有十分重要的意义。

2. 国内外研究现状

1）国外研究

国外许多专家学者对海岸线的变化进行过动态监测。White 和 Wang[1]，Bradley M. Romine 等人[2]分别分析了美国的海岸线变化和海岸线的变化速率，计算了美国南部的佛罗里达州北岸的海岸线和夏威夷群岛的考艾岛、欧胡岛、毛伊岛的海岸线位置变化趋势。Semih Ekercin[3]和 Tuncay[4]研究了土耳其的海岸线变化，前者对爱琴海西岸的海岸线变化进行了研究；后者提取出土耳其 5 个海岸带湿地的水边线，并利用 DSAS（Digital Shoreline Analysis System）对岸线演变进行相关分析。Kevin White 等[5]研究了埃及尼罗河三角洲的海岸线变化；Marghany[6]研究了马来西亚 Terengganu 海岸的岸线变化；Sesli 等[7]利用 1973—2005 年的航空影像与 QuickBird 影像对土耳其特拉布宗省海岸进行海岸线变化监测；Abdullah BaMasoud[8]利用 GIS 方法数字化海岸线，并利用断面法进行海岸线变迁速率分析；Steven M. Solomon[9]利用航空照片提取了波福特海区域和麦肯齐三角洲的海岸线信息，并分析了海岸线变迁状况；Stive 等[10]探讨了不同时空尺度下荷兰、法国的海岸线变迁及原因。

Mandelbrot 提出了海岸线的分形与分维概念，并且计算了英国等国海岸线的分形维数[11]；自 Mandelbrot 于 1975 年提出分形理论后，许多学者相继在图像处理中应用分形理论。Peleg 等[12]应用分形理论对多分辨率影像进行纹理分析和分类；分形理论中的离散分形布朗随机场（Discrete Fractal Brown Random Field，DFBR），模型是 Pentland[13]针对大多数自然景物表面映射所形成的灰度图像满足各向同性分形布朗随机场而提出的。

2）国内研究

毋亭、侯西勇[14]在讨论海岸线的定义和分类的基础上，介绍岸线信息提取的方法与技术，总结国内外海岸线变化的特征、机制与影响方面研究的进展，并指出未来研究的趋势；孙伟富等[15]针对不同海岸线类型，建立遥感解译标志并提出海岸线提取方法；黎良财等[16]通过计算海岸线各时期的时空分布、分形维数、变迁速率等特征，分析了北部湾海岸线变化的驱动力；赵宗泽等[17]利用基线法和面积法对湄洲湾的海岸线变迁情况进行分析；黄承力等[18]以各时期岸线长度、岸线属性和陆域增长面积为数量指标对 1981—2014 年台州湾大陆海岸线变迁及驱动力进行分析；孙晓宇等[19]通过多期遥感数据，提取出不同时期渤海湾岸线信息，对渤海湾岸线时空变迁进行定量反演及其驱动力和影响分析；庄翠蓉[20]根据不同海岸类型的地貌特点采用不同的海岸线解译方法，对厦门海岸线进行岸线变迁原因分析；陈晓英等[21]研究了 1973—2013 年 4 期三门湾大陆岸线，并在此基础上对三门湾地区海岸开发方式进行系统分析；包萌[22]从海岸线类型、长度、分布特征和蚀淤面积变化方面对海南岛大陆岸线进行了遥感监测与变迁分析；楼东等[23]定量定性地分析了浙江省海岸线变动的时空特征以及成因，并对浙江省海岸线的开发现状进行评价；王建步等[24]对 1979—2013 年辽河河口海岸线进行提取并分析辽河河口海岸线的变化特征；李猷等[25]分析了深圳市 1978—2005 年间海岸线的动态演变；朱俊凤等[26]采用人工目视解译和计算机自动解译相结合的方法，对珠江三角洲海岸线的变迁过程进行遥感动态监测和演变分析。高俊国等[27]使用分形分析法，以胶州湾为研究实例，根据其面积和总岸线长度的变化情况定性分析了海岸线分形维数的变化，预测了胶州湾冲淤演化的趋势；叶小敏等[28]通过计算胶州湾海岸线的分形维数分析胶州湾海岸线的历史变迁原因；徐进勇等[29]从岸线变化强度及分形维数变化为切入点，分析中国北方岸线长度及形态的时空变化特征；杨磊[30]分析了中国南方岸线长度及形态的变迁特征及变迁原因；高义等[31]运用遥感和地理信息系统分析研究了我国大陆海岸线时空变化特征。

综上所述，国内外关于海岸线变迁的已有研究成果，基本上是关于通过对海岸线分形维数的计算分析海岸线变迁的时空特征，而针对海岸线变迁与人类活动相互关系的相关研究则比较少。

3. 研究内容及可行性分析

1）研究内容

（1）海岸线矢量数据提取。

利用遥感影像和相关海图数据，运用 ENVI 软件进行图像预处理，包括几何精校正、噪声去除，识别地物并进行类别归并，参照研究区地形图、野外调查数据等辅助资料，进行海陆信息分离，运用 ArcGIS 软件通过人工目视解译方法确定海岸线的位置，获取海岸线矢量数据。

（2）计算海岸线的分形维数。

采用网格法计算各期海岸线的分形维数。绘制网格覆盖海岸线，运用回归分析和拟合分析，获得分形维数关系式，得到分形维数值。

（3）分析海岸线及其分形维数的时空变化特征。

结合各期遥感影像提取出来的海岸线的变化，分析海岸线的时空变化特征，时间上比较各时段海岸线的变化强度，空间上比较海岸线在区域内部的不同变化强度及不同类型海岸线的变化强度。

结合各期遥感影像和获取的各期海岸线分形维数数据，分析海岸线分形维数变化的峰值、变化趋势、变化程度，由此判断海岸线变化趋势。

（4）探讨海岸线变迁与人类活动之间的关系。

将研究区前后两期海岸线叠加，获得各时段的海岸线变迁范围，结合遥感影像对各时段引起海岸线动态变化的各种人类活动和自然变化进行目视判别，分析海岸线变迁的原因，探讨其与人类活动之间的关系。

2）可行性分析

（1）资料搜集。

本案例已查阅、分析、整理和归纳近 50 篇中外文文献，通过地理空间数据云网站下载了 1988 年 Landsat TM 影像、1993 年 Landsat TM 影像、2000 年 Landsat ETM+影像、2006 年 Landsat ETM+影像、2013 年 Landsat OLI 影像、2016 年 Landsat OLI 影像，成像日期都在 5~8 月，排除了季节变化对信息提取的干扰。同时本案例通过各相关部门官方网站和各经济论坛获得了 1986—2016 年杭州湾沿岸区域相关政策和相关统计资料，为统计分析做准备。

（2）理论准备。

本案例在查阅中外文献的过程中已经整理好利用遥感数据提取海岸线矢量数据的方法，在前人的基础上并运用分形理论采用网格法计算各期海岸线的分形维数，运用多种分析方法分析海岸线及其分形维数变化特征，在海岸线变化与人类活动相互关系方面结合统计资料和采用多种分析方法相结合进行分析。

（3）技术手段。

本案例通过 ENVI 4.8 软件合成多波段遥感影像，获取各期杭州湾海岸线矢量数据，通过 ArcGIS 软件分析海岸线及其分形维数的时空变化特征，通过 Excel 软件来进行数据分析。

3）技术路线

技术路线如图 10-3 所示。

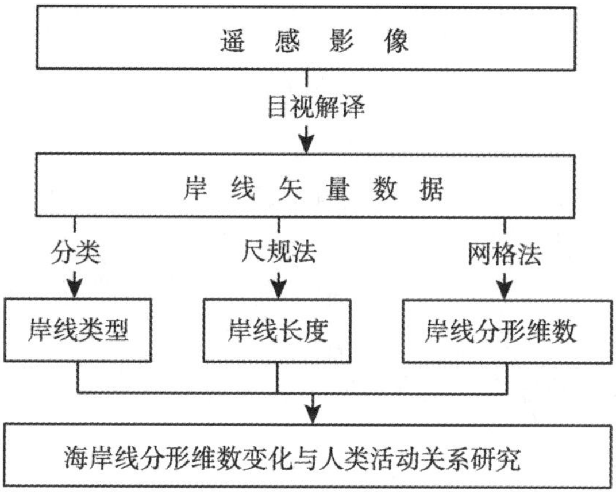

图 10-3　技术路线图

（二）研究区概况与研究方法

1. 研究区概况

1）自然条件

杭州湾（30°29′24″~29°43′48″N，119°48′49″~121°57′E）位于我国上海市南部、浙江省东北部，即长江三角洲南翼，是中国经济发达的地区。本案例以杭州湾为研究对象，涉及的行政区主要包括上海市的浦东新区（原南汇区）、奉贤区、金山区和浙江省嘉兴的平湖市、海盐县、海宁市，杭州的萧山区，绍兴的柯桥区（原绍兴县）、上虞区，宁波的余姚市、慈溪市、镇海区 12 个县市区，东起上海市芦潮港和宁波市甬江入海口，西至 S9 苏绍高速，如图 10-4 所示。

杭州湾的南岸是宁绍平原，北岸是长江三角洲南缘，地势平坦，河网密布。杭州湾南

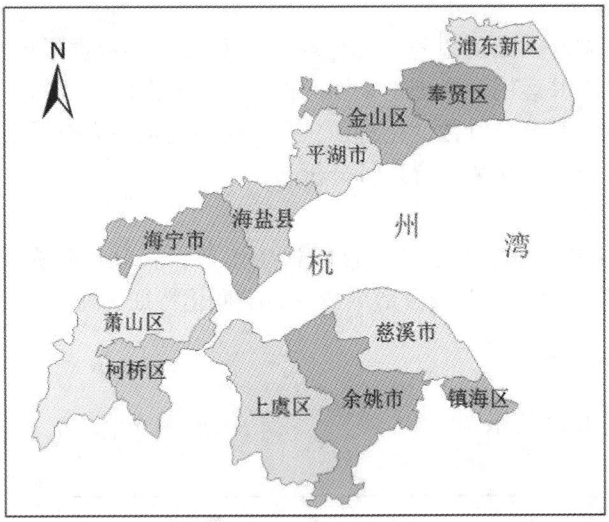

图10-4　杭州湾研究区域示意图

北两岸长期经历侵蚀和淤积，其岸线发生了较大的演变。有研究表明，杭州湾总体呈现出南岸淤积、北岸侵蚀的趋势。杭州湾地区属于北亚热带季风气候区，受季风影响显著，雨热同期，夏季高温多雨，冬季温和少雨。在夏季，受副热带高气压带和太平洋冷气团控制，盛行东南季风，天气较为炎热；在冬季，受亚欧大陆冷气团控制，盛行西北季风，天气较为寒冷；春季和秋季是冷暖气团交替时节，天气多变。

2）社会经济条件

研究区位于长江三角洲南端，具有便利的港口航运交通设施，尤其是两岸聚集着我国最发达的都市地区，为海岸带地区发展带来了新气象。作为国内改革开放的前沿地带，以发达的国际化大都市上海、杭州、宁波等大城市为中心，杭州湾地区经济快速发展，综合实力不断提高[32]。2008年5月1日杭州湾跨海大桥全线通车以及杭州湾新区开发建设，标志着杭州湾地区进入了新的发展阶段，地区经济迅猛发展，城市化进程日益加快。

据2016年中国百强城市全面发展研讨会发布的2016年度中国地级以上百强城市，其中包括上海、杭州、宁波、绍兴和嘉兴。由此可看出，杭州湾地区以具优势的经济实力与良好的发展前景，逐渐成为国内重要的金融贸易中心之一。

2. 数据来源

1）遥感数据

本研究选取了覆盖杭州湾地区近30年来6个时相的Landsat MSS/TM/ETM+和OLI遥感影像对研究区进行信息提取，详细影像信息如表10-3所示。

表 10-3　**各时期的 Landsat 遥感数据类型**

序号	成像日期	数据	轨道号	空间分辨率（m）
1	1988-07-08	Landsat5	118-039	60
2	1993-06-03	Landsat5	118-039	60
3	2000-06-07	Landsat5	118-039	30
4	2006-03-03	Landsat5	118-039	30
5	2013-12-03	Landsat8	118-039	30
6	2016-01-26	Landsat8	118-039	30

2）其他数据

研究区已有的土地、环境、水文等方面的成果文字资料，通过各经济论坛获得的1986—2016 年杭州湾沿岸区域相关政策和变更调查数据，浙江省行政区划图、上海市行政区划图以及通过统计局官网获得的 1986—2016 年浙江省、上海市各地区的统计年鉴数据。

3. 研究方法

1）遥感图像预处理

本案例的数据来源是 Landsat 系列数据，为美国地质勘探局（United States Geological Survey，USGS）提供的经过几何精校正的数据，因此无须进行几何校正。针对 Landsat 各个传感器各波段的特点，结合波段选择的规律，选择 MSS 影像的 321 波段、TM/ETM+影像的 432 波段、OLI 影像的 764 波段进行组合，在该波段组合下最能反映水陆地区。

2）海岸线信息提取

由于不同的海岸对电磁波的响应不同，海岸线提取将借助于影像中海岸线周围的色调、纹理等特征建立解译标志[33]。在遥感影像中，人工海堤具有反射率高、线条形状规则等显著特征。以 Landsat 系列 TM 影像数据为例，将 TM 影像以 432 波段合成显示，可见海堤呈现接近灰白色的规则线状，与周围的海域、农田、滩涂、山体、城镇等形成鲜明对比。因此，本研究主要以海堤作为海陆分界的标志，没有海堤的基岩海岸主要用山体作为海陆界线。

本研究主要对杭州湾 6 个时相的遥感影像进行计算机解译与目视判读，在 ArcGIS 10. 2 软件中，对比前后两个时期的遥感影像数据，利用 ArcGIS 10. 2 的 Track 等方法，提取后一时期相比于前一时期杭州湾海岸线的变化范围，并利用 Identity 工具对有变化的岸线赋予海岸线长度、所属行政区划等相关属性，便可得到不同时期不同岸段杭州湾海岸线变迁的矢量图。

3）分形维数计算

法国数学家 Mandelbrot 1967 年在 *Nature* 杂志上发表了论文《英国的海岸线有多长》[11]。1975 年，Mandelbrot 最终提出分形这个全新的名词并形成了一门全新的分形几何学，为定量描述自然地理对象的特征属性与空间尺度之间的关系提供了理论依据。本案例采用网格法[34]计算海岸线的分形维数。网格法的基本思路是使用不同长度的正方形网格连续且不重叠地去覆盖被测海岸线，当网格长度 r 取不同值时，覆盖整条海岸线所需网格数目 $N(r)$ 会出现相应的变化，根据分形理论：

$$N(r) \propto r^{-D} \tag{10-5}$$

对式（10-5）两边同时取对数，可以得到：

$$\ln N(r) = -D\ln r + C \tag{10-6}$$

式中：C 为待定常数，D 为被测海岸线的分形维数。采用不同的 r 值和 $N(r)$ 值，通过拟合分析即可得到分形维数 D。其值域是 $1<D<2$，D 值越大，海岸线越曲折和复杂。考虑本案例所使用的遥感图像像元的空间分辨率和研究区域范围，网格长度分别为100m、200m、400m、800m和1600m。利用ArcGIS软件的Intersect工具，对以上6个网格长度所覆盖的整条海岸线的网格数目进行统计。根据式（10-6）进行回归分析，便可得到分形维数。

（三）杭州湾海岸线演变分析

1. 海岸线时间变化特征

1）海岸线长度变化分析

根据遥感监测结果（图10-5、图10-6），研究期间内杭州湾的海岸线长度变化大致可以分为增加→减少2个阶段：①1988—2000年，这一阶段杭州湾海岸线长度由348.5km增加到362.06km，共增加了13.53km，平均增加1.129km/a；②2000—2016年，这一阶段杭州湾海岸线长度由362.06km减少到331.44km，共减少了30.62km，平均减少1.914km/a。

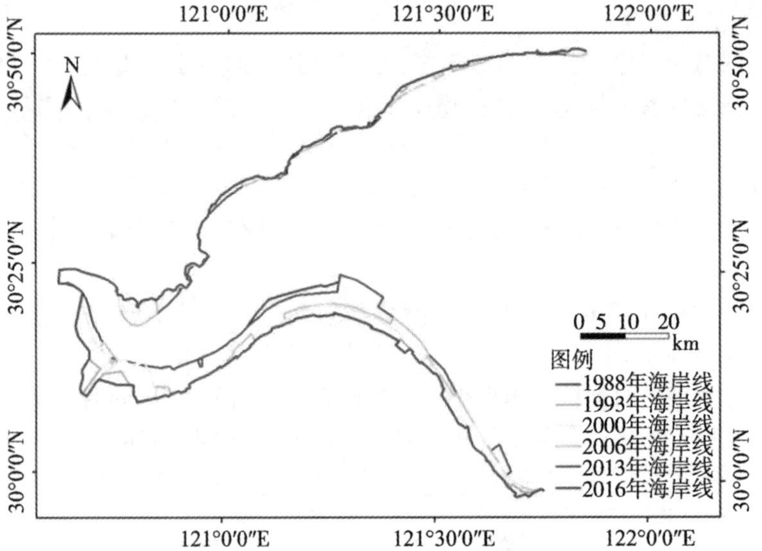

图10-5　杭州湾1986—2016年海岸线变化

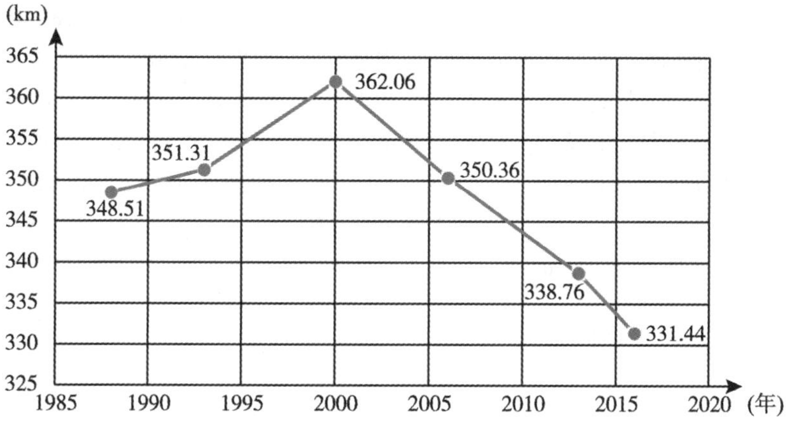

图 10-6　杭州湾 1986—2016 年间海岸线长度变化趋势图

2）海岸线类型变化分析

杭州湾海岸线以人工岸线为主。受自然和人为因素的共同影响，1988—2016 年杭州湾不同类型的海岸线长度发生了明显变化（见表 10-4）。其中人工岸线呈波动趋势增加，最显著时从 1988 年的 271. 08km 增加到 2013 年的 297. 63km，共增加了 26. 55km，其比例从 1988 年的 77. 78%增加到 2013 年的 87. 86%。同时，自然岸线呈波动趋势不断缩减，最显著时自然岸线的长度从 1988 年的 77. 43km 减少到 2013 年的 41. 13km，共减少了 36. 3km，其比例也由 1988 年的 22. 22%降到 12. 14%。即便如此，1988—2016 年间也有个别年份杭州湾的人工岸线长度减少，而自然岸线有所增加，其原因主要是杭州湾南岸属于淤泥质海岸，杭州湾上游钱塘江携带的泥沙量大，泥沙易在杭州湾南岸原来的人工岸线外淤积形成新的自然岸线，因此导致自然岸线增加，人工岸线减少。

表 10-4　**1988—2013 年杭州湾不同类型海岸线变化**

年份（年）	自然岸线		人工岸线		岸线总长度（km）
	长度（km）	比例（%）	长度（km）	比例（%）	
1988	77. 43	22. 22	271. 08	77. 78	348. 51
1993	70. 88	20. 17	280. 43	79. 83	351. 31
2000	97. 50	26. 93	264. 56	73. 07	362. 06
2006	58. 87	16. 80	291. 49	83. 20	350. 36
2013	41. 13	12. 14	297. 63	87. 86	338. 76
2016	55. 41	16. 72	276. 04	83. 28	331. 44

3）海岸线变迁面积分析

如图 10-7 所示，研究期内，杭州湾岸线整体向海推进，变迁造成陆域面积大幅增长，

1988—2016 年间杭州湾岸线变迁面积累积净增长 740.77km^2，变迁剧烈且变迁速率随时间变化分布不均匀。其中，2006—2013 年增加速度最快，平均增速为 43.18km^2，海岸线变迁面积增长累计达到 302.27km^2；1993—2000 年、2000—2006 年增加速度分别为 29.118km^2/a 和 27.21km^2/a，累计增加面积分别达到 203.79 km^2 和 163.27 km^2；2013—2016 年虽然统计年份时间间隔较短，但其增加速度达到 11.29km^2/a，增加面积为 33.88 km^2；1988—1993 年增加速度最小，仅为 8.21 km^2/a，增加面积为 41.03 km^2。

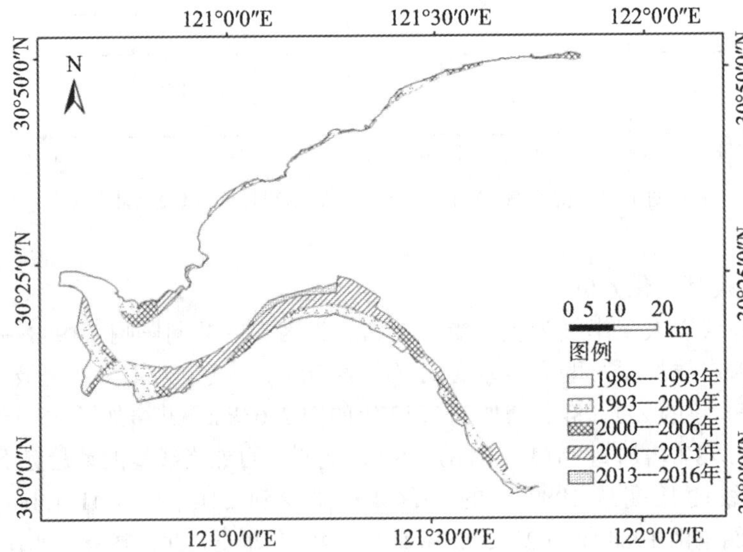

图 10-7　杭州湾 1986—2016 年海岸线变迁所引起的面积变化

4）海岸线分形维数变化分析

本案例采用网格法来分析 1988—2016 年杭州湾海岸线的分形维数，得到 1988—2016 年 6 个时期杭州湾海岸线的分形维数和相关系数，从分形维数的角度来描述杭州湾海岸线。杭州湾海岸线的分形维数变化如表 10-5 所示。

表 10-5　**1988—2016 年杭州湾海岸线分形维数及其变化**

a（年）	*D*（分形维数）	*R*（相关系数）
1988 年	1.026	0.999
1993 年	1.024	0.999
2000 年	1.021	0.999
2006 年	1.028	0.999
2013 年	1.015	1.000
2016 年	1.012	1.000

从表 10-5 中可以发现：1988—2016 年 6 个时期杭州湾海岸线分形维数回归方程的相关系数 R^2 均在 0.99 以上，因此，杭州湾海岸线符合分形理论，分形维数可以作为表现杭州湾海岸线特征的良好参数。1988—2016 年，分形维数先后经历了减小（1988—2000 年）、增大（2000—2006 年）、再减小（2006—2016 年）的 3 个变化阶段，说明 1988—2016 年杭州湾海岸线的弯曲程度总体在减小。

其主要原因是杭州湾海岸线的演变是自然因素与人类活动相互作用的结果。杭州湾上游钱塘江携带的泥沙量大，泥沙易在杭州湾沿岸原来的人工岸线外淤积形成新的自然岸线，使海岸线的复杂度增大。然而，在人类活动的干预下，杭州湾的自然海岸线逐渐被人工堤坝取代，这些人工堤坝的线条形状是规则且稳定的，与自然海岸线不同，不会随时间的变化而发生变化。同时，随着杭州湾沿岸地区社会经济的迅速发展，沿海地区土地难以满足社会经济发展的需求，人类活动对杭州湾海岸带的改造行为加剧，海岸线除了有较多的人工修筑的海堤，还有较大范围的围海造陆，用于围垦养殖、工程建设、工业活动用地和港口码头建设，这些人为地改变了海岸线的自然形态，使杭州湾海岸线趋于平直，弯曲程度逐渐减小。

2. 海岸线空间变化特征

人类活动主导着杭州湾岸线的变迁，因此为了更加详细地分析 1988—2016 年杭州湾海岸线变迁与人类活动的关系，本研究按照行政区划将杭州湾海岸线分为上海岸段、嘉兴岸段、杭州岸段、绍兴岸段和宁波岸段 5 个岸段。

1）上海岸段

研究期内，杭州湾上海岸段总长度呈波动增长趋势，如图 10-8 所示，截至 2016 年，杭州湾上海岸段共增长了 5.22km，平均增长 0.19km/a。此外，不同类型岸线也发生了明显变化。自然岸线的长度大致呈缩减趋势，2013 年时自然岸线的长度仅为 2.41km，仅占岸线总长度的 3.41%；同时，人工岸线明显增长，共增长了 16.93km，平均增长 0.60km/a。

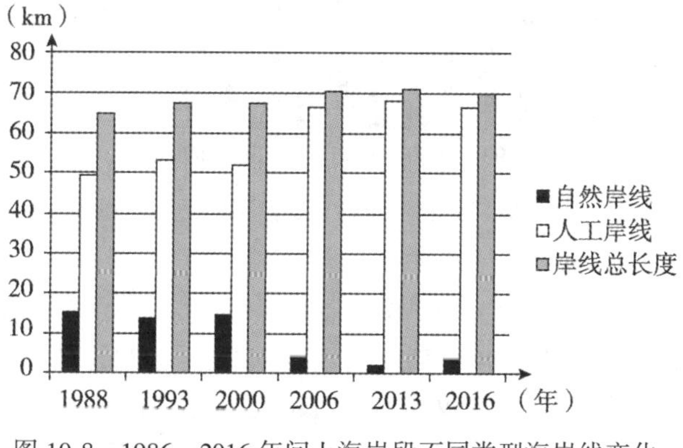

图 10-8　1986—2016 年间上海岸段不同类型海岸线变化

研究期内，杭州湾上海岸段岸线变迁面积与其他岸段相比变化并不大，陆域面积在

1988—1993年和2006—2016年变化较少，1993—2006年陆域面积增加较快。1988—1993年共增加面积1.13km^2；1993—2006年，变迁速率明显加快，面积增加了29.40 km^2，平均增加2.26 km^2/a，远高于1988—1993年；2006—2016年，变迁速率减缓，共增加面积4.41 km^2。其间变迁的陆地主要利用类型为港口建设、建设用地和旅游用地。

随着1990年上海市浦东新区（南汇区）、奉贤区、金山区等城市建设区的经济、社会人口的飞速发展，人口增长的数量与日益减少的土地之间矛盾突出。为了缓解矛盾，人类不断向海推进，使得海岸线被大量的围海造田开发。浦东新区（原南汇区）芦潮港岸段主要用于港口建设。奉贤区及其与金山区交界处附近岸段的围海造田活动即将海岸线以外的沙洲建设成人工堤坝，成为未来人类可利用的城市土地，如此往复造成海岸线逐步向海推进。奉贤区金汇港、南竹岗东侧围垦的土地利用类型主要是旅游用地，为建设人工沙滩——碧海金沙围海修筑人工海堤，此外还有部分土地尚未被人工开发。

2）嘉兴岸段

如图10-9所示，研究期内，杭州湾嘉兴岸段岸线总长度变化较为复杂，呈先增加后剧烈减少的趋势。1988—2006年嘉兴岸段岸线总长度增加了3.95km，平均增加0.22km/a，而2006—2016年仅10年间岸线总长度减少了8.77km，平均减少0.88km/a。此外，不同类型岸线的变化特征与上海岸段相似。1988—2013年自然岸线的长度大幅减少，人工岸段迅速增加，2013—2016年由于泥沙在人工岸线外淤积，导致自然岸线长度有所增加，而人工岸线长度则减少。截至2013年，自然岸线的长度减少了33.13km，人工岸线的长度增加了29.49km。

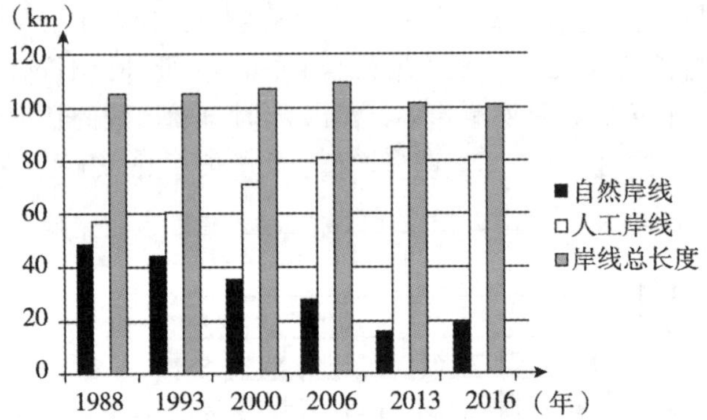

图10-9　1986—2016年间嘉兴岸段不同类型海岸线变化

变迁面积上，杭州湾嘉兴岸段岸线变迁面积在1988—1993年没有发生变化。2013—2016年泥沙淤积导致岸线发生变化，而人为因素对岸线变迁的影响较小，导致陆域面积在2013—2016年的变化微乎其微，仅为0.83 km^2。1993—2013年陆域面积增加较快，变迁速率先迅速增快后逐渐减缓。1993—2013年共增加面积84.12km^2，平均增加4.21 km^2/a。嘉兴岸段岸线发生变化的地方主要集中在小尖山—大尖山—凤凰山—松山—望夫山—高阳山—南北湖景区—葫芦山—长山闸一线以南，主要利用类型为围海养殖、建设用地。

嘉兴市海宁与海盐交界的小尖山——长山闸岸段由于地处钱塘江入海处的凸岸，上游钱塘江所携带的入海口沉积物在此堆积，此时杭州湾北岸嘉兴岸段形成冲积平原的速度远大于绍兴区域。1993 年以后，这一区域海岸线的变化，主要是由白沙湾围涂工程、海宁治江围涂二期工程、海盐黄沙坞治江围垦工程等围海造田活动所引起，主要用于围海养殖和城镇建设。此外，1986 年开始的乍浦港一期至 2009 年四期工程都使平湖市岸段海岸线不断被人工开发，陆域面积增大，嘉兴岸段海岸线向海推进。

3）杭州岸段

研究期内，杭州湾杭州岸段岸线总长度变化不大，呈逐年减少趋势，共减少了 2. 94km。此外，自然岸段的长度变化与其他岸段有所不同，呈总体不变的趋势；而人工岸段的岸线长度则呈现阶梯式减少的趋势，共减少了 4. 93km，如图 10-10 所示。

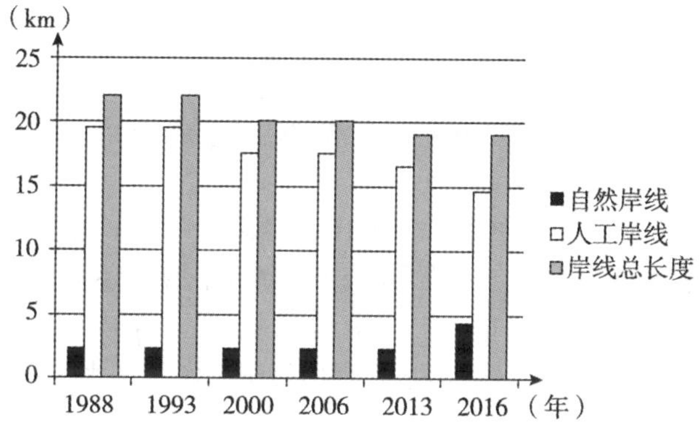

图 10-10　1986—2016 年间杭州岸段不同类型海岸线变化

研究期内，杭州湾杭州岸段岸线变迁的面积较小，陆域面积在 1988—1993 年、2000—2006 年和 2003—2016 年三个时期变化较少，甚至未有变化；1993—2000 年和 2006—2013 年陆域面积明显增加。1993—2000 年和 2006—2013 年，变迁速率明显加快，陆域面积共增加了 49. 57km^2，平均增加 3. 54km^2/a，主要利用类型为围海养殖工程和建设用地。

杭州岸段位于钱塘江和曹娥江入海口，岸滩宽而坡缓，属平原淤泥质海岸。萧山东线围垦工程的推进，使得该地区的海岸线泥沙淤积严重，岸线变化强烈。

4）绍兴岸段

研究期内，杭州湾绍兴岸段岸线长度演变较为特殊。绍兴岸段岸线总长度变化趋势与嘉兴岸段相似，变化趋势较为复杂，呈先增加后剧烈减少的趋势（图 10-11）。1988—2000 年间绍兴岸段岸线总长度增加了 8. 64km，平均增加 0. 72km/a，而 2000—2016 年间岸线总长度则减少了 27. 52km，平均减少 1. 72km/a。不同类型的岸线长度变化较为复杂。1988—1993 年自然岸线共减少 0. 4km，1993—2000 年自然岸线长度迅速增加 6. 30km，其后自然岸线长度变化趋势呈缩减趋势且缩减速度逐渐减缓，共减少 5. 08km；同时，人工岸线长度呈先增加后减少的趋势，1988—1993 年间人工岸线长度增加了 4. 00km，平均增加 0. 80km/a，而 1993—2016 年间人工岸线长度减少了 23. 71km，平均减少 1. 03km/a。

研究期内，杭州湾绍兴岸段岸线变迁的面积较以上三个岸段变迁面积演变剧烈，仅次

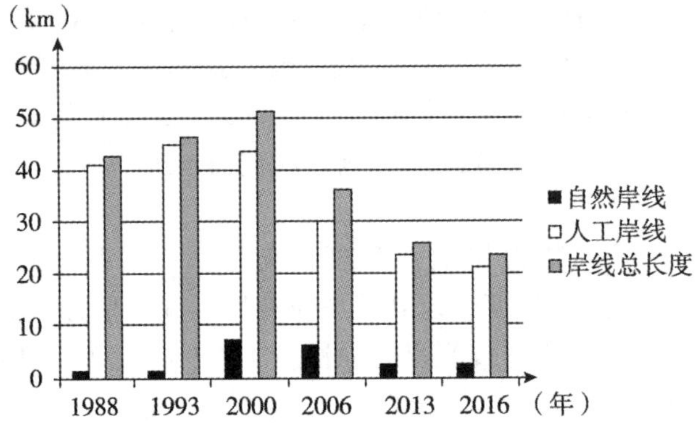

图10-11　1986—2016年间绍兴岸段不同类型海岸线变化

于宁波岸段。陆域面积在1988—2016年间呈波动变化，在1988—2016年陆域面积共增加了189.84km²，平均增加6.78km²/a。

绍兴岸段变迁的土地主要集中在曹娥江沿岸。绍兴岸段区域地理位置较为特殊，地处钱塘江、曹娥江入海口，泥沙易在此堆积，岸滩宽且平缓，逐渐形成大量滩涂，便于围垦。近30年来，绍兴县（现绍兴市）口门治江围涂工程和上虞市（现上虞区）世纪丘治江围涂工程使曹娥江沿岸的变迁区域的主要利用类型为农田和水产养殖场，此外小部分土地用于工业建设。

5）宁波岸段

研究期内，杭州湾宁波岸段岸线长度变化不稳定（图10-12）。1988—2000年自然岸线长度增加，2000—2016年自然岸线有所减少，2000年自然岸线达到最大值。对于人工岸线而言，1988—2000年，人工岸线是逐年减少的，2000—2013年，人工岸线逐年增加，2013年之后，人工岸线又呈现减少趋势。对于宁波地区总的岸线而言，长度变化有增有减，总长度在110km左右浮动。

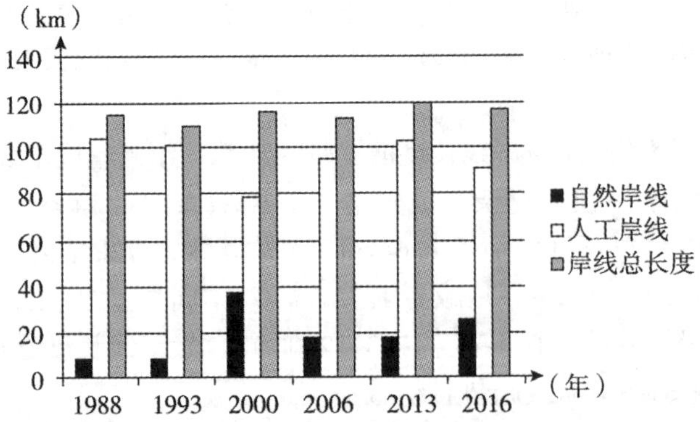

图10-12　1986—2016年间宁波岸段不同类型海岸线变化

围海造陆是杭州湾宁波岸段岸线变迁陆域面积变化的主要原因。1988—2016 年宁波岸段变迁面积与其他岸段相比变化最为显著，是整个杭州湾沿岸研究区内造陆面积最多的区域，陆域面积共增加 421. 67 km^2，占整个研究区造陆面积的一半以上，平均 15. 06km^2/a。其中，2006—2013 年增加陆域面积 209. 08 km^2，平均 29. 87km^2/a。宁波岸段余姚和慈溪区域的主要利用类型为围海养殖，其中杭州湾跨海大桥以东以建设用地为主，镇海区域的主要利用类型为建设用地和港口码头。

造成宁波岸段海岸线迅速向海推进的主要原因是人类活动。尤其是 1993 年以后，宁波岸段的人类围填海活动尤为剧烈。杭州湾沿岸的宁波岸段滩涂面积广大，岸滩平缓，使得在海塘线以外不断建设了大量的人工堤坝，当人工堤坝以内的海水逐渐退去后，这将成为未来可利用的城市用地——三北平原（姚北、慈北、镇北），如此循环，使宁波岸段的海岸线逐步向海推进，成为杭州湾沿岸海岸线变迁受人类活动影响最为剧烈的区域。余姚治江围涂一期工程、余姚治江围涂二期工程、慈溪陆中湾两侧围涂工程、慈溪徐家浦两侧围涂工程、镇海新泓口围涂工程等围填海活动为宁波市城市发展提供耕地、养殖用地和建设用地等。

3. 海岸线变迁与人类活动相互关系分析

基于遥感解译结果，结合杭州湾沿岸社会经济等资料，1988—2016 年引起杭州湾海岸线变迁的自然原因是泥沙淤积，引起杭州湾海岸线变迁的人文原因主要是人类活动，有围垦养殖、围垦农田、城镇建设、港口建设和交通等（见表 10-6）。与人类活动相比，泥沙淤积对杭州湾海岸线演变的影响相对较小，人类活动是杭州湾海岸线变迁的主要驱动力。总体上是人类活动强度大的地区，岸线变迁的强度大。人类的活动与岸线的变化总体上是正相关的关系。

表 10-6　　　　**不同岸段变化的主导因素**

岸段		主导因素	变迁原因
杭州湾北岸	上海岸段	人为因素	芦潮港、金汇港和南竹港附近的建设、奉贤金山交界处围填海活动，上海金山嘴工业区的工业生产
	嘉兴岸段	自然因素与人为因素	泥沙淤积，白沙湾至水口围涂工程、海宁治江围涂二期工程、海盐黄沙坞治江围垦工程等围填海活动
杭州湾南岸	杭州岸段	自然因素与人为因素	丰富的泥沙淤积，萧山东线围垦工程
	绍兴岸段	自然因素与人为因素	丰富的泥沙淤积，绍兴县（现绍兴市）口门治江围涂工程、原上虞市世纪丘治江围涂工程等人类围填海活动
	宁波岸段	自然因素与人为因素	丰富的泥沙淤积，余姚治江围涂一期工程、余姚治江围涂二期工程、慈溪陆中湾两侧围涂工程、慈溪徐家浦两侧围涂工程、镇海新泓口围涂工程等围填海活动

(四) 结论

本案例利用遥感影像和GIS技术，获取1988—2016年6个时相杭州湾海岸线矢量数据，运用尺规法和网格法对杭州湾海岸线进行定量分析，探讨杭州湾海岸线演变的影响因素。研究表明：

（1）从时间上看，杭州岸线长度从1988年的348.51km到2000年的362.06km，呈现增加趋势，主要是杭州湾南岸的向海凸式围垦。从2000年到2016年，杭州湾岸线逐年递减，到2016年，岸线长度只有331.44km，主要原因是凹凸式的岸线被填直。从空间上看，杭州湾近30年的岸线变化与该地区的经济发展息息相关。

（2）岸线分形维数变化的趋势和岸线的长度变化趋势是相同的，即岸线长度变化和分形维数相关性很好。

（3）各个县市的岸线变化情况十分复杂。总的来看，杭州湾北岸的上海岸段和嘉兴岸段人为因素影响较大，杭州湾北岸经济活动剧烈，经济发达程度高。杭州湾南岸的杭州岸段、绍兴岸段和宁波岸段人为因素和自然因素并重。一方面是杭州湾南岸泥沙来源广，入湾含沙量大，使得南岸堆积厉害，另一方面南岸的围填海活动、城市建设使得南岸的岸线变化与日俱增。

本章参考文献

[1] White S A, Wang Y. Utilizing dems derived from LiDAR data to analyze morphologic change in the North Carolina coastline [J]. Remote Sensing of Environment, 2003, 85 (1): 39-47.

[2] Romine B M, Fletcher C H. A summary of historical shoreline changes on beaches of Kauai, Oahu, and Maui, Hawaii [J]. Journal of Coastal Research, 2013, 29 (3): 605-614.

[3] Ekercin S. Coastline Change Assessment at the Aegean Sea Coasts in Turkey using Multitemporal Landsat Imagery [J]. Journal of Coastal Research, 2009, 23 (3): 691-698.

[4] Tuncay K, Abdulaziz G, Fevzi K, et al. Automatic detection of shoreline change on coastal Ramsar wetlands of Turkey [J]. Ocean Engineering, 2011, 38: 1141-1149.

[5] White K, EI Asmar H M. Monitoring changing position of coastline using thematic mapper imagery, an example from the Nile Delta [J]. Geomorphology, 1999, 29: 93-105.

[6] Marghany M M. TOPSAR wave spectra model and coastal erosion detection [J]. International Journal of Applied Earth Observation and Geoinformation, 2001, 3 (4): 357-365.

[7] Sesli F A, Karsli F, Colkesen I, et al. Monitoring the change position of coastlines using aerial and satellite image data: an example from the eastern coast of Trabzon, Turkey [J]. Environmental Monitoring and Assessment, 2009, 15 (3): 391-403.

[8] Abdullah B, Mary-Louise B. Analysis of shoreline changes (1959 - 2004) in Point Pelee

National Park, Canada [J]. Journal of Coastal Research, 2011, 27 (5): 839-846.
[9] Steven M. Spatial and temporal variability of shoreline change in the Beaufort-Mackenzie region, northwest territories, Canada [J]. Geo-Marine Letters, 2005, (25): 127-137.
[10] Stive M J F, Aarninkhof S G J, Hamml, et al. Variability of shore and shoreline evolution [J]. Coastal Engineering, 2002, 47 (2): 211-235.
[11] Mandelbrot B B. How long is the coast of Britain? Statistical self-similarity and fractional dimension [J]. Science, 1967, 156 (3775): 495-501.
[12] Peleg S, Naor J, Hartley R, et al. Multiple resolution texture analysis and classification [J]. IEEE Transactions on Pattern Analysis Machine Intelligence, 1984, 6 (4): 518-523.
[13] Pentland A P. Fractal-based description of natural scenes [J]. IEEE Transactions on Analysis Machine Intelligence, 1984, 6 (6): 661-674.
[14] 毋亭, 侯西勇. 海岸线变化研究综述 [J]. 生态学报, 2016, 36 (4): 1170-1182.
[15] 孙伟富, 马毅, 张杰, 等. 不同类型海岸线遥感解译标志建立和提取方法研究 [J]. 测绘通报, 2011 (3): 41-44.
[16] 黎良财, LU Dengsheng, 张晓丽, 等. 基于遥感的 1987—2013 年北部湾海岸线变迁研究 [J]. 海洋湖沼通报, 2015 (4): 132-142.
[17] 赵宗泽, 刘荣杰, 马毅, 等. 近 30 年来湄洲湾海岸线变迁遥感监测与分析 [J]. 海岸工程, 2013, 32 (1): 19-27.
[18] 黄承力, 潘国富, 陈培雄. 台州湾 30 年来大陆海岸线变迁及驱动力分析 [J]. 海岸工程, 2015, 34 (4): 1-10.
[19] 孙晓宇. 2000—2010 年渤海湾岸线变迁及驱动力分析 [J]. 资源科学, 2014, 34 (2): 413-419.
[20] 庄翠蓉. 厦门海岸线遥感动态监测研究 [J]. 海洋地质动态, 2009, 25 (4): 13-17.
[21] 陈晓英, 张杰, 马毅, 等. 近 40 年来三门湾海岸线时空变化遥感监测与分析 [J]. 海洋科学, 2015, 39 (2): 43-49.
[22] 包萌. 近 40 年间海南岛海岸线遥感监测与变迁分析 [D]. 呼和浩特: 内蒙古师范大学, 2014.
[23] 楼东, 刘亚军, 朱兵见. 浙江海岸线的时空变动特征、功能分类及治理措施 [J]. 海洋开发与管理, 2012, (3): 11-48.
[24] 王建步, 张杰, 陈景云, 等. 近 30 年辽河口海岸线遥感变迁分析 [J]. 海洋环境科学, 2015, 34 (1): 86-92.
[25] 李猷, 王仰麟, 彭建, 等. 深圳市 1978—2005 年海岸线的动态演变分析 [J]. 资源科学, 2009, 31 (5): 875-883.
[26] 朱俊凤, 王耿明, 张金兰, 等. 珠江三角洲海岸线遥感调查和近期演变分析 [J]. 国土资源遥感, 2013, 25 (3): 130-137.
[27] 高俊国, 边淑华. 分形分析法用于海湾冲淤演化预测的初步探讨 [J]. 海洋科学进展, 2004, 22 (3): 334-339.

[28] 叶小敏，纪育强，郑全安，等．胶州湾海岸线历史变迁的分形分析 [J]. 海洋科学进展，2009，27 (4)：495-501.

[29] 徐进勇，张增祥，赵晓丽，等．2000—2012年中国北方海岸线时空变化分析 [J]. 地理学报，2013，68 (5)：651-660.

[30] 杨磊，李加林，袁麒翔，等．中国南方大陆海岸线时空变迁 [J]. 海洋学研究，2014，32 (3)：42-49.

[31] 高义，王辉，苏奋振，等．中国大陆海岸线近30年的时空变化分析 [J]. 海洋学报，2013，35 (6)：31-42.

[32] 李亮．杭州湾沿岸植被覆盖度遥感监测及变化研究 [D]. 上海：上海师范大学，2015.

[33] 马小峰，赵冬至，邢小罡，等．海岸线卫星遥感提取方法研究 [J]. 海洋环境科学，2007，26 (2)：185-189.

[34] Liebovitch L. Toth T. A fast algorithm to determine fractal dimensions by box counting [J]. Physics Letters A，1989，141 (8/9)：386-390.

第十一章　新石器时代文化遗址的分布规律实验

一、实验目的

(1) 掌握 ArcMap 软件中有关点事件分布特征分析方法的基本操作；
(2) 学会利用 ArcMap 软件进行新石器时代文化遗址分布规律探索。

二、实验内容

点是一种常见的地理数据类型。本实验主要是利用 Ripley's k 与核函数方法分析遗址点的分布特征。前者用于反映点事件的分布模式，而后者常用来分析点事件的空间分布特征。这是点数据分析较为常见的方法。

三、实验步骤

(一) 加载数据

双击 ArcGIS 软件的 ArcMap 图标，打开 ArcMap 软件。在 ArcMap 的内容窗口中，用鼠标左键选中 layers。然后，点击鼠标右键，在弹出的菜单中选择 add data（图 11-1）。该操作可以为 ArcMap 添加需要后续分析的数据。最后，选择并加载本次实验需要利用的古文化遗址数据。这里以大溪文化为例，进行详细介绍。

(二) 点空间分布模式分析

在 ArcMap 的工具栏上找到 ArcToolbox 图标，并用鼠标左键双击，打开工具箱。然后，查找并在 Spatial Statistics Tools（空间统计工具）中，用鼠标左键点击分析模式。展开后，双击 MultiDistance Spatial Clustering（多距离空间聚类分析（Ripley's k 函数））。该方法可以用于分析点事件的空间分布模式，即用来识别随机、均匀和集聚分布。在出现的多距离空间聚类分析（Ripley's k 函数）的对话框中，按要求进行相关设置。这里主要涉及给定要进行分析的点文件名称，置信区间的设置、边界校正方法的设置，以及研究区域设置等，详见图 11-2。当然部分选项可以默认，不进行设置，也可选择设置成其他类型。由于上述设置可能会影响分析结果，建议根据分析数据的实际情况酌情设置。点模式分析结果见图 11-3。

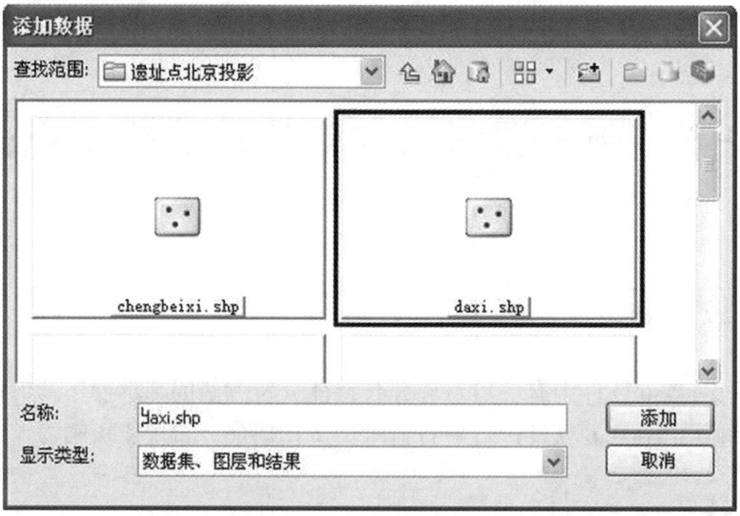

图 11-1 加载数据

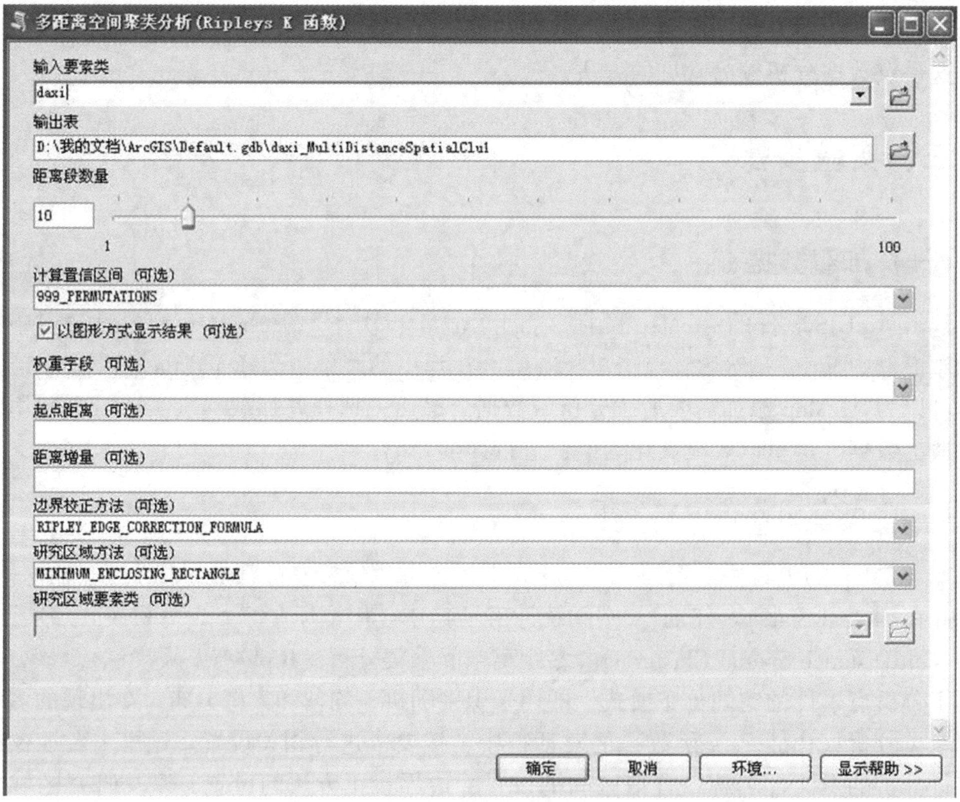

图 11-2 点空间分布模式分析

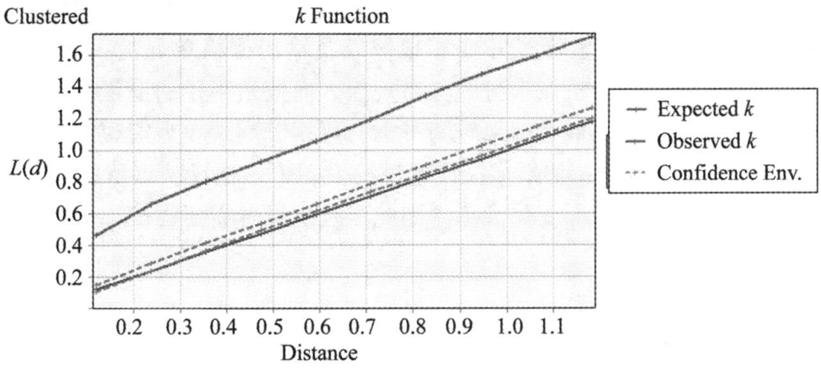

图 11-3　点模式分析结果示意图

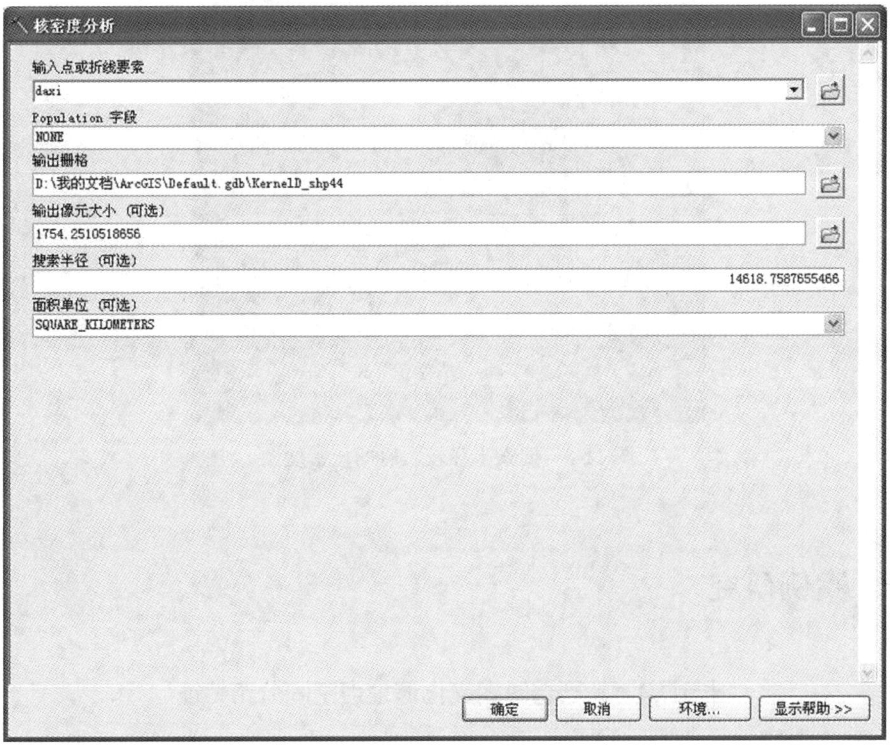

图 11-4　核函数分析

（三）核函数分析

在 ArcMap 的工具栏上找到 ArcToolbox 图标，用鼠标左键双击。然后，在 Spatial Statistics Tools（空间统计工具）中，点击 Spatial Analyst Tools，展开后，鼠标左键点击密度分析工具，然后左键双击密度分析工具中的 Kernel Density（核密度分析）。该方法实现从离散点到连续表面的转换，可用于分析事件点的空间分布规律。接下来，在出现的对话框中，按要求进行相关设置。这里主要设置需要进行核密度分析的点文件名称、需要进行分析的字段（可不选择）、搜索半径和面积单位以及输出栅格单元的大小等（图 11-4）。其中，不设置字段主要用于分析点本身的分布规律。而搜索半径的设置将会对结果产生较大的影响。设置的半径较大，最终结果较为平滑，可用于反映较为宏观的分布趋势，但不利于揭示局部特征（图 11-5）；如果半径设置过小，则更多地反映点所在位置的特征，过于表现细节，也不利于突出局部变化规律。因此半径的设置需要尝试，或者参考相关推荐的搜索半径的设置研究结果。

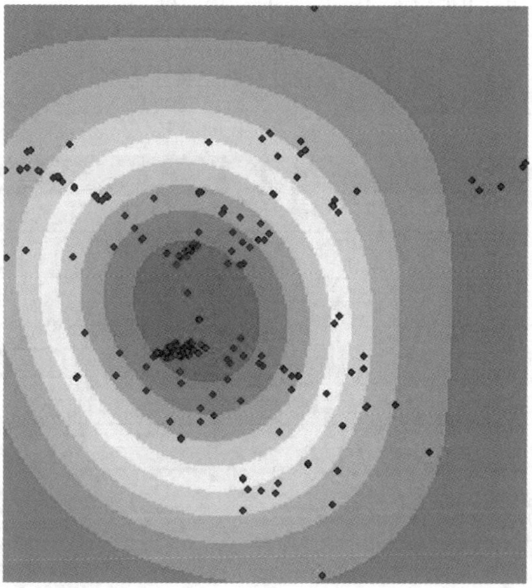

图 11-5　搜索半径较大时的核密度图

四、案例研究

长江中游新石器时期文化遗址点空间分布特征

摘要：研究长江中游新石器时期文化遗址点的分布特征，既有利于复原湘赣地区古自然地理环境，又能对当代人与自然的和谐相处提供借鉴意义。本案例借鉴考古学资料和相关文献，整理出长江中游地区全新世自然地理环境变迁概况；同时利用 GIS 软件，归纳分析气候、地形（海拔、坡度）、水文（与水系距离）等自然因子对于古聚落分布的影响，以揭示新石器时期长江中游的人地互动规律。

关键词：长江中游；新石器文化；GIS；环境变迁

(一) 引言

自然地理环境是人类赖以生存和发展的物质基础，制约着人类文明的发展趋向与人类活动的范围、深度。我国学者利用多种古气候代用指标，重建了我国新石器时期长江中游的环境演化序列，揭示了几大重要的环境事件[1]。2003 年，国际科学理事会（ICSU）与联合国教科文组织（UNESCO）宣布最新研究计划："全新世自然骤变、环境灾变和人类的响应"[2,3]。我国作为四大文明古国之一，拥有丰富的新石器时期的遗址资料，为研究古环境演变与人类文明发展之间的关系提供了丰富的研究材料。由于古人类改造环境的能力较低，人类遗址的分布深受自然地理环境的影响。借用 ArcGIS 能帮助明晰各个阶段环境对于古聚落布局的影响。

(二) 研究区域概况

1. 现代自然环境概况

长江中游位于我国的中部地带，大体位于 108°21′~116°07′E，24°39′~33°20′N，北近亚热带的北界——秦岭，南至中亚热带的南界——南岭，东西两侧分别被大别山、怀玉山、武夷山、大巴山、巫山、雪峰山环绕（图 11-6）。地形上，长江中游位于我国第三级阶梯，中低周高，呈不规则的"碟形"。最高处位于湖北神农架神农顶，高程为 3106.2m；最低处位于湖北黄梅县刘佐乡东喇叭湖陆地，高程为 9.2m。该区由内到外大致为四种地形类型：平原、岗地、丘陵、山地。中部为两湖平原，高程一般小于 50m。平原周围为山前岗地，高程为 50~200m；岗地外围布局低山丘陵和山地，高程分别为 200~500m 和 500m 以上，长江以北部分西北高东南低，长江以南部分西南高东北低。

气候上，主要属亚热带季风气候，雨热同期。长江以北地区年均温 15~17℃，最冷月均温 2~4℃，最热月均温 27~29℃，夏热冬冷；年均日照时数 1100~2150h，无霜期长，在 230~300 天；年均降水量 800~1600mm。长江以南地区年均温 16~18℃，最冷月均温 4~8℃，最热月均温 27~30℃，气候温和，四季分明，冬季低温期短、夏季暑热期长；年均日照时数为 1300~1800h，无霜期更长，在 260~310 天；年均降水量 1200~1700mm。总体来看，长江以南地区气候的水热条件优于长江以北。

2. 长江中游环境变迁

1）气候

全新世气候总体稳定，但存在百年至千年尺度的波动变化。对于冰后期气候的划分，较为经典的是布列特-色尔南德的方案，将北欧冰后期气候划分为如表 11-1 所示的 5 个阶段。国际学术界研究的热点为三大降温事件，时间上位于：8200a. B. P.、5200 a. B. P. 和 4000 a. B. P.，这使得全新世早中期大致温湿的特征被打断。我国也受这三次降温事件的影响。文献表明，黄河流域在 8000—7500 a. B. P. 出现了三四百年的文化断层；全新世中期（约 5500 a. B. P. 前后），出现"仰韶中期的寒冷期"，与该阶段考古文献中人类遗址

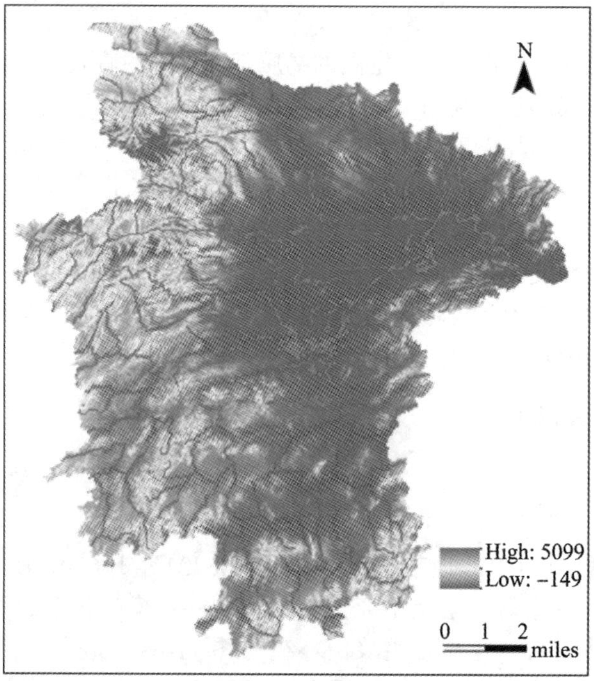

图 11-6　研究区地理位置

数量的减少相耦合；发生在 4000 a. B. P. 前后的降温事件，被称为 YD（新仙女木事件）以来最寒冷的一次降温事件，标志着气候最适宜期的结束和后全新世的开始[4]。

表 11-1　**布列特-色尔南德的冰后期气候划分方案**[5]

年代（ka. B. P.）	地质年代	气候期	气候特征
2.7—		亚大西洋期	温凉湿润
5.0—2.7		亚北方期	干燥温和
7.5—5.0	全新世	大西洋期	潮湿温暖（气候最适宜期）
9.5—7.5		北方期	干燥温和
10.3—9.5		前北方期	干凉

我国施雅风[5]等也对中国全新世的气候环境开展研究，依据孢粉、古植物、古湖泊等遗留线索，认为：总体上，我国气候与世界气候相类似，但仍存差异。我国全新世大暖期时间在 8.5—4.0ka. B. P.，其间存在着三次气候突变事件（表 11-2），而这三次突变事件在时间上与国际公认的降温事件（8.2ka. B. P.、5.2ka. B. P.、4 ka. B. P.——国际三大降温事件）大致相同。

表 11-2　　　　**我国全新世气候变化和主要突变事件**

年代（ka. B. P.）	气候分期	气候特征
4. 0—	降温期	气候波动较大，气温变冷相当于现今水平
4. 2—4. 0		气候出现急剧突变
5. 3—4. 2		气候比较稳定，气温有所下降但仍高于现今水平
5. 3	大暖期	气候出现急剧突变
8. 2—5. 3		气候稳定，大暖期最盛期，气温明显高于现今水平
8. 5—8. 2		气候出现急剧突变
10. 5—8. 5	升温期	全球气温阶段性迅速上升并达到现今水平

李俊[6]、朱诚[7]、刘会平[8]、唐领余[9]等学者普遍认同的全新世气候特征：①全新世早期：冷干转向暖湿的过渡期，年均温和年降水量波动上升；②中全新世前期：气温波动上升期，气温大致与今日相仿；其中 7. 9 ka. B. P 达到气温最高值；降水十分丰沛，区间内变率较大但变动的幅度范围不大；③中全新世中后期（约 7—4ka. B. P.）：为暖湿气候，比现今暖湿，水热条件最佳，呈波浪状变化；其中大约在 4. 3ka. B. P. 温度和降水量骤减；④晚全新世前期：气候呈现变干变凉的趋势；⑤晚全新世后期：温凉气候向现代偏暖气候转变。

2）水文与植被

张晓阳[10]归纳了洞庭湖全新世以来演变的六个阶段：①晚更新世末—全新世初，河湖切割平原；②中全新世早、中期（8000—5000a. B. P.）为湖泊扩大时期；③中全新世晚期（5000—3000a. B. P.）发育四水复合三角洲，零星分布湖沼洼地；④商周—秦汉（3000—1700a. B. P.），四水分流间广布洼地湖泊、沼泽，汛期时河湖水体相连；⑤魏晋—19 世纪中叶，洞庭湖渐渐发展到鼎盛时期；⑥19 世纪中叶至今，三角洲快速扩大，湖泊趋向于萎缩，这一现象与人类活动密切相关，而受自然因素影响较小。景存义[11]推断了洞庭湖湖盆的形成过程，同时阐述了湖泊范围内沉积物的特征（表 11-3）。

表 11-3　　　　**洞庭湖湖盆形成过程与沉积物特征[11]**

时代	湖盆形成过程	沉积物特征	孢粉分析结果	气候特征
晚期	湖泊迅速淤积、湖盆缩小	现代河流三角洲相、湖沼相沉积，内夹植物残体、贝壳碎片		温湿
中期	湖泊扩大	褐色、灰色湖泊相沉积，内含植物残体、贝壳碎片、沼气，湖滨有丰富的泥炭	松属、栎属、蔷薇科、水龙骨科、菊科等	暖湿
早期	现洞庭湖开始形成，洞庭湖为中心的向心状水系形成	褐色、灰色粉砂亚黏土，底部有铁锰胶膜，上部有植物残体		温湿

李俊[12]认为6000a. B. P. 以来长江中游湖泊环境演变如下：6000—4000a. B. P.，湖泊水深较大，湖泊周围地区为亚热带常绿阔叶林植被；4000—1000 a. B. P. 依旧是深水环境，但后期水深相对减小；1000—600 a. B. P. 逐渐演变为浅湖环境，600 a. B. P. 之后是浅滩与湖沼互相交错的环境，人为影响力较大。另外，值得一提的是洪水灾害也对新石器时期的文明演变产生了巨大的影响。朱诚[13]等划分了4个洪水频发期：8000—5500 a. B. P.——第Ⅰ洪水期；4700—3500a. B. P.——第Ⅱ洪水期；2200—700a. B. P.——第Ⅲ洪水期；500—100 a. B. P.——第Ⅳ洪水期；强盛的夏季风活动影响了第Ⅰ、Ⅱ、Ⅲ洪水期；强盛的冬季风可能导致第Ⅳ洪水期发生。

3）地质地貌

研究表明，东部地貌特征在燕山运动中便具雏形。目前该区的基本轮廓是在第四纪以来的新构造运动下形成的[14]。现代中国地貌格局在喜马拉雅运动后基本形成。东部地区，接近东西方向的张裂增大了三大隆起带与三大沉降带间的垂直高差，由此形成三级阶梯地势特征。此时，云梦沉降区被向东转向的长江干流分割为南北两大区域，即洞庭湖盆地和江汉盆地。同时，汉江因受隆起的山脉影响，由南汇入长江，由此成为本区内长江最大支流[15]。早更新世晚期以来，由于南北两侧山脉发生掀斜运动，两大盆地由此发生倾斜，造成江汉盆地的沉积中心向南移动，长江以南的水系转变为向北汇入长江，长江水系最终全面形成[16]。

早更新世晚期，发生的新构造运动以差异性运动为显著特征：中部下降，四周山地相对上升，侵蚀和堆积作用并存，且逐渐强烈。此时河流下切作用愈加强烈，深邃的峡谷和多级阶地由此形成。中部沉降过程中，伴随间歇性回升，形成数级阶地地貌，分割了古云梦泽，从而在其周围塑造了岗地地形[17]。同时沉积运动也促使了两湖平原的形成。自更新世开始，江汉盆地不断受到沉积，形成了一个呈洪积-冲积特征的平原[18]；洞庭湖盆地受河流搬运的风化物堆积。末次冰期结束以来，由于构造运动的减缓，研究区域内的地形地貌基本没有产生大的变化，与现今地貌接近，故本案例中采用的DEM数据以此为参考。

（三）长江中游新石器时期文明考古研究

1. 遗址点规模变化概况

20世纪50年代以来，考古研究者已基本建立长江中游新石器考古文化序列。序列表明，长江中游大致经历了彭头山文化、城背溪文化、大溪文化、屈家岭文化、石家河文化等发展阶段（表11-4）。

表11-4　**长江中游新石器时代文化序列[19]**

时期	文化类型	年代范围（ka. B. P.）
新石器时代早期	彭头山文化	9.0—7.5

续表

时期	文化类型	年代范围（ka. B. P.）
新石器时代中期	城背溪文化（湖北）	8. 5—7. 0
	皂市下层文化（湖南）	7. 5—6. 8
	仰韶文化（湖北）	7. 0—6. 0
	汤家岗文化（湖南）	6. 8—6. 3
	大溪文化	6. 5—5. 1
新石器时代晚期	屈家岭文化	5. 1—4. 6
	石家河文化	4. 6—3. 9

1）遗址点数量变化

以上述阶段为主要研究对象，统计遗址点数量变化情况（表 11-5）。总体来看，自新石器早期以来，遗址点数量呈逐渐增长的趋势。早期：彭头山文化遗址点为 11 处；中期：城背溪文化共发掘遗址点 12 处；大溪文化遗址点增加至 192 处；晚期：屈家岭文化遗址点继续增加至 215 处；石家河文化数量更是达到 380 处，实现了遗址点布局的鼎盛时代。

表 11-5　**各文化期已发掘遗址点数量统计表**

文化类型	彭头山文化	城背溪文化	大溪文化	屈家岭文化	石家河文化
数量小计	11	12	192	215	380

各个文化期内又可分为早、中、晚三个时期，查阅文献大致可知，城背溪文化期内，发现遗址点：早期 1 处，中期 3 处，晚期 11 处；大溪文化期内，发现遗址点：早期 53 处，中期 77 处，晚期 88 处；屈家岭文化期内，发现遗址点：早期 24 处，中期 39 处，晚期 112 处；石家河文化期内，发现遗址点：早期 51 处，中期 57 处，晚期 118 处（由于研究中对某些遗址点的文化期划分仍存争议，故文献数据与本研究的数据存在一定差异，但仍反映数据波动趋势，具备参考价值）。

2）遗址点面积变化

彭头山文化期共有 11 处已发掘遗址，各遗址的面积较小，平均面积为 6978. 18m^2，以面积大小为 1000~5000m^2的中小型遗址为主（图 11-7）。

城背溪文化期仍以面积介于 1000~5000m^2的中小型遗址为主，虽有一处面积为 100000m^2的遗址，但总体未发现有面积大小在 5000~10000m^2的中型遗址。遗址的平均面积也较同文化期小，仅为 11018. 18m^2（图 11-8）。

大溪文化期已发掘最大的遗址点面积达 800 万平方米，面积在 1 万平方米以上的遗址数量达到 97 处，而 10 万平方米以上的特大型遗址也达到了 9 处，开始出现原始的城市雏形，遗址的平均面积达到了 64212. 17m^2（图 11-9）。

屈家岭文化期遗址的平均面积达到了新石器时代的最高值，为 73076. 14m^2，面积在

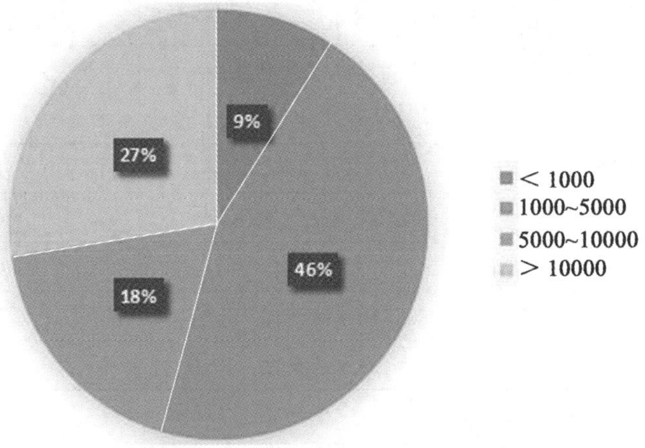

图 11-7 彭头山文化已发掘遗址点面积统计图

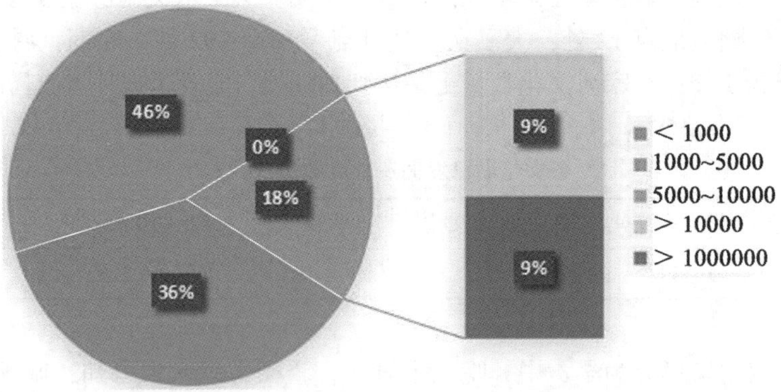

图 11-8 城背溪文化期已发掘遗址点面积统计图

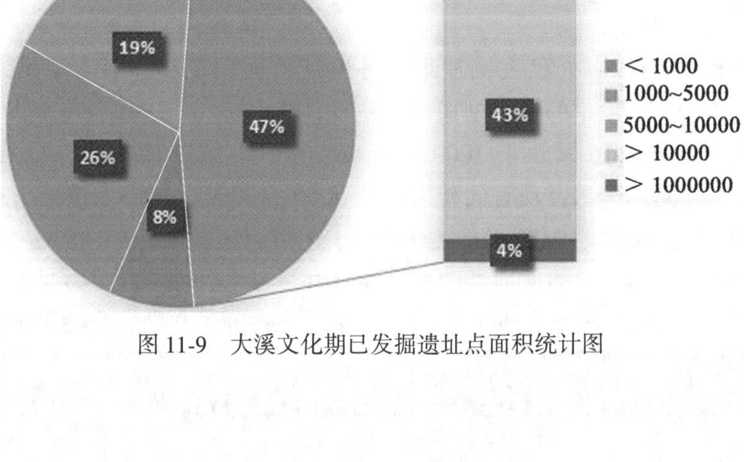

图 11-9 大溪文化期已发掘遗址点面积统计图

1 万平方米以上的遗址比例达到 61%，10 万平方米以上的特大型遗址达到了 9 处（图 11-10）。可以说，长江中游新石器时代文化在屈家岭文化期达到了顶峰。

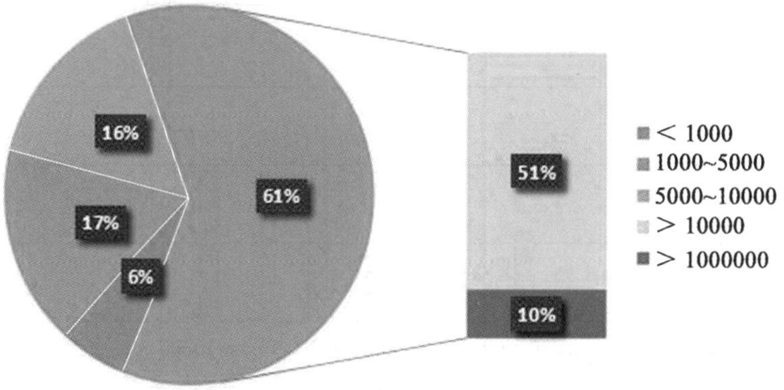

图 11-10　屈家岭文化已发掘遗址点面积统计图

石家河文化期中，大型和特大型遗址数量增加，其中大于 10000m^{2}的大型遗址点更是达到 213 个；与此同时，中型遗址和中小型遗址数量增加得幅度更大，这使得遗址的平均面积下降至 32310. 13m^2（图 11-11）。

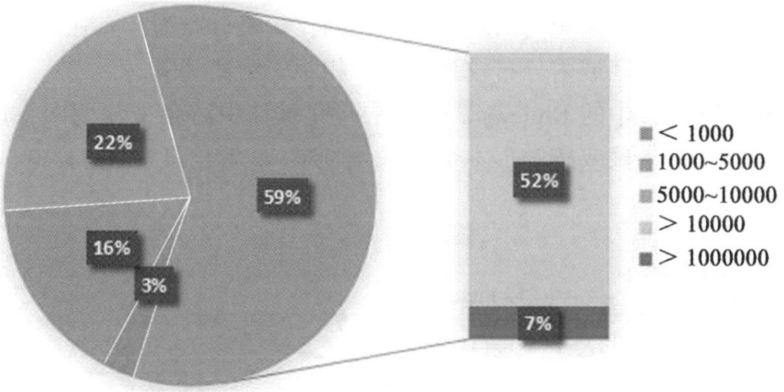

图 11-11　石家河文化已发掘遗址点面积统计图

纵向对比以上四个文化期遗址点规模变化状况（图 11-12），可知：大溪文化期实现了遗址点分布的第一次鼎盛时代，自此以后遗址点规模都呈波动增长的趋势。大溪文化期内，小于 1000m^{2}的遗址点数量与其他文化期相比最多，且遗址点规模集中在中小型和大型范围内；屈家岭文化期内，遗址点主要以大于 10000m^{2}的规模为主，聚落大多为大型规模，小型和中型规模相对较少；石家河文化期内，聚落同样以大于 10000m^{2}的规模为主，且增长较快。

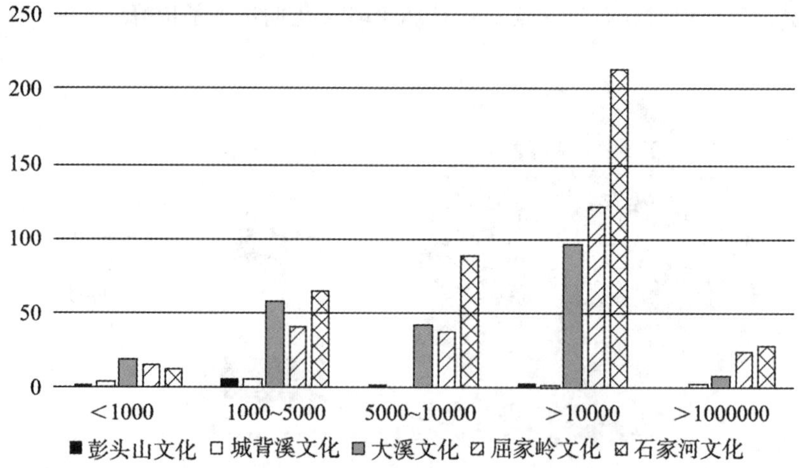

图 11-12　各文化期遗址点数量纵向对比图

2. 遗址点空间分布特征

1）遗址点分布的集聚程度

一般来说，空间上点的分布形态可分为三种：随机分布、集聚分布与规则分布。其中，随机分布为：任何点在区域内出现的概率相同；集聚分布为：点在区域内呈群、簇状集中；规则分布为：点在区域内分布较为规则，相距等距离间隔。

本部分采用 GIS 软件中的 Ripley's k 函数来研究长江中游各文化期内，遗址点在空间上是否具有统计学上的集聚或离散。本部分采用 99% 的置信度，图 11-13、图 11-14、图 11-15 为操作结果：

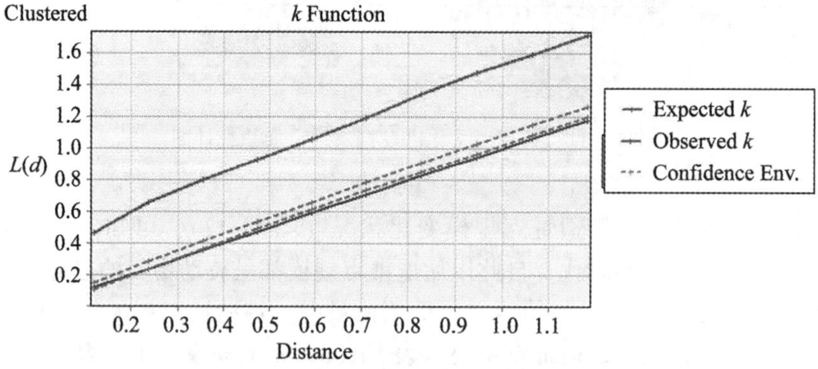

图 11-13　大溪文化期 k 函数图

若特定距离的 k 观测值大于 k 预期值，则点在空间中的分布呈集聚状态，且集聚具有统计学意义；反之，则呈离散状态。故图 11-13～图 11-15 均显示：大溪文化期、屈家岭

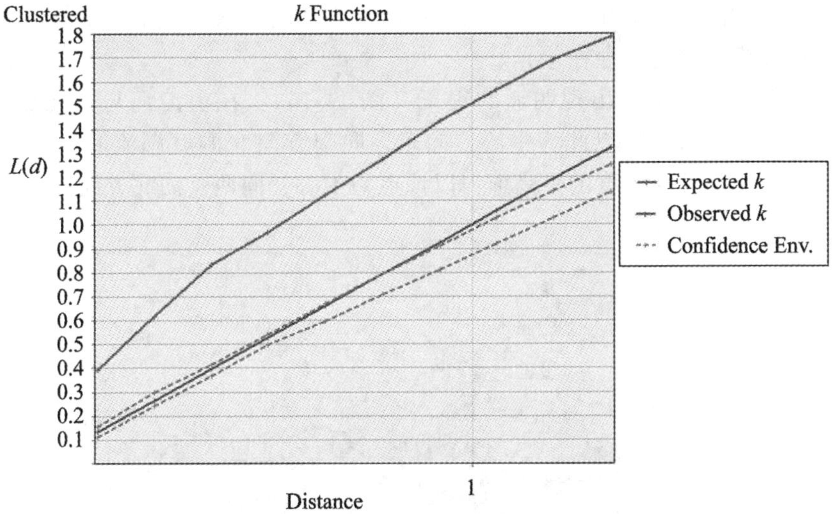

图 11-14　屈家岭文化期 k 函数图

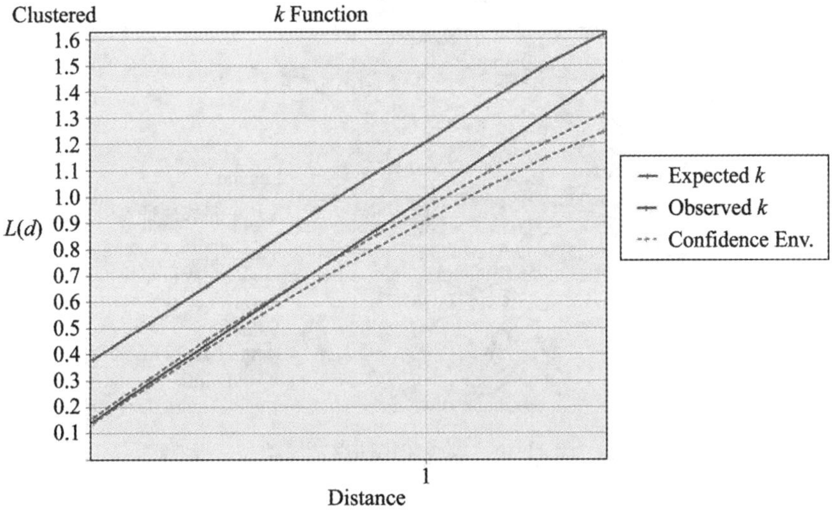

图 11-15　石家河文化期 k 函数图

文化期、石家河文化期内，遗址点的分布均呈集聚状态；其中，石家河文化期内，k 观测值与预期值的差值要小于大溪和屈家岭文化期，可推测：石家河文化期内，聚落集聚程度相对减小，集聚的范围逐渐扩大，这可能与人类对环境的适应能力提高有关。

2）遗址点的点密度分析

根据点密度分析法，可以形象地显示出各个文化期内，遗址点集中分布区。由图 11-16、图 11-17、图 11-18 可见，新石器中期以来，遗址点密度呈逐渐增加的趋势；三个文化期共同包含的高密度遗址点位于澧水下游、洞庭湖西侧的丘陵地带，说明该区自古以来环境优越，为人口的增长提供了良好的物质保障。另外可以发现，三个文化期的遗址点密度在大河沿线例如湘江、沅江等也较高，可见河流在当时聚落选址中的重要作用。不同文化期内，遗址点密度变化又存在差异。

大溪文化期内，遗址点出现明显的集聚（图 11-16）：在沮漳河与长江交汇处附近，遗址点密度达到极高值，且以此为中心，向东、向南方向（洞庭湖流域）扩展。同时在汉江中游处也出现遗址点密度的极高值，以该点为中心，向西、向北方向扩展。

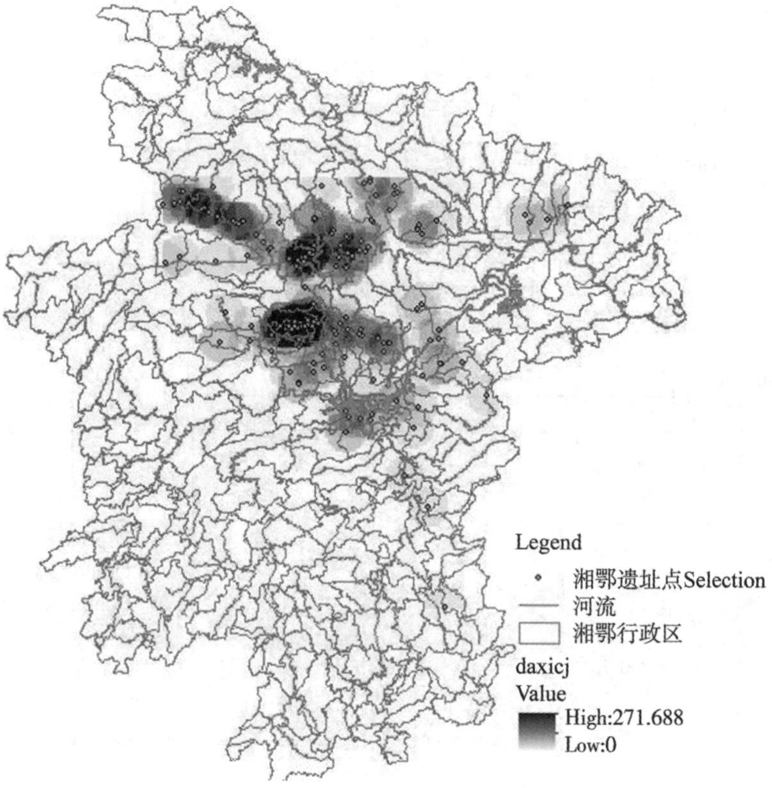

图 11-16　大溪文化期点密度图

屈家岭文化期内，遗址点密度极高值的数量相比大溪时期有所增加（图 11-17）。此时长江以北（汉江流域）的遗址点密度突破性地高于长江以南（洞庭湖地区），印证了该期文化中心向汉江流域转移的事实，且整体转移方向为深入汉江的东南方向。汉江流域遗址点的集聚，说明在屈家岭时期，该区的自然地理环境较为宜居。

与大溪时期相同的是，沮漳河附近依旧为遗址点集聚区；不同的是，长江内巫峡至宜昌河段内也新增许多遗址点密集区。

石家河文化期内，遗址点密度极值点的数量相比前一文化期虽有所减少（图 11-18），但此时遗址点数量大大增加，且遗址点分布的范围广泛增加。与前一文化期相同的是，汉江中游依旧是遗址点的集聚区；不同的是，集聚范围整体转移至湖北省东北部省界线处，集中于涢水、倒水等支流两侧，整体呈西北—东南走向。

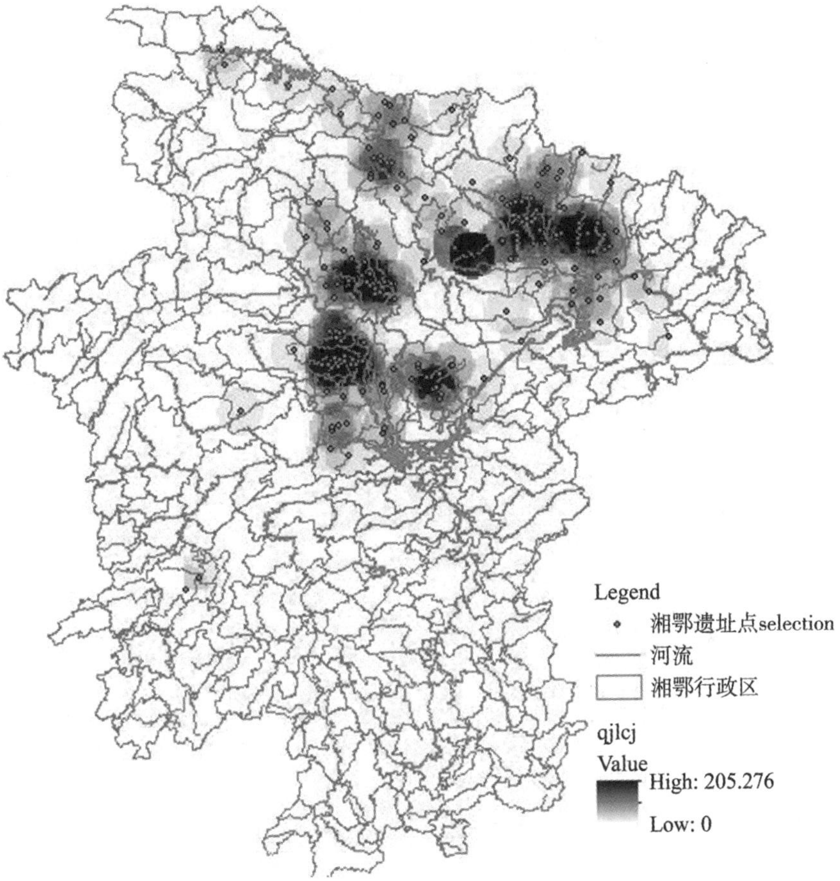

图 11-17　屈家岭文化期点密度图

综合以上文化期分析可知，新石器时期长江中游遗址点主要集聚于：洞庭湖地区、江汉流域和河谷等三个地区。在地貌上表现为山前丘陵与平原的过渡或离河流略远的阶地。

3）遗址点分布的形态特征

遗址点分布的形态多种多样，一般有：呈沿河分布的带状、团聚状等。大溪文化期内，遗址点集聚在洞庭湖地区，呈明显的团聚状分布；在澧水中游也呈明显的团聚状；在湖南东北部流域内，一部分呈沿河分布的带状。屈家岭文化期内，在澧水中游处，聚落依旧呈团聚状；在湖北东部地区，以较大尺度角度看，也呈一定的团聚状。石家河文化期内，在湖北省内，遗址点沿着河流自西北向东南方向呈明显的带状分布。

（四）结论

自然环境变迁与人类文明的发展之间是相互改造、相互影响与联系的关系。人类在发展过程中，唯有顺应环境变迁规律，并在此基础上进行科学的改造，才能使人类文明持续地传承下去。

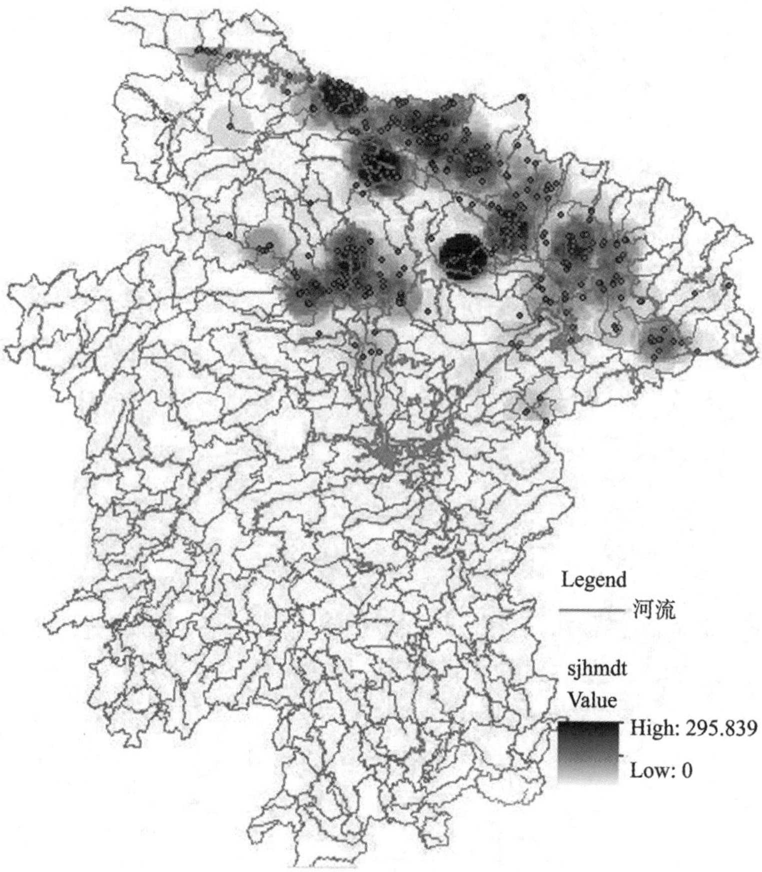

图 11-18　石家河文化期点密度图

本章参考文献

[1] 国家自然科学基金委员会. 全球变化：中国面临的机遇和挑战 [M]. 北京：高等教育出版社，1998.

[2] Leroy S. "Dark nature" —rapid natural changes, catastrophes and human responses [J]. Episodes, 2003, 9 (4): 333-339.

[3] UNESCO. The role of Holocene environmental catastrophes in human history, IOCP 490 [M]. For Details of the Mauritania Meeting, 2004.

[4] 吴文祥. 全新世气候事件及其对古文化发展的影响 [J]. 华夏考古，2005，(3)：60-65.

[5] 施雅风，孔昭宸，王苏民，等. 中国全新世大暖期的气候波动与重要事件 [J]. 中国科学（B辑 化学 生命科学 地学），1992，(12)：1300-1308.

[6] 李俊. 6000 a. B. P 以来洞庭湖沉积记录的环境演变及其同人类活动的关系 [J]. 北京

大学学报，2011，47（6）：1041-1047.
［7］朱诚．神农架大九湖孢粉气候因子转换函数与古气候重建［J］. 科学通报，2008，53：38-44.
［8］刘会平．神农架大九湖 12.5 ka. B. P 以来的孢粉与植被序列［J］. 微体古生物学报，2011，18（1）：101-109.
［9］唐领余．长江中下游地区 500~5000 a. B. P. 气候变化序列的初步研究［J］. 海洋地质与第四纪地质，1991，11（4）：81-82.
［10］张晓阳．全新世以来洞庭湖的演变［J］. 湖泊科学，1994，6（1）：19-20.
［11］景存义．洞庭湖的形成与演变［J］. 南京师院学报，1983，(2)：56-57.
［12］李俊．6000 a. B. P 以来洞庭湖沉积记录的环境演变及其同人类活动的关系［J］. 北京大学学报，2011，47（6）：269-277.
［13］朱诚．长江三峡及江汉平原地区全新世环境考古与异常洪涝灾害研究［J］. 地理学报，1997，52（3）：1041-1047.
［14］中国科学院中国自然地理编辑委员会，中国自然地理·古地理（上）［M］. 北京：科学出版社，1984：64-65.
［15］沈玉昌．汉水河谷的地貌及其发育史［J］. 地理学报，1956，(4)：296-323.
［16］李长安．桐柏—大别山掀斜隆升对长江中游环境的影响［J］. 地球科学，1998，23（6）：19-23.
［17］叶学齐．湖北省地理［M］. 武汉：湖北教育出版社，1988.
［18］蔡述明，官子和，孔昭宸，等．从岩相特征和孢粉组合探讨洞庭盆地第四纪自然环境的变迁［J］. 海洋与湖沼，1984，(6)：527-539.
［19］周昆叔．西安半坡新石器时代遗址的孢粉分析［J］. 考古，1963，(9)：520-522.
［20］笪浩波．长江中游新石器时代聚落分布与环境关系（上）［J］. 华夏考古，2013，(3)：36-43.
［21］笪浩波．长江中游新石器时代文化与生态环境关系研究［D］. 武汉：华中师范大学，2009.
［22］郭立新．长江中游地区新石器时代自然环境变迁研究［J］. 中国历史地理论丛，2004，19（2）：8-16.

第十二章　网络关注度分布规律实验

一、实验目的

（1）掌握 ArcMap 软件中有关面数据分布规律的基本操作。
（2）学会利用 ArcMap 软件进行网络关注度分布规律探索。

二、实验内容

面数据是一种常见的地理数据类型。本实验主要是利用空间自相关方法分析浙江省各县市网络关注度的分布特征。同时，也涉及数据加载、属性表连接、专题地图制作等基本操作内容。

三、实验步骤

(一) 加载数据

双击 ArcGIS 软件的 ArcMap 图标，打开 ArcMap 软件。然后，在 ArcMap 的内容窗口中，用鼠标左键点击 Layers，然后点击鼠标右键，在弹出的菜单中选择 Add Data。该操作可以为 ArcMap 添加数据。而后，分别加载本次实验需要利用的浙江各县矢量数据和包含浙江各县百度指数中位数的电子表格数据（图 12-1）。这两个数据分别提供了浙江省各县的矢量数据和需要进行分析的网络关注度数据。

1. 属性表连接

由于本次实验所需要利用的矢量数据和百度指数数据分别存储在不同的文件中，需要将百度指数数据关联到浙江省各县的矢量数据文件。因此，将会利用到属性关联操作。为此，先用鼠标左键在内容窗口中选中浙江各县的矢量数据文件，然后点击鼠标右键，在弹出菜单中选择 Join and Relate-join。接下来，需要根据 Join Data 对话框的要求进行设置（图 12-2）。设置中需要填写要关联的属性数据文件的名称和建立矢量数据文件和属性数据文件连接关系的关键字段。其中，最为重要的是设置关键字段。由于在浙江各县的矢量数据文件和百度指数文件中都包含有 city 字段，且二者的语义相同。因此，本次实验分别选择浙江各县矢量数据中的 city 字段和各市百度指数中位数文件中的 city 字段作为连接字

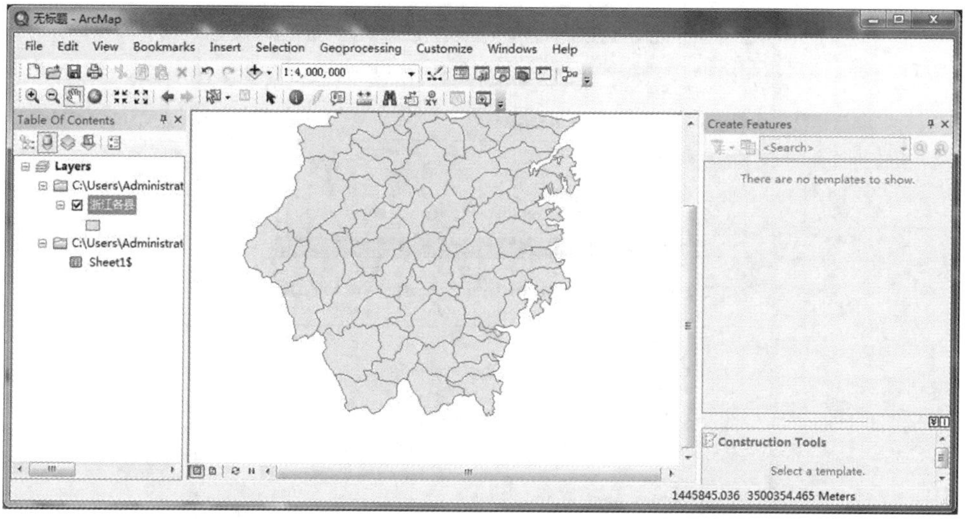

图 12-1 加载矢量数据和电子表格数据

段，将矢量图和 Excel 中的数据进行连接。按上述要求设置好后，点击 OK 按钮，完成属性表的连接。但属性表的连接操作仅是临时性地将属性数据关联到矢量数据中，不进行永久保存。另外，该临时保存在后续运算中可能会出现操作无法执行等问题，因此建议将关联好的数据进行永久保存。

2. 导出数据

为了便于后续的数据计算与分析，可选择将连接好的数据导出，以便进行永久保存。鼠标左键选中浙江各县矢量数据图层，然后，点击鼠标右键，在弹出的菜单中选择 Data→Export Data，导出数据，名称为浙江各县百度指数中位数。导出后的矢量数据文件中保存了永久性属性表连接后的数据，即该矢量数据文件的属性包括了浙江省各县百度指数中位数。

3. 空间集聚分析

为了分析百度指数是否存在空间集聚规律，本次实验主要使用 Getis-Ord Gi* 统计量对浙江省各县 2016 年每日百度指数的中位数进行网络关注度空间聚集程度分析。该方法可以指出空间上的冷点和热点，便于发现空间分布规律。首先，在 ArcMap 的工具栏上找到 ArcToolbox，双击，然后在 Spatial Statistics Tools 中，点击 Mapping Clusters，展开后用鼠标左键双击 Hotspot Analysis Getis-Ord Gi*。在出现的对话框中，按要求进行相关设置（图 12-3）。

（二）按 Giz-score 分级进行分层设色

空间集聚分析的结果将自动添加到 ArcMap 的内容窗口，选中该文件，并打开空间集聚分析结果矢量数据图层的属性表，点击 Symbology 选项卡，在该对话框的 Value 中选择

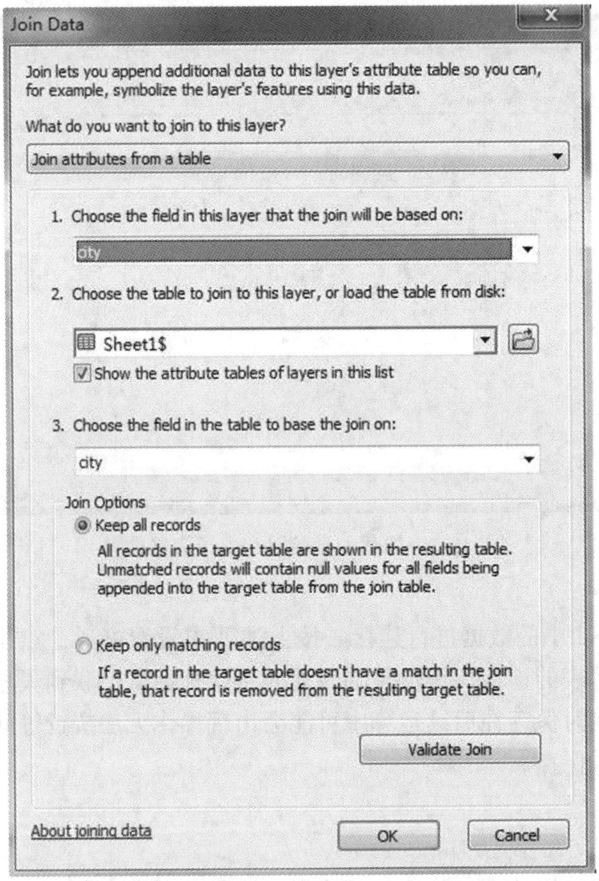

图 12-2　连接属性

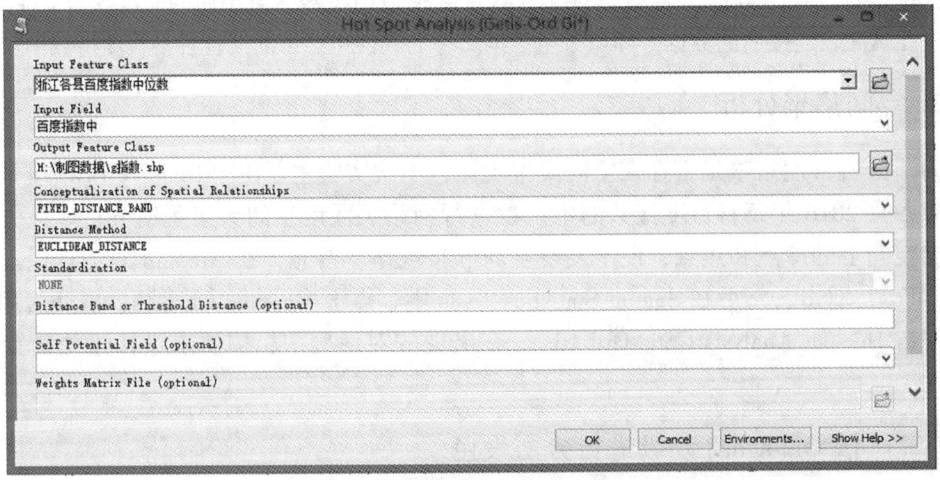

图 12-3　百度指数的空间集聚分析

Giz-score 字段，在 Classes 中选择 4，并修改分层设色的区间（图 12-4）。当然，第 3 步的空间集聚分析也可生成与本步操作类似的结果，本步操作主要用于巩固以往的操作。

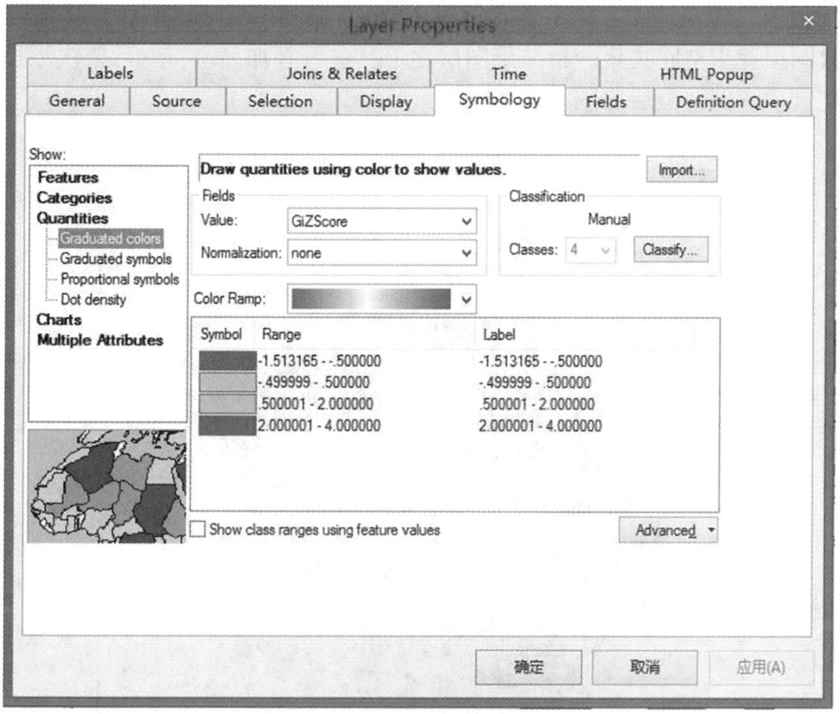

图 12-4　色彩设置

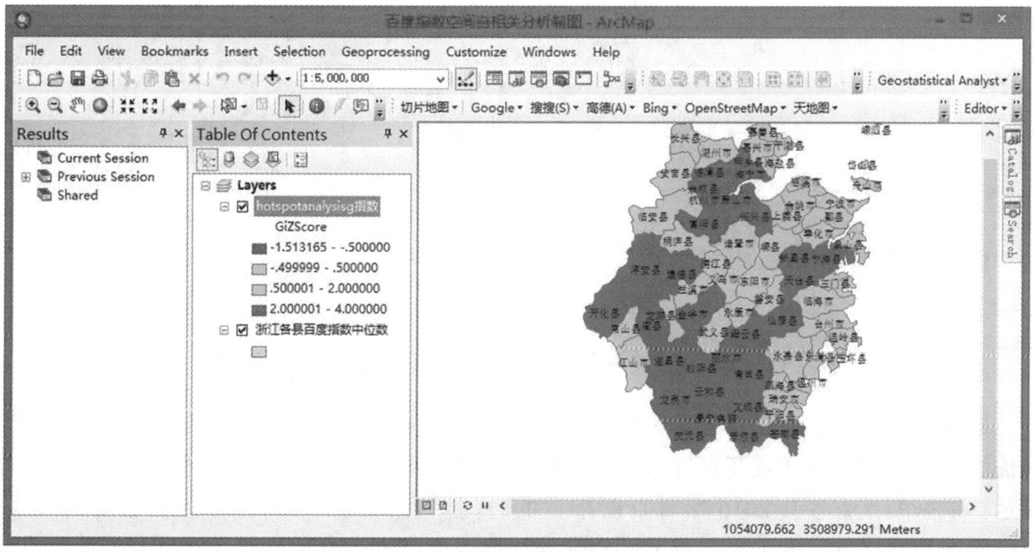

图 12-5　标注属性

（三）出图

选中浙江各县百度指数中位数图层，点击鼠标右键，选择 Label 进行标注，标注字段为 City 字段的值，即在地图上显示县名（图 12-5）。调整图层显示顺序，将浙江各县百度指数中位数图层置于空间集聚分析结果图层之下，进行叠加显示，然后依次添加图框、比例尺、指北针、图例，最后出图（图 12-6）。

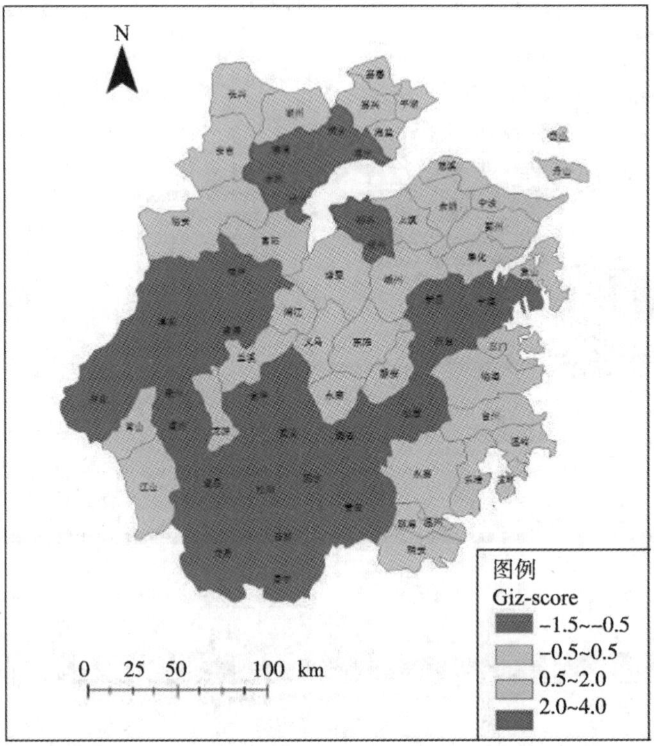

图 12-6 结果图

四、案例研究

浙江省旅游网络关注度时空特征及其与国内游客量关系

摘要：系统收集浙江省各县客流量及游客网络关注度数据，分析影响客流量及游客网络关注度时空变化特征及其主要因素，国内游客量与游客网络关注度的时空相关性，结果显示：根据浙江省各县 2016 年日百度指数的时间序列特征，可将浙江省各县分为 4 类，对应不同的网络关注度水平、季节性和变异程度。浙江省各县的网络关注度和游客量在时间上变化的影响因素相似，主要和当地长期以来的影响力、媒体宣传、特殊事件、人们的工作和休闲制度有关，在工作及休闲制度的影响下，百度指数的变化应先于游客量的变化，表现出一定的前兆效应。在目的地营销的作用下，网络关注度提高对游客量的增长有促进作用，反映到实际的游客量增长上有一定滞后性和长期性。空间上，浙江省网络关注度呈现出以杭州及其周边地区为热点区，向周边地区过渡为冷点区的空间格局。网络关注度和实际游客量的空间分布影响因素一致，主要和经济发展水平、旅游资源丰富程度、区位有关，网络关注度和实际游客量有较强的相关性。

关键词：网络关注度；国内游客量；时空分布特征

（一）引言

随着网络技术的发展和普及，网络数据规模呈爆炸式增长，产生了规模、涌现速度和处理难点超出目前常规技术能管理、处理和分析能力的数据，即大数据。格雷布林克（Grobelink. M）在《纽约时报》2012 年 2 月的一篇专栏中称，“大数据时代”已经降临，在商业、经济及其他领域中，管理者的决策越来越依靠数据分析，而不是依靠经验和直觉[1]。大数据时代的背景下，如何利用海量类型多样、增长快速、内容真实的数据进行分析挖掘出有用的信息有重要意义。随着中国经济的持续快速增长，产业结构的调整升级，旅游需求的不断增长，我国旅游业进入了世界旅游界公认的旅游业爆发性增长阶段。浙江省的旅游业也呈不断发展的态势，根据《浙江省统计年鉴》，2010—2015 年，浙江省的旅游人数由 20900 万人，增长到了 52532 万人，增长幅度为 251%。而互联网已经成为辅助旅游者旅游选择、购买旅游产品的有效手段之一。目的地旅游营销的开展需要在获取市场需要的前提下进行，而在大数据时代下，可以获取大量的、更新速度快、内容真实的数据，对这些数据的进一步挖掘，能够获得大量的旅游市场信息，提高旅游市场分析的准确度，进而使旅游营销活动更加及时、有针对性。也有助于各区域加强合作，迎合游客的喜好发展旅游业。

网络关注度是以数千万网民在搜索引擎上的搜索量为数据基础，以关键词为统计对象，科学分析并计算出各个关键词在搜索引擎中搜索频次的加权和，并以曲线图的形式展现。百度是全球最大的中文搜索引擎，本案例采用百度指数的关键词搜索指数，即某个关键词在某一时间点或时间段内在百度的搜索规模，再来反映网络关注度。在百度指数的平台上还有趋势研究、需求图谱、舆情洞察、人群画像 4 个模块，能反映关注这些关键词的网民的年龄、性别、职业、兴趣等特征以及空间分布。

目前网络关注度在旅游地理中的应用十分广泛，这方面的研究主要从网络关注度的时间变化规律和空间分布特征两方面展开，主要分析数据的时空特征、影响因素以及和实际游客量的关系。在网络关注度的时间变化规律上主要采用绘制时间序列图，周内百度指数变化图，年内月百度指数变化图将数据进行可视化，采用计算季节性指数来分析季节性特征，通过解释网络关注度随时间变化的曲线、回归分析、相关分析，来分析网络关注度随时间变化的影响因素。在网络关注度的空间分布特征上通过主要分层设色法制作专题地图、核密度分析、标准差椭圆、泰森多边形等方法进行可视化，用可能的影响因素对网络关注度进行相关分析和回归分析，来分析网络关注度空间分布的影响因素。在网络关注度和实际游客量的关系方面，在时间上主要采用将网络关注度和实际游客量的时间序列进行对比，采用 OSL 方法构建相关模型，用 Pearson 相关系数来分析网络关注度和实际游客量的关系；在空间上，主要以城市游客网络关注度为自变量，以客流量为因变量，运用最小二乘法进行线性回归分析[2-15]。这些研究对网络关注度进行了一定程度的挖掘和合理的解释。但也存在未能充分利用数据，影响因素分析趋同的问题，且还未有学者对浙江省各县的网络关注度进行分析。因此本案例以浙江省 72 个县级市（地级市按以不包括其下辖县的区域为研究对象）为研究对象，利用百度指数平台，收集以各县名称为关键词的 2016 年每日百度指数，表示各县的网络关注度，分析各县网络关注度的时空变化规律和影响因素，并将国内游客量和网络关注度的时空分布进行比较，分析两者的关系，为浙江省旅游开发与规划，游客接待和宣传营销等提供依据。

（二）数据来源

在网络关注度方面，本次研究以浙江省 72 个县的名称为关键词，提取了 2016 年每天的百度指数，搜索来源为全国。在分析过程中也对各关键词的需求图谱、舆情洞察、人群画像进行了观察。

在旅游数据方面，由于浙江省各县的旅游数据的更新速度和信息公开程度不同，本次研究从浙江省各县的旅游局官网获取了浙江省各地级市 2016 年国内游客的总数，安吉市 2016 年游客量的月度数据，杭州市 2016 年游客量的季度数据。从浙江省旅游局官网获取了浙江省各县的 5A、4A、3A、2A、A 级景区数。

在浙江省各县经济发展水平数据方面，本案例从浙江各地级市的 2016 年统计年鉴中摘录其下辖各市、县的国内生产总值（GDP）数据，进行汇总，得到浙江省各县 2016 年 GDP 数据。

（三）研究方法

1. 时间序列分析

1）时间序列特征量的提取

从统计意义上讲，所谓时间序列就是将某一个指标在不同时间上由不同数值，按照时间的先后顺序排列而成的数列。时间序列的变动，主要是由长期趋势、季节变动、循环波动和随机型变动形成的[16]。结合时间序列的变动特征，本案例将从长期趋势、季节性、变异程度 3 个方面对时间序列进行描述。

（1）长期趋势。

拟合长期趋势可先求出移动平均序列，记为 TC，再确定趋势分量 T。趋势可分为线性和非线性两种。其中以线性趋势求趋势分量 T。用移动平均 TC 对时间 T 进行回归，回归模型是：

$$T = \mathrm{TC} = B_0 + B_1 \tag{12-1}$$

式中：B_0，B_1 为趋势项[18]。

（2）季节性。

季节指数计算模型包括加法模型式（12-2）和乘法模型式（12-3）：

$$Z_t = \mathrm{Tr}_t + \mathrm{Sn}_t + \mathrm{Cl}_t + e_t \tag{12-2}$$

$$Z_t = \mathrm{Tr}_t \times \mathrm{Sn}_t \times \mathrm{Cl}_t \times e_t \tag{12-3}$$

式中：t 为时间序列，Z_t 为月度季节指数，Tr_t 为线性趋势，Sn_t 为季节变化，Cl_t 为循环变化，e_t 为误差。时间序列 t 经过以周期为长度的移动平均后，得到去除了季节因素的值（CMA），该值仅包含 $\mathrm{Tr}_t + \mathrm{Cl}_t$，不包含季节变化和误差。整个序列相同月份的 Ratios 平均数扣除误差成分就得到相应月份的月度季节指数，通过计算各月 Ratios 的平均数得到误差。原序列扣除季节因子求得季节调整后的序列，并给出了平滑了循环因素的序列和不规则成分的大小。乘法模型与加法模型类似，不同之处在于用加法的地方改用乘法[18]。季节变动大致相等或时间数列随时间推移等宽推进时，采用加法模型；季节变动与时间数列的长期趋势大致成正比，且时间数列图大致呈喇叭状或放射状时，采用乘法模型[19]。季节性指数大于 1 为旺季，小于 1 为淡季。

（3）变异程度。

本案例采用方差、峰值和谷值对变异程度进行衡量，方差是各个数据与其算术平均数的离差平方和的平均数，通常以 σ^2 表示。峰值是整个样本的最大值，谷值是整个样本的最小值。

2）时间序列聚类

聚类分析的技术是对研究对象之间相似性的度量，对时间序列数据进行聚类分析，可以获得时间序列不同的变化模式及其分布，是一种非常重要的时间序列数据处理手段。时间序列聚类的算法很多，主要分为三类：基于原始数据的聚类、基于特征的聚类和基于模型的聚类。基于特征提取的方法主要应用于高维空间，特别是采样时间间隔短的数据[20]。本案例针对时间序列长期趋势、季节性、变异程度 3 个方面，提取趋势项、4 个季度的季节性指数、峰值、谷值、方差，共 9 个特征量，并用 Z-score 标准化方法对特征量进行标准化，采用重新调整距离聚类合并进行聚类分析。

2. 空间自相关分析

空间自相关是空间单元属性值聚集程度的一种度量。地理学第一定律指出：所有的事物都是相互联系的，离得越近彼此之间的联系越强。空间自相关可以量测空间事物的分布是否具有自相关性，高的自相关性代表空间现象存在集聚性[21]，空间自相关分为全局和局部假设检验两种，在给定显著性水平下，全局空间自相关表征研究区相似属性的平均集聚程度；而局部空间自相关回答集聚区的具体空间分布。本案例采用 Getis-Ord G_i^* 统计量进行空间自相关分析。Getis-Ord G_i^* 统计量是一种基于距离权矩阵的局部空间自相关指标，能探测高值聚集和低值聚集。该 G_i^* 为一个经 Z-score 标准化后的量，一个高的 Giz-score 表示高值空间集聚（热点），一个低的 Giz-score（负值）表示低值空间集聚（冷点）。Giz-score 值越大，集聚越明显；Giz-score 值越接近 0，集聚越不明显。已有研究证实 Getis-Ord G_i^* 统计量在探测局部空间集聚尤其是高值集聚时有较高的准确性[21]。

3. 影响因素分析方法

1）旅游资源丰度计算

旅游资源丰度采用如下模型进行计算：

$$R = 5 \times N_5 + 2.5 \times N_4 + 1.5 \times N_3 + 0.75 \times N_2 + 0.25 \times N_1 \tag{12-4}$$

式中：N_5、N_4 、N_3、N_2、N_1 分别为5A、4A、3A、2A、A级景区数量[22]。

2）回归分析

回归分析是确定两种或两种以上变量间相互依赖的定量关系的一种统计分析方法。本案例主要采用线性回归模型分析网络关注度和国内游客量的影响因素和相互关系。一元线性回归模型为：

$$Y = a + BX + \varepsilon \tag{12-5}$$

式中：X 是自变量，Y 是因变量，ε 是随机误差。

(四) 网络关注度的时间变化规律

1. 网络关注度的时间变化特征

本案例提取2016年浙江省各县日百度指数时间序列的长期趋势、季节性、变异程度方面的特征对浙江省各县日百度指数时间序列进行聚类分析，将浙江省各县分为4类（表12-1），第一类区域包括绍兴、宁波、温州、台州、安吉、舟山、嘉兴、义乌、诸暨、象山、萧山、常山、泰顺、杭州、岱山；第二类区域包括丽水、衢州、桐庐、新昌、仙居、平阳、德清、遂昌、平湖、浦江、磐安、松阳、余杭、鄞州；第三类区域包括金华、东阳、临安、温岭、海宁、余姚、临海、桐乡、长兴、瑞安、永康、嵊州、上虞、龙泉、嘉善、奉化、乐清、武义、缙云、富阳、建德、开化；第四类区域包括江山、慈溪、天台、永康、苍南、兰溪、龙游、玉环、青田、三门、文成、庆元、淳安、景宁、云和、瓯海（图12-7）。

表12-1　**四类区域百度指数时间序列特征**

类型	长期趋势		季节性		变异程度
	百度指数	趋势	强度	旺季	
第一类	大	上升	弱	第一、四季度	大
第二类	中	平稳	弱	第一季度	中
第三类	较小	平稳	弱	第二季度	较小
第四类	小	略下降	极弱	无	小

第一类区域关键词的百度指数的时间序列 B_0、B_1 趋势项，峰值、谷值、方差都较大，B_0 趋势项除安吉外都在1000以上，大部分区域大于2000，其中安吉的 B_0 趋势项的异常低值与安吉在年末百度指数的迅速上升有关。B_1 趋势项普遍大于0。杭州的 B_0 趋势项为14942，B_1 趋势项为5.19，峰值为83481，谷值为349，极差达到83132，百度水平指数水平最高，上升趋势最快，变异程度最大。说明这些区域的关注度高，且普遍呈上升趋势，且变异程度大（表12-2）。较显著的变异有：杭州的百度指数在9月初出现了一个高峰，安吉在10月到12月间百度指数波动上升，宁波在12月28日百度指数异常升高（图12-

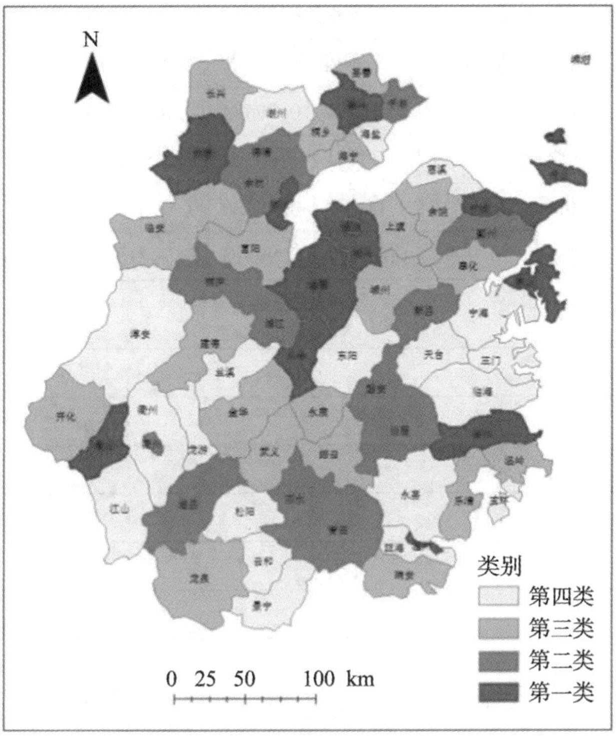

图 12-7　时间序列特征不同的 4 类区域

8)。该类百度指数的季节性指数普遍在第一季度和第四季度大于 1，其他几个季度小于 1。

表 12-2　　　　　　　　　　　**第一类区域百度指数时间序列特征**

关键词	趋势项		季节性指数				变异程度		
	B_0	B_1	第一季度	第二季度	第三季度	第四季度	方差	峰值	谷值
绍兴	6347	-0.516	1.0026	1.001	0.99559	1.00081	1148847	12268	4058
宁波	7286	3.12	1.00428	0.99029	0.99926	1.00617	25086748	72841	2953
温州	5125.4	1.016	0.99418	0.99395	0.99862	1.01325	782694.8	13412	2462
台州	3771.8	0.76	1.00368	0.99559	0.9927	1.00804	493938.8	8997	1819
安吉	-489	28.1	1.01074	0.99772	0.99572	0.99582	25166336	34821	1612
舟山	3058	1.648	0.99883	0.99785	1.00547	0.99784	1347850	7816	1553
嘉兴	3177.1	2.363	1.00346	0.99084	1.00265	1.00305	393245.9	7003	1498
义乌	4112.6	-0.402	1.00159	0.99499	0.99321	1.01021	411105.1	6038	1352
诸暨	2178.7	0.467	1.00428	0.99648	1.00038	0.99886	297980.7	4095	1206

续表

关键词	趋势项		季节性指数				变异程度		
	B_0	B_1	第一季度	第二季度	第三季度	第四季度	方差	峰值	谷值
象山	1350.4	0.832	0.9946	1.01004	0.99474	1.00062	260280.9	5981	727
萧山	1454.9	0.502	0.99359	1.00434	1.00131	1.00077	264183.4	6122	633
常山	1039.2	-1.039	0.99791	1.00107	0.99426	1.00676	119949.1	2853	426
杭州	14942	5.19	0.999	0.99472	0.99913	1.00715	31938836	83481	349

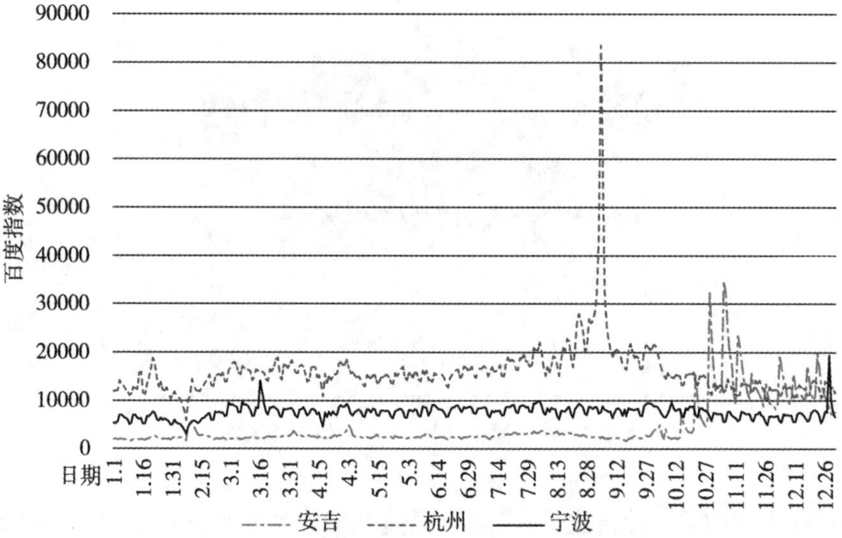

图 12-8　第一类区域出现显著变异的百度指数时间序列

第二类区域关键词的百度指数的时间序列 B_0、B_1 趋势项，峰值、谷值、方差仅次于第一类区域，B_0 趋势项大多数在 1000~2000，B_1 趋势项接近 0，说明这些区域关注度较高，且长期趋势较平稳，变异程度大（表 12-3）。较显著的变异有：仙居的百度指数在 2 月 11 日异常升高，浦江的百度指数在 2 月 18 日、2 月 19 日异常升高，遂昌的百度指数在 4 月 24 日和 9 月 28 日异常升高，湖州的百度指数在 7 月 30 日异常升高（图 12-9）。季节性指数普遍第一季度大于 0，其他季度小于 0。

表 12-3　　　　　　　　　**第二类区域百度指数时间序列特征**

关键词	趋势项		季节性指数				变异程度		
	B_0	B_1	第一季度	第二季度	第三季度	第四季度	方差	峰值	谷值
丽水	2121.4	0.333	1.00234	201429.7	1.00048	1.00134	0.99584	7862	1379
衢州	2319.7	0.543	0.99631	88195.19	0.99574	0.99948	1.00848	3983	1298

续表

关键词	趋势项		季节性指数				变异程度		
	B_0	B_1	第一季度	第二季度	第三季度	第四季度	方差	峰值	谷值
桐庐	1782	-0.106	1.00468	93690.81	1.00312	1.00042	0.99178	3428	1028
新昌	874.3	0.492	1.00013	49387.93	0.99432	1.01045	0.99511	2714	592
仙居	1341.9	-1.044	1.01416	200993.2	0.99166	0.99094	1.00324	7495	581
平阳	818	0.104	0.99637	63415	1.01204	0.9951	0.99637	3862	546
德清	1225.4	0.3238	1.00775	38517.33	1.00197	0.99099	0.99929	1719	506
遂昌	923.8	-0.02	1.0073	227880.2	1.00747	0.9892	0.99603	7192	475
平湖	1147.6	0.4774	1.00286	36255.07	1.00088	1.00704	0.98922	1107	468
浦江	1136.8	-0.393	1.00702	103841.8	1.00488	1.00205	0.98605	5201	443
磐安	879.9	-0.091	0.98254	51491.41	1.00911	1.01202	0.99633	1874	437

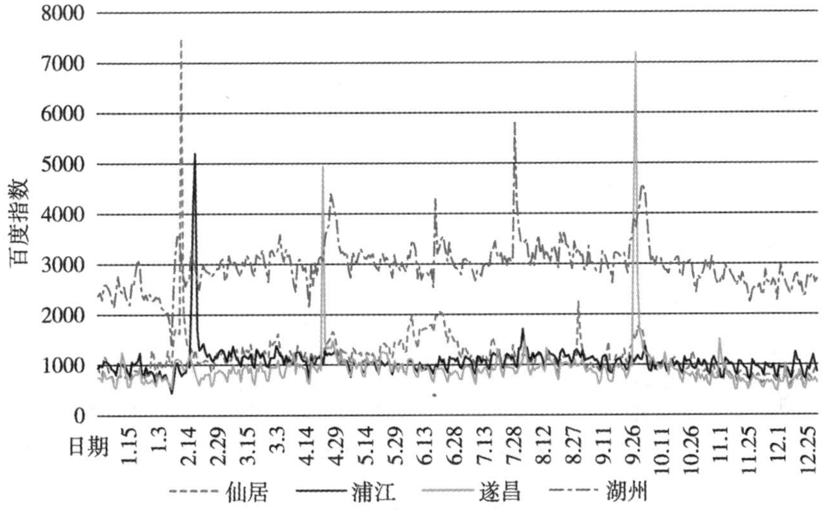

图 12-9　第二类区域出现显著变异的百度指数时间序列

第三类区域关键词的百度指数的时间序列 B_0、B_1 趋势项、峰值、谷值、方差小于第一、二类。B_0 趋势项接近 1000，B_1 趋势项接近 0，说明这些区域关注度较低，且长期趋势较平稳，变异程度较小（表 12-4）。较显著的变异有：金华 6 月 28 日百度指数异常升高，海宁 9 月 12 日到 9 月 18 日出现百度指数的高峰（图 12-10）。季节性指数普遍第二季度大于 1，其他季度小于 1。

表 12-4　　第三类区域百度指数时间序列特征

<table>
<tr><th rowspan="2">关键词</th><th colspan="2">趋势项</th><th colspan="4">季节性指数</th><th colspan="3">变异程度</th></tr>
<tr><th>B_0</th><th>B_1</th><th>第一季度</th><th>第二季度</th><th>第三季度</th><th>第四季度</th><th>方差</th><th>峰值</th><th>谷值</th></tr>
<tr><td>金华</td><td>2392</td><td>-0. 134</td><td>0. 99616</td><td>52347. 93</td><td>1. 0038</td><td>1. 00047</td><td>0. 99957</td><td>3568</td><td>1438</td></tr>
<tr><td>东阳</td><td>1834</td><td>-0. 6539</td><td>1. 00835</td><td>31452. 68</td><td>0. 99836</td><td>0. 99905</td><td>0. 99425</td><td>2585</td><td>1181</td></tr>
<tr><td>临安</td><td>1695. 2</td><td>0. 0873</td><td>1. 00762</td><td>33872. 24</td><td>0. 99989</td><td>0. 99514</td><td>0. 99735</td><td>2591</td><td>1152</td></tr>
<tr><td>温岭</td><td>1622. 6</td><td>-0. 0495</td><td>1. 00018</td><td>24623. 57</td><td>0. 99653</td><td>1. 00368</td><td>0. 99962</td><td>1928</td><td>1024</td></tr>
<tr><td>海宁</td><td>1680. 4</td><td>0. 5458</td><td>1. 00561</td><td>41201. 01</td><td>0. 99643</td><td>0. 9998</td><td>0. 99816</td><td>2824</td><td>948</td></tr>
<tr><td>余姚</td><td>1638. 9</td><td>-0. 0936</td><td>1. 00644</td><td>38088. 99</td><td>1. 00117</td><td>0. 99785</td><td>0. 99454</td><td>2261</td><td>801</td></tr>
<tr><td>临海</td><td>1340. 1</td><td>0. 326</td><td>0. 99571</td><td>24045. 97</td><td>0. 9946</td><td>1. 00651</td><td>1. 00318</td><td>1735</td><td>773</td></tr>
<tr><td>桐乡</td><td>1607. 6</td><td>0. 1344</td><td>1. 00229</td><td>32101. 22</td><td>0. 9988</td><td>0. 99767</td><td>1. 00124</td><td>2289</td><td>770</td></tr>
<tr><td>长兴</td><td>1415. 2</td><td>0. 0162</td><td>0. 99909</td><td>30527. 69</td><td>1. 00241</td><td>1. 00297</td><td>0. 99553</td><td>1458</td><td>715</td></tr>
<tr><td>瑞安</td><td>1493. 9</td><td>0. 0443</td><td>1. 00058</td><td>29421. 1</td><td>1. 00196</td><td>1. 00778</td><td>0. 98968</td><td>2080</td><td>706</td></tr>
<tr><td>永康</td><td>1571. 5</td><td>-0. 348</td><td>0. 9952</td><td>43298</td><td>0. 99804</td><td>1. 00856</td><td>0. 99819</td><td>2645</td><td>697</td></tr>
</table>

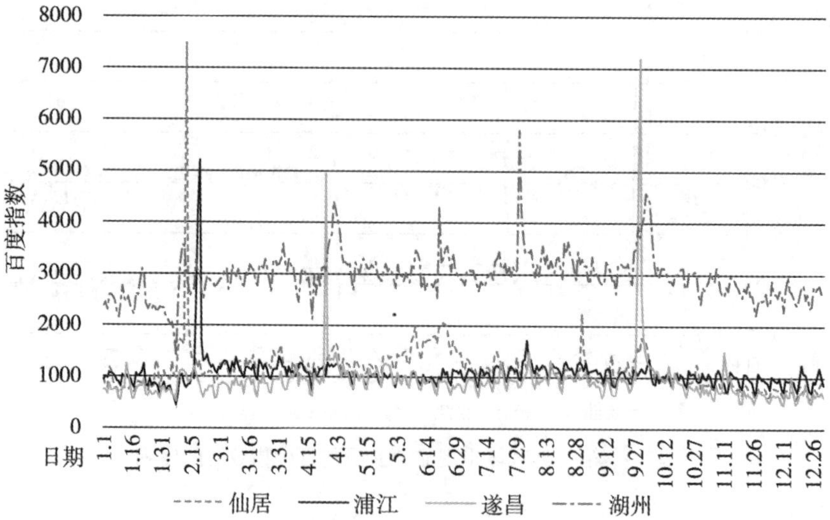

图 12-10　第三类区域出现显著变异的百度指数时间序列

第四类区域关键词的百度指数的时间序列 B_0、B_1 趋势项、峰值、谷值、方差小于第一、第二、第三类，B_0 趋势项大部分在 1000 以下，B_1 趋势项接近 0，且大部分为负值，说明这些区域关注度较低，长期趋势较平稳且略有下降趋势，变异程度较小（表 12-5）。较显著的变异是慈溪 5 月 25 日百度指数异常升高（图 12-11）。该类百度指数季节性指数均非常接近 1，季节性非常弱。

表 12-5　**第四类区域百度指数时间序列特征**

关键词	趋势项		季节性指数				变异程度		
	B_0	B_1	第一季度	第二季度	第三季度	第四季度	方差	峰值	谷值
江山	1735.4	−0.53	0.9969	1.00054	1.00088	1.00168	27806.4	2637	1100
慈溪	1811	−0.0985	1.00157	0.99925	0.9958	1.00338	31835.78	3172	1165
天台	1053.4	−0.3177	0.9922	1.00487	0.99457	1.00836	12475.95	1495	1099
永康	1571.5	−0.348	0.99804	1.00856	0.99819	0.9952	43298	2645	743
苍南	1359.8	−0.1267	1.00891	1.00321	0.98655	1.00132	24655.8	2349	697
兰溪	1023.8	−0.2711	0.99766	1.00035	0.99785	1.00414	15734.79	1465	690
龙游	794.5	−0.2592	1.01018	0.99482	1.00068	0.99433	9893.24	1077	533
玉环	736.9	0.0291	1.01055	0.99028	0.99131	1.00785	11908.17	1790	489
青田	733.9	−0.0512	1.00488	1.01824	0.98636	0.99052	10633.44	1318	446
三门	554.6	0.0871	0.98752	1.01304	1.00738	0.99207	11005.77	1049	400
文成	442.7	−0.1086	1.00153	0.99385	1.01066	0.99396	14115.92	1616	379
庆元	429.22	−0.0918	1.00946	1.00497	0.98675	0.99882	4940.18	1051	298
淳安	470.2	−0.0681	0.99252	1.02209	0.98672	0.99868	9391.86	1202	298
景宁	443.13	−0.0978	0.99705	0.99261	0.98384	1.0265	7390.162	822	275
云和	382.4	−0.0901	1.01157	0.9966	1.00172	0.99011	13787.72	1767	254

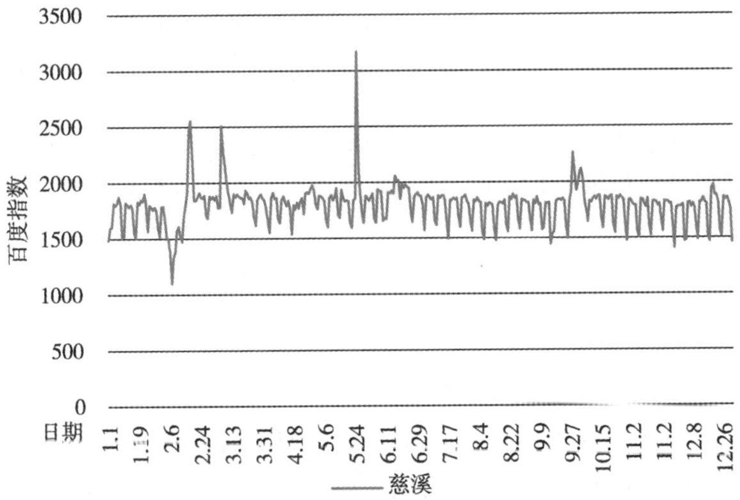

图 12-11　第四类区域出现显著变异的百度指数时间序列

2. 网络关注度随时间变化的影响因素

1）影响力水平的作用

在长期趋势方面，浙江各县2016年的百度指数长期趋势都较平稳，百度指数总体最高的第一类区域有上升趋势，而百度指数总体最低的第四类区域略有下降趋势。说明各县长期以来的影响力水平会影响网络关注度在时间上的变动，关注度较高的区域有更加受关注的趋势，而关注度较低的区域关注度可能进一步下降。

2）季节性弱，受气象影响较小

在季节性方面，浙江省各县百度指数的季节性指数都接近1，大部分都在第一、第二季度略大于1，说明浙江省各县的关注度季节性弱，且一定程度上集中于第一、第二季度。季节性主要是由于不同季度的气象变化和与季节相关的特殊事件，如春季踏青旅游的流行引起的，浙江省各县百度指数的季节性特征说明浙江省各县的网络关注度受气象影响较小，与季节性事件有一定的关系。

3）媒体宣传、特殊事件、工作和休闲制度的影响

在变异程度方面，百度指数总体较高的区域峰值、谷值和方差都较大，说明较受关注的地区一旦有特殊事件发生，更容易引起关注度升高。

参考百度指数平台提供的需求图谱，引起百度指数异常升高的原因有：①媒体对该地的宣传：2月11日，中国新闻网发布了一条鸟瞰浙江仙居冬日田园风光的新闻，当日仙居的百度指数异常升高，10月播出了一期在安吉拍摄的综艺节目《爸爸去哪儿 第四季》，引起10—12月大量和该节目以及安吉有关的搜索词百度指数升高。②该地发生的热点新闻：宁波在12月28日百度指数异常升高，当日发生了宁波天伦广场不雅视频事件，造成了“宁波天伦广场”等关键词的百度指数异常升高。2月17日光明网发布了“浦江三儿童失联近两天”的新闻，当日浦江的百度指数异常升高。③该地发生的特殊事件：杭州在9月4日和9月5日召开了G20峰会，引起了关注度的大幅度提升。媒体宣传、特殊事件对百度指数的上升影响时间较长，而其他由热点新闻造成的关注度升高对百度指数的上升没有长期影响。

若去除异常升高的值，各县的百度指数都有以周为单位周期性波动的规律，工作日（周一到周五）百度指数较高，周末（周六和周日）是百度指数的低谷，和人们的工作和休闲制度有关。

（五）网络关注度的空间分布规律

1. 网络关注度的空间分布特征

用Getis-Ord G_i^*统计量对浙江省各县2016年每日百度指数的中位数做网络关注度空间聚集程度分析，杭州及其周边的余杭、德清、桐乡、海宁、绍兴百度指数中位数Giz-score最高，在2.0~4.0，是网络关注度的空间热点，其次是富阳、诸暨、嵊州、上虞、余姚、慈溪、宁波、舟山，Giz-score在0.5~2.0，临安、安吉、长兴、温州、嘉兴、嘉善、平湖、海盐、龙游、兰溪、浦江、义乌、东阳、永康、磐安、奉化、鄞州、象山、

三门、临海、台州、温岭、乐清、玉环、永嘉、瓯海、温州、瑞安的 Giz-score 在-0.5~0.5，非常接近 0，空间集聚弱，开化、淳安、桐庐、建德、衢州、金华、遂昌、武义、松阳、龙泉、云和、景宁、青田、丽水、仙居、天台、新昌、宁海的 Giz-score 最低，在-1.0~0.5，为空间冷点（图 12-12）。

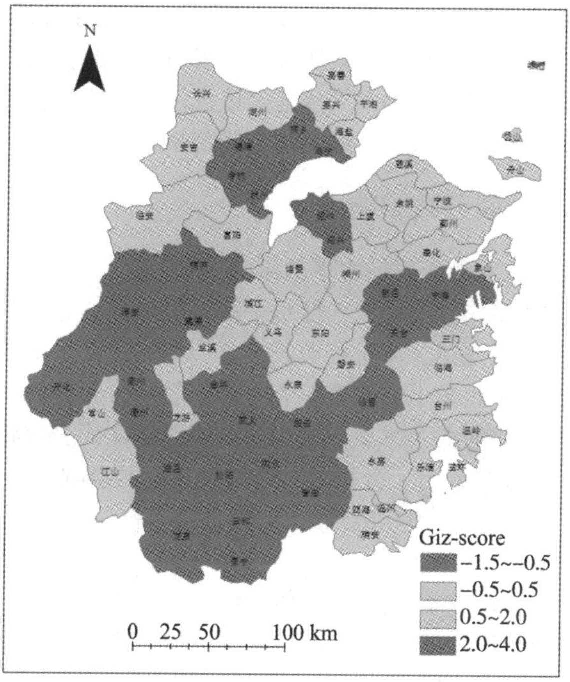

图 12-12　网络关注度空间分布图

浙江省网络关注度呈现出以杭州及其周边地区为热点区，向周边地区过渡为冷点区的空间格局，形成空间热点、空间冷点和空间集聚不明显的区域。

1）空间热点

杭州、绍兴是空间热点区的中心，属于百度指数水平高、变异程度大的一类区，其周边地区有一类区、二类区的集聚，反映了网络关注度的集聚。杭州是浙江省的省会城市，绍兴是浙江省网络关注度较高的地级市，周围地区是其下辖的县、市，百度指数也较高，以这些区域为关键词进行搜索，中心城市都出现在相关关键词中且排名靠前，说明这些区域的高网络关注度可能和中心城市的影响力扩散有关，形成集聚中心。

2）空间冷点

淳安、松阳、云和、景宁、宁海、天台是四类区且是空间冷点的中心，这些县的周围区域也以三、四类区为主，区域整体的网络关注度低。这些区域主要是县级市，本身缺乏影响力，且不与网络关注度较高的区域邻接，形成网络关注的空间冷点。

3）空间集聚不明显

义乌、常山、温州、台州、嘉兴及其周边地区空间集聚不明显，这 5 个市为一类区，但周边地区是百度指数低、变异程度小的三、四类区，这类区域和周边地区的网络关注度差异大，空间集聚不明显。其中以常山为关键词进行搜索，“河北”是排名较前的相关关键词，说明浙江衢州常山县的网络关注度受到了河北常山的干扰，异常升高，在本案例中不进行讨论。温州、台州、嘉兴是地级市，在其周边下辖县级市的相关关键词中排名均靠前，但周边区域的网络关注度远小于中心区域，这些县和其地级市联系较为密切，但中心城市的影响力并没有扩散到周边区域。义乌是县级市，由于小商品市场的发展，经济发达、网络关注度高，但其周边区域以及其所属的地级市金华的相关关键词中都没有出现义乌，说明义乌对周围地域的影响较小，周围地区以低网络关注度和低变异程度的三、四类区域为主，因此在义乌及其周边区域网络关注空间集聚不明显。

2. 网络关注度的空间分布影响因素

1）旅游资源丰富程度和经济发展水平的影响

根据时间序列聚类的结果，网络关注度水平高，呈上升趋势，变异程度大的第一类区域主要是地级市，且经济较发达，旅游资源较丰富，而关注度水平较低，变异程度较小的二、三、四类区域经济水平也较低，旅游资源也相对较少，因此假设网络关注度和旅游资源丰富程度和经济发展水平有关。本案例采用旅游资源丰度代表旅游资源丰富程度，各县2016年的GDP代表经济发展水平，分析其对网络关注度的影响。

以各市旅游资源丰度，GDP为自变量，年内日均百度指数为因变量，运用最小二乘法进行线性回归分析，方程如下：

$$A = 4774.824 + 13.447N + 1.471M \tag{12-6}$$

式中：A为年内日均百度指数，N为各市旅游资源丰度，M为各市2016年GDP（亿元）。相关系数$R=0.897$，方程显著相关。说明旅游资源丰富程度和经济发展水平对网络关注度有重要影响，旅游资源越丰富，经济发展水平越高，网络关注度越高。

2）网络关注度可能受区位影响

部分网络关注度较高的区域会出现在周边区域的相关关键词中，反映了网络关注度和区位有一定的关系，如杭州、绍兴，网络关注度高且出现在了周边区域的相关关键词中，促进了周边地区网络关注度的提高，形成了网络关注的空间热点。也有部分网络关注度高的区域虽然出现在周边区域的相关关键词中，但并没有促进周围地区的网络关注度提高，如温州、台州、嘉兴，还有部分区域网络关注度高但没有出现在周围地区的相关关键词中，没有促进周围地区网络关注度的提高，如义乌，体现了一定的孤立性。

（六）网络关注度与国内游客量的相关性分析

1. 网络关注度与国内游客量时间变化

前文对浙江省各县网络关注度在时间上的变化的研究表明，影响浙江省各县的网络关注度在时间上的变化主要与媒体宣传、特殊事件、人们的工作和休闲制度有关。已有研究表明，影响城市客流量年内变化的因素主要有：天气与气候状况、人们的工作及休闲制度、目的地营销、特殊事件。两者的影响因素相似。前文在研究浙江省各县百度指数的季节性和变异程度时发现浙江省各县的百度指数季节性弱，异常值和特殊天气现象的关系较弱，因此下面主要从人们的工作及休闲制度、目的地营销、特殊事件 3 个方面来讨论网络关注度和城市游客量年内变化的关系。

1）工作及休闲制度影响

工作及休闲制度是制约人们何时出游的另一个重要原因。旅游属于高级消费，是人们在闲暇时间里选择的一种愉悦身心的方式。受我国工作及休闲制度的影响，节假日、周末通常是人们集中出游的时间。因此可认为周末和节假日是实际游客量的高峰，游客在旅游之前往往会对目的地进行搜索，查找旅游攻略，因此在周末和节假日前的工作日以旅游目的地为关键词的百度指数可能会上升。

本案例以 2016 年浙江省周内百度指数的变化规律进行实证分析。前文在研究浙江省各县百度指数的变异程度时发现，一些异常升高的特殊值和热点事件有关，而和人们对该地的关注和搜索习惯无关，因此将这些异常值剔除。将剔除异常值后的各县数据按星期相加求平均值，再将各县的数据相加得到浙江省网络关注度的周内日均百度指数，观察周内每日的百度指数所占比例。浙江省周内日均百度指数所占比例工作日均大于周末，呈现出一种周末波谷的状态（图 12-13），和人们的工作和休闲制度相符，反映了人们习惯在工作日进行资料搜索，在闲暇时间出游的习惯，因此百度指数的变化应先于游客量的变化，表现出一定的前兆效应。

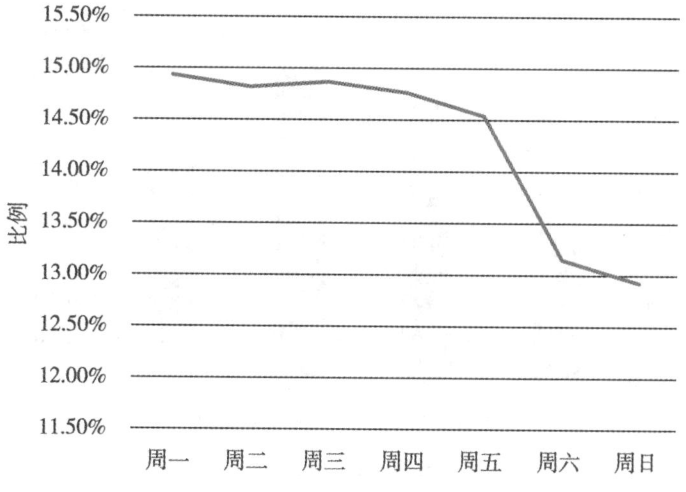

图 12-13　浙江省 2016 年周内日均百度指数所占比例

2）目的地营销的作用

成功的营销可以提高目的地的吸引力，影响人们的出游决策，为目的地吸引更多的游客。但营销一般具有时效性，在营销后一段时间内效果显著。目的地要长期吸引更多游客，需要不时地调整营销对策。在安吉拍摄的综艺节目《爸爸去哪儿 第四季》的播出可认为是一次成功的目的地营销，该节目播出后安吉的百度指数长时间波动上升，反映了安吉关注度的持续提高。将安吉各月游客量和每月百度指数的变化规律对比，发现目的地营销对实际游客量的影响有一定的滞后性，2016年11月安吉的百度指数达到了峰值，但实际游客量为一年中的低谷（图12-14），根据安吉统计局发布的2017年第二期统计月报，安吉2017年1—2月的游客比去年同期增长了20.5%，说明由目的地营销引起网络关注度的提高对游客量的增长有促进作用，反映到实际的游客量增长上有一定的滞后性和长期性。

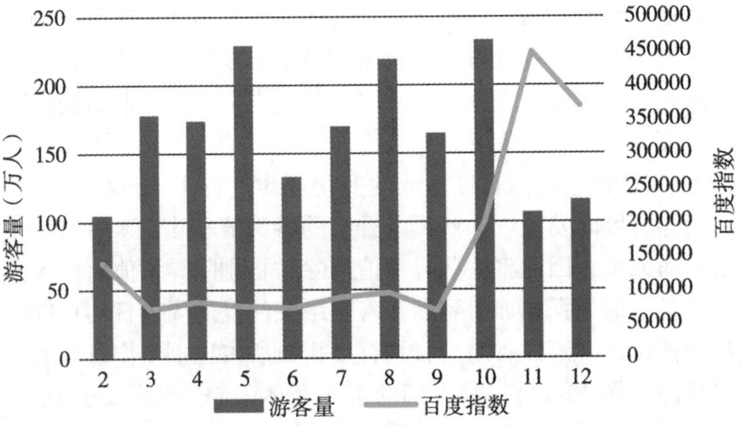

图12-14　安吉县2016年月游客量与百度指数

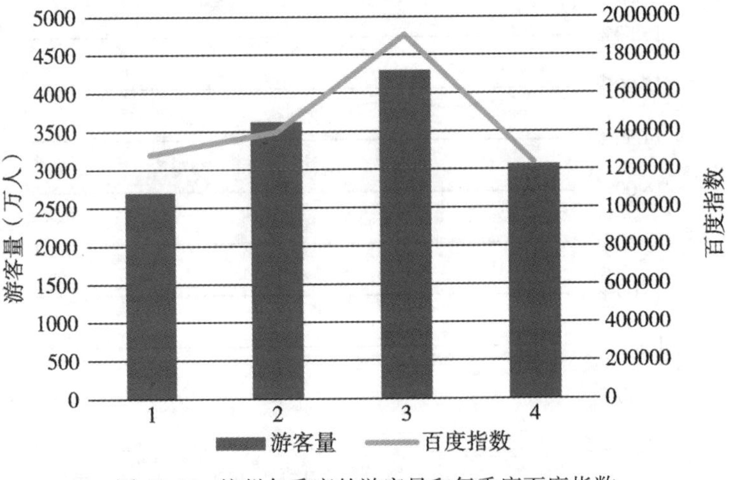

图12-15　杭州各季度的游客量和每季度百度指数

3）特殊事件的影响

特殊事件会导致目的地客流量突发性地改变。一些特殊活动的举办会引起人们的广泛关注和参与。2016年浙江省的特殊事件主要是9月4日到9月5日在杭州召开的G20峰会，该事件引起了人们的广泛关注，杭州的百度指数在9月初出现了一个高峰，并于9月4日达到峰值。由于杭州统计局只提供了2016年游客量的季度数据，本案例将杭州各季度的游客量与每季度百度指数的变化规律进行对比，由G20峰会这一特殊事件引起的百度指数变化和实际游客量变化有一定的相关性。G20峰会召开的9月属于第三季度，第三季度百度指数和实际游客量都达到了高峰（图 12-15），这说明特殊事件的发生对实际游客量的影响有同步性。

2. 网络关注度与国内游客量空间分布

1）实际游客量影响因素和网络关注度影响因素一致

前文在研究网络关注度空间分布规律中得出网络关注的空间分布首先和城市本身的吸引力如城市等级、旅游资源峰度、经济发展水平有关，会在有较强吸引力的区域形成网络关注的空间热点。已有研究表明，游客量的空间分布主要受经济发展水平、旅游资源丰度、气候舒适度和区位的影响。浙江省气候舒适度年内变化较小，区位影响较难量化，因此本案例仅对旅游资源丰度、经济发展水平两个影响因素进行验证。

以各市旅游资源丰度、GDP 为自变量，以年游客量为因变量运用最小二乘法进行线性回归分析，方程如下：

$$Q = 4705.802 + 25.594N + 0.463M \tag{12-7}$$

式中：Q 为年游客量（万人），N 为各市旅游资源丰度，M 为各市 2016 年 GDP（亿元）。相关系数 $R=0.885$，方程显著相关。说明游客量同样和旅游资源丰度和经济发展水平有强相关性。

2）百度指数空间分布特征与实际游客量空间分布特征有强相关性

网络关注度和国内游客量的影响因素相同，空间分布特征也应一致，将各市的年游客量空间分布特征和各地级市每日百度指数平均值（包含其下辖各市的百度指数）的空间分布特征对比，日平均百度指数较高的市对应的实际游客量也较高，说明百度指数的空间分布特征与实际游客量的空间分布特征有较强的相关性。以各市年内日均百度指数为自变量，年游客量为因变量，运用最小二乘法进行线性回归分析，方程如下：

$$Q = 3578.865 + 0.397A \tag{12-8}$$

式中：Q 为年游客量（万人），A 为年内日均百度指数。相关系数 $R=0.925$，方程显著相关，年内日均百度指数每增加（减少）1，游客量增加（减少）0.397 万人。说明浙江省各市年游客量和网络关注度在空间上有很强的相关性。

（七）结论

（1）根据浙江省各县 2016 年日百度指数的时间序列特征，可将浙江省各县分为 4 类，对应不同的网络关注度水平、季节性和变异程度。第一类区域关注度高，普遍呈上升趋势，且变异程度大，第二、三、四类区域的网络关注度水平、季节性和变异程度依次减弱。4 类区域的季节性弱，且在一定程度上集中于第一、二季度。

（2）浙江省各县的网络关注度和游客量在时间上的变化的影响因素相似，主要和当地长期以来的影响力、媒体宣传、特殊事件、人们的工作和休闲制度有关。在工作及休闲制度的影响下，百度指数的变化应先于游客量的变化，表现出一定的前兆效应。在目的地营销的作用下，网络关注度的提高对游客量的增长有促进作用，反映到实际的游客量增长上有一定的滞后性和长期性。

（3）空间上，浙江省网络关注度呈现出以杭州及其周边地区为热点区，向周边地区过渡为冷点区的空间格局。网络关注度和区位因素有关，网络关注度高的区域对周边地区的影响大，网络关注度高的区域可能增加周围地区的影响力，提高周围地区的网络关注度，如杭州、绍兴，形成网络关注的空间热点。

（4）网络关注度和实际游客量的空间分布与经济发展水平、旅游资源丰富程度有关。以各市旅游资源丰度，GDP 为自变量，分别以年内日均百度指数和实际游客量为因变量进行线性回归分析，回归方程 $A = 4774.824 + 13.447N + 1.471M$，$Q = 4705.802 + 25.594N + 0.463M$。$Q$ 为年游客量（万人），A 为年内日均百度指数，N 为各市旅游资源丰度，M 为各市 2016 年 GDP（亿元）。

（5）网络关注度与实际游客量有较强的相关性。以各市年内日均百度指数为自变量，年游客量为因变量，进行线性回归分析，方程为 $Q = 3578.865 + 0.397A$，Q 为年游客量（万人），A 为年内日均百度指数。

本章参考文献

[1] Grobelink M. Big-data computing: Creating revolutionary breakthroughs in commerce [J]. Science and Society, 2012, 10 (2): 100.

[2] 路紫，赵亚红，吴士锋，等．旅游网站访问者行为的时间分布及导引分析［J］. 地理学报，2007，62（6）：621-630.

[3] 李山，邱荣旭，陈玲．基于百度指数的旅游景区网络空间关注度：时间分布及其前兆效应［J］. 地理与地理信息科学，2008，24（6）：102-107.

[4] 王硕，曾克峰，童洁，等．黄金周风景名胜区旅游客流量与网络关注度相关性分析——以庐山、华山、八达岭长城风景名胜区为例［J］. 经济地理，2003，33（11）：182-186.

[5] 马威，张耀南，敏玉芳，等．基于互联网搜索数据的甘肃省旅游客源地时空分析［J］. 中国沙漠，2016，36（3）：857-864.

[6] 马丽君，孙根年，黄芸玛，等．城市国内客流量与游客网络关注度时空相关分析［J］. 经济地理，2011，31（4）：680-685.

[7] 刘月红，黄远水．福建永定土楼网络空间关注度的时空演变——基于百度指数的分析［J］. 乐山师范学院学报，2014，29（1）：62-68.

[8] 龙茂兴，孙根年，马丽君，等．区域旅游网络关注度与客流量时空动态比较分析——以四川为例［J］. 地域研究与开发，2011，30（3）：93-97.

[9] 静恩明，郭风华，李仁杰，等．基于新浪旅游博客的河北省 A 级景区网络关注度研究［J］. 地理与地理信息科学，2015，31（3）：118-122.

[10] 林炜铃，邹永广，郑向敏．旅游安全网络关注度区域差异研究——基于中国 31 个省市区旅游安全的百度指数［J］. 人文地理，2014，(6)：154-160.

[11] 邓爱民，王瑞娟．基于百度指数的旅游目的地关注度研究——以武汉市为例［J］. 珞珈管理评论，2014，(2)：143-151.

[12] 卢文月．基于百度指数旅游景区假期网络关注度特征研究——以浙江省 5A 级旅游

景区为例［J］. 旅游论坛, 2015, 8（4）: 85-91.
［13］汪秋菊, 黄明, 刘宇. 城市旅游客流量—网络关注度空间分布特征与耦合分析［J］. 地理与地理信息科学, 2015, 31（5）: 102-106.
［14］王芳. 基于百度指数的中国大陆5A级景区旅游信息流网络空间格局研究［D］. 南京: 南京师范大学, 2015.
［15］孟斌, 王劲峰, 张文忠, 等. 基于空间方法的中国区域差异研究［J］. 地理科学, 2005, 25（4）: 393-400.
［16］王振龙. 应用时间序列分析［M］. 北京: 中国统计出版社, 2010.
［17］张文彤. SPSS11统计分析教程（高级篇）［M］. 北京: 北京希望电子出版社, 2002.
［18］杨颖, 杨兰英. 时间序列分析中的加法模型与乘法模型［J］. 统计与信息, 2005, 20（4）: 45-47.
［19］孙吉红. 长时间序列聚类方法及其在股票价格中的应用研究［D］. 武汉: 武汉大学, 2011.
［20］孙英君, 王劲峰, 柏延臣. 地统计学方法进展研究［J］. 地球科学进展, 2004, 19（2）: 269-274.
［21］张松林, 张昆. 空间自相关局部指标Moran指数和G系数研究［J］. 大地测量与地球动力, 2007, 27（3）: 31-34.
［22］孙根年, 冯茂娥. 西部入境旅游市场竞争态与资源区位的关系［J］. 西北大学学报（自然科学版）, 2003, 33（4）: 459-463.

第十三章　基于地统计分析的耕地土壤重金属空间变异特征实验

一、实验目的

（1）了解地统计学的基本原理，学会利用 ArcMap 软件进行普通克里金插值的操作。

（2）学会使用 GS+拟合半变异函数。

二、实验内容

（1）使用 GS+拟合半变异函数。

（2）使用 ArcMap 进行克里金插值。

三、实验原理

地统计分析是以区域化变量理论为基础，借助半变异函数，研究既具有随机性又具有结构性或空间相关性的自然现象的一种方法。它建立在前提假设、区域化变量、变异分析、空间估值等理论基础之上。

（一）前提假设

1. 随机过程

地统计学是在大量样本的基础上，通过分析样本间的规律探索其分布规律并进行预测。因此地统计学认为研究区域中的所有样本值都是随机过程的结果，即所有样本值都不是相互独立的，而是遵循一定的内在规律。

2. 正态分布

地统计学分析中，假设样本是服从正态分布的。首先应该对数据进行正态分布检验，如不符合正态分布，应将数据转换为符合正态分布的形式。

3. 平稳性

均值平稳，假设均值是不变的且与位置无关。二阶平稳，假设具有相同距离和方向的任意两点的协方差是相同的，协方差只与这两点的值相关而与它们的位置无关。

（二）区域化变量

区域化变量 $Z(x)$ 是指在空间分布的变量，是在区域内不同位置 x 处取不同值 Z 的随机变量。它反映区域内某种特征或者现象，如不同坐标点上土壤的重金属含量等。该区域内所有位置上随机变量 $Z(x)$ 构成的有限集就称为随机函数，它表征了区域化变量的两大属性：随机性与结构性。此外，区域化变量还有空间局限性、不同程度的连续性与各向异性等特征。

（三）变异分析

1. 协方差函数

协方差又称半方差，表示两个随机变量之间的差异。地统计学中的协方差函数表示为：

$$C(h) = \frac{1}{N(h)}\sum_{i=1}^{N(h)}[Z(x_i) - \overline{Z}(x_i)][Z(x_i + h) - \overline{Z}(x_i + h)] \tag{13-1}$$

式（13-1）中，$Z(x)$ 表示区域化随机变量，并满足二阶平稳假设。h 为两样本空间分隔距离；$Z(x_i)$ 为 $Z(x)$ 在空间点 x_i 处的样本值；$Z(x_i + h)$ 为 $Z(x)$ 在 x_i 处偏离 h 的样本值[$i=1, 2, \cdots, N(h)$]；$N(h)$ 为分隔距离为 h 时的样本点对总数；$\overline{Z}(x_i+h)$ 和 $Z(x)$ 分别为 $Z(x_i + h)$ 和 $Z(x_i)$ 的样本平均数。

2. 半变异函数

半变异函数是地统计分析的特有函数。区域化变量 $Z(x)$ 在点 x 和 $x + h$ 处的值 $Z(x)$ 与 $Z(x+h)$ 差的方差的一半称为区域化变量的半变异函数，记为 $r(h)$，$2r(h)$ 称为变异函数。

根据定义：

$$r(x, h) = \frac{1}{2}\mathrm{Var}[Z(x) - Z(x + h)] \tag{13-2}$$

即

$$r(x, h) = \frac{1}{2}E\ [Z(x)] - Z(x + h)]^2 - \frac{1}{2}\{E[Z(x)] - E[Z(x + h)]\}^2 \tag{13-3}$$

区域化变量 $Z(x)$ 满足二阶平稳假设，因此对于任意的 h 有：

$$E[Z(x + h)] = E[Z(x)] \tag{13-4}$$

因此，半变异函数可改写为：

$$r(x, h) = \frac{1}{2}E\ [Z(x) - Z(x + h)]^2 \tag{13-5}$$

3. 变异分析

半变异函数和协方差函数把统计相关系数的大小作为一个距离的函数。半变异值的变化随着距离的加大而增加，协方差随着距离的加大而减小。半变异函数曲线和协方差函数曲线反映一个样点与其相邻采样点的空间关系。此外，它们对异常采样点也有很好的探测作用，在 ArcGIS 地统计分析模块中一般采用半变异函数。半变异函数有 4 个重要参数：块金值、基台值、偏基台值以及变程。

块金值：块金值由测定误差和小于最小采样尺度的非连续性空间变异引起。理论上，当采样点之间的距离为 0 时，半变异函数为 0；由于测量误差和空间变异，使得两个采样点的距离非常接近时，变异函数值不为 0，即存在块金值。

基台值：当采样点间的距离增大时，半变异函数从初始的块金值达到一个相对稳定的常数时，这个常数就是基台值。当半变异函数的值超过基台值时，即函数值不随着采样点间隔距离而改变时，不存在空间相关性。

偏基台值：偏基台值指基台值与块金值的差值。

变程：当半变异函数的取值由块金值达到基台值时，采样点的间隔距离称为变程。变程表示在某种观测尺度下，空间相关性的作用范围，其大小受观测尺度的限制。在变程范围内，样点间的距离越小，空间相关性越大。当某点与已知点的距离大于变程时，该点数据不能用于内插或者外推。当限定的样本点间隔过小时，可能出现曲线为一近平行于横坐标的直线，此时半变异函数表现为纯块金效应，不具备空间相关性。

（四）空间估值

空间估值过程一般包括：首先，获取原始数据，分析数据，如是否符合正态分布、有无趋势效应、各向异性等；然后选择合适的模型进行表面预测；最后检验模型是否合理。

克里金插值：克里金插值是以变异函数理论和结构分析为基础，在有限区域内对区域化变量进行无偏最优估值的一种方法，是地统计学的主要内容之一。

普通克里金：普通克里金是区域化变量的线性估计，假设数据变化呈正态分布，认为区域化变量 Z 的期望值是未知的常量。插值过程类似于加权滑动平均，权重值的确定来自空间数据分析。

四、实验步骤

（一）数据准备

本实验选用了 2013 年浙江省金华市耕地土壤中重金属 As 的含量数据。

（二）利用 GS+拟合半变异函数

1. 导入数据

打开 GS+软件，点击 Import File，导入数据，如图 13-1 所示。X、Y 为坐标，Z 为各采样点的土壤重金属 As 的含量值（图 13-1）。

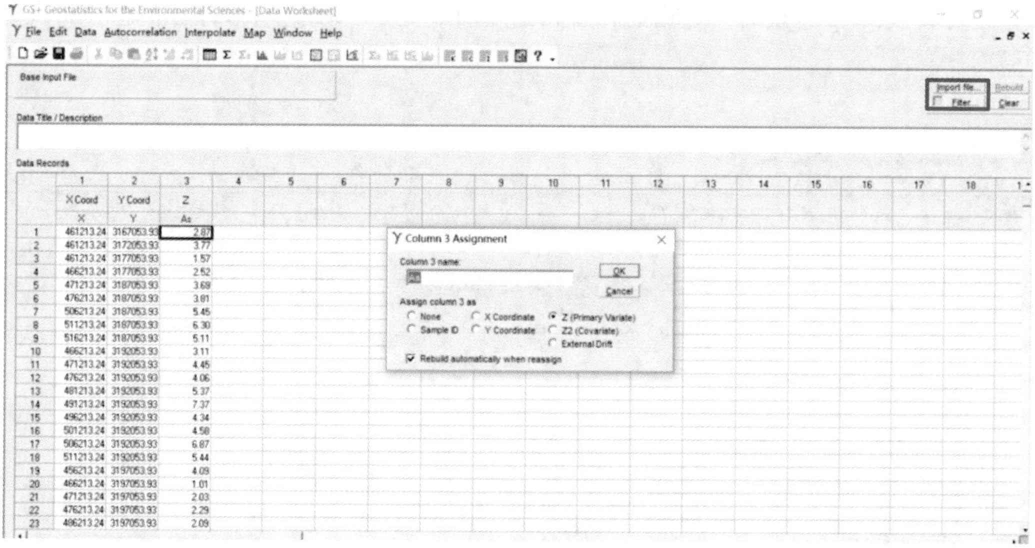

图 13-1　导入数据

2. 查看数据的空间分布

导入数据后，先查看数据的空间分布，以防止导入数据的坐标不正确（图 13-2）。

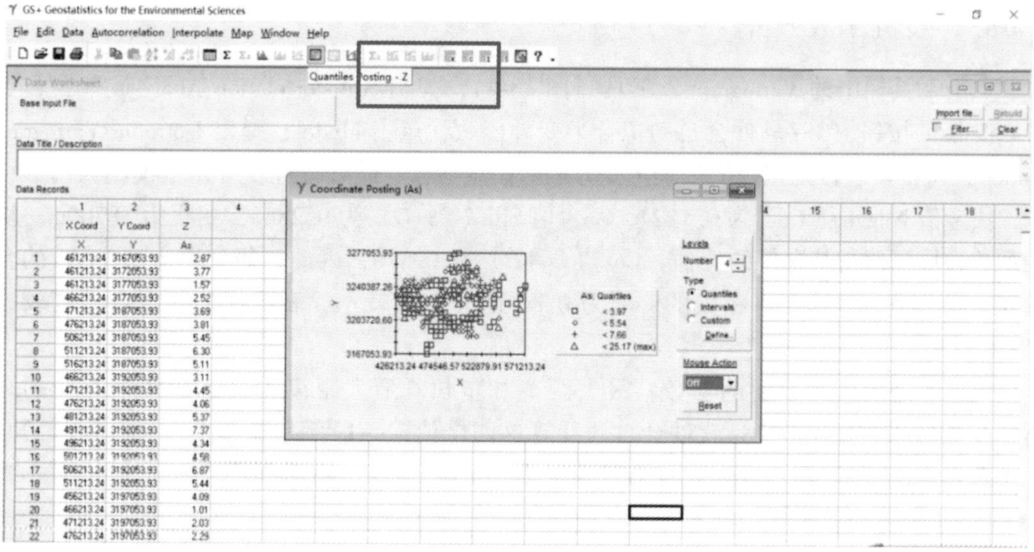

图 13-2　数据的空间分布

3. 查看数据分布

由直方图可看出，原始数据的峰度和偏度较大，不符合正态分布，因此需要对原始数据进行转换，log 转换后，数据的峰度和偏度明显变小，数据基本符合正态分布（图 13-3）。

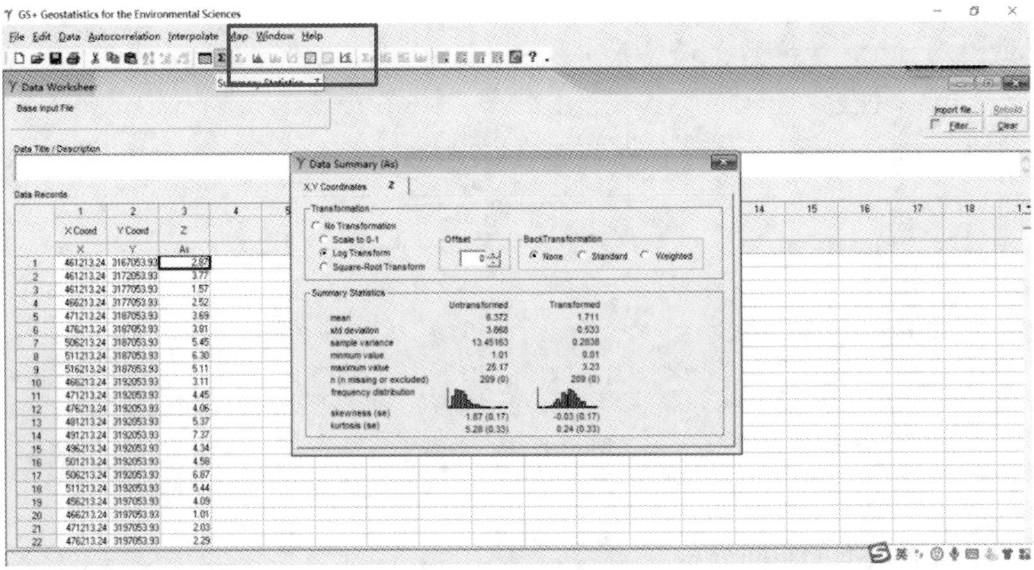

图 13-3 数据的转换

4. 半变异函数分析

点击工具栏中的 Variogram-Z 工具（图 13-4），弹出 Autocorrelation Analysis 弹窗，点击 Calculate 按钮，GS+软件会自动拟合半变异函数，点击 Model，弹出 Isotropic Variogram Model 弹窗，可以得到拟合的最佳半变异函数模型参数。此处最佳变异函数模型为指数模型，块金值 Nugget（Co）为 0.1224，基台值 Sill（Co+C）为 0.2888，变程为 38700m。块金系数为块金值与基台值的比值，Co/（Co+C）为 0.576，因此，研究区土壤中 As 的含量在空间上是中等程度自相关的。R^2 为 0.86 且 RSS 值较小，表明模型的拟合精度较高（图 13-5）。

此外，还有两个重要的参数：最大距离和步长。最大距离为最远的两个点间的距离，步长即采样间距。GS+软件会自动计算这两个值，一般无须调整。由图 13-5 可知，样本数据的最大间距 Active Lag Distance 为 72672.21m，采样间距 Uniform Interval 为 5000m。

（三）利用 ArcGIS 进行普通克里金插值

1. 加载数据

启动 ArcMap，加载 209 个采样点矢量数据，并加载研究区范围矢量图（图 13-6）。

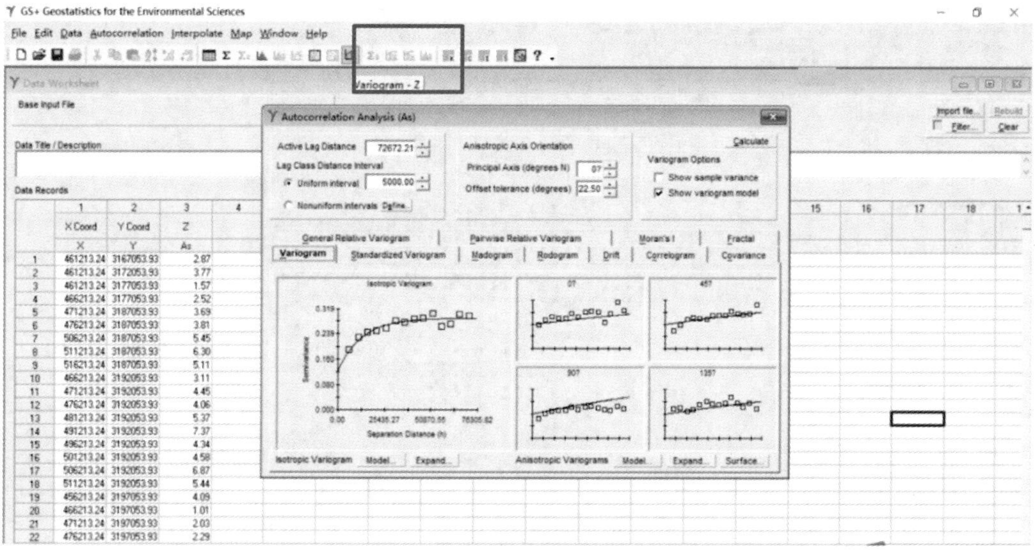

图 13-4　计算半变异函数

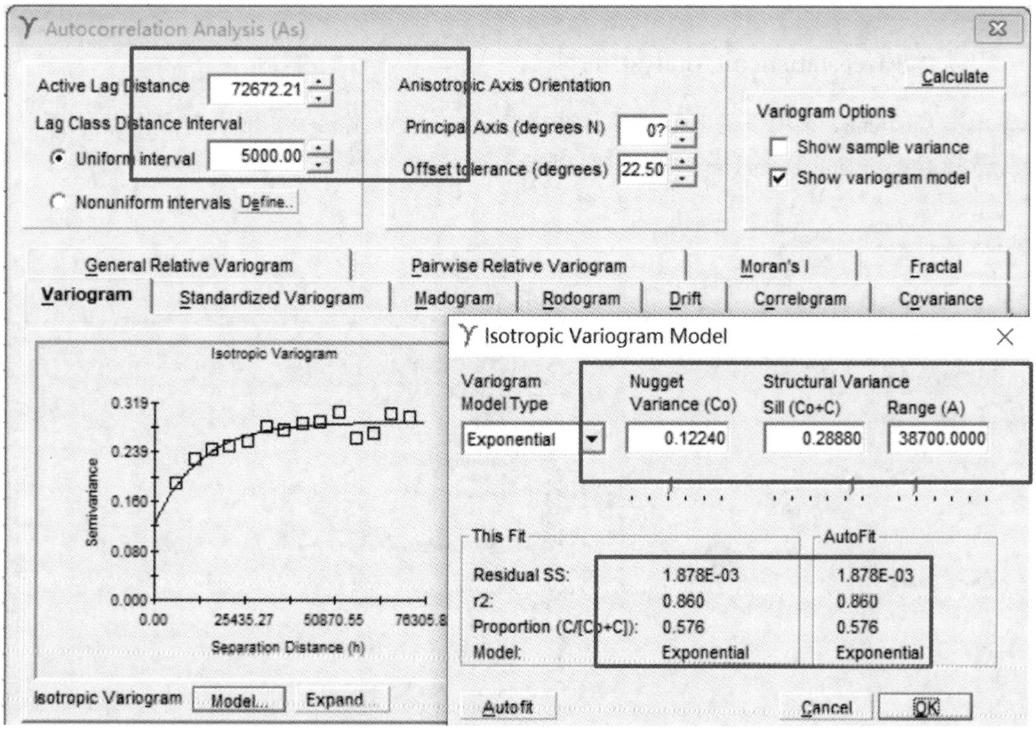

图 13-5　半变异函数模型参数

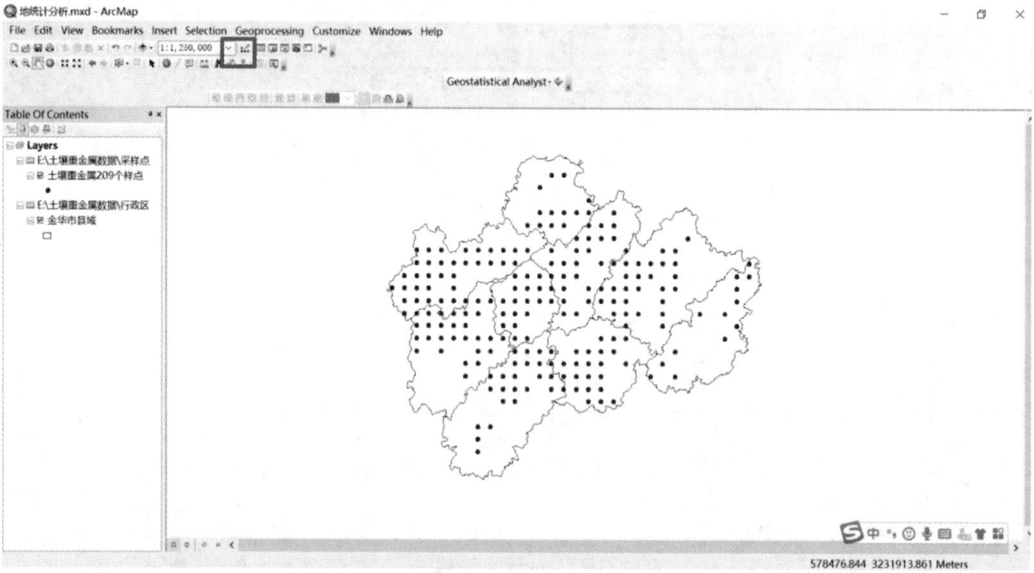

图 13-6　加载数据

2. 启动 Geostatistical Analyst 工具

单击 Customize 菜单下的 Extention，选择 Geostatistical Analyst，或右键点击菜单栏空白处，选择 Geostatistical Analyst，如图 13-7 所示。

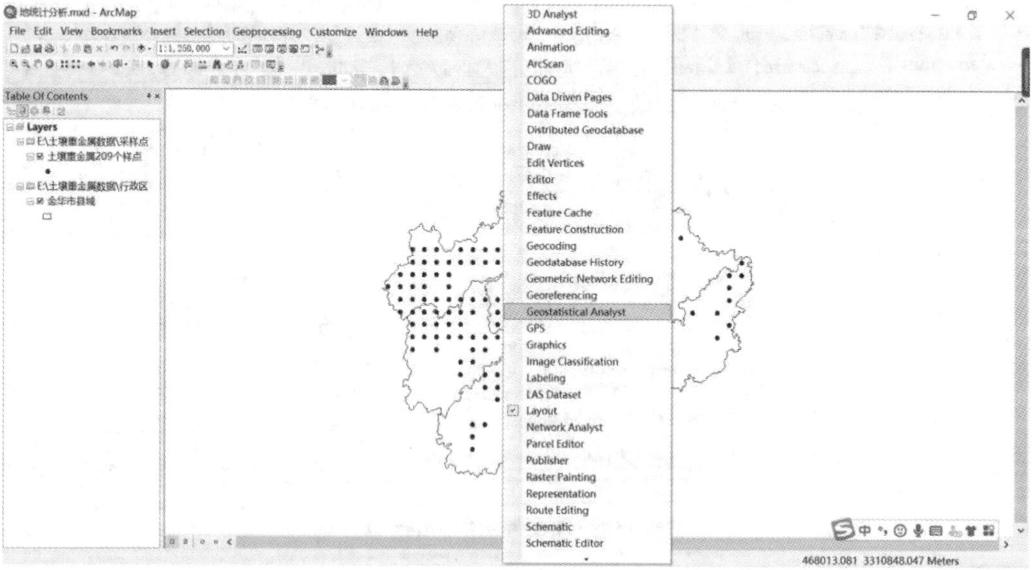

图 13-7　启动 Geostatistical Analyst 工具

3. 趋势分析

选择 Geostatistical Analyst 中的 Explore Data，点击 Trend Analysis，在弹出的趋势分析框的最下方设置趋势分析的图层和属性。在 Rotate 下拉菜单中选择 Location，通过右侧的旋转水平螺旋按钮可以任意改变投影视角；如果在 Rotate 下拉菜单中选择 Graph，通过其右侧旋转按钮可以任意改变整个投影视图的视角，此时投影已经固定，只是在不同的水平方向观察。

图中每一根竖棒代表一个数据点的值和位置。这些点被投影到一个东西向和南北向的正交平面上。通过投影点拟合出一条线模拟特定方向上存在的趋势。如果线是平直的表明没有趋势存在。由图 13-8 可看出，As 的含量主要表现为自西向东逐渐减少和由南到北逐步减少的微弱趋势，形态为直线。

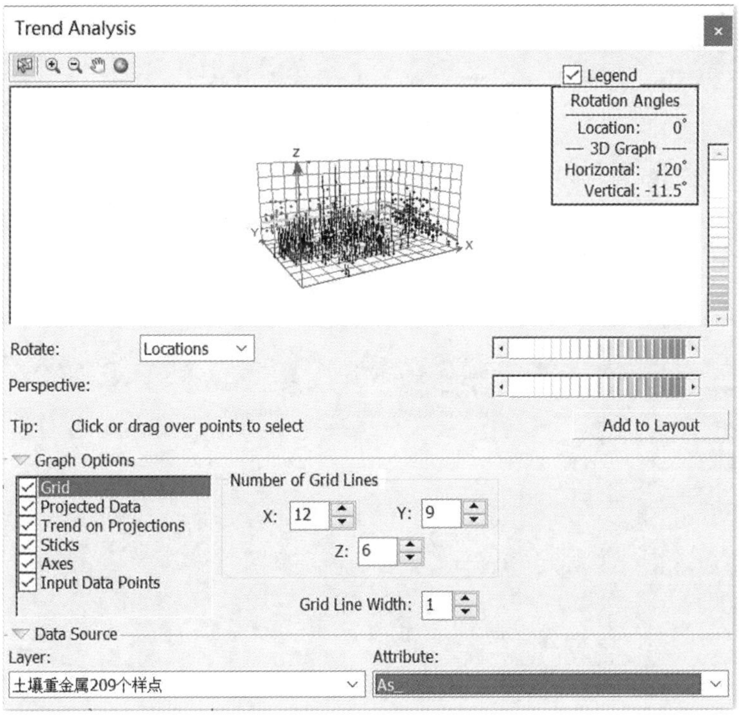

图 13-8 趋势分析

4. 打开地统计向导，进行插值

选择 Geostatistical Analyst 中的 Geostatistical Wizard 命令，弹出对话框（图 13-9），在 Dataset 中选择采样点数据及其属性 As，选择 Kriging/CoKriging 内插方法，单击 Next；

弹出对话框（图 13-10），在 Kriging Type 列表框中选择普通克里金 Ordinary，在 Output Type 中选择预测图 Prediction，在 Dataset #1 中 Transformation Type 里选择数据转换

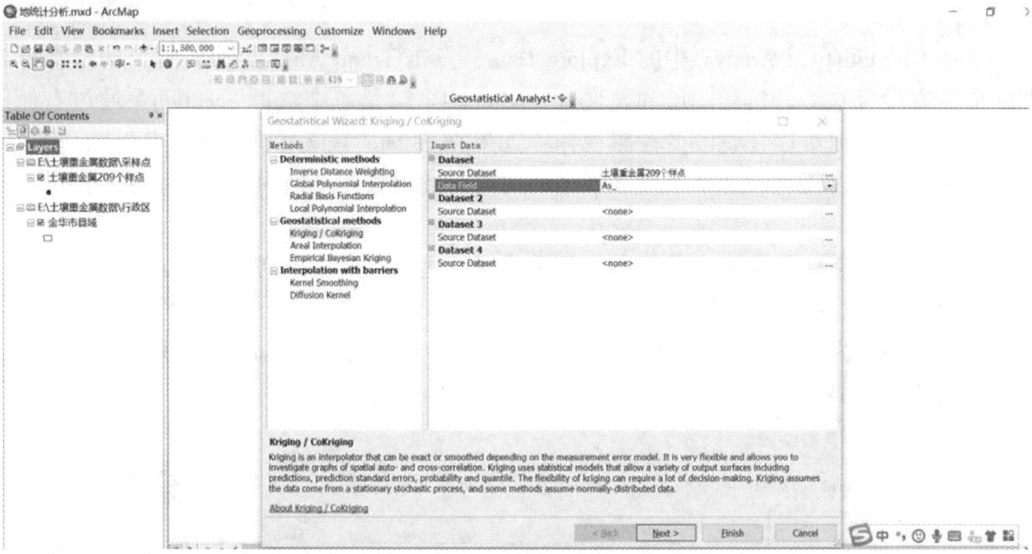

图 13-9　地统计插值方法选择对话框

方式，在 Order of Trend Removal 中选择要去除的趋势，None（无趋势）、First（线性）和 Second（二次多项式），单击 Next。

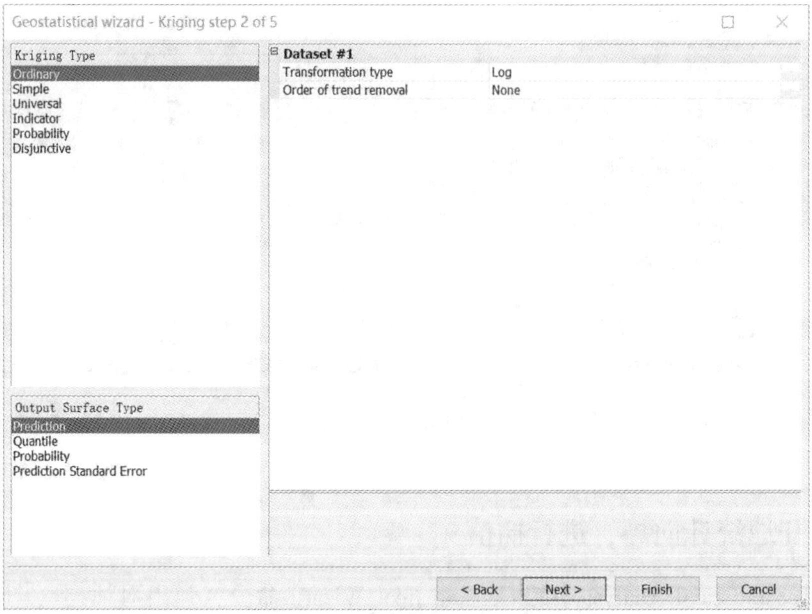

图 13-10　克里金插值方法选择对话框

5. 设置参数

接下来，在半变异函数建模对话框中设置半变异函数模型、块金系数、步长与步长分组数等参数值（图 13-11），点击 Next；

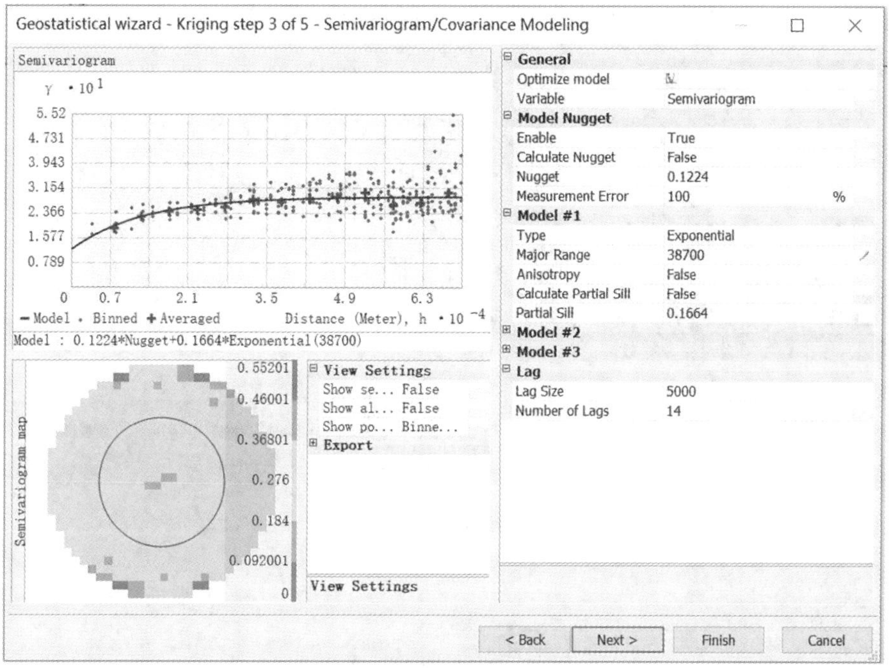

图 13-11　半变异函数建模

在搜索领域对话框中设置参数（图 13-12），点击下一步。

参数说明如下，Neighborhood Type 为插值范围的类型，Standard 为点数据的外接矩形，Smooth 为样点邻域搜索的并集范围；Copy from Variogram 为是否从变异函数中拷贝数据；Maximum Neighbors 为在搜索半径内使用样点最多的个数；Minimum Neighbors 为在搜索半径内使用样点最少的个数；Sector Type 为区域扇区形状的选择。

6. 交叉检验

交叉检验对话框中列出了模型精度评价（图 13-13），Prediction Errors 列表中的指标有平均误差、均方根误差、标准化平均误差、标准化均方根误差、平均标准误差。结果越符合以下标准，则插值精度越高。判别标准为：平均误差的绝对值最接近于 0；标准化平均误差的绝对值最接近于 0；平均标准误差与均方根误差最接近；标准化均方根误差最接近于 1。

7. 生成克里金插值图

点击 Finish，完成克里金插值（图 13-14）。

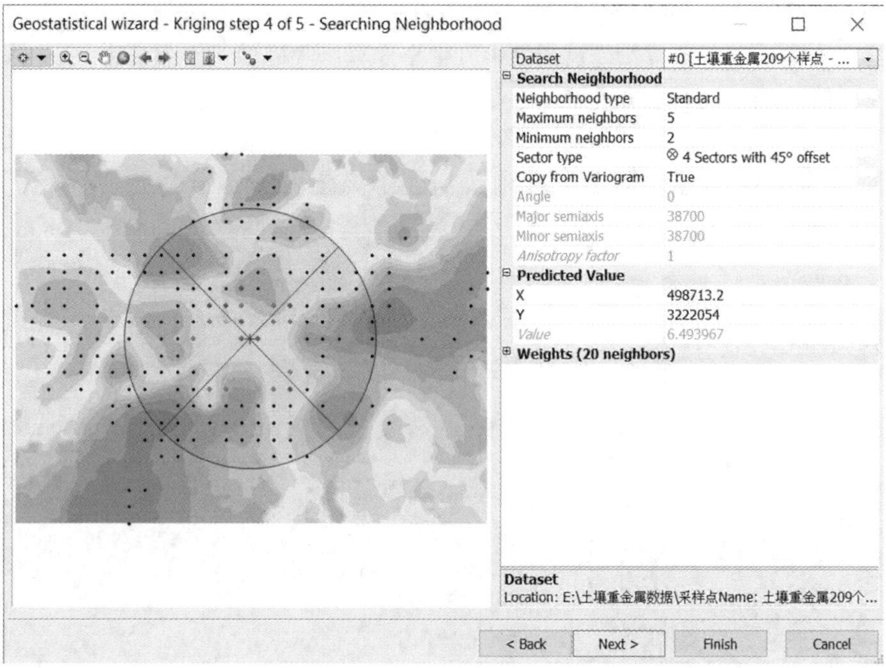

图 13-12　搜索领域对话框

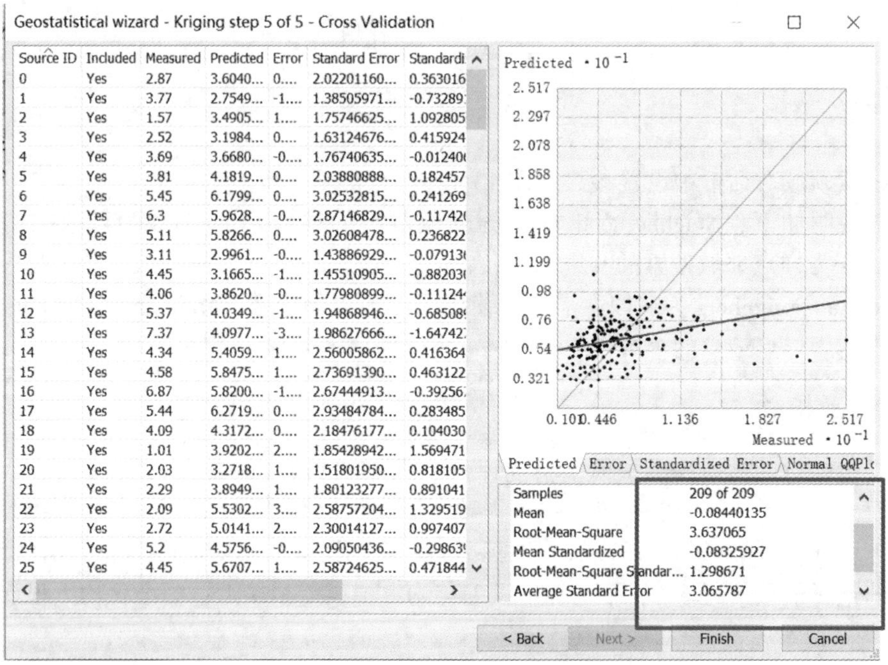

图 13-13　交叉检验

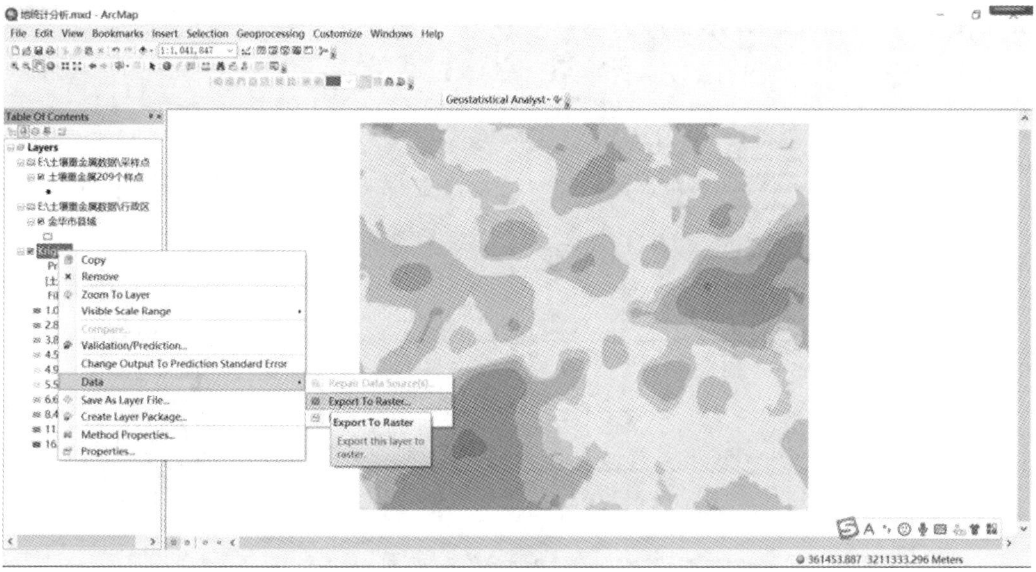

图 13-14　克里金插值图

右键点击 kriging 图层名称，选择 Data，选择 Export To Raster，导出栅格数据，然后在环境中找到栅格分析，点击 Environment，再点击 Raster Analysis，掩膜 Mask 设置为金华市县域，点击 OK 按钮，即可生成 As 的空间分布图（图 13-15～图 13-17）。

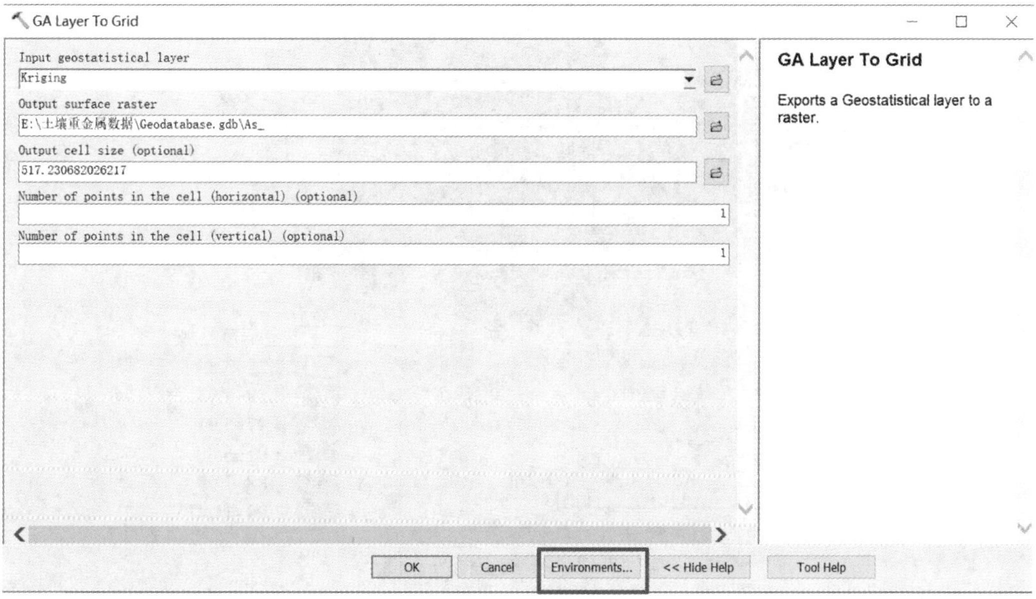

图 13-15　导出栅格数据

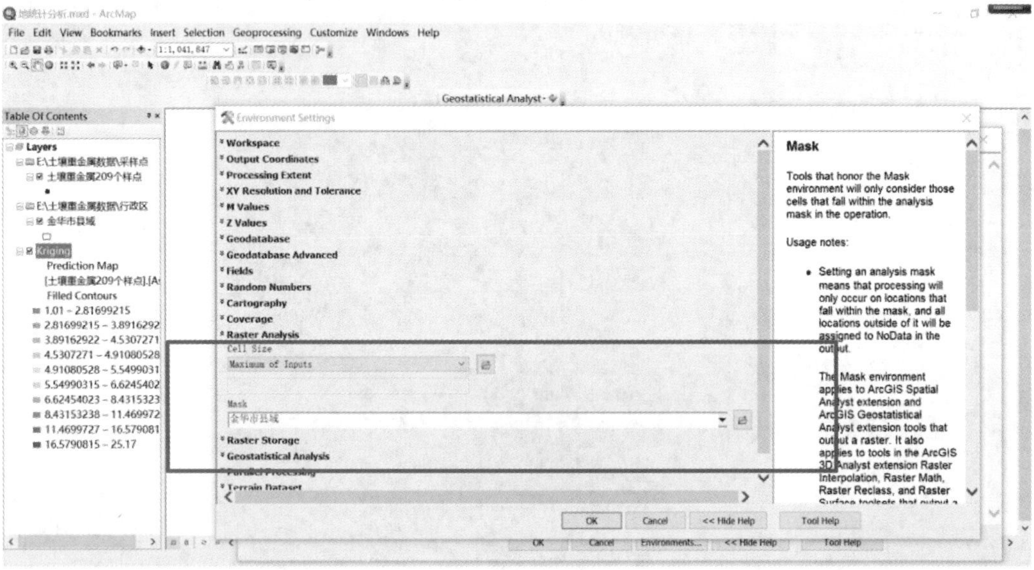

图 13-16　掩膜

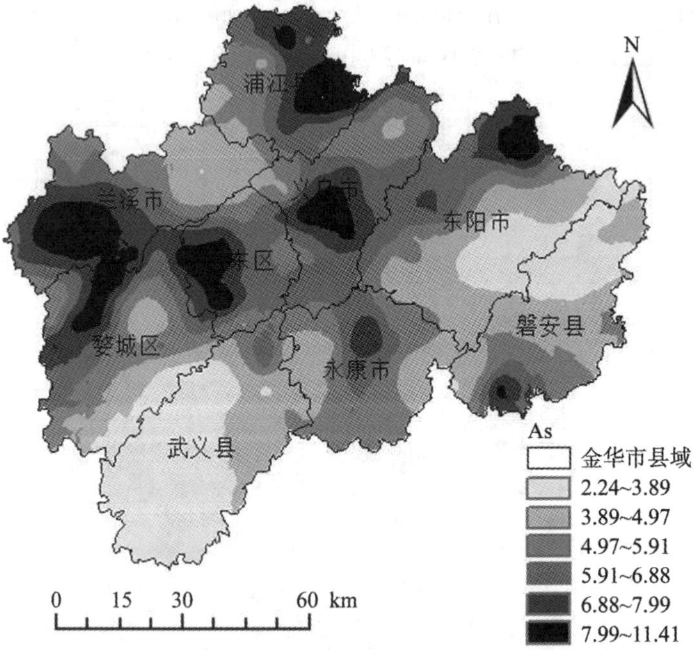

图 13-17　As 的空间分布图

五、案例研究

金华市耕地土壤重金属空间变异特征

摘要：以金华市为研究区，系统采集了209个耕地表层土壤样品，测定了样品中As、Pb、Cu、Cd的含量。采用统计分析、地统计分析以及热点分析方法对重金属的空间变异结构、分布规律及潜在污染风险进行了研究。结果表明，4种重金属含量的平均值都没有超出土壤环境质量标准，Pb和Cu的含量平均值超出了土壤背景值，呈现出富集的趋势。半方差函数拟合表明，4种土壤重金属含量属于中等空间自相关，空间分布呈片状或点状分布。热点分析与克里金插值表明，土壤重金属含量的高值主要分布在兰溪市、婺城区、金东区与义乌市等耕地面积和密度较大、人类活动频繁的地区，存在一定的污染风险。

关键词：土壤重金属；地统计分析；空间变异；热点分析

（一）引言

土壤是人类赖以生存和发展的重要资源之一，也是地球上各种自然与人为污染物的源和汇[1]，重金属是主要的土壤环境污染物质之一，它在土壤中不能被微生物降解，具有累积性、隐蔽性、持久性和不可逆性等特点[2]。重金属在土壤中的含量主要受成土母质和人为活动的影响。近年来，由于化肥农药的不合理施用、污水灌溉、矿产资源的开采和汽车尾气的排放等因素使得重金属在土壤中不断富集，造成土壤质量下降，这不仅影响植物的正常生长，使农作物重金属含量超标，还会通过食物链进入人体，从而威胁人体健康[3-5]。因此，了解土壤重金属含量的空间变异特征和污染状况对于控制土壤污染、保障食品安全和人类健康都具有重要的科学意义。

本案例以浙江省金华市为研究对象，旨在深入了解金华市耕地土壤环境质量现状，并运用地统计学分析的方法，对金华市耕地土壤表层4种重金属含量的空间变异以及空间分布特征进行分析，并通过热点分析方法，找出土壤重金属含量的潜在污染风险地区，为土壤重金属污染制定有效的防治策略提供科学依据。

（二）材料与方法

1. 研究区概况

金华市位于浙江省中部，地理坐标为28°32′～29°41′N，119°14′～120°47′E，东邻台州，南毗丽水，西连衢州，北接绍兴、杭州。地处金衢盆地东段，为浙中丘陵盆地地区，地势南北高、中部低。研究区属于亚热带季风气候，四季分明，春早秋晚，夏季长而炎热，年平均降水量约为1424mm，土壤类型以红壤和黄壤为主[6]。

2. 样品采集与分析

土壤采样点的选取根据典型性、代表性和一致性原则，采用网格法（5 km×5 km）在研究区均匀布设采样点，参考最新土地利用数据（2017 年），保留耕地样点数据，对于存疑的样点进行实地验证，确定最终采样点，如图 13-18 所示。通过采集土壤表层样（0~20 cm），每个样点四周间隔 1 m 设置 4 个辅助点，将 4 个辅助样点表层土和中心样点土壤混合作为该点的土壤样品，装入事先准备好的塑料袋中密封保存，同时用 GPS 确定每个样点的位置，样品总数约为 209 个。

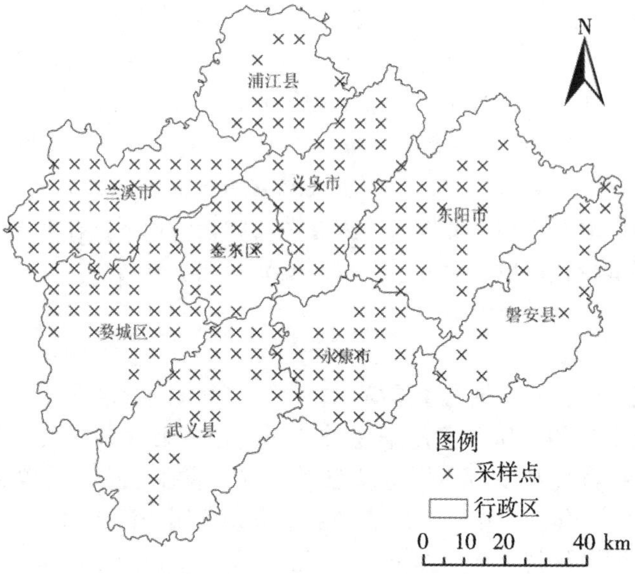

图 13-18　金华市耕地土壤采样点分布示意图

土壤样品置于无尘实验室中风干、磨碎，过 2 mm 尼龙筛去除动植物残体等杂物，然后过 0.149 mm 筛子待测。其中土壤 Cd、Cu、Pb 采用盐酸、硝酸、氢氟酸、高氯酸消解，然后用电感耦合等离子体发射光谱仪（ICP-AES）测定；As 采用王水-水浴消解，用电感耦合等离子体荧光光谱仪（ICP-AFS）测定。质量控制采用国家土壤标准参比物质（GSS 24）进行。分析过程中使用的试剂均为优级纯，用水均为超纯水。同时，随机抽取 20%的样品测重复样，误差保持在 5%以内。

3. 研究方法

地统计学是以区域化变量理论为基础，以半方差函数为工具的一种数学方法，目前已被广泛地应用到具有区域化变量特征的土壤学、生态学和环境科学等领域[7]。普通克里金是常用的地统计学方法之一，可以利用样点数据和半方差函数的结构性，对未采样的区域化变量进行无偏最优估值[8]。区域内土壤重金属含量存在空间分异，简单利用样点数据无法准确判断其空间分布特征，因此对样点数据进行普通克里金插值得到研究区内未采样点的无偏最优估计值，从而确定研究区土壤重金属含量的空间分布特征。

空间自相关分析是检验某一地理变量的空间分布是否与相邻位置显著相关的一种统计方法，包括全局自相关和局部自相关[9]。全局空间自相关分析主要用莫兰指数（Moran's

I）来反映变量在整个空间上的分布模式，但在一定程度上会掩盖局部不稳定性，而局部自相关可以进一步研究变量的局部空间分布[10]。热点分析是以全局空间集聚为前提，通过计算 Gi* 统计量来识别具有统计显著性的高值（热点）和低值（冷点）空间聚类的一种局部自相关分析方法[11]。

4. 数据处理方法

利用 SPSS19.0 软件对样本数据进行描述性统计分析和正态分布检验，半变异函数的拟合在 GS+ 9.0 软件中完成，克里金插值、土壤重金属含量的空间分布图、热点分析均借助 ArcGIS 10.2 软件完成。

（三）结果与分析

1. 土壤重金属的含量特征分析

对金华市 209 个耕地土壤样品做了描述性统计（表 13-1），所得到的 4 种重金属平均含量分别为：(6.37±3.67) mg/kg（As）、(97.30±18.60) mg/kg（Cu）、(32.48±8.31) mg/kg（Pb）、(0.18±0.10) mg/kg（Cd），4 种重金属的平均含量都未超出土壤环境质量标准。土壤环境质量标准采用《土壤环境质量 农用地土壤污染风险管控标准》（GB15618—2018）中农用地土壤污染风险筛选值（pH<5.5）。研究区耕地土壤中 As 和 Pb 这 2 种重金属元素含量的最大值未超出土壤环境质量标准，因此不会对农业生产和土壤生态环境造成严重威胁。研究区耕地土壤中 As、Cu、Pb、Cd 含量的均值与浙江省土壤背景值比值分别为 0.69、1.05、1.37、2.60，其中 Pb 和 Cu 这 2 种重金属含量均值超出浙江省背景值，呈现出富集的趋势。变异系数为标准差和均值的比值，反映了各采样点数据在样本总体中的平均变异程度[12]。变异系数小于 10%为弱变异；10%~100%为中等变异；大于 100%为强变异[13]。4 种重金属的变异系数由大到小依次为 As（57.56%）> Cu（56.29%）> Cd（53.07%）> Pb（25.59%）。4 种重金属的变异系数均介于 10%到 100%之间，属于中等变异，表明不仅受到了结构性因素的影响，还受到了随机性因素的双重影响。

表 13-1　**耕地土壤重金属含量描述性统计（mg/kg）**

元素	极小值	极大值	均值	标准差	变异系数（%）	背景值	质量标准	峰度	偏度	正态检验
As	1.01	25.17	6.37	3.67	57.56%	9.20	30.00	5.44	1.89	偏态
Cu	2.70	97.30	18.60	10.47	56.29%	17.60	50.00	16.21	2.94	偏态
Pb	8.80	59.70	32.48	8.31	25.59%	23.70	70.00	1.80	1.00	偏态
Cd	0.03	0.68	0.18	0.10	53.07%	0.07	0.30	5.20	1.73	偏态

2. 土壤重金属含量的空间变异特征

普通克里金插值是区域化变量的线性估计，要求数据符合正态分布。利用

Kolmogorov-Smirnov（K-S）检验法检验数据的正态分布情况，结果表明4种重金属含量均偏离正态分布，经对数转换基本符合正态分布，利用GS+ 9.0软件拟合半变异函数理论模型，并根据决定系数（R^2）最大和残差平方和（RSS）最小的原则[14]，选取最佳模型。4种土壤重金属元素含量的半方差函数最佳模型及其相关参数见表13-2。块金值（Co）反映由实验误差和小于最小实验采样尺度引起的随机变异。基台值（Co+C）表示土壤重金属含量在空间的总变异程度，是结构性变异和随机性变异之和。块金系数是块金值（Co）与基台值（Co+C）的比值，反映区域化变量的空间自相关性。空间自相关性是土壤重金属含量空间变异影响因素中结构性因素（如母质、气候、地形等自然因素）与随机性因素（如农药化肥的使用、污水灌溉等人为因素）共同作用的结果[15]。当块金系数小于0.25时，以结构性变异为主，变量具有强烈的空间相关性；块金系数介于0.25和0.75之间，则变量具有中等程度空间自相关；当块金系数大于0. 75时，则以随机性变量为主，变量的空间相关性很弱[16]。变程表示研究区表层土壤重金属含量的最大空间相关距离，即各变量在其变程范围内才具有空间相关性[17]。变程越小，则外在因素（人为活动等）的影响就越大。

表13-2　**土壤重金属含量的半方差函数理论模型及相关参数**

元素	模型	块金值（Co）	基台值（Co+C）	块金系数（C/（Co+C）	变程（A/m）	决定系数（R^2）	残差平方和（RSS）
As	指数模型	0.1224	0.2888	0.5760	38700	0.860	1.88×10^{-3}
Cu	指数模型	0.1225	0.2520	0.5020	31200	0.580	3.13×10^{-3}
Pb	指数模型	0.0047	0.0637	0.9260	12600	0.660	7.63×10^{-5}
Cd	指数模型	0.0370	0.2940	0.8740	8900	0.539	5.82×10^{-4}

由表13-2可知，4种土壤重金属含量的最佳半变异函数理论模型均为指数模型，决定系数R^2均大于0.5，并且RSS接近于0，因此拟合的理论模型基本符合要求。Cu、As的块金系数介于0.25和0.75之间，具有中等强度的空间相关性，表明研究区这2种土壤重金属含量的空间变异受到自然因素和人为因素的共同作用。Pb、Cd的块金系数均大于0.75，空间相关性很弱，可能受到随机性因素如施化肥农药、耕作措施等各种人类活动的影响从而使原有的空间相关性减弱。各重金属的变程介于8900m到38700m之间，其中As的变程最大，表明其在较大尺度上存在空间自相关。Cd、Pb的变程较小，也说明了这2种重金属的空间变异受人类活动等外在因素的影响较大[18]。

3. 土壤重金属含量的空间分布特征

根据拟合的半方差函数模型，利用ArcGIS 10.2对金华市209个采样点数据进行普通克里金插值，得到4种重金属的空间分布图（图13-19）。从全域的角度来看，4种重金属的空间分布存在明显的规律，As、Cu主要呈片状分布，Pb、Cd呈片状和点状结合分布。As的高值主要分布在兰溪市西南部、金东区西部、义乌市中部、浦江县东部、东阳市东北部以及磐安县西南部；低值主要分布在武义县和东阳市的东南部以及磐安县东北部。Cu 的高值主要分布在研究区的中部和中西部，永康市、浦江县东部，磐安县西南以及武义县西南角；低值主要分布在东阳市、婺城区南部，武义县北部。Pb 的高值主要分布在婺城区及其周边地区、金东区和义乌市的交界地区；低值主要分布在武义县和磐安县。Cd 的高值主要分布在兰溪市、婺城区、义乌市和金东区等县域内；低值主要分布在武义县、东阳市和磐安县。Pb、Cd 斑点区域多且分布较零散，这主要与 Pb、Cd 的空间变异性明显有关。综合 4 种重金属来看，高值主要分布在婺城区、金东区和义乌市等耕地面积以及密度较大、人类活动频繁的地区。

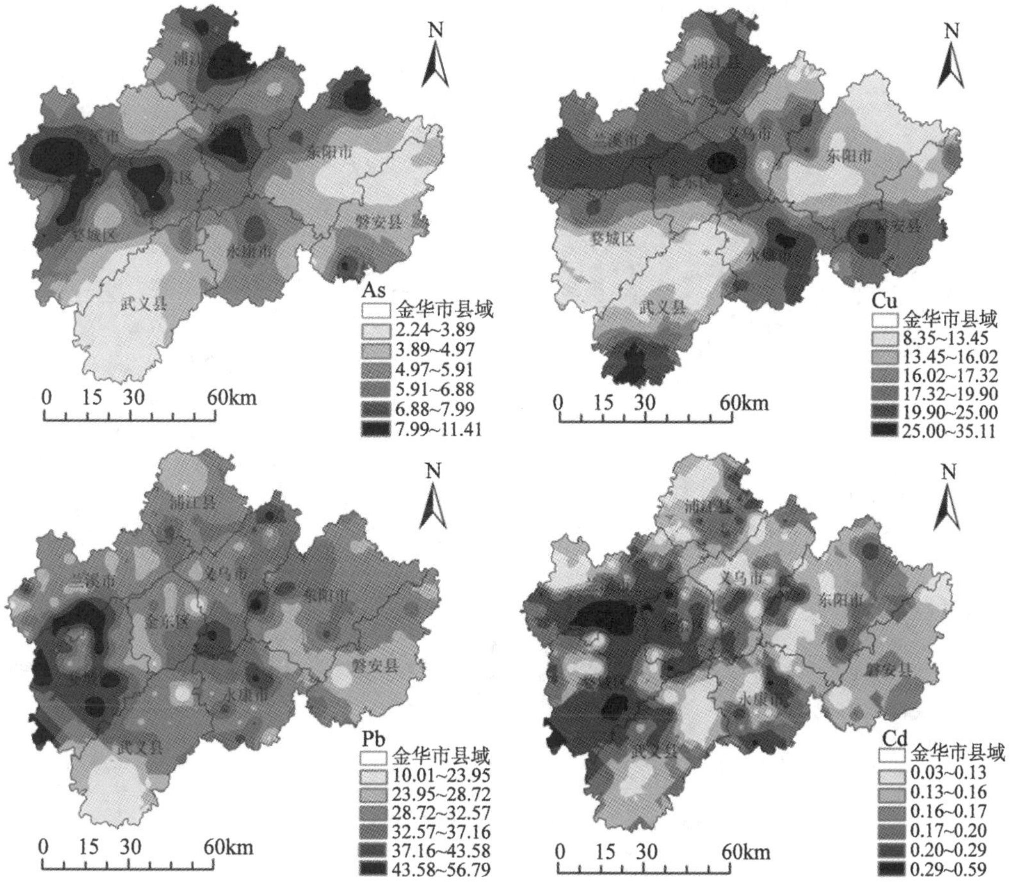

图 13-19　土壤重金属含量空间分布图

4. 热点分析

As、Cu、Pb、Cd 的全局莫兰指数分别为 0.1、0.07、0.17、0.16。采用蒙特卡罗迭代法对莫兰指数进行显著性检验，As、Cu、Pb、Cd 的 Z 值均大于 1.96，P 值均小于 0.05，且全局莫兰指数均大于 0，表明 As、Cu、Pb、Cd 这 4 种重金属含量各自存在一定的全局空间正相关，呈集聚的空间模式，即研究区土壤重金属元素含量的空间分布存在高高聚集或低低聚集的现象。为进一步分析土壤重金属含量的集聚状况，对土壤重金属含量进行热点分析，结果见图 13-20。As 有 15 个热点，主要分布在婺城区北部、金东区西部和浦江县。Pb 有 16 个热点，4 个冷点。热点主要分布在婺城区以及兰溪市与婺城区的交界附近区域，冷点则分别位于磐安县的西南、武义县的东北和西南以及金东区与义乌市的交界处。Cd 有 15 个热点，主要分布在兰溪市和婺城区的交界处附近以及金东区的北部和南部。Cu 的热点少且分散，主要分布在义乌市和金东区的交界处、永康市的中部等地区。一般重金属含量的热点及周边地区存在一定的潜在污染风险。热点主要位于研究区受人类活动影响较大的农用地以及建设用地附近，As、Cu、Pb、Cd 这 4 种土壤重金属元素含量的高高聚集空间分布与农用地的面积和密度有关。

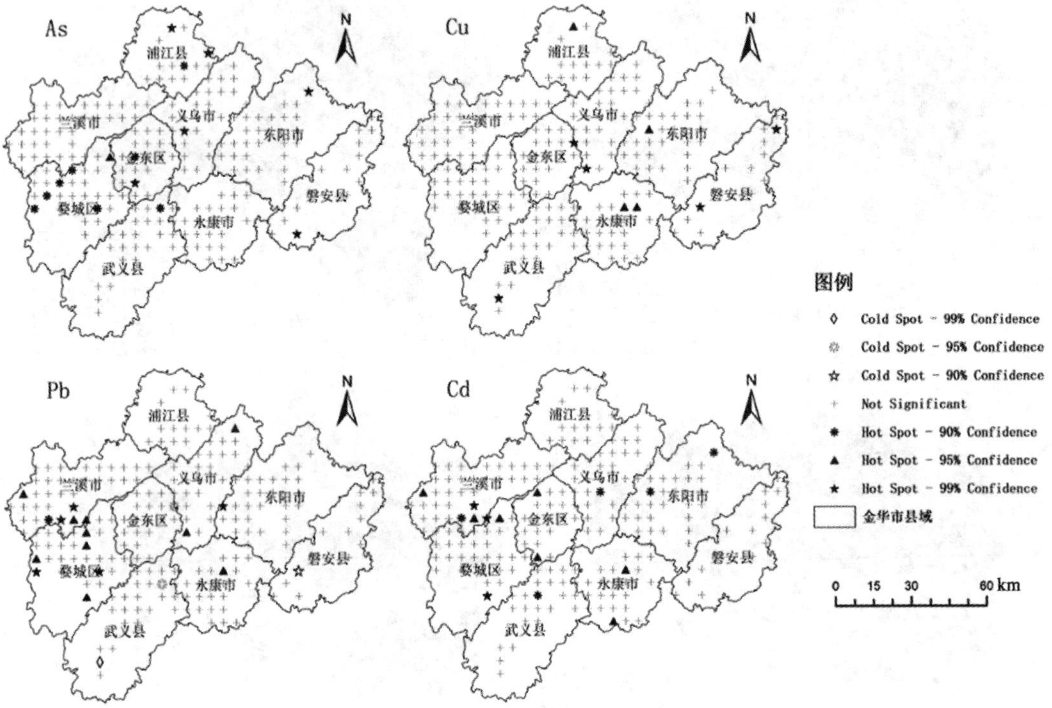

图 13-20　金华市耕地土壤重金属热点分析图

(四) 结论

(1) 4 种重金属平均含量分别为（6.37±3.67）mg/kg（As）、(97.30±18.60）mg/kg（Cu）、(32.48±8.31）mg/kg（Pb）、（0.18±0.10）mg/kg（Cd），Pb 和 Cu 这 2 种重金属含量均值超出土壤背景值，呈现出富集的趋势。4 种重金属的变异系数均介于 10%到 100%之间，属于中等变异。

(2) 4 种土壤重金属含量的最佳半变异函数理论模型均为指数模型，Cu、As 的块金系数介于0.25和0.75之间，具有中等强度的空间相关性，受到自然因素和人为因素的共同作用。Pb、Cd的块金系数均大于0.75，空间相关性很弱，其含量受随机性因素的影响较大。

（3）4种重金属的空间分布存在明显的规律，As、Cu主要呈片状分布，Pb、Cd呈片状和点状结合分布。4种重金属含量的高值主要分布在耕地面积以及密度较大、人类活动频繁的地区。

本章参考文献

[1] 李海光，施加春，吴建军．污染场地周边农田土壤重金属含量的空间变异特征及其污染源识别［J］．浙江大学学报（农业与生命科学版），2013，39（3）：325-334.

[2] 戴彬，吕建树，战金成，等．山东省典型工业城市土壤重金属来源、空间分布及潜在生态风险评价［J］．环境科学，2015，36（2）：507-515.

[3] 吕建树，张祖陆，刘洋，等．日照市土壤重金属来源解析及环境风险评价［J］．地理学报，2012，67（7）：971-984.

[4] 孟敏，杨林生，韦炳干，等．我国设施农田土壤重金属污染评价与空间分布特征［J］．生态与农村环境学报，2018，34（11）：1019-1026.

[5] 张小敏，张秀英，钟太洋，等．中国农田土壤重金属富集状况及其空间分布研究［J］．环境科学，2014，35（2）：692-703.

[6] 陈艳瑛，李凤全，王志刚，等．金华市土壤磁化率与重金属的空间变异特征［J］．广东微量元素科学，2012，19（8）：41-47.

[7] 黄勇，郭庆荣，任海，等．地统计学在土壤重金属研究中的应用及展望［J］．生态环境，2004，4：681-684.

[8] 李亮亮，依艳丽，凌国鑫，等．地统计学在土壤空间变异研究中的应用［J］．土壤通报，2005，2：265-268.

[9] 霍霄妮，李红，孙丹峰，等．北京耕作土壤重金属含量的空间自相关分析［J］．环境科学学报，2009，29（6）：1339-1344.

[10] 刘永生．华北平原土壤重金属元素空间自相关研究［D］．北京：中国地质大学（北京），2012.

[11] 王菲，吴泉源，吕建树，等．山东省典型金矿区土壤重金属空间特征分析与环境风险评估［J］．环境科学，2016，37（8）：3144-3150.

[12] 柳云龙，章立佳，韩晓非，等．上海城市样带土壤重金属空间变异特征及污染评价［J］．环境科学，2012，33（2）：599-605.

[13] 陈云飞，曾妍妍，周金龙，等．新疆于田县绿洲区土壤重金属空间分布特征与影响因素［J］．农业机械学报，2019，50（4）：263-273.

[14] 陈文轩，李茜，王珍，等．中国农田土壤重金属空间分布特征及污染评价［J］．环境科学，2020，41（6）：2822-2833.

[15] 马鑫鹏．泰来县耕地土壤重金属污染评价及安全利用分区研究［D］．哈尔滨：东北

农业大学, 2019.
[16] 钟晓兰, 周生路, 李江涛, 等. 长江三角洲地区土壤重金属污染的空间变异特征——以江苏省太仓市为例 [J]. 土壤学报, 2007, 44 (1): 33-40.
[17] 李小曼, 刘勤, 徐梦洁, 等. 苏南村镇土壤重金属空间变异性研究 [J]. 土壤通报, 2016, 47 (1): 179-185.
[18] 李亮亮, 依艳丽, 王延松, 等. 葫芦岛市连山区、龙港区土壤重金属空间分布及污染评价 [J]. 土壤通报, 2006, 37 (6): 495-499.

第十四章　基于 GWR 模型的 $PM_{2.5}$ 影响因素实验

一、实验目的

（1）了解 ArcMap 中多个栅格数据基于空间位置的像元匹配及转换至格网尺度操作。
（2）学会利用 ArcMap 软件进行地理加权回归建模操作。
（3）学会利用地理加权回归工具输出参数解析及模型调整。

二、实验内容

格网尺度利用地理加权回归进行 $PM_{2.5}$ 影响机制分析。

三、实验原理

空间异质性是许多地理过程的共同属性，其中一种表现形式为由于地理位置的变化而引起的变量间关系或结构的变化，即空间非平稳性。在地理要素关系建模中如果应用全局回归模式会掩盖变量间关系的局部特性，因此，为解决空间非平稳性的问题，Fotheringham（1996）提出了地理加权回归模型，该模型是将多元线性回归进行局部优化并将空间关系加入运算进行建模。它的优势是允许自变量和因变量之间的关系可以在整个空间中变化，表现为产生一组局部参数，被广泛用于区域范围内多组连续变量在空间表面的非平稳和空间变化关系的探索。GWR 模型可以表示为：

$$y_i = \beta_0(u_i, v_i) + \sum_{k=1}^{n} \beta(u_i, v_i) x_{ik} + \varepsilon_i \qquad (14\text{-}1)$$

式中，(u_i, v_i) 表示的是样本点 i 的坐标，y_i 和 x_{ik} 分别代表因变量和第 k 个解释变量，$\beta(u_i, v_i)$ 表示样本点 i 的第 k 个解释变量的局部参数估计，$\beta_0(u_i, v_i)$ 代表截距，ε_i 代表误差项。

在局部参数估计中，采用空间权重计算连续的距离衰减函数，而在一般的 GWR 建模过程中一般选择双重平方加权函数（见式（14-2））确定局部范围的空间权重。

$$w_{ij} = (1 - (d_{ij}/b)^2)^2 \qquad (14\text{-}2)$$

式（14-2）中 w_{ij} 表示样本点 i 与样本点 j 之间的空间权重，d_{ij} 代表的是样本点 i 与样本点 j 之间的空间距离，b 是带宽，代表的是局部模型的空间范围，当 d_{ij} 大于 b 时权重为 0，在 GWR 模型中针对所有解释变量带宽是一致的。

实际上，带宽通常表示影响因子的作用范围，而带宽对于结果而言相当敏感，由于不同地区的空间范围不同，建模过程的关键部分在于确定模型的带宽或范围。根据 Akaike Information Criterion（AIC），使用自适应内核来确保选择最佳的带宽范围。

四、实验步骤

本次实验是利用 ArcGIS 10.2 软件中的地理加权回归工具对京津冀地区 2015 年 $PM_{2.5}$ 浓度与自然因素、土地利用因素之间的空间关系进行建模和模型结果解读。

数据准备：

（1）$PM_{2.5}$ 数据：大气成分分析组织模拟的中国区域 $PM_{2.5}$ 网格化估计数据集（V4. CH. 02），http：//fizz. phys. dal. ca/~atmos/martin/？page_id=140#V4. CH. 02。

（2）行政区划数据：全国省级行政区划 SHP 文件，1：100 万全国基础地理数据库可获得，http：//www. webmap. cn/main. do？method=index。

（3）自然因素数据：全国 DEM 1km 数据，中国年度植被指数（NDVI）空间分布数据集，中国 1980 年以来逐年年降水量空间插值数据集，中国 1980 年以来逐年年平均气温空间插值数据集，中国 1km 分辨率年平均风速数据集（1981—2015 年），中国科学院资源环境科学数据中心（http：//www. resdc. cn/）与国家地球系统科学数据中心（http：//www. geodata. cn）可获得。

（4）土地利用数据：2015 年中国土地利用现状遥感监测数据，中国科学院资源环境科学数据中心（http：//www. resdc. cn/）可获得。

（一）数据匹配及转换至格网尺度

1. 添加数据

导入相关数据，数据格式除了行政区为矢量数据，其余均属于栅格数据，其中 $PM_{2.5}$ 栅格数据分辨率为 0. 01°×0. 01°，其他栅格数据分辨率均为 1km（图 14-1）。右键点击 Properties 可查看相应栅格数据信息。

2. 转换投影

已添加的数据坐标类型可通过 Layers→Properties→Coordinate Systems 查看，部分图层为地理坐标系（GCS_WGS_1984、GCS_Krasovsky_1940），部分图层为投影坐标系（Albers_Conic_Equal_Area），因此需将各图层坐标系统一才可进行后续操作（图 14-2）。

选择 ArcToolbox→Data Management Tools→Projections and Transformations→Raster→Project Raster，将各栅格图层转换为投影坐标系 Krasovsky_1940_Albers（图 14-3），该投影坐标系为阿尔伯斯投影，又名“正轴等积割圆锥投影”“双轴纬线等积圆锥投影”，即经过两次纬线校正，第一、第二标准纬线分别为 25°N 和 47°N，中央经线为 105°E，投影坐标系参数值见图 14-4，阿尔伯斯保持了等面积特性，在此情况下的面积计算才与真实值一致。符合我们后续数据操作与匹配。

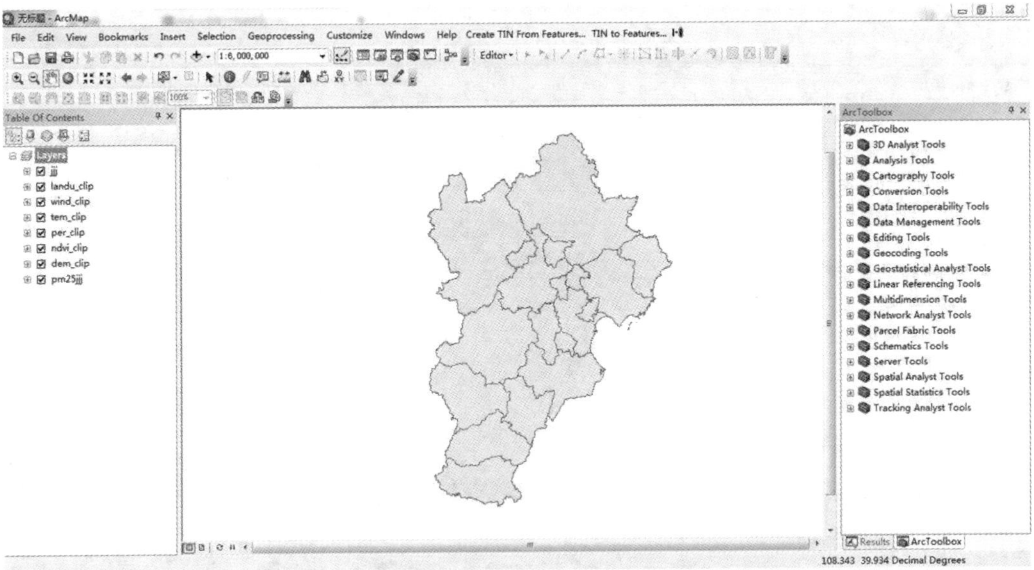

图 14-1　添加行政区划 $PM_{2.5}$ 及影响因素相关数据

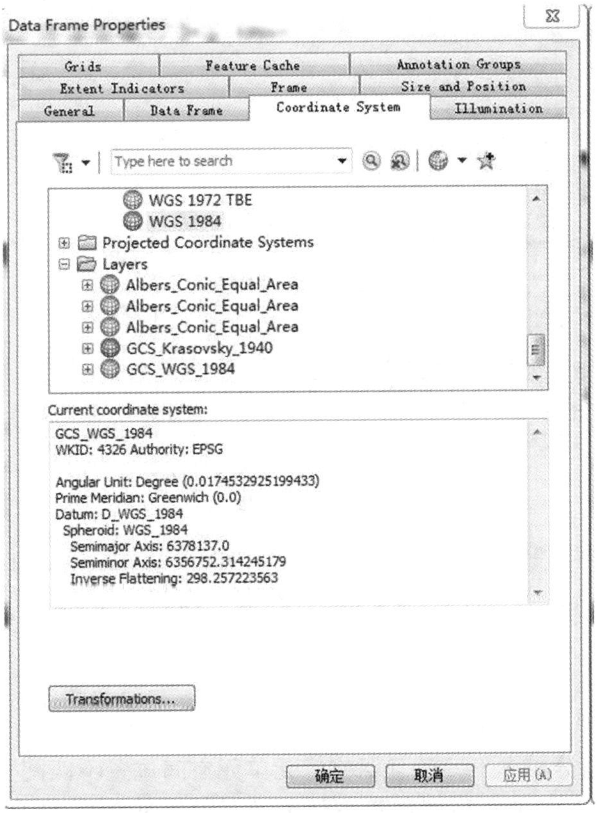

图 14-2　图层坐标系查看

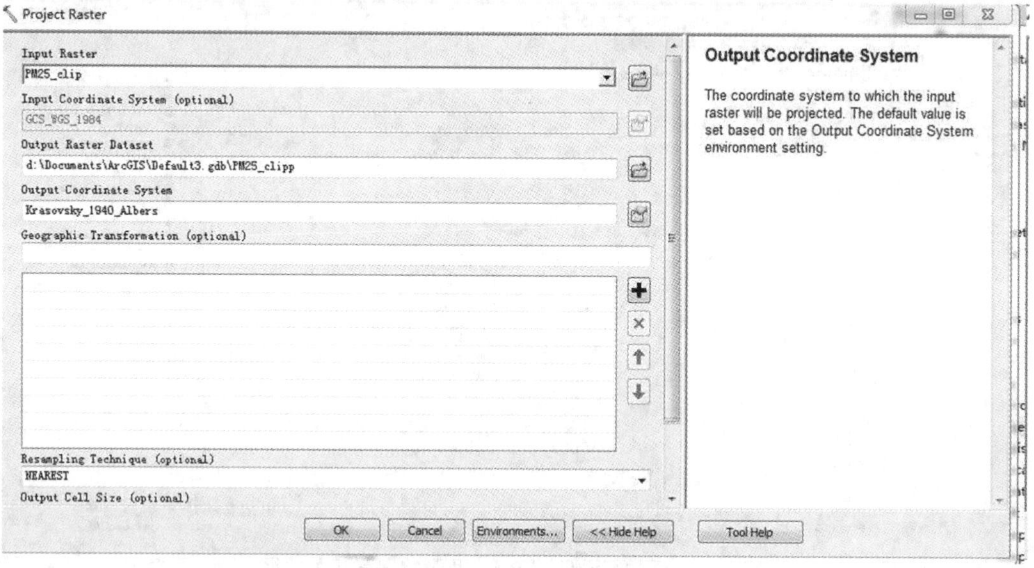

图 14-3　栅格数据投影转换（以 $PM_{2.5}$栅格数据为例）

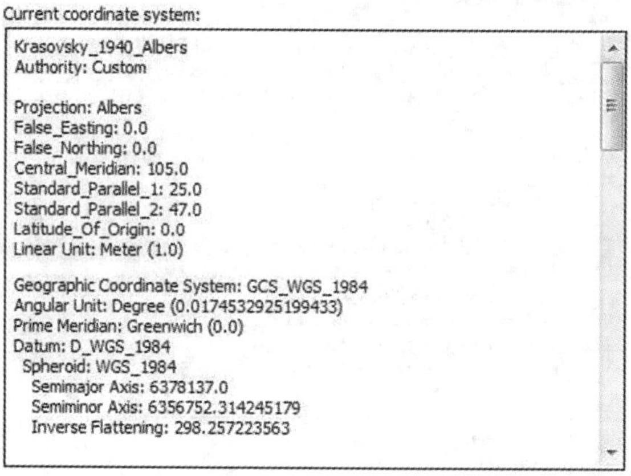

图 14-4　Krasovsky_1940_Albers 坐标系参数值

行政区划矢量数据投影转换采用 ArcToolbox→Data Management Tools→Projections and Transformations→Feature→Project 路径工具进行转换，同样将坐标系转换为 Krasovsky_1940_Albers 投影坐标系。

3. 重采样

由于各栅格数据分辨率不一致且栅格像元单元空间位置不匹配，基于京津冀地区的空间范围，选取 10km×10km 格网作为空间单元，因此对 $PM_{2.5}$浓度、DEM、NDVI、温度、降水、风速栅格数据重采样至 10km，选择 ArcToolbox→Data Management Tools→

Raster→Raster Processing→Resample，重采样方法为 NEAREST，执行最邻近分配法（图 14-5）。

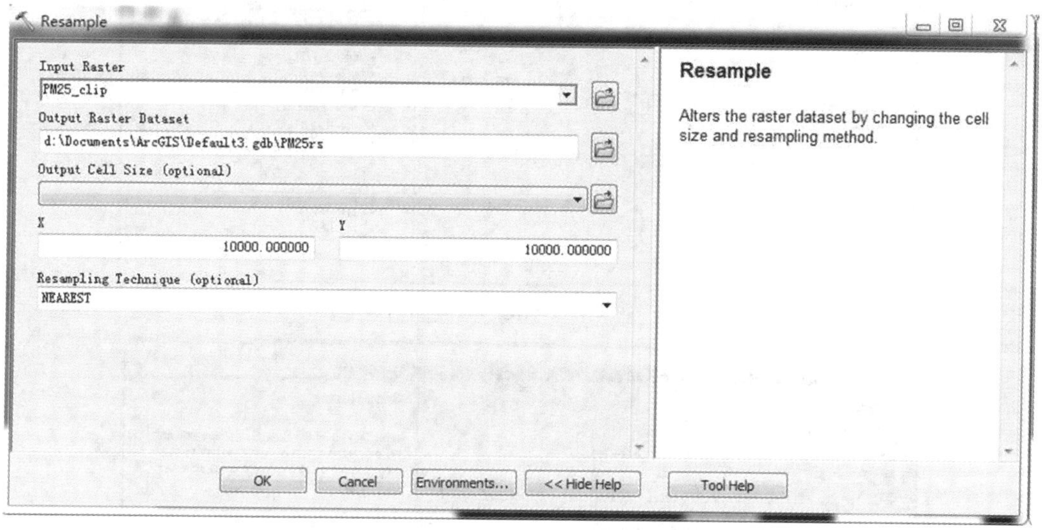

图 14-5　重采样操作

在首次栅格数据重采样过程中可以不设置环境，后续栅格数据重采样时需使用环境设置以捕捉一致栅格（图 14-6），使重采样后的栅格数据的像元可以基于空间位置成功匹配。

4. 研究区域格网化

由于重采样后 $PM_{2.5}$浓度、DEM、NDVI、温度、降水、风速的栅格数据在京津冀边界处部分位置存在某要素缺失的情况（图 14-7），因此对 $PM_{2.5}$浓度、DEM、NDVI、温度、降水、风速的栅格数据利用栅格计算器，选择 ArcToolbox→Spatial Analyst Tools→Map Algebra→Raster Calculator，获取要素齐全的像元空间范围，命名为 quyu. tif（图 14-8）。

基于输出数据齐全的范围（quyu. tif）创建渔网，选择 ArcToolbox→Data Management Tools→Feature Class→Create Fishnet，渔网大小选择 1000×1000，空间范围选择输出区域范围栅格（quyu. tif），为了能与 $PM_{2.5}$浓度、DEM、NDVI、温度、降水、风速的栅格数据的像元位置匹配，在环境设置里捕捉 $PM_{2.5}$重采样栅格（图 14-9）。

对输出格网以区域空间范围进行裁剪，裁剪步骤为栅格转为整型→栅格转面→面 . shp 裁剪格网，裁剪结果 gewang_clip. shp，如图 14-10 所示。

5. 格网提取属性值

在建立渔网时，勾选 Create Label Points，创建与格网一致的点要素，格网提取属性值则利用多值提取至点工具，选择 ArcToolbox→Spatial Analyst Tools→Extraction→Extract Multi Values to Point（图 14-11），使点要素属性添加相应空间位置的栅格属性值，操作完

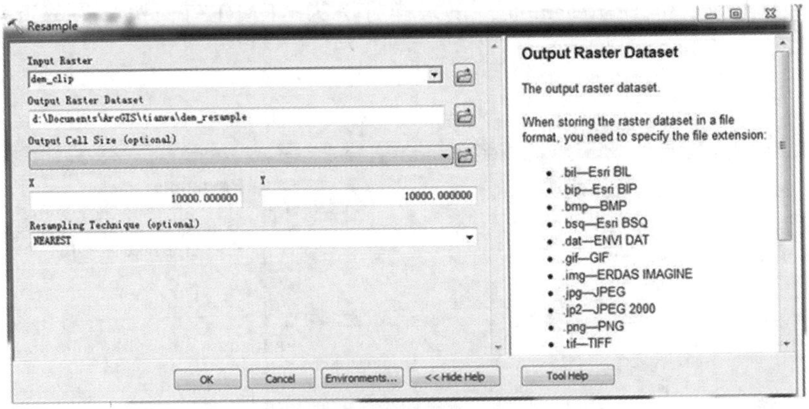

（a）DEM重采样

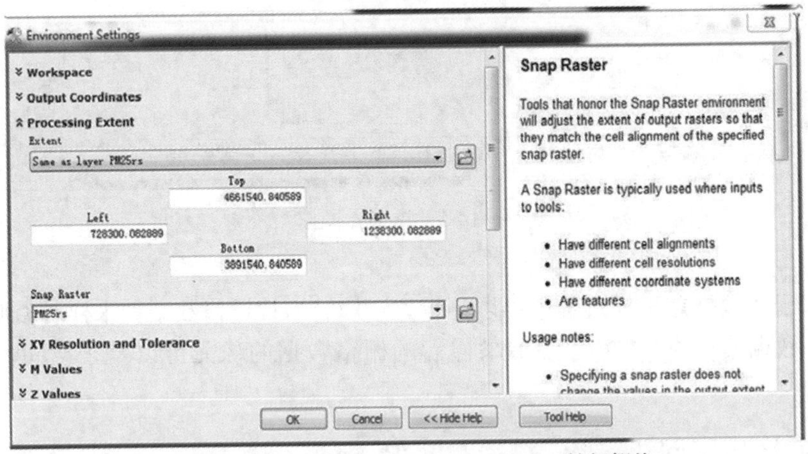

（b）Environmental Settings中Processing Extent 捕捉栅格

（c）DEM重采样结果与$PM_{2.5}$重采样结果空间位置匹配

图 14-6　后续栅格重采样环境设置与匹配

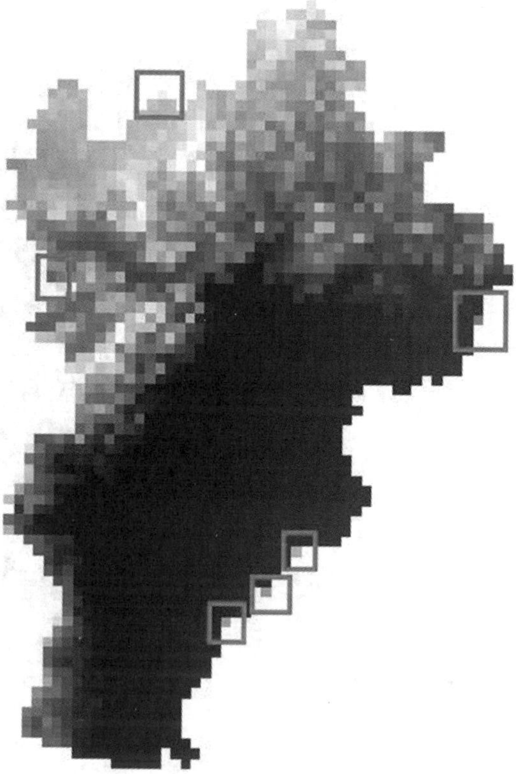

图 14-7　区域边界栅格像元要素存在缺失

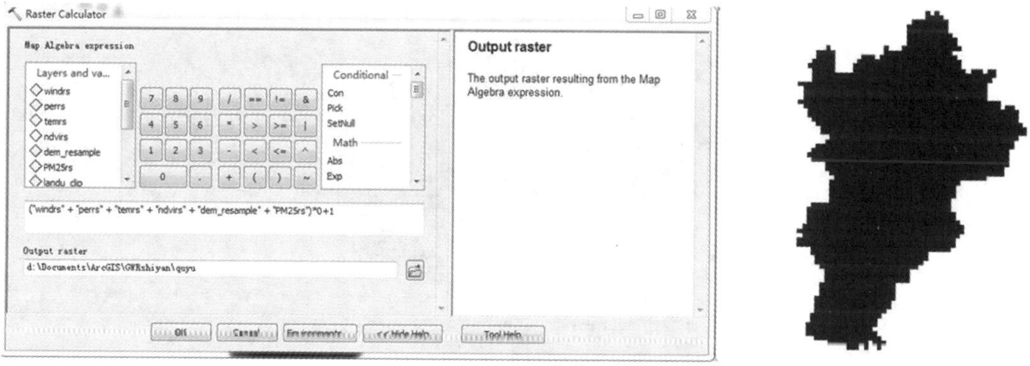

（a）计算式输入　　（b）范围输出结果

图 14-8　栅格计算器计算范围

成后可打开点要素属性表查看（图 14-12）。

通过点要素与格网进行关联获得相应格网的 $PM_{2.5}$ 浓度、DEM、NDVI、温度、降水、风速的属性数据。选择 gewang_clip. shp→Joins and Relates→Join，点击基于属性表与某一属性关联，如图 14-13 所示。

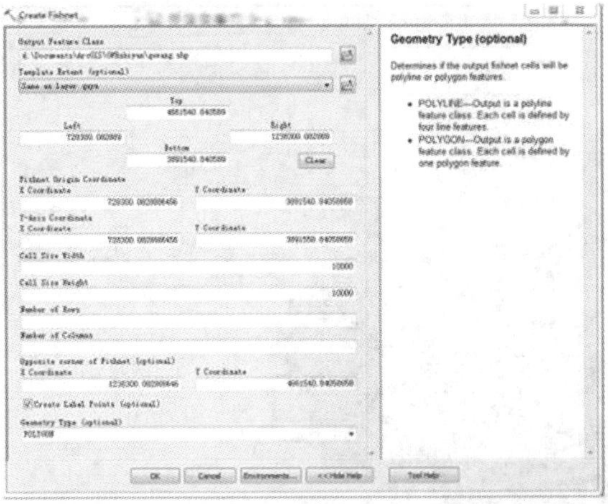

(a) 创建渔网

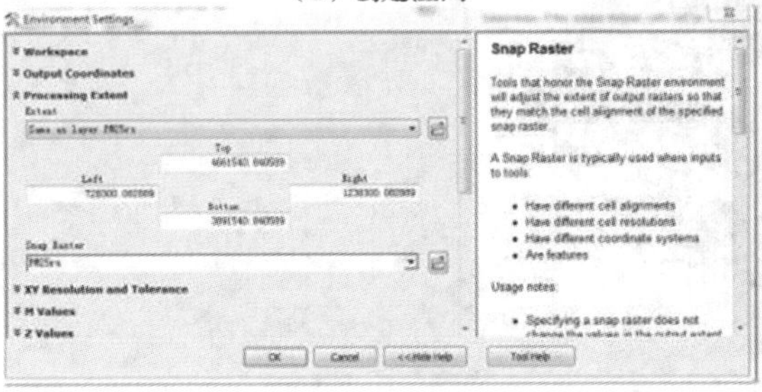

(b) 渔网空间位置栅格捕捉

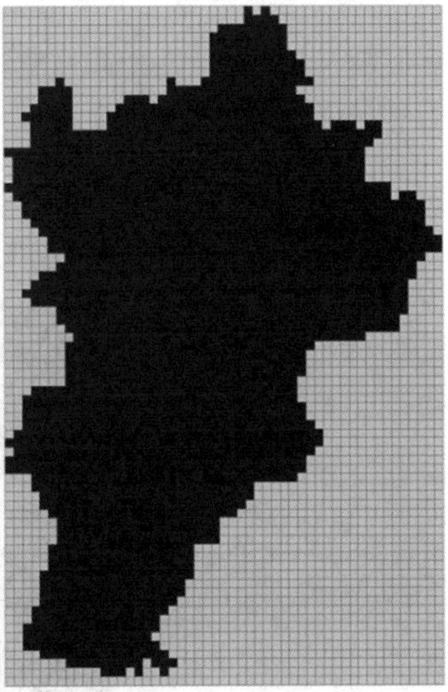

(c) 输出格网与栅格对应

图 14-9　捕捉 $PM_{2.5}$重采样栅格

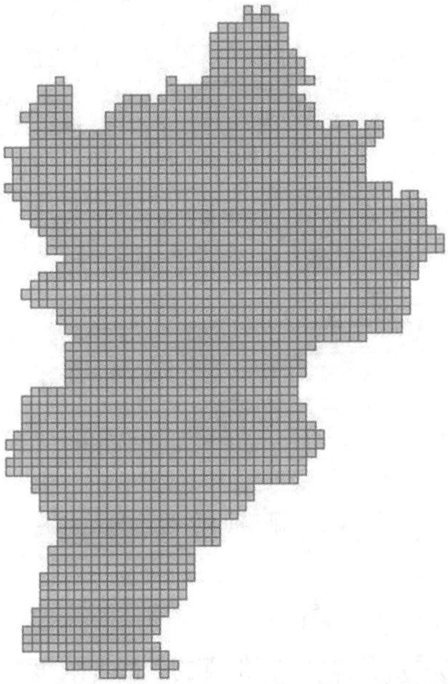

图 14-10　研究区域格网

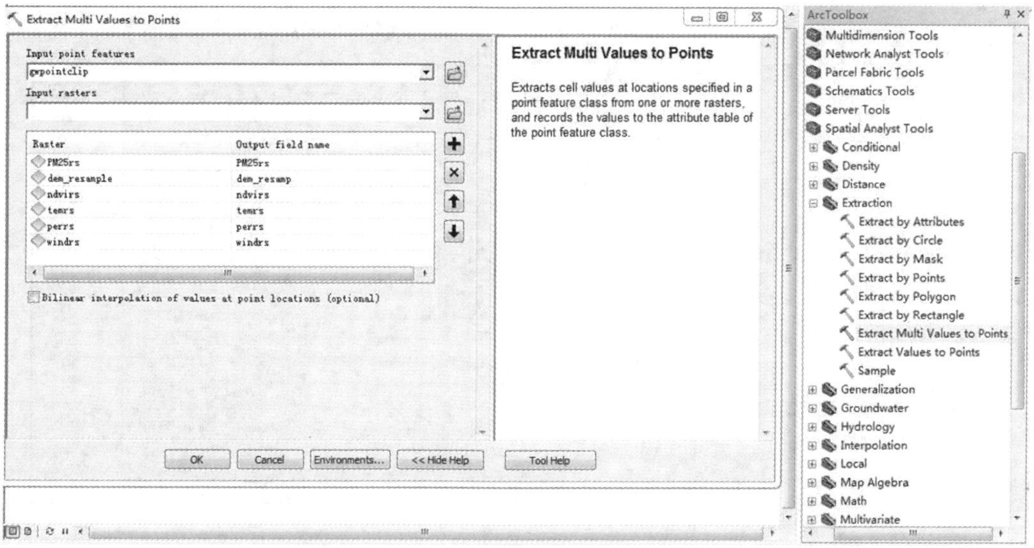

图 14-11　多值提取至点

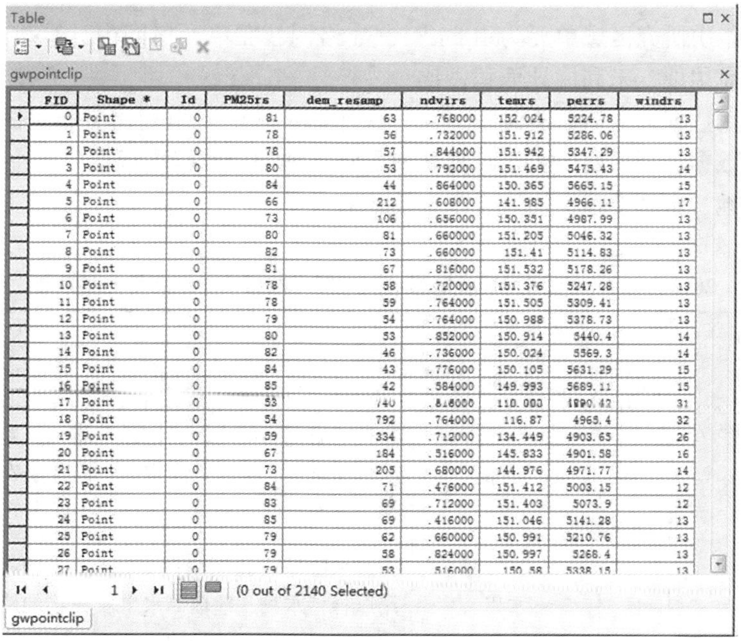
Table

gwpointclip

FID	Shape *	Id	PM25rs	dem_resamp	ndvirs	temrs	perrs	windrs
0	Point	0	81	63	.768000	152.024	5224.78	13
1	Point	0	78	56	.732000	151.912	5286.06	13
2	Point	0	78	57	.844000	151.942	5347.29	13
3	Point	0	80	53	.792000	151.469	5475.43	14
4	Point	0	84	44	.864000	150.365	5665.15	15
5	Point	0	66	212	.608000	141.985	4966.11	17
6	Point	0	73	106	.656000	150.351	4987.99	13
7	Point	0	80	81	.660000	151.205	5046.32	13
8	Point	0	82	73	.660000	151.41	5114.83	13
9	Point	0	81	67	.816000	151.532	5178.26	13
10	Point	0	78	58	.720000	151.376	5247.28	13
11	Point	0	78	59	.764000	151.505	5309.41	13
12	Point	0	79	54	.764000	150.988	5378.73	13
13	Point	0	80	53	.852000	150.914	5440.4	14
14	Point	0	82	46	.736000	150.024	5569.3	14
15	Point	0	84	43	.776000	150.105	5631.29	15
16	Point	0	85	42	.584000	149.993	5689.11	15
17	Point	0	53	740	.816000	110.003	1890.42	31
18	Point	0	54	792	.764000	116.87	4965.4	32
19	Point	0	59	334	.712000	134.449	4903.65	26
20	Point	0	67	184	.516000	145.833	4901.58	16
21	Point	0	73	205	.680000	144.976	4971.77	14
22	Point	0	84	71	.476000	151.412	5003.15	12
23	Point	0	83	69	.712000	151.403	5073.9	12
24	Point	0	85	69	.416000	151.046	5141.28	13
25	Point	0	79	62	.660000	150.991	5210.76	13
26	Point	0	79	58	.824000	150.997	5268.4	13
27	Point	0	79	53	.516000	150.58	5338.15	13

(0 out of 2140 Selected)

gwpointclip

图 14-12　栅格属性值提取后的点要素属性表

6. 格网内计算土地利用类型占比

土地利用属于分类变量，与 $PM_{2.5}$浓度、DEM、NDVI、温度、降水、风速栅格数据处

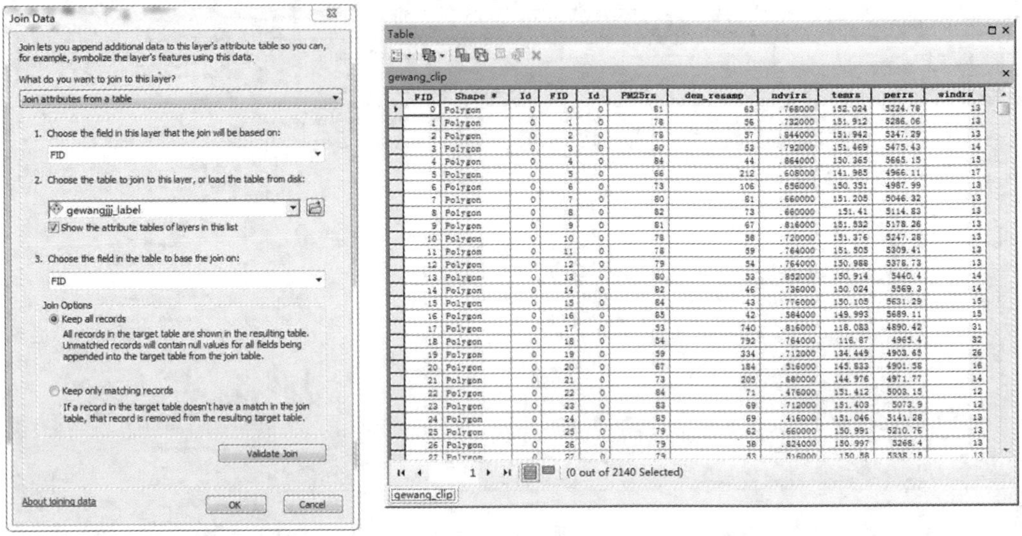

（a）属性表关联　　　　（b）关联结果

图 14-13　属性表关联和关联结果

理不同，基于本次研究区域单元为 10km×10km 格网，在单元格网内计算耕地、林地、草地、水体、建设用地、未利用地面积占比。

原土地利用数据的数据分类见表 14-1，京津冀地区的土地利用分布见图 14-14，因此在对土地利用数据进行格网内占比计算之前需将土地利用数据进行重分类，分类结果为耕地、林地、草地、水体、建设用地、未利用地 6 大类。

表 14-1　**2015 年中国土地利用现状遥感监测数据库数据集土地利用分类系统**

一级类型		二级类型		
编号	名称	编号	名称	含　义
1	耕地	—	—	指种植农作物的土地，包括熟耕地、新开荒地、休闲地、轮歇地、草田轮作物地；以种植农作物为主的农果、农桑、农林用地；耕种三年以上的滩地和海涂
—	—	11	水田	指有水源保证和灌溉设施，在一般年景能正常灌溉，用以种植水稻、莲藕等水生农作物的耕地，包括实行水稻和旱地作物轮种的耕地
—	—	12	旱地	指无灌溉水源及设施，靠天然降水生长作物的耕地；有水源和浇灌设施，在一般年景下能正常灌溉的旱作物耕地；以种菜为主的耕地；正常轮作的休闲地和轮歇地

续表

一级类型		二级类型		
编号	名称	编号	名称	含　　义
2	林地	—	—	指生长乔木、灌木、竹类以及沿海红树林地等林业用地
—	—	21	有林地	指郁闭度>30%的天然林和人工林。包括用材林、经济林、防护林等成片林地
—	—	22	灌木林	指郁闭度>40%、高度在2m以下的矮林地和灌丛林地
—	—	23	疏林地	指林木郁闭度为10%~30%的林地
—	—	24	其他林地	指未成林造林地、迹地、苗圃及各类园地（果园、桑园、茶园、热作林园等）
3	草地	—	—	指以生长草本植物为主，覆盖度在5%以上的各类草地，包括以牧为主的灌丛草地和郁闭度在10%以下的疏林草地
—	—	31	高覆盖度草地	指覆盖度>50%的天然草地、改良草地和割草地。此类草地一般水分条件较好，草被生长茂密
—	—	32	中覆盖度草地	指覆盖度在20%~50%的天然草地和改良草地，此类草地一般水分不足，草被较稀疏
—	—	33	低覆盖度草地	指覆盖度在5%~20%的天然草地。此类草地水分缺乏，草被稀疏，牧业利用条件差
4	水域	—	—	指天然陆地水域和水利设施用地
—	—	41	河渠	指天然形成或人工开挖的河流及主干渠常年水位以下的土地。人工渠包括堤岸
—	—	42	湖泊	指天然形成的积水区常年水位以下的土地
—	—	43	水库坑塘	指人工修建的蓄水区常年水位以下的土地
—	—	44	永久性冰川雪地	指常年被冰川和积雪所覆盖的土地
—	—	45	滩涂	指沿海大潮高潮位与低潮位之间的潮浸地带
—	—	46	滩地	指河、湖水域平水期水位与洪水期水位之间的土地
5	城乡、工矿、居民用地	—	—	指城乡居民点及其以外的工矿、交通等用地
—	—	51	城镇用地	指大、中、小城市及县镇以上建成区用地
—	—	52	农村居民点	指独立于城镇以外的农村居民点
—	—	53	其他建设用地	指厂矿、大型工业区、油田、盐场、采石场等用地以及交通道路、机场及特殊用地

续表

一级类型		二级类型		
编号	名称	编号	名称	含　义
6	未利用土地	—	—	目前还未利用的土地，包括难利用的土地
—	—	61	沙地	指地表为沙覆盖，植被覆盖度在 5%以下的土地，包括沙漠，不包括水系中的沙漠
—	—	62	戈壁	指地表以碎砾石为主，植被覆盖度在 5%以下的土地
—	—	63	盐碱地	指地表盐碱聚集，植被稀少，只能生长强耐盐碱植物的土地
—	—	64	沼泽地	指地势平坦低洼，排水不畅，长期潮湿，季节性积水或常年积水，表层生长湿生植物的土地
—	—	65	裸土地	指地表土质覆盖，植被覆盖度在 5%以下的土地
—	—	66	裸岩石质地	指地表为岩石或石砾，其覆盖面积>5%的土地
—	—	67	其他	指其他未利用土地，包括高寒荒漠、苔原等
9		99	海洋	

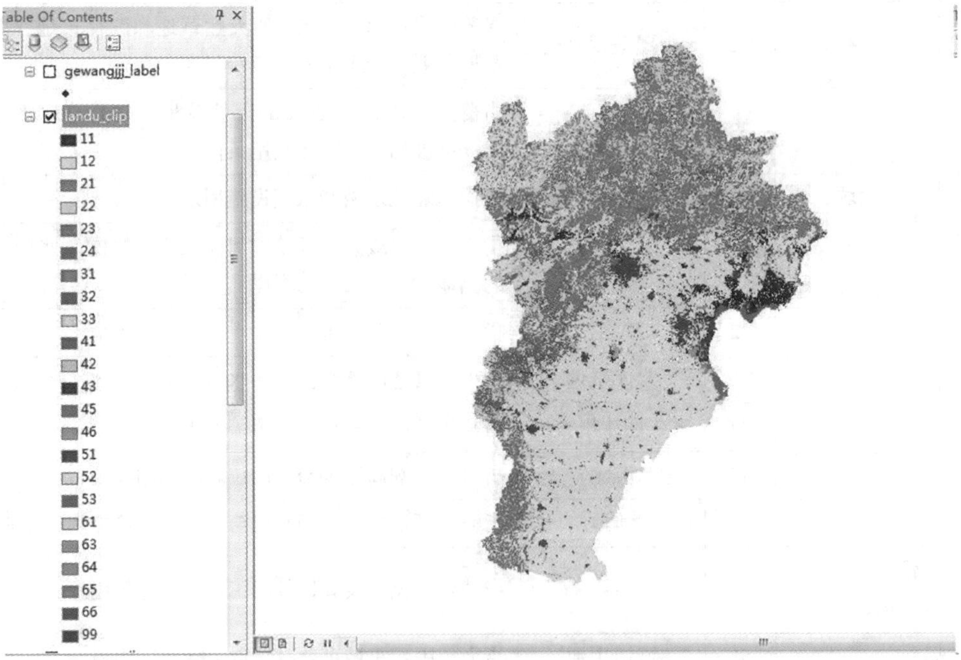

图 14-14　京津冀地区土地利用分布

选择 ArcToolbox→Spatial Analyst Tools→Reclass→Reclassify，对土地利用数据进行重分类，将耕地、林地、草地、水体、建设用地、未利用地分别依次赋值为 1～6，见图 14-15。

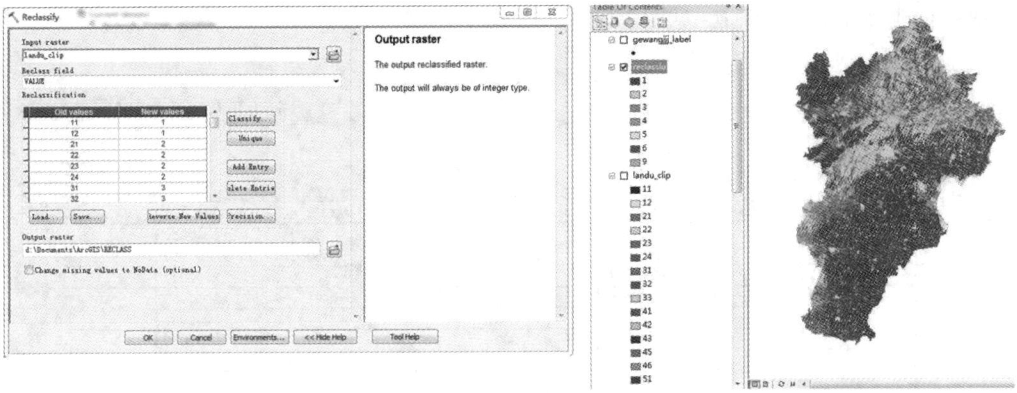

（a）土地利用重分类　　　　（b）分类结果

图 14-15　土地利用重分类及结果

要计算格网内土地利用类型占比，需要先计算格网内各类用地面积总和。这里用到面积制表工具，选择 ArcToolbox→Spatial Analyst Tools→Zonal→Tabulate Area。这里根据格网数据的 FID 字段对土地利用数据的用地代码（Value 值）进行汇总，参数设置如图 14-16 所示。

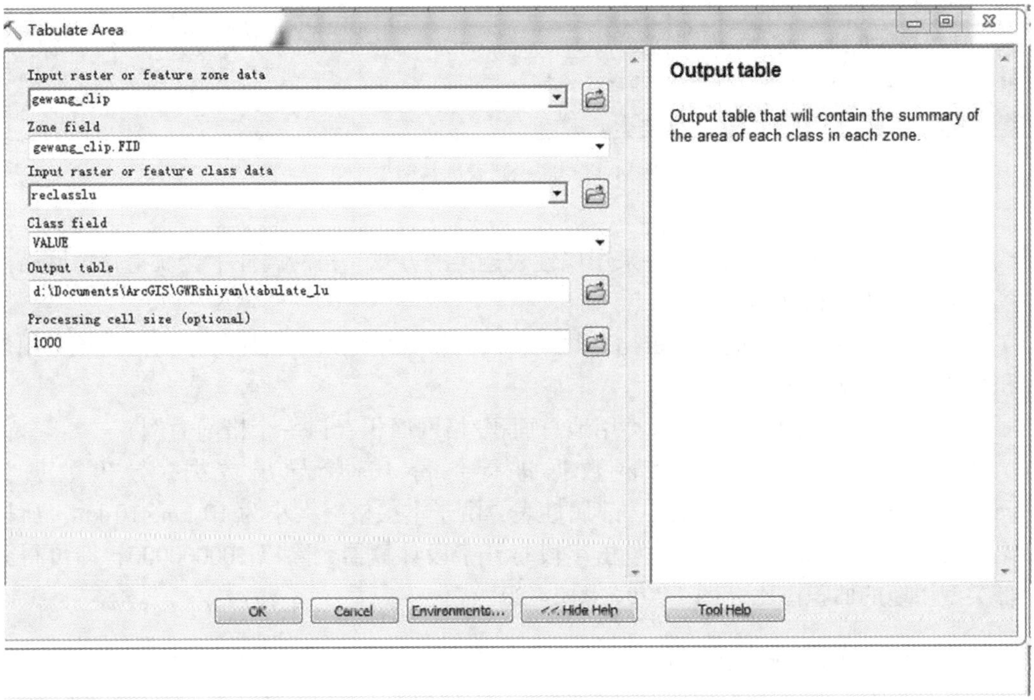

图 14-16　面积制表工具

面积制表工具运行之后会出现一个表格文件，打开表格文件，可以看到每个格网都有了各地用地类型的面积总和，见图 14-17。

Table

tabulate_lu

Rowid	GEWANG_CLIP.FID	VALUE_1	VALUE_2	VALUE_3	VALUE_4	VALUE_5	VALUE_6
1	0	51000000	0	0	1000000	14000000	0
2	1	51000000	4000000	0	3000000	12000000	0
3	2	55000000	0	0	0	7000000	0
4	3	56000000	0	0	0	13000000	0
5	4	33000000	0	0	0	8000000	0
6	5	28000000	4000000	9000000	18000000	4000000	0
7	6	46000000	0	1000000	11000000	9000000	0
8	7	77000000	0	0	2000000	5000000	0
9	8	74000000	4000000	0	4000000	17000000	0
10	9	76000000	1000000	0	9000000	14000000	0
11	10	82000000	0	0	3000000	15000000	0
12	11	82000000	0	0	5000000	13000000	0
13	12	87000000	0	0	0	13000000	0
14	13	87000000	0	0	0	12000000	0
15	14	65000000	0	0	0	6000000	0
16	15	85000000	0	0	0	15000000	0
17	16	36000000	0	0	0	4000000	0
18	17	21000000	5000000	66000000	2000000	0	0
19	18	16000000	8000000	66000000	2000000	1000000	0
20	19	27000000	2000000	57000000	0	3000000	0
21	20	48000000	0	35000000	0	17000000	0
22	21	78000000	0	10000000	4000000	8000000	0
23	22	77000000	0	2000000	1000000	20000000	0
24	23	78000000	0	0	1000000	21000000	0
25	24	70000000	0	0	0	30000000	0
26	25	80000000	0	0	0	20000000	0
27	26	87000000	0	0	0	13000000	0
28	27	82000000	0	0	0	18000000	0

0 (0 out of 2140 Selected)

tabulate_lu

图 14-17 面积制表工具结果

利用格网 FID 作为共同字段，采用属性表连接的方式，格网属性中会获得每个网格内各类用地的面积总和（图 14-18）。

计算格网内的各类用地面积占比，每个格网内某类用地面积占比等于格网内该类用地面积总和除以格网面积。

X类用地面积占比 = X类用地总面积/格网面积（以一个格网为例）

因此，先将属性齐全的格网数据进行备份，选择导出数据，导出数据为 gewangquan. shp。打开 gewangquan. shp 属性表，由于本次格网大小为 10 km×10 km，所以每个格网的面积是 100000000m^2。点击字段打开字段计算器，除以 100000000，即可得到全部类型用地的面积占比（图 14-19、图 14-20）。

（二）OLS 回归筛选变量

将地理加权回归作为线性回归，在自变量的选择上存在多重共线性的问题，因此利用 SPSS 软件中的 OLS 回归进行变量筛选，解决全局多重共线性问题。

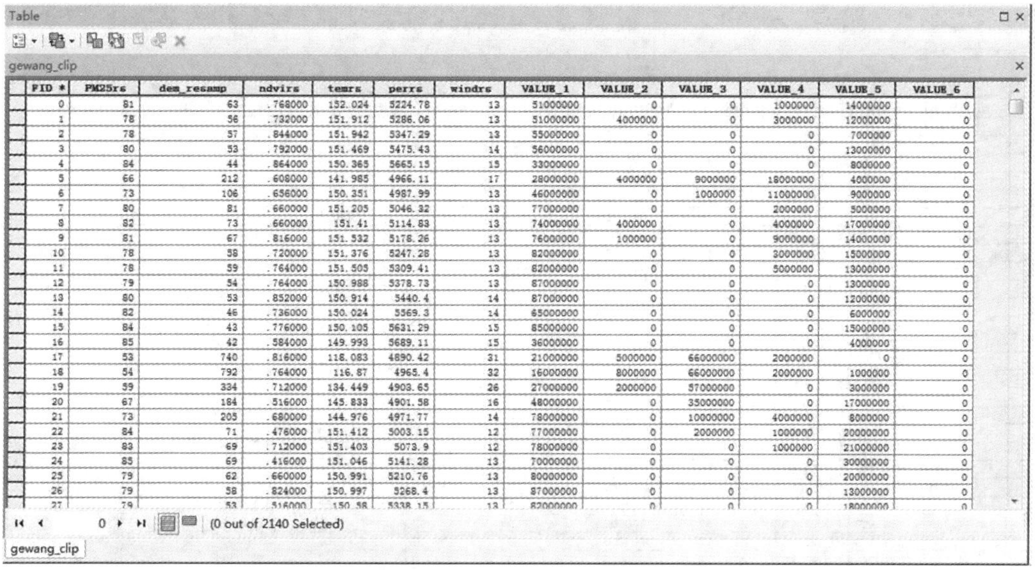

图 14-18　格网内各类面积总和与格网属性表连接

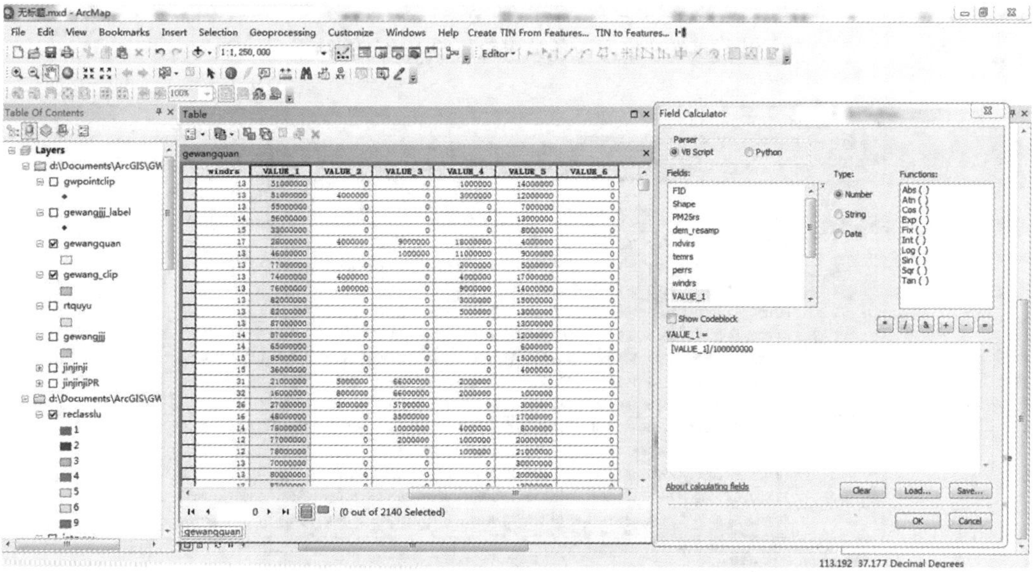

图 14-19　格网内各类用地面积占比计算

1. 导出所有变量数据至 SPSS 中

利用 Excel 打开各要素属性齐全的格网源数据中的 .dbf 文件，复制到 SPSS 中，修改变量名称、长度等属性（图 14-21）。

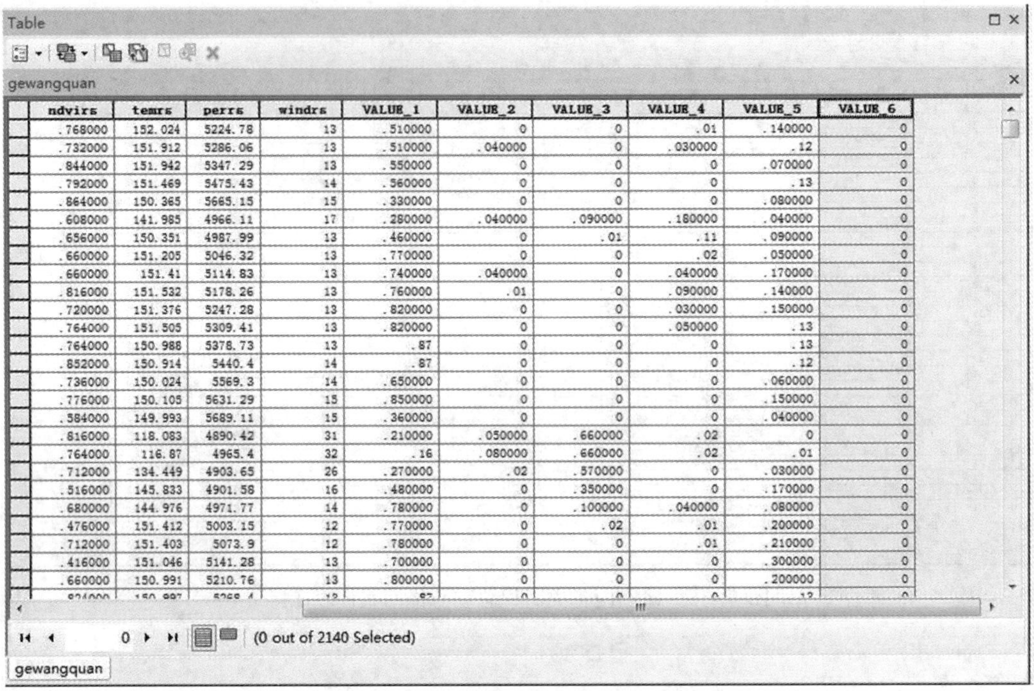

Table

gewangquan

	ndvirs	temrs	perrs	windrs	VALUE_1	VALUE_2	VALUE_3	VALUE_4	VALUE_5	VALUE_6
	.768000	152.024	5224.78	13	.510000	0	0	.01	.140000	0
	.732000	151.912	5286.06	13	.510000	.040000	0	.030000	.12	0
	.844000	151.942	5347.29	13	.550000	0	0	0	.070000	0
	.792000	151.469	5475.43	14	.560000	0	0	0	.13	0
	.864000	150.365	5665.15	15	.330000	0	0	0	.080000	0
	.608000	141.985	4966.11	17	.280000	.040000	.090000	.180000	.040000	0
	.656000	150.351	4987.99	13	.460000	0	.01	.11	.090000	0
	.660000	151.205	5046.32	13	.770000	0	0	.02	.050000	0
	.660000	151.41	5114.83	13	.740000	.040000	0	.040000	.170000	0
	.816000	151.532	5178.26	13	.760000	.01	0	.090000	.140000	0
	.720000	151.376	5247.28	13	.820000	0	0	.030000	.150000	0
	.764000	151.505	5309.41	13	.820000	0	0	.050000	.13	0
	.764000	150.988	5378.73	13	.87	0	0	0	.13	0
	.852000	150.914	5440.4	14	.87	0	0	0	.12	0
	.736000	150.024	5569.3	14	.650000	0	0	0	.060000	0
	.776000	150.105	5631.29	15	.850000	0	0	0	.150000	0
	.584000	149.993	5689.11	15	.360000	0	0	0	.040000	0
	.816000	118.083	4890.42	31	.210000	.050000	.660000	.02	0	0
	.764000	116.87	4965.4	32	.16	.080000	.660000	.02	.01	0
	.712000	134.449	4903.65	26	.270000	.02	.570000	0	.030000	0
	.516000	145.833	4901.58	16	.480000	0	.350000	0	.170000	0
	.680000	144.976	4971.77	14	.780000	0	.100000	.040000	.080000	0
	.476000	151.412	5003.15	12	.770000	0	.02	.01	.200000	0
	.712000	151.403	5073.9	12	.780000	0	0	.01	.210000	0
	.416000	151.046	5141.28	13	.700000	0	0	0	.300000	0
	.660000	150.991	5210.76	13	.800000	0	0	0	.200000	0

0 (0 out of 2140 Selected)

gewangquan

图 14-20　格网内各类用地面积占比计算结果

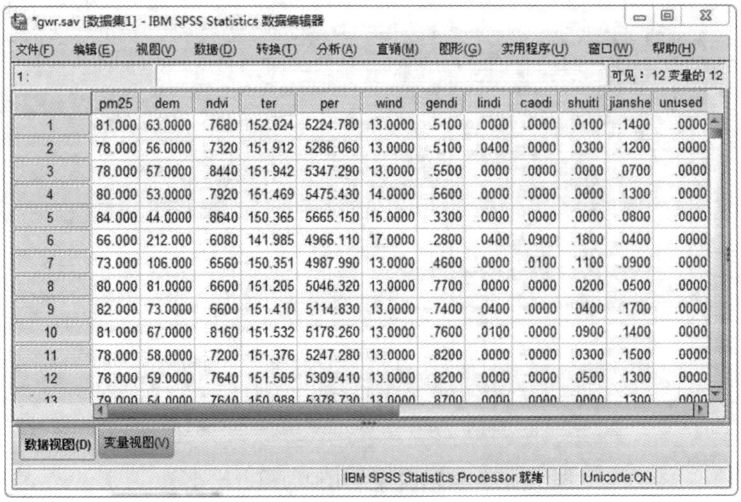

*gwr.sav [数据集1] - IBM SPSS Statistics 数据编辑器

文件(F) 编辑(E) 视图(V) 数据(D) 转换(T) 分析(A) 直销(M) 图形(G) 实用程序(U) 窗口(W) 帮助(H)

可见：12 变量的 12

	pm25	dem	ndvi	ter	per	wind	gendi	lindi	caodi	shuiti	jianshe	unused
1	81.000	63.0000	.7680	152.024	5224.780	13.0000	.5100	.0000	.0000	.0100	.1400	.0000
2	78.000	56.0000	.7320	151.912	5286.060	13.0000	.5100	.0400	.0000	.0300	.1200	.0000
3	78.000	57.0000	.8440	151.942	5347.290	13.0000	.5500	.0000	.0000	.0000	.0700	.0000
4	80.000	53.0000	.7920	151.469	5475.430	14.0000	.5600	.0000	.0000	.0000	.1300	.0000
5	84.000	44.0000	.8640	150.365	5665.150	15.0000	.3300	.0000	.0000	.0000	.0800	.0000
6	66.000	212.000	.6080	141.985	4966.110	17.0000	.2800	.0400	.0900	.1800	.0400	.0000
7	73.000	106.000	.6560	150.351	4987.990	13.0000	.4600	.0000	.0100	.1100	.0900	.0000
8	80.000	81.0000	.6600	151.205	5046.320	13.0000	.7700	.0000	.0000	.0200	.0500	.0000
9	82.000	73.0000	.6600	151.410	5114.830	13.0000	.7400	.0400	.0000	.0400	.1700	.0000
10	81.000	67.0000	.8160	151.532	5178.260	13.0000	.7600	.0100	.0000	.0900	.1400	.0000
11	78.000	58.0000	.7200	151.376	5247.280	13.0000	.8200	.0000	.0000	.0300	.1500	.0000
12	78.000	59.0000	.7640	151.505	5309.410	13.0000	.8200	.0000	.0000	.0500	.1300	.0000
13	79.000	54.0000	.7640	150.988	5378.730	13.0000	.8700	.0000	.0000	.0000	.1300	.0000

数据视图(D) 变量视图(V)

IBM SPSS Statistics Processor 就绪　Unicode:ON

图 14-21　SPSS 中 $PM_{2.5}$ 及其影响因素数据视图

2. 全变量输入性线性回归

选择 SPSS 上方工具栏分析→回归→线性，输入因变量、自变量，首次变量输入方法选择输入（见图 14-22 左），点击 Statistics，选择 R 方变化、共线性诊断、Durbin-Watson（见图 14-22 右）。

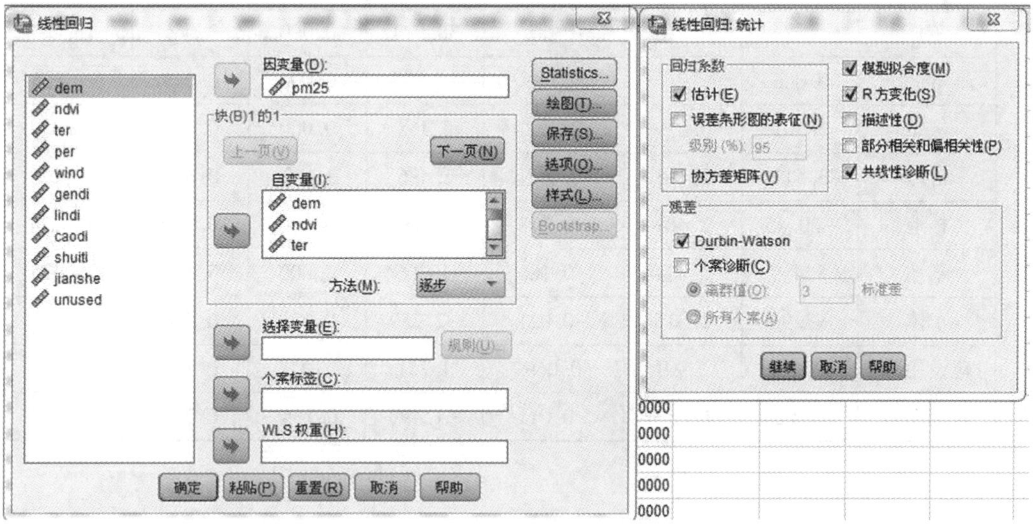

图 14-22　SPSS 线性回归及回归结果输出选择

全变量输入线性回归模型摘要见表 14-2。

表 14-2　**全变量输入线性回归模型摘要**

R	R^2	调整后 R^2	变更统计资料					Durbin-Watson
			R^2 变更	F 值变更	df1	df2	显著性 F 值变更	
0.955	0.911	0.911	0.911	1986.742	11	2128	0	0.666

各自变量系数结果见表 14-3。从模型结果可以看出，虽然调整后的 R^2 为 0.911，拟合优度较高，但是耕地系数、未利用地的系数未通过 T 检验，可信度不高，而 VIF 值中 DEM、温度、风速、耕地占比、林地占比均大于 10，变量间的共线性情况较为严重。因此，需要进行模型优化，变量逐步添加建模，以解决变量间的多重共线性问题。

表 14-3　**全变量输入模型系数结果**

模型		非标准化系数		标准化系数	T	显著性	共线性统计资料	
		B	标准错误	Beta			允差	VIF
1	（常数）	−64.68	4.313		−14.997	0.000		
	DEM	0.004	0.001	0.079	3.003	0.003	0.06	**16.734**
	NDVI	3.676	1.582	0.019	2.324	0.02	0.598	1.672

续表

模型		非标准化系数		标准化系数	T	显著性	共线性统计资料	
		B	标准错误	Beta			允差	VIF
1	ter	0.7	0.018	0.982	38.924	0.000	0.065	**15.267**
	per	0.006	0	0.112	12.873	0.000	0.548	1.825
	wind	0.501	0.059	0.292	8.468	0.000	0.035	**28.432**
	耕地	3.511	2.363	0.042	**1.486**	**0.138**	0.053	**19.028**
	林地	−20.45	2.467	−0.218	−8.289	0.000	0.061	**16.524**
	草地	−24.9	2.474	−0.186	−10.064	0.000	0.122	8.225
	水体	−7.94	3.515	−0.021	−2.259	0.024	0.504	1.986
	建设用地	13.785	2.901	0.069	4.751	0	0.198	5.041
	未利用地	−9.523	6.353	−0.011	**−1.499**	**0.134**	0.742	1.347

3. 逐步输入变量进行模型优化

将全变量输入线性回归中，将 VIF<10 的变量作为组合基础（即 NDVI+降水+草地+水体+建设用地+未利用地），将其他变量逐步输入进行模型优化，优化目标是自变量的 VIF<10 且系数 T 检验通过。

NDVI、降水、草地、水体、建设用地、未利用地输入的回归结果见表 14-4。其中 VIF<2，远小于 10，而 T 检验中常数和水体的显著性高于 0.05，未通过检验，因此在逐步添加变量之前应先移除水体变量。

表 14-4　　**变量基础组合回归结果**

模型		非标准化系数		标准化系数	T	显著性	共线性统计资料	
		B	标准错误	Beta			允差	VIF
2	(常数)	6.488	5.069		1.28	0.201	0.623	1.605
	NDVI	−14.787	3.746	−0.078	−3.947	0.000	0.764	1.309
	per	0.012	0.001	0.213	11.909	0.000	0.759	1.318
	草地	−51.821	2.394	−0.388	−21.644	0.000	0.926	1.08
	水体	7.812	6.266	0.02	1.247	0.213	0.564	1.772
	建设用地	55.621	4.158	0.278	13.377	0.000	0.915	1.093
	未利用地	−97.127	13.835	−0.115	−7.02	0.000		

移除水体变量后的模型除了常数的 T 检验未通过，其他 T 检验和 VIF 均符合要求（表 14-5），表示解释变量不全，需要往里再添加变量。

表 14-5 **移除水体回归结果**

模型		非标准化系数		标准化系数	T	显著性	共线性统计资料	
		B	标准错误	Beta			允差	VIF
3	（常数）	6.985	5.054		1.382	0.167		
	NDVI	-15.905	3.638	-0.084	-4.372	0	0.661	1.513
	per	0.012	0.001	0.215	12.089	0	0.771	1.296
	草地	-52.159	2.379	-0.39	-21.924	0	0.769	1.301
	建设用地	55.056	4.134	0.275	13.318	0	0.571	1.751
	未利用地	-96.378	13.824	-0.114	-6.972	0	0.916	1.091

按 DEM、温度、风速、耕地、林地的顺序进行添加，按各解释变量的系数 T 检验和 VIF 结果继续添加或移除变量，最终得到两组 T 检验和 VIF 均通过的解释变量组合。分别是 DEM+NDVI+耕地+草地+建设用地+未利用地（模型 4），NDVI+风速+耕地+草地+建设用地+未利用地（模型 5）。两组回归系数结果见表 14-6。两组模型基本可判定已消除全局多重共线性影响。

表 14-6 **检验通过模型系数结果**

模型		非标准化系数		标准化系数	T	显著性	共线性统计资料	
		B	标准错误	Beta			允差	VIF
4	（常数）	48.696	2.089		23.309	0.000		
	DEM	-0.029	0.001	-0.605	-46.404	0.000	0.523	1.914
	NDVI	6.101	2.117	0.032	2.883	0.004	0.712	1.405
	耕地	24.814	1.069	0.296	23.207	0.000	0.547	1.828
	草地	-3.978	1.731	-0.03	-2.298	0.022	0.529	1.889
	建设用地	30.74	2.638	0.154	11.653	0.000	0.511	1.956
	未利用地	-27.823	8.379	-0.033	-3.321	0.001	0.909	1.1
5	（常数）	64.391	2.103		30.622	0.000		
	NDVI	9.818	2.011	0.052	4.883	0.000	0.716	1.397
	wind	-1.111	0.022	-0.647	-50.87	0.000	0.499	2.004
	耕地	19.348	1.057	0.231	18.304	0.000	0.508	1.967
	草地	-9.193	1.64	-0.069	-5.605	0.000	0.535	1.869
	建设用地	28.046	2.518	0.14	11.139	0.000	0.51	1.962
	未利用地	-23.85	7.984	-0.028	-2.987	0.003	0.909	1.1

(三) ArcGIS 中地理加权回归工具应用

1. GWR 工具参数设置

选择 ArcToolbox→Spatial Statistics Tools→Modeling Spatial Relationships→Geographically Weighted Regression，工具界面见图 14-23。

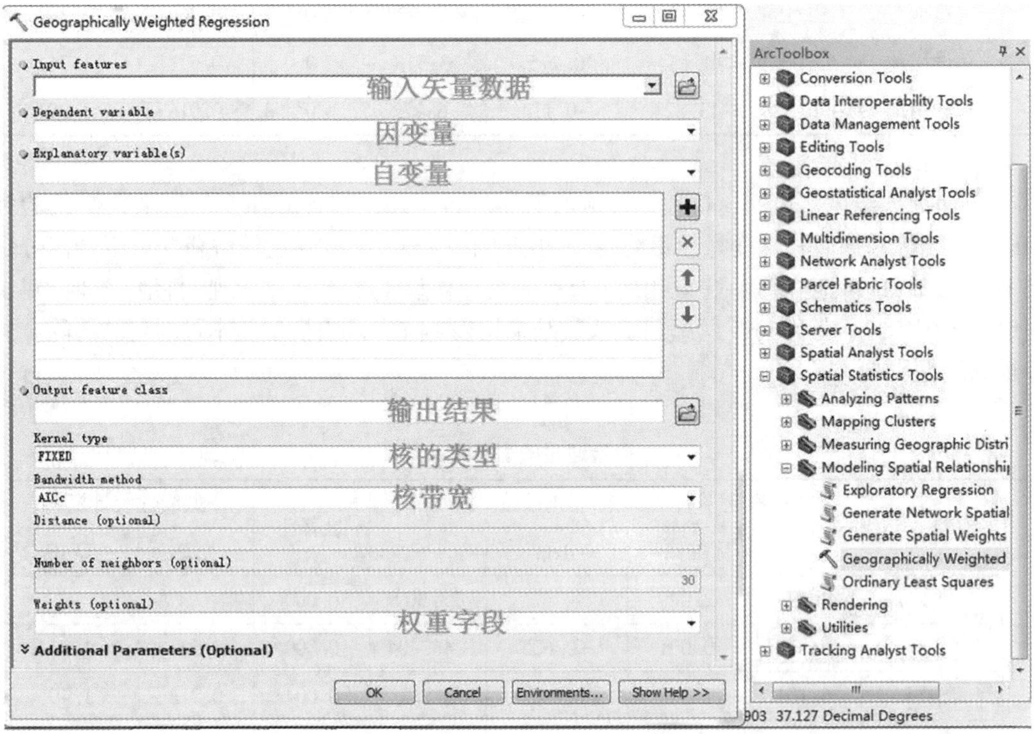

图 14-23　GWR 工具参数设置界面

在工具参数界面从 Input Features 到 Bandwidth Method 为必选参数，其他都是可选参数。在输入要素选项中要注意输入数据一定是矢量图层，而在要素数据中应当避免有空间错误的数据，在数据前期处理中每个自变量和因变量都应该是一列独立的数据，而且不能出现空值，经检查，本次实验数据处理正确，无空间错误与空值。因变量字段和自变量字段输入注意不能输入二值化变量，否则会由于多重共线性问题而运行出错，自变量的添加顺序不影响 GWR 结果。ArcGIS 中的 GWR 工具只提供高斯核函数，核的类型的参数选择是确定创建核表面的方法，提供了 Fixed（固定距离法）和 Adaptive（自适应法）。固定距离法是按照一定的距离选择带宽，而自适应法是按照要素样本分布的疏密创建核表面。工具默认使用固定距离法，因为固定方式能够生成更平滑的核表面。核带宽参数用于设定 GWR 带宽搜寻方法，这里提供三个选项：CV（交叉验证法）、AIC（最小信息准则）、BANDWIDTH_PARAMETER（指定宽度或临近要素数目的方法），选择自定义方法将会开放下面两个距离参数的选择。本工具可以对每个要素设置独立的权重，以字段输入，一旦设置了权重，就说明这些要素在进行校验时会比其他要素更加重要。

2. GWR 工具扩展参数设置

GWR 工具的扩展参数部分通过点击 Additional Parameters（Optional）获得设置选项（图 14-24），选项从 Coefficient Raster Workspace 到 Prediction 都是可选的，表示不选择也不影响结果，选择参数只是多了结果表达形式。Coefficient Raster Workspace 设定工作空间，回归之后的截距和各自变量的系数就会生成一个栅格文件存储在工作空间中，系数的栅格化可以非常直观明显地表现出各自变量在不同空间位置对因变量的强弱程度，呈现空间趋势，体现出其中的空间异质性特征。Output Cell Size 是关于生成栅格的粒度，数值越小，输出的栅格越清晰、平滑。后面几项都是对未知区域的预测填充的设置。

图 14-24　GWR 工具扩展设置界面

3. 输出结果解读

将“DEM+NDVI+耕地+草地+建设用地+未利用地（DN 组合）”和“NDVI+风速+耕地+草地+建设用地+未利用地（NW 组合）”两个消除多重共线性的自变量组合分别作地理加权回归，当存在局部共线性时，工具会显示“ERROR040038：results cannot be computed because of severe model design problems”。该错误的解决办法是逐步添加变量进行运行，当消除了局部共线性时才会运行成功。

地理加权回归分析完成之后，软件默认会输出一个要素图层和一张辅助表（以 . supp 为后缀），图层属性表和辅助表中存在大量关于 GWR 回归结果的信息，要素图层会默认以 StdResid 字段生成可视化图（图 14-25）。StdResid 指的是系数的标准误差，用于衡量每个系数估计值的可信度，较大标准误差可能表示局部多重共线性问题。

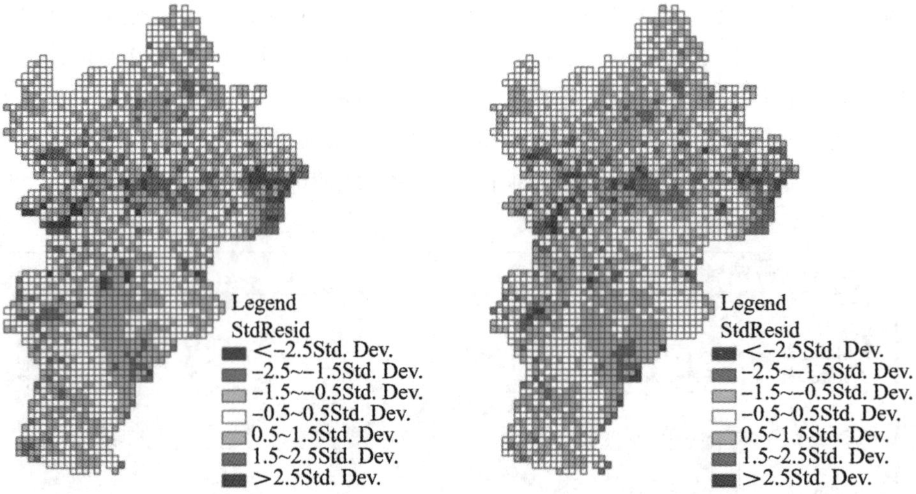

（a）DN组合　　（b）NW组合

图 14-25　StdResid 可视化

输出辅助表中存在整个模型回归指标，图 14-26 展示了两种自变量组合的辅助表。表中 Bandwidth 指标代表该模型搜寻出的核函数中的最佳带宽，表示各影响因子对因变量的作用范围，它控制模型中的平滑程度。由于数据采用 Krasovsky_1940_Albers 投影坐标系，单位为 m，所以 249660. 740703 表示 249. 66 km 左右。ResidualSquares 指的是模型中的残差平方和，该值越小，表示模型越拟合观测数据。EffectiveNumber 值与带宽的选择有关，是拟合值的方差和系数估计值的偏差之间的折中表示。Sigma 为标准化剩余平方和的平方根，该值也是越小越好，用于 AICc 计算。AICc 是模型性能的度量，用于比较不同的回归模型，具有较低的 AICc 值，拟合程度更高，适用于同一因变量且具有不同解释变量的模型比较。如果模型之间 AICc 值相差大于 3，具有较低 AICc 值的模型将被视为更佳的模型。R^2 和 R^2 Adjusted 是拟合优度的度量，值越接近于 1 越好。

从“DEM+NDVI+耕地+草地+建设用地+未利用地”和“NDVI+风速+耕地+草地+建设用地+未利用地”两种组合辅助表中的模型指标相比较而言，“DEM+NDVI+耕地+草地+建设用地+未利用地”的变量组合回归模型的 ResidualSquares，Sigma，AICc 指标值明显较小，同时 R^2 和 R^2 Adjusted 稍大，因此“DEM+NDVI+耕地+草地+建设用地+未利用地”变量组合得到的模型性能更具备优势。

全要素图层对回归的每一个样本都给出了相应的指标信息，全要素图层属性字段见图 14-27。

nw1356_supp

OID	VARNAME	VARIABLE	DEFINITION
0	Bandwidth	249660.740703	
1	ResidualSquares	106441.582683	
2	EffectiveNumber	22.041637	
3	Sigma	7.089195	
4	AICc	14471.860375	
5	R2	.924867	
6	R2Adjusted	.924121	
7	Dependent Field	0	PM25rs
8	Explanatory Field	1	ndvirs
9	Explanatory Field	2	windrs
10	Explanatory Field	3	VALUE_1
11	Explanatory Field	4	VALUE_3
12	Explanatory Field	5	VALUE_5
13	Explanatory Field	6	VALUE_6

（a）NDVI+风速+耕地+草地+建设用地+未利用地

dn1356_supp

OID	VARNAME	VARIABLE	DEFINITION
0	Bandwidth	227761.901724	
1	ResidualSquares	100346.844318	
2	EffectiveNumber	23.735586	
3	Sigma	6.885998	
4	AICc	14347.770256	
5	R2	.929169	
6	R2Adjusted	.928409	
7	Dependent Field	0	PM25rs
8	Explanatory Field	1	dem_resamp
9	Explanatory Field	2	ndvirs
10	Explanatory Field	3	VALUE_1
11	Explanatory Field	4	VALUE_3
12	Explanatory Field	5	VALUE_5
13	Explanatory Field	6	VALUE_6

（b）DEM+NDVI+耕地+草地+建设用地+未利用地

图 14-26　GWR 输出辅助表

其中 Cond 表示 Condition Number，用于评估局部多重共线性，如果大于 0，则结果不可靠，Local R^2表示局部回归模型与观测值的拟合程度，如果值很低，表示局部模型性能不佳。对该字段可视化，可明确 GWR 哪些位置关系量化较为准确，哪些位置不准确。从可视化结果中（图 14-28）可以明确局部 R^2值在天津市、沧州市和张家口康保县局部拟合程度较低，在石家庄市、邢台市、邯郸市拟合程度较高，局部 R^2呈现明显的空间集聚性。

Predicted 是对因变量的预测值，这些值是模型所计算的估计（或拟合）y 值，Intercept 表示截距，$C_1 \sim C_6$ 表示的是 DEM、NDVI、耕地、草地、建设用地、未利用地的 coeffcient，各个样本的各自变量的系数、可视化见图 14-29。每个自变量的系数高值到低值在空间上的变化趋势存在差异，该结果是 GWR 模型的优势所在，可以通过参数空间变化获取影响因素的区域影响差异，表现出自变量对因变量作用过程的空间异质性特征。Residual 表示残差，Standard Error 表示标准误，衡量用样本统计量去推断相应的总体参数，也是一种估计精度，Standard Error Intercept 表示标准误的截距，Standard Error Coefficient 表示各自变量系数的标准误，衡量系数估计值的可靠性，Std. Residual 表示标准化残差。

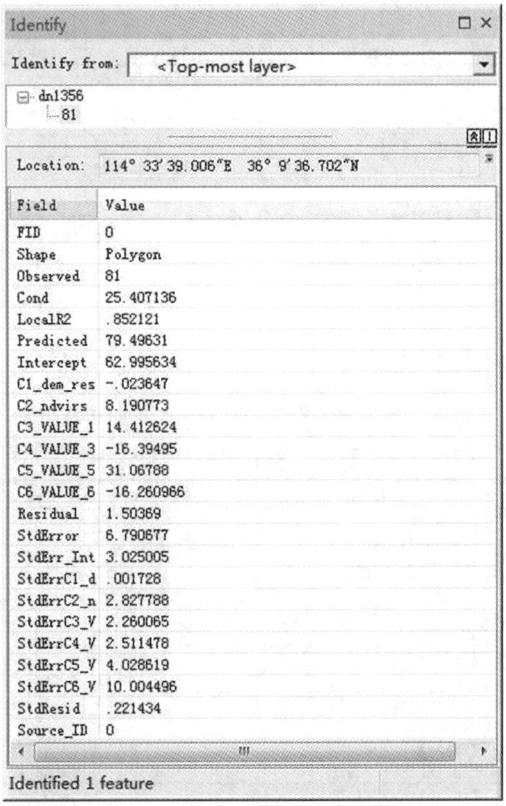

图 14-27　全要素图层字段展示

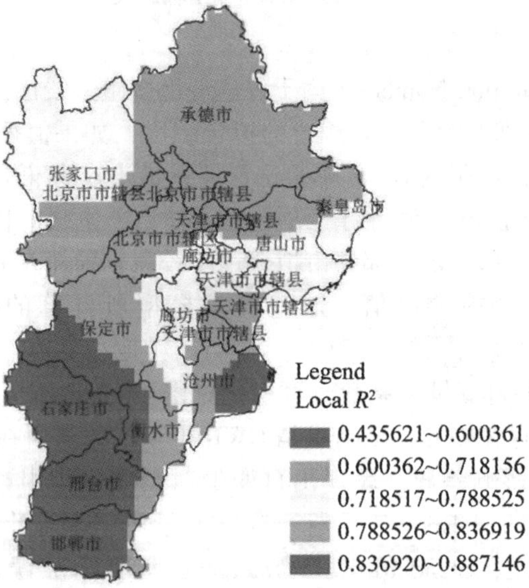

图 14-28　局部 R^2 可视化（DEM+NDVI+耕地+草地+建设用地+未利用地变量组合模型）

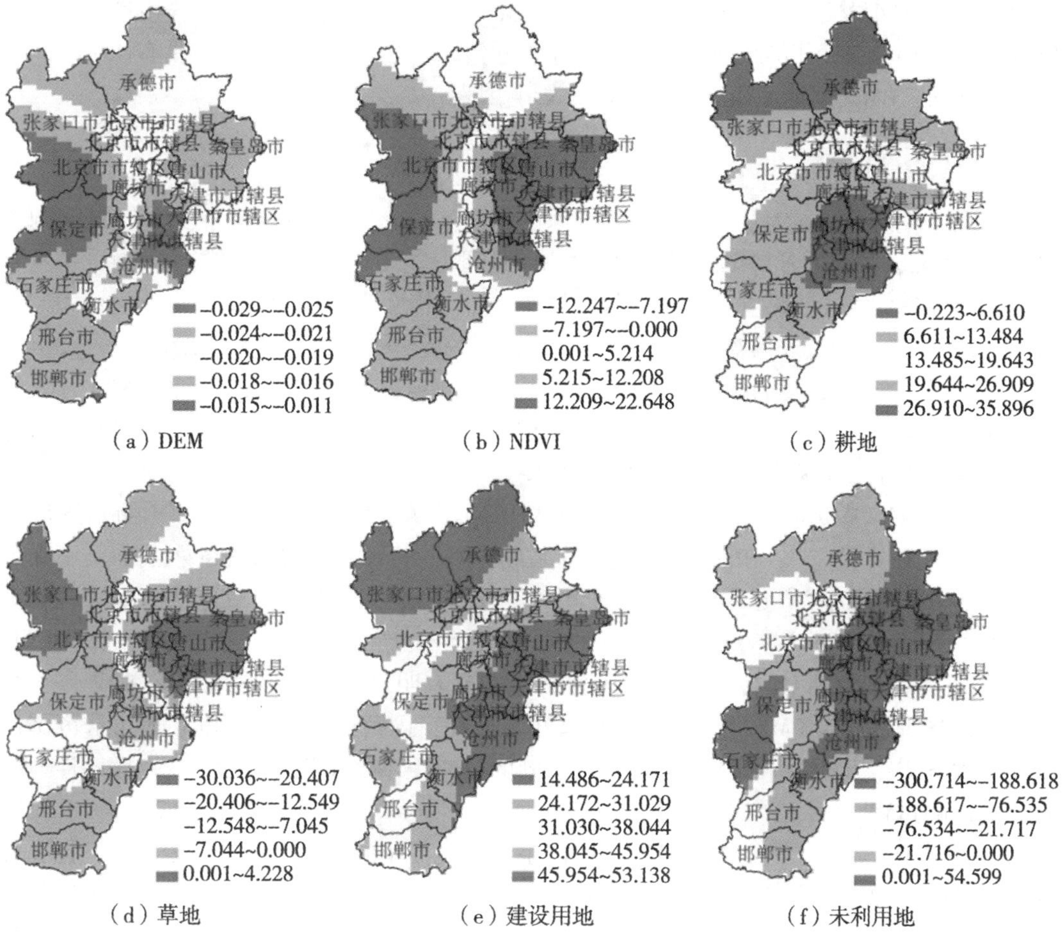

图 14-29　GWR 模型结果各自变量系数空间分布

五、案例研究

基于地理探测器与 GWR 模型量化京津冀 $PM_{2.5}$ 影响因素时空异质性

摘要：近年来，中国的京津冀地区 $PM_{2.5}$ 污染形势严峻，探究其影响因子作用关系对未来大气污染防治具有重要意义。本案例利用相关分析、地理探测器和 GWR 模型探究京津冀区域自然因素和土地利用因素与 $PM_{2.5}$ 浓度之间的作用关系。研究结果如下：①$PM_{2.5}$ 浓度呈现明显的空间集聚性，空间格局总体上以西北向东南方向递增，污染形势严峻。$PM_{2.5}$ 与选取因子在空间分布上存在一定的相似性。②自然因素和土地利用因素中均出现与 $PM_{2.5}$ 呈正负向相关关系，但相关程度略有差异。$PM_{2.5}$ 浓度的主导限制条件为自然因素，同时人类与自然的交互影响逐渐成为 $PM_{2.5}$ 影响机制的重要组成部分，影响过程逐渐复杂化。③根据地理加权回归模型结果，自然和社会经济因素对区域 $PM_{2.5}$ 浓度的影响呈现出明显的空间异质性。由于各指标对区域 $PM_{2.5}$ 的影响程度存在着空间异质性，因此在制定大气治理对策时可以考虑不同指标影响程度的空间差异，从而使决策更加具有针对性。

关键词：$PM_{2.5}$；地理探测器；GWR；影响因素；京津冀

（一）引言

在全球气候变暖的大背景下，随着全球工业化与城市化进程的快速推进，环境问题中的 $PM_{2.5}$ 污染成了人类可持续发展所亟须解决的问题[1]。$PM_{2.5}$ 是空气颗粒污染物质的主要成分，可以降低大气能见度、影响局部气候变化、干扰交通，对人类的出行产生极大的不便[2-3]。更重要的是，过高浓度的 $PM_{2.5}$ 会增加发病率和死亡率，是造成全球疾病负担的主要危险因素[4-5]。2013 年，北部城市遭受了严重的雾霾污染，扰乱了超过 8000 万人的正常生活，其中京津冀地区的霾污染最为严重[6]。因此，识别 $PM_{2.5}$ 关键影响因素并探讨其相互作用关系对未来大气污染防治至关重要。

目前，$PM_{2.5}$ 影响因素作用研究由于可为 $PM_{2.5}$ 污染提供精确的应对和预防措施成了 $PM_{2.5}$ 污染的研究重点[7]。$PM_{2.5}$ 浓度受到颗粒物来源、传输扩散等过程的影响，其中在区域之间的 $PM_{2.5}$ 传输扩散过程中起重要作用的主要是地形、与大气扩散以及与细颗粒物沉降相关的气象条件、人类活动影响下的土地利用等地表条件[8-11]。此外，研究表明，$PM_{2.5}$ 污染受中国地理空间属性和区域经济的影响具有明显的空间聚集和扩散效应[12]，如中国城市景观格局与 $PM_{2.5}$ 污染之间的显著相关性在全国范围、区域范围、城市群范围出现空间差异[13]。因此，在 $PM_{2.5}$ 影响作用机制的研究中不能忽视 $PM_{2.5}$ 的空间异质性与区域空间影响过程。

尽管对于影响因素的研究已从单一的时空尺度走向不同时空尺度的比较研究，但在影响过程的时空异质性研究方面仍存在一定的空白。在大尺度空间范围上较少有研究者打破行政边界的限制，但只有突破行政边界，摸清 $PM_{2.5}$ 污染潜在的关联机制，才能有效地控制污染物的转移。同时，需要明确影响因素之间的交互作用以指导空气污染环境管理。因此本研究试图利用相关分析、地理探测器和 GWR 模型解释京津冀区域自然因素、土地利用因素与 $PM_{2.5}$ 污染之间的作用关系，旨在精确分析自然因素、土地利用因素对 $PM_{2.5}$ 的空间响应，从新的角度为京津冀 $PM_{2.5}$ 污染控制提供精确理论支持。

（二）材料与方法

1. 研究区概况

京津冀地区位于 113°27′~119°50′E，36°05′~42°40′N，行政区包含了北京、天津两个直辖市和河北省管辖的一共 13 个城市（图 14-30）。京津冀地区是中国目前空气污染最严重的区域之一，也是中国大气污染治理的首要之地。全区地势西北高东南低，气候属于温带季风气候，四季分明，夏季炎热多雨，冬季寒冷干燥。区内典型的植被为温带落叶阔叶林。京津冀地区常住人口为 1.1 亿，是我国的经济、政治、文化交流中心。北京、天津和石家庄市的常住人口都在 1000 万人以上，这 3 个城市是京津冀地区最为核心的城市，也是空气污染较为严重的城市。

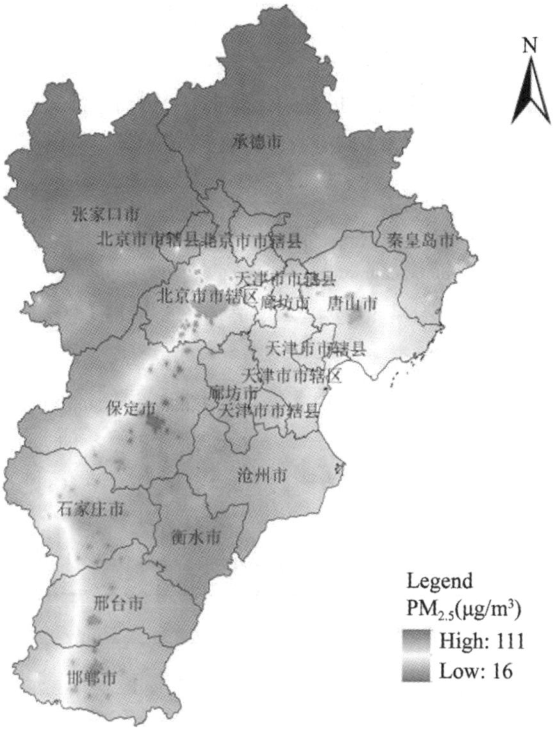

图 14-30　研究区概况图

2. 数据来源

本案例所选取的 $PM_{2.5}$数据来自大气成分分析组织模拟的中国区域 $PM_{2.5}$网格化估计数据集（V4. CH. 02），数据集网址为 http：//fizz. phys. dal. ca/~atmos/martin/? page_id=140#V4. CH. 02，空间分辨率为 0. 01°×0. 01°[14-15]。影响因素方面，基于空间栅格化数据的原则，在自然因素和人类活动影响下的土地利用因素中进行选取。在自然因素层面，主要选取了海拔（DEM）、植被覆盖指数（NDVI）、年均降水、年均温度、风速 5 个在 $PM_{2.5}$传输扩散过程中起重要作用的因素作为解释变量[16-17]；在土地利用因素层面，选取网格单元内耕地面积占比、林地面积占比、建设用地面积占比、未利用地面积占比作为解释变量[18-19]。其中中国 1km 分辨率年平均风速数据集（1981—2015 年）来自中国科学院（CAS）的地球系统科学数据共享网络（http：//www. geodata. cn/），其他数据来自中国科学院资源环境科学数据中心（http：//www. resdc. cn/），所有数据空间分辨率为 1km。

3. 研究方法

1）地理探测器

地理探测器是用于探测空间分层异质性并利用非线性假设揭示事物内部驱动因子情况

的一种统计学分析方法，核心思想是如果某个自变量对因变量存在较强的因果关系，那么该自变量与因变量在空间分布上有较大的一致性[20]。该方法是由王劲峰最先在健康风险评估中所提出的[21]，已广泛应用于土地利用[22]、区域经济[23]、生态与环境科学[24]等研究领域，是空间分异研究中的重要统计学方法。

在因子探测器中，利用 q 统计量来量化单个因素的解释程度和两两因素的交互作用。q 统计量可以通过式（14-3）计算：

$$q = 1 - \frac{\sum_{h=1}^{L} N_h \sigma_h^2}{N \sigma^2} \tag{14-3}$$

式中，$h(1, \cdots, L)$ 指自变量 X 的子区域，N_h 指 h 子区域中的样本数，N 指全区域的空间单元数，σ_h^2 指子区域的方差，σ^2 指全区域的总方差。

交互探测器是用于探测两两因素之间的交互作用，通过 q 值判断两两因素共同作用时是否增强或者减弱了对因变量 Y 的解释力。对叠加后图层 q 值与单因子 q 值进行大小比较，可以分为五种相互作用类型，其具体比较与相应的作用关系见表 14-7。

表 14-7　　**两两因素之间交互作用类别与判定**

交互作用类别	判定依据
非线性减弱	$q(X_1 \cap X_2) < \min(q(X_1), q(X_2))$
单因子非线性减弱	$\min(q(X_1), q(X_2)) < q(X_1 \cap X_2) < \max(q(X_1), q(X_2))$
双因子增强	$q(X_1 \cap X_2) > \max(q(X_1), q(X_2))$
独立	$q(X_1 \cap X_2) = q(X_1) + q(X_2)$
非线性增强	$q(X_1 \cap X_2) > q(X_1) + q(X_2)$

2）地理加权回归

地理加权回归（GWR）是基于 OLS 进行局部优化并使用空间关系加入运算的建模工具[25]，它允许自变量和因变量之间的关系在整个空间中变化，表现为产生一组局部参数。因此，GWR 模型被广泛用于区域范围内多组连续变量在空间表面的非平稳和空间变化关系的探索[26]，这样可以有效解决数据在空间上的非平稳性问题。GWR 模型可以表示为：

$$y_i = \beta_0(u_i, v_i) + \sum_{k=1}^{n} \beta(u_i, v_i) x_{ik} + \varepsilon_i \tag{14-4}$$

式中，(u_i, v_i) 表示的是样本点 i 的坐标，y_i 和 x_{ik} 分别代表因变量和第 k 个解释变量，$\beta(u_i, v_i)$ 表示样本点 i 的第 k 个解释变量的局部参数估计，$\beta_0(u_i, v_i)$ 代表的是截距，ε_i 代表的是误差项。

在局部参数估计中，采用空间权重计算连续的距离衰减函数，而在一般的 GWR 建模过程中一般选择双重平方加权函数（见式（14-5））确定局部范围的空间权重。

$$w_{ij} = (1 - (d_{ij}/b)^2)^2 \tag{14-5}$$

式中，w_{ij} 表示样本点 i 与样本点 j 之间的空间权重，d_{ij} 代表的是样本点 i 与样本点 j 之间的空间距离，b 是带宽，代表的是局部模型的空间范围，当 d_{ij} 大于 b 时权重为 0，在 GWR 模型中针对所有解释变量带宽是一致的。

（三）结果与分析

1. $PM_{2.5}$浓度及其影响因素空间特征

京津冀地区 2015 年 $PM_{2.5}$浓度、DEM、NDVI、年均降水、年均温度、风速以及五种土地利用的比例的空间分布如图 14-31 所示。京津冀地区的 $PM_{2.5}$浓度范围为 16～111 μg/m^3，东南部平原地带为 $PM_{2.5}$聚集区，空间格局呈现以西北向东南方向递增，严重污染区以城市群为中心点状聚集分布，污染形势严峻。从京津冀的 DEM 来看，西北部燕山和太行山将中部地区和南部地区与西北山区隔绝。温度、降水和风速分布与 DEM 分布类似，呈西北-东南方向变化，受地形的影响，山区与平原的温度、降水量、风速差异明显。

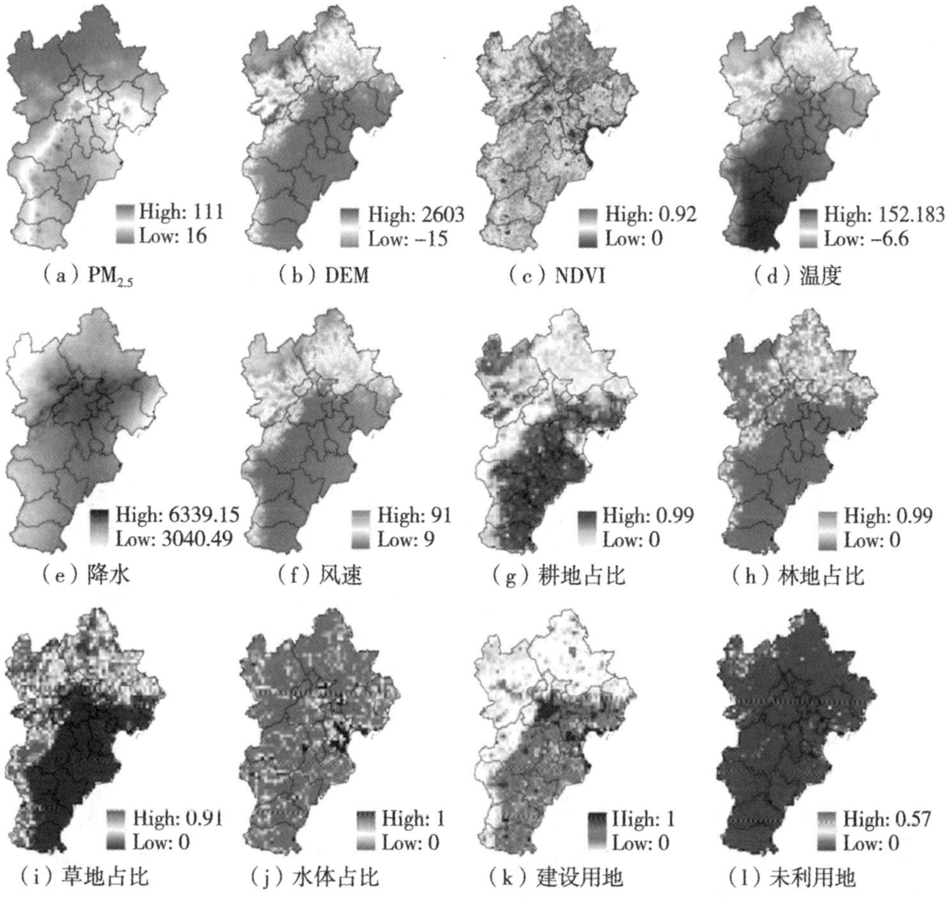

图 14-31　京津冀地区 $PM_{2.5}$浓度及各因子的空间分布

NDVI 分布受城市群所影响，除城市区外，呈现南北趋势变化。在京津冀地区，耕地分布在中部和南部平原地区，占总面积的 50.02%，林地主要分布在东北地区，占总面积的 20.64%，水体主要分布在天津港口区域，京津冀地区建设用地面积占 9.41%，空间分布集中在城市中心。未利用地面积很小，只在西北山区零星分布。总体来看，$PM_{2.5}$ 与选取的自然因子、土地利用因子在空间分布上存在一定的相似性。

2. 影响因子与 $PM_{2.5}$ 的单向关系

表 14-8 展示了 $PM_{2.5}$ 浓度与各影响因子之间的线性相关关系和非线性相关关系。从相关系数上可以明确自然因素和土地利用因素中均出现与 $PM_{2.5}$ 呈正负向相关关系，但相关程度略有差异，表明 $PM_{2.5}$ 浓度影响过程的复杂性。其中在自然因素方面，温度、降水与 $PM_{2.5}$ 浓度呈正相关，其余为负相关，对 $PM_{2.5}$ 浓度影响程度最大的因子是温度，其次是风速和海拔，相关系数均大于 0.85，表示 $PM_{2.5}$ 受大气传输影响程度较大。在土地利用因素方面，林地、草地、未利用地与 $PM_{2.5}$ 浓度呈负相关关系，其余为正相关关系。水体和未利用地影响程度较小，耕地的影响程度较大，人类活动对 $PM_{2.5}$ 浓度具备了一定的贡献。土地利用因素对 $PM_{2.5}$ 的线性相关关系稍弱于自然因素。

表 14-8　**$PM_{2.5}$ 与各影响因子的全局单向关系**

影响因子		Pearson 相关系数	q 值
自然因素	DEM	−0.854**	0.837**
	NDVI	−0.177**	0.070**
	降水	0.372**	0.211**
	温度	0.915**	0.914**
	风速	−0.876**	0.868**
土地利用因素	耕地	0.661**	0.484**
	林地	−0.587**	0.554**
	草地	−0.564**	0.663**
	水体	0.100**	0.015*
	建设用地	0.533**	0.629**
	未利用地	−0.158**	0.049**

注：采用双尾显著检验，* 在 0.05 水平下相关性显著，** 在 0.01 水平下相关性显著。

从 q 值反映的非线性空间分异解释情况来看，除了水体外所有因子的 sig 值均小于 0.01，其结果代表所有影响因子均对 $PM_{2.5}$ 有显著影响。其解释程度仍然是自然因素>土地利用因素，自然因素解释度大小也与 Pearson 相关分析结果类似，而土地利用因素的 q 值结果与相关系数相比存在差异，耕地非线性关系解释度低于线性关系解释度，建设用地非线性关系解释度高于线性关系解释度。相关系数绝对值与 q 值差异不大，表明在京津冀

地区影响因子对 $PM_{2.5}$浓度的线性作用与非线性作用趋于一致。总体来看，$PM_{2.5}$浓度的主导限制条件为自然因素，同时人类活动对 $PM_{2.5}$浓度存在一定程度的影响。

3. 影响因子与 $PM_{2.5}$的交互作用关系

影响因子与 $PM_{2.5}$的交互探测结果表明，每对影响因子之间的交互作用只存在两种类型，分别是双因子增强和非线性增强。从表 14-9 的结果可以明确绝大部分因素之间的交互作用对 $PM_{2.5}$浓度空间分布的解释力是双因子增强。非线性增强集中在水体、未利用地与其他因子之间。交互 q 统计值大于 0.9 的因子对出现在海拔与气象因素之间，气象因素与土地利用因素之间，其中交互 q 统计值最大出现在海拔与温度之间，q 值达到 0.958。整体上，在所有因子当中，自然因素仍然是 $PM_{2.5}$变化系统的主导力量。但是土地利用因素与气象因素的交互 q 统计值强于某些自然因素之间的交互作用，表现出人类与自然的交互影响逐渐成了 $PM_{2.5}$影响机制的重要组成部分，影响过程逐渐复杂化。

表 14-9　**交互探测器输出对交互作用 q 值的影响结果**

	DEM	NDVI	降水	温度	风速	耕地	林地	草地	水体	建设用地
NDVI	0.853#									
降水	0.905#	0.336*								
温度	0.958#	0.923#	0.950#							
风速	0.900#	0.877#	0.916#	0.930#						
耕地	0.881#	0.556*	0.694#	0.936#	0.900#					
林地	0.889#	0.580#	0.784*	0.936#	0.901#	0.613#				
草地	0.867#	0.687#	0.744#	0.950#	0.900#	0.715#	0.749			
水体	0.849#	0.097*	0.248*	0.919#	0.877#	0.528*	0.574*	0.686*		
建设用地	0.862#	0.645#	0.739#	0.938#	0.885#	0.750#	0.728*	0.781*	0.657*	
未利用地	0.841#	0.145*	0.232#	0.916#	0.872#	0.574*	0.650*	0.690*	0.074*	0.660#

注：* 交互作用为非线性增强，#交互作用为双因子增强。

4. GWR 模型分析

1）模型性能及比较

在建立 GWR 模型之前，需要解决变量之间的共线性问题，本案例采用 SPSS 中全局回归模型中的 VIF（表 14-10）来判断全局共线性问题，采用 ArcGIS10.2 中的 GWR 工具能否运行成功来判断局部共线性问题。根据调整和筛选变量，DEM、NDVI、耕地、草地、建设用地、未利用地（DN 组合）和 NDVI、风速、耕地、草地、建设用地、未利用地（NW 组合）2 组变量组合成功运行通过，2 组所有变量的 VIF 值均远小于 10，各自变量系数显著性均小于 0.01，表示变量组合选择符合统计情况，基本消除了共线性问题。

表 14-10 **自变量共线性诊断**

变量	T（显著性）	VIF	允差
DEM	-46.404（0.000）	1.914	0.523
NDVI	2.883（0.004）	1.405	0.712
耕地	23.207（0.000）	1.828	0.547
草地	-2.298（0.022）	1.889	0.529
建设用地	11.653（0.000）	1.956	0.511
未利用地	-3.321（0.001）	1.1	0.909
NDVI	4.883（0.000）	1.397	0.716
风速	-50.87（0.000）	2.004	0.499
耕地	18.304（0.000）	1.967	0.508
草地	-5.605（0.000）	1.869	0.535
建设用地	11.139（0.000）	1.962	0.51
未利用地	-2.987（0.003）	1.1	0.909

选择 R^2、调整后的 R^2、corrected Akaike Information Criterion（AICc）来比较两个 GWR 模型的拟合优度（见表 14-11）。R^2 和调整后的 R^2 越接近于 1，模型拟合优度越好，同时较小的 AICc 值表示更好的模型性能。通过比较发现 GWR 的 R^2 和调整后的 R^2 高于 OLS，AICc 值远远低于 OLS 值，且 DN 变量组合获得的模型 R^2 更高、AICc 值更低，这明显表现出 GWR 模型在拟合空间要素中拟合优度方面具有更大的优势，及 DN 变量组合获得的模型更具备模型优势。因此，后续模型分析，选择 DW 变量组合模型。

表 14-11 **GWR 模型参数及 OLS 参数比较**

参数	OLS（DN）	GWR（DN）	OLS（NW）	GWR（NW）
R^2	0.810	0.929	0.828	0.925
Adjusted R^2	0.810	0.928	0.827	0.924
AICc	20354.4933	14347.771	20147.89007	14471.861

2）影响因素整体关系特征

每个因子对 $PM_{2.5}$ 浓度的影响存在一定的差异，其中在所有数据中 DEM 在京津冀地区对 $PM_{2.5}$ 为负向作用，建设用地在京津冀范围内对 $PM_{2.5}$ 为正向作用，其他因子在不同的区域存在相反方向的作用过程。从每个因子的系数范围上看，差异明显，表示每个因子对 $PM_{2.5}$ 的影响空间异质性程度不同，在所有因子中未利用地的系数范围是最大的，说明其空间异质性最强，相反 DEM 系数范围最小，说明其空间异质性程度最低。从各项指标的平均值来看，因子的影响作用是土地利用因素>自然因素，表明在空间上，人类活动对 $PM_{2.5}$影响的空间异质性特征较强，受空间位置的影响较大。

表 14-12　　**输出自变量系数结果**

影响因子	Min	Mean	Max	Max/Min	Max-Min
DEM	-0.028	-0.021	-0.012	0.428	0.016
NDVI	-13.273	3.6969	22.647	-1.706	35.92
耕地	-0.222	16.868	35.896	-161.694	36.118
草地	-30.036	-10.049	4.228	-0.141	34.264
建设用地	14.486	34.682	53137	3.668	38.651
未利用地	-300.714	-29.481	54.599	-0.181	355.313

3）影响因素空间异质性分析

用 ArcGIS 10.2 软件对 GWR 模型结果中各指标回归系数进行可视化分析，得到各指标系数的空间分布图，进而探究各指标影响效应的空间差异。

自然因素方面，DEM 在整个区域中对 $PM_{2.5}$呈现一致的负向作用，NDVI 在东部北京市、天津市范围呈现负向作用，在其他区域呈现正向作用。从系数上看，在加入的所有因子的共同作用下，NDVI 对 $PM_{2.5}$的作用强度要强于 DEM。同时，与全局单向分析相比，在与土地利用因素的结合下，植被对 $PM_{2.5}$浓度的影响强度呈现强化作用。

DEM 对 $PM_{2.5}$的负向作用高值区出现在张家口南部、北京市西部、保定市中西部，呈现由西向东递减空间趋势（图 14-32（a）），这主要是平原地形区的影响。在京津冀地区西北部的太行山和燕山两大山脉，从西、北两面呈“C 型”半包围的特殊结构，将平原地区与西北山区隔绝，不利于大气扩散，而东部沿海城市形成一个风口使得大气向下流动，这使京津冀地区的中部和南部平原地带成为大气污染物聚集地区，从而表现出负向作用，该结果与王少剑[27]中国城市雾霾污染影响因素的空间异质性研究结果一致。

NDVI 对 $PM_{2.5}$的负向作用强度由东向西方向递减，正向作用强度由西向东递减（图 14-32（b））。已有多项研究证实了植被是缓解 $PM_{2.5}$污染的重要手段，植被的根、茎、叶都对 $PM_{2.5}$存在一定的吸附和降尘作用，以及固定土壤和沙尘、抑制飞尘从而减少 $PM_{2.5}$颗粒源实现负向作用[28-29]。从系数上看，负向作用在城市区域较为显著，因此城市区域的植被绿化工作可以十分有效地控制城市内部的 $PM_{2.5}$浓度。

较自然因素而言，土地利用因素对 $PM_{2.5}$的作用在空间上各区域表现更为复杂化，耕地和建设用地作用以正向作用为主，其他以负向作用为主。从系数平均值上看，平均作用强度要高于自然因素，这与相关系数的结果相比出现了不同，四个土地利用因素对 $PM_{2.5}$浓度的影响大小为建设用地>未利用地>耕地>草地（表 14-12），与华北地区土地覆盖和颗粒物关系研究结果[30]建设用地>耕地>林地>未利用地相比，京津冀中等空间尺度下未利用地作用出现影响强化。

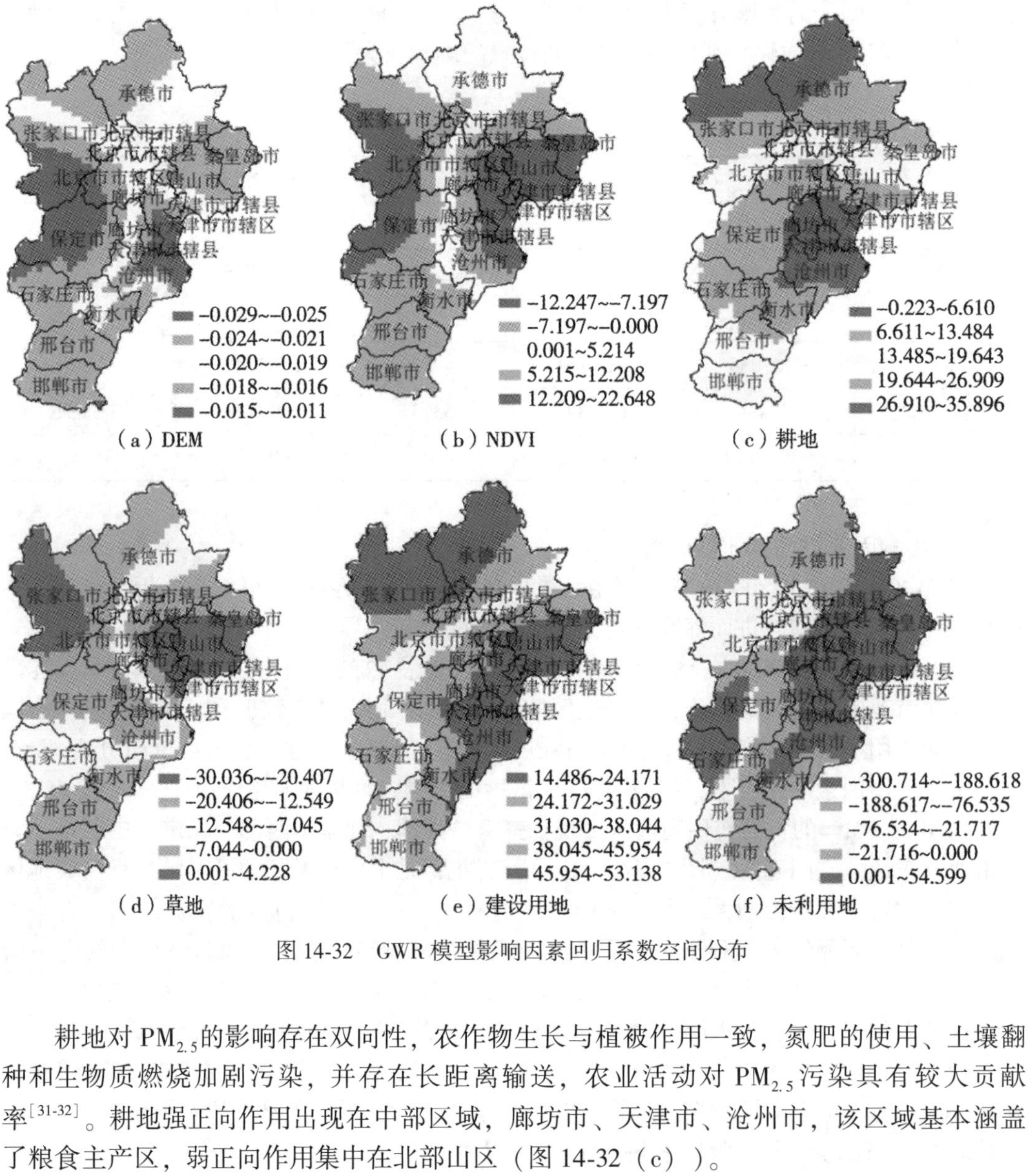

图 14-32　GWR 模型影响因素回归系数空间分布

耕地对 $PM_{2.5}$ 的影响存在双向性，农作物生长与植被作用一致，氮肥的使用、土壤翻种和生物质燃烧加剧污染，并存在长距离输送，农业活动对 $PM_{2.5}$ 污染具有较大贡献率[31-32]。耕地强正向作用出现在中部区域，廊坊市、天津市、沧州市，该区域基本涵盖了粮食主产区，弱正向作用集中在北部山区（图 14-32（c））。

草地强负向作用出现在东部地区，北京、天津、秦皇岛区域（图 14-32（d）），与 NDVI 作用类似，不同的是，草地在南部地区（邢台市、邯郸市、衡水市）呈现负向作用，NDVI 在该区域呈现正向作用，主要是该区域以耕地为主，耕地农作物呈现一定的 NDVI 作用带来的正向影响。

建设用地对 $PM_{2.5}$ 的作用为正向作用，这表示建设用地的增加会加剧 $PM_{2.5}$ 污染，这与长三角地区的 $PM_{2.5}$ 驱动机制[18]研究结果相一致。其中高强度正向作用区域分布在东部沿海区域（图 14-32（e））。系数在空间上呈现东南向西北方向减弱的趋势，这与城市化水平的空间分布一致。未利用地在东部呈正向作用，在西部呈负向作用，但是未利用地在京津冀地区占比很小，空间分布较小，很难通过对未利用地的调配达到对 $PM_{2.5}$污染的治理效果。

（四）结论

本案例着眼于 $PM_{2.5}$影响因素作用量化分析，利用地理探测器和 GWR 模型对 $PM_{2.5}$时空异质性及其影响因素的交互作用过程进行探讨，主要结论如下：

（1）$PM_{2.5}$浓度呈现明显的空间集聚性，空间格局总体上以西北向东南方向递增，严重污染区以城市群为中心点状聚集分布，污染形势严峻。通过与 DEM、NDVI、年均降水、年均温度、风速以及五种土地利用的比例的空间分布进行比对，发现 $PM_{2.5}$与选取的自然因子、土地利用因子在空间分布上存在一定相似性。

（2）自然因素和土地利用因素中均出现与 $PM_{2.5}$呈正负向相关关系，但相关程度略有差异。在京津冀地区影响因子对 $PM_{2.5}$浓度的线性作用与非线性作用趋于一致。总体看，$PM_{2.5}$浓度的主导限制条件为自然因素，同时人类与自然的交互影响逐渐成了 $PM_{2.5}$影响机制的重要组成部分，影响过程逐渐复杂化。

（3）根据地理加权回归模型结果，自然和社会经济因素对区域 $PM_{2.5}$浓度的影响呈现出明显的空间异质性。其中 DEM 在京津冀地区对 $PM_{2.5}$为负向作用，建设用地在京津冀范围内对 $PM_{2.5}$都为正向作用，其余指标的影响既存在正相关效应也存在负相关效应，空间差异明显。从影响强度来看，建设用地>未利用地>耕地>草地>NDVI>未利用地，由于各指标对区域 $PM_{2.5}$的影响程度存在着空间异质性，因此在制定大气治理对策时可以考虑不同指标影响程度的空间差异，从而使决策更加具有针对性。

本案例通过地理加权回归模型对 $PM_{2.5}$浓度的影响因素进行空间异质性分析，为京津冀地区制定雾霾治理对策提供了科学依据，同时也对以往的全局性结果进行了补充。由于数据和工具的局限性，并未涉及影响因素在时间尺度上的空间差异和影响作用过程的多尺度效应，未来可从时间和空间两个层面进行探究，全面分析 $PM_{2.5}$影响因素的时空异质性，为区域制定不同时间尺度的雾霾治理对策提供依据。

本章参考文献

[1] Caplin A, Ghandehari M, Lim C, et al. Advancing environmental exposure assessment science to benefit society [J]. Nature Communications, 2019, 10 (1): 1236.

[2] Khanna I, Khare M, Gargava P, et al. Effect of $PM_{2.5}$ chemical constituents on atmospheric visibility impairment [J]. Journal of the Air & Waste Management Association, 2018, 68 (5): 430-437.

[3] Tai A P K, Mickley L J, Jacob D J, et al. Meteorological modes of variability for fine particulate matter ($PM_{2.5}$) air quality in the United States: implications for $PM_{2.5}$ sensitivity to climate change [J]. Atmospheric Chemistry and Physics, 2012, 12 (6): 3131-3145.

[4] Cohen A J, Brauer M, Burnett R, et al. Estimates and 25-year trends of the global burden of disease attributable to ambient air pollution: an analysis of data from the Global Burden of

Diseases Study 2015 [J]. Lancet, 2017, 389 (10082): 1907-1918.

[5] Lelieveld J, Evans J S, Fnais M, et al. The contribution of outdoor air pollution sources to premature mortality on a global scale [J]. Nature, 2015, 525 (7569): 367-371.

[6] Wang Y S, Zhang J K, Wang L L, et al. Researching significance, status and expectation of haze in Beijing-Tianjin-Hebeiregion [J]. Advances in Earth Science, 2014, 29: 388-396.

[7] Hao Y, Liu Y M. The influential factors of urban $PM_{2.5}$ concentrations in China: a spatial econometric analysis [J]. Journal of Cleaner Production, 2016, 112: 1443-1453.

[8] Zhang L, Guo X M, Zhao T L, et al. A modelling study of the terrain effects on haze pollution in the Sichuan Basin [J]. Atmospheric Environment, 2019, 196: 77-85.

[9] He J J, Gong S L, Yu Y, et al. Air pollution characteristics and their relation to meteorological conditions during 2014—2015 in major Chinese cities [J]. Environmental Pollution, 2017, 223: 484-496.

[10] Yang H O, Chen W B, Liang Z F. Impact of Land Use on $PM_{2.5}$ Pollution in a Representative City of Middle China [J]. International Journal of Environmental Research and Public Health, 2017, 14 (5): 462.

[11] Czarnecka M, Nidzgorska-Lencewicz J. Intensity of Urban Heat Island and Air Quality in Gdansk during 2010 Heat Wave [J]. Polish Journal of Environmental Studies, 2014, 23 (2): 329-340.

[12] Ma Y R, Ji Q, Fan Y. Spatial linkage analysis of the impact of regional economic activities on $PM_{2.5}$ pollution in China [J]. Journal of Cleaner Production, 2016, 139: 1157-1167.

[13] Tu M Z, Liu Z F, He C Y, et al. The relationships between urban landscape patterns and fine particulate pollution in China: A multiscale investigation using a geographically weighted regression model [J]. Journal of Cleaner Production, 2019, 237, 117744.

[14] van Donkelaar A, Martin R V, Brauer M, et al. Global Estimates of Fine Particulate Matter using a Combined Geophysical-Statistical Method with Information from Satellites, Models, and Monitors [J]. Environmental Science & Technology, 2016, 50 (7): 3762-3372.

[15] van Donkelaar A, Martin R V, Li C, et al. Regional Estimates of Chemical Composition of Fine Particulate Matter Using a Combined Geoscience-Statistical Method with Information from Satellites, Models, and Monitors [J]. Environmental Science & Technology, 2019, 53 (5): 2595-2611.

[16] Wang J Y, Wang S J, Li S J. Examining the spatially varying effects of factors on $PM_{2.5}$ concentrations in Chinese cities using geographically weighted regression modeling [J]. Environmental Pollution, 2019, 248: 792-803.

[17] Yang Q, Yuan Q, Yue L, et al. Investigation of the spatially varying relationships of $PM_{2.5}$ with meteorology, topography, and emissions over China in 2015 by using modified geographically weighted regression [J]. Environmental Pollution, 2020, 262, 123547.

[18] Xu G Y, Ren X D, Xiong K N, et al. Analysis of the driving factors of $PM_{2.5}$ concentration in the air: A case study of the Yangtze River Delta, China [J]. Ecological Indicators, 2020, 110, 105889.

[19] Li J, Huang X. Impact of land-cover layout on particulate matter 2.5 in urban areas of China [J]. International Journal of Digital Earth, 2018, 13 (4): 474-486.

[20] 王劲峰, 徐成东. 地理探测器: 原理与展望 [J]. 地理学报, 2017, 72 (01): 116-134.

[21] Wang J F, Li X H, Christakos G, et al. Geographical Detectors-Based Health Risk Assessment and its Application in the Neural Tube Defects Study of the Heshun Region, China [J]. International Journal of Geographical Information Science, 2010, 24 (1): 107-127.

[22] Ju H R, Zhang Z X, Zuo L J, et al. Driving forces and their interactions of built-up land expansion based on the geographical detector—A case study of Beijing, China [J]. International Journal of Geographical Information Science, 2016, 30 (11): 2188-2207.

[23] Wang Q, Jiang X T, Yang X, et al. Comparative analysis of drivers of energy consumption in China, the USA and India—A perspective from stratified heterogeneity [J]. Science of the Total Environment, 2020, 688, 134117.

[24] Du Z Q, Xu X M, Zhang H, et al. Geographical Detector-Based Identification of the Impact of Major Determinants on Aeolian Desertification Risk [J]. Plos One, 2016, 11, e0151331.

[25] Brunsdon C, Fotheringham A S, Charlton M E. Geographically Weighted Regression: A Method for Exploring Spatia lNonstationarity [J]. Geographical Analysis, 2010, 28 (4): 281-298.

[26] Alahmadi M. Spatial non-stationarity analysis to estimate dwelling units in Riyadh, Saudi Arabia [J]. European Journal of Remote Sensing, 2018, 51 (1): 558-571.

[27] 王少剑, 高爽, 陈静. 基于GWR模型的中国城市雾霾污染影响因素的空间异质性研究 [J]. 地理研究, 2020, 39 (03): 651-668.

[28] Jean A P R, Monks P S, Leigh R J. Modelling the effectiveness of urban trees and grass on $PM_{2.5}$ reduction via dispersion and deposition at a city scale [J]. Atmospheric Environment, 2016, 147: 1-10.

[29] Tallis M, Taylor G, Sinnett D, et al. Estimating the removal of atmospheric particulate pollution by the urban tree canopy of London, under current and future environments [J]. Landscape and Urban Planning, 2011, 103 (2): 129-138.

[30] 杨伟, 姜晓丽. 华北地区大气细颗粒物 ($PM_{2.5}$) 年际变化及其对土地利用/覆被变化的响应 [J]. 环境科学, 2020, 41 (7): 2995-3003.

[31] Aneja V P, Schlesinger W H, Erisman J W. Effects of Agriculture upon the Air Quality and Climate: Research, Policy, and Regulations [J]. Environmental Science & Technology, 2009, 43 (12): 4234-4240.

[32] Uranishi K, Ikemori F, Shimadera H, et al. Impact of field biomass burning on local pollution and long-range transport of PM2.5 in Northeast Asia [J]. Environmental Pollution, 2019, 244: 414-422.